Die Bekämpfung von Piraterie
und maritimem Terrorismus

Europäische Hochschulschriften Recht

European University Studies in Law

Publications Universitaires Européennes de Droit

Band/Volume **6202**

Vorwort

Die vorliegende Arbeit wurde im Wintersemester 2019/2020 vom Fachbereich Rechtswissenschaften der Universität Trier als Dissertation angenommen.

Das Thema dieser Arbeit findet seine Wurzeln in meiner Teilnahme an der Philip C. Jessup Moot Court Competition im Jahr 2005. Als Teil des Teams der Universität Tübingen, betreut durch Herrn Professor Dr. Dr. hc. Wolfgang Graf Vitzthum, LL.M (Columbia), gelang mit dem Gewinn des deutschen Wettbewerbs und der Teilnahme an den internationalen Ausscheidungen in Washington, D.C. nicht nur ein schöner Erfolg in diesem Wettbewerb. Vielmehr wurde hierdurch mein Interesse am Völkerrecht im Allgemeinen und am Seevölkerrecht im Besonderen auf eindrucksvolle und nachhaltige Weise geweckt.

Mein Dank gilt zuvorderst meinem Doktorvater Herrn Professor Dr. Alexander Proelß. Die vorliegende Arbeit wäre ohne seine leitende Hand, die sehr wertvollen Hinweise, aber auch seine Geduld und sein Vertrauen nicht zustande gekommen.

Frau Professorin Dr. Antje von Ungern-Sternberg bin ich für die zügige Erstellung des Zweitgutachtens sehr verbunden.

Während der Erstellung dieser Arbeit hatte ich das Privileg, einen Forschungsaufenthalt am Max-Planck-Institut für ausländisches öffentliches Recht und Völkerrecht in Heidelberg verbringen zu dürfen. Für die Möglichkeit der Nutzung der dort vorhandenen umfangreichen Ressourcen danke ich den Direktoren des Instituts Frau Professorin Dr. Anne Peters, LL.M. (Harvard) und Herrn Professor Dr. Armin von Bogdandy M.A. Für die Unterstützung während meines Aufenthaltes sei auch den Mitarbeitern der Institutsbibliothek besonders gedankt.

Ebenso gebührt Dank Herrn Professor Dr. Andreas Engert, LL. M. (Chicago), an dessen Lehrstuhl ich während der Erstellung dieser Arbeit als wissenschaftlicher Mitarbeiter tätig war. In den täglich anfallenden Aufgaben hat er mir stets den nötigen Freiraum zur Forschung gegeben. Sein stetiger Zuspruch hat ganz wesentlich zum Gelingen dieser Arbeit beigetragen. Danken möchte ich in diesem Zusammenhang auch allen Kollegen, mit denen ich in meiner Zeit am Lehrstuhl zusammengearbeitet habe. Im Besonderen gilt mein Dank Herrn Regierungsoberrat Martin Schwarz, LL.M. Die mit ihm zum Thema geführten zahlreichen Diskussionen, in welchen er ebenso beharrlich wie humorvoll seine Standpunkte vertreten hat, haben geholfen, die Arbeit an der ein oder anderen Stelle zu schärfen. Ferner bin ich Herrn Professor Dr. Jian He, Universität

Peking, für seine beständige Unterstützung und die freundschaftliche Verbundenheit dankbar.

Nicht zuletzt bin ich meinem gesamten familiären Umfeld von Herzen für alle Unterstützung zu tiefem Dank verpflichtet. Meine Eltern haben mich nicht nur seit jeher in sämtlichen meiner Unternehmungen unterstützt. Sie haben mir auch und gerade in dem vorliegenden Projekt jeden nur erdenklichen Rückhalt gegeben. Hierfür bin ich ihnen unendlich dankbar. Auch haben meine Eltern Hilfe von unschätzbarem Wert beim Durchsehen des Manuskripts geleistet. Ebenso danke ich meiner Lebensgefährtin Frau Rechtsanwältin Susanne Baisch. Über die lange Entstehungszeit dieser Arbeit hat sie räumliche Trennung klaglos hingenommen, ist mir stets stärkend zur Seite gestanden und hat mich jederzeit liebevoll in der Entstehung dieser Arbeit begleitet.

Sindelfingen, im Juni 2020 Jan Wackenhuth

Erster Teil. Einleitung

Kapitel 1. Problemidentifikation und Gang der Untersuchung

Die vorliegende Arbeit untersucht mit der Frage nach völkerrechtlichen Eingriffsrechten gegen Piraterie und maritimen Terrorismus eine der drängendsten Fragen des Völkerrechts. Obwohl bereits seit Jahrhunderten auf den Weltmeeren vorherrschend, ist die Piraterie seit 2008 mit zahlreichen Entführungen von Handelsschiffen in den Gewässern vor Somalia besonders ins Licht der Öffentlichkeit gerückt. Die dortigen Vorkommnisse haben sowohl im Schrifttum als auch in der Praxis nicht nur die grundlegende Frage, was auf völkerrechtlicher Ebene unter dem Begriff der Piraterie zu verstehen ist, befeuert. Zugleich sind die auf völkerrechtlicher Ebene möglichen Maßnahmen gegen Piraten in den Mittelpunkt der Diskussion gerückt. Wie zu zeigen sein wird, sind innerhalb der Pirateriedefinition, obwohl sie verhältnismäßig lange im völkerrechtlichen Normengefüge verankert ist, viele Einzelfragen höchst umstritten. Auch der Umfang der auf völkerrechtlicher Ebene zur Verfügung stehenden Reaktionsmöglichkeiten ist, obwohl schon vielfach zur Anwendung gebracht, teilweise problematisch. Die vorliegende Arbeit konzentriert sich auf genau diese beiden Themenkomplexe. Sie hebt sich von den bislang erschienenen Schriften zu diesen Fragestellungen dabei insbesondere dadurch ab, dass nicht nur die auf völkerrechtlicher Ebene zur Verfügung stehenden Definitionsansätze und die hierin liegenden Problempunkte betrachtet werden. Vielmehr wird in einem zweiten Schritt beleuchtet, wie sich auf innerstaatlicher Ebene die Pirateriedefinition etwa in Gesetzgebung oder im Bereich der Judikative manifestiert. Durch diesen Teil der Untersuchung, der, soweit ersichtlich, bislang noch nicht Eingang in den Bereich der deutschsprachigen völkerrechtlichen Forschung gefunden hat, soll herausgearbeitet werden, ob die innerstaatliche Anwendung der Definition zur Klarheit verholfen hat oder zu weiterer Verunsicherung in diesem Bereich führt. In einem weiteren Schritt wird das Konzept des maritimen Terrorismus aufgearbeitet. Indem dabei ebenfalls zunächst die Frage nach einer greifbaren Definition erörtert wird, trägt die vorliegende Arbeit höchst aktuellen Entwicklungen Rechnung. Mit dem Erstarken von Organisationen wie dem Islamischen Staat und den Anschlägen von Paris, Nizza und Berlin ist die Frage danach, was im Rechtssinne unter Terrorismus im Allgemeinen zu verstehen ist drängender denn je. Dies gilt umso mehr, als es bislang auf völkerrechtlicher Ebene noch keine allgemeingültige Definition des Terrorismusbegriffs gibt. Im Zusammenhang mit Piraterie liegt die Betrachtung des Konzepts des maritimen

Terrorismus im Speziellen deshalb besonders nahe, da sich hier erhebliche Abgrenzungsschwierigkeiten in der Definition ergeben. Diese versucht die vorliegende Arbeit in sinnvoller Weise aufzulösen. Im Anschluss werden die möglichen Eingriffsrechte erörtert.

Ausgehend von einer kurzen Darstellung der geschichtlichen Entwicklung der Piraterie (Kapitel 2) schließt sich der definitorische Teil (Zweiter Teil) der Untersuchung an. Hier wird hinsichtlich des Begriffs der Piraterie zunächst die zentrale Definition des Art. 101 des UN-Seerechtsübereinkommens beleuchtet (Zweiter Teil, Kapitel 1, I, 1.). Sodann wird die heutige Geltung von Art. 15 Genfer Seerechtskonvention herausgearbeitet (Zweiter Teil, Kapitel 1, I, 2.), bevor mit den Definitionen der SUA-Konvention und derjenigen des International Maritime Bureau als Zentralstelle für Pirateriebekämpfung weitere wichtige Definitionsansätze angesprochen werden (Zweiter Teil, Kapitel 1, I, 3.-5.). Anschließend wird darauf eingegangen, wie sich die recht neue Rechtsfigur der *armed robbery at sea* auf die Definition der völkerrechtlichen Piraterie auswirkt (Zweiter Teil, Kapitel 1, I, 6.). Innerhalb der Darstellung der Pirateriedefinition ist für diese Arbeit von besonderer Bedeutung, wie die auf völkerrechtlicher Ebene bestehende Definition in der innerstaatlichen Rechtsprechung und Gesetzgebung zur Anwendung gebracht wird. Zu diesem Zweck wurden Entscheidungen von Gerichten aus den Vereinigten Staaten, dem Vereinigten Königreich und den Seychellen sowie die Gesetzgebung Kenias ausgewertet. Einzelstaatliche Entscheidungen der Judikative wie auch Maßnahmen der Legislative haben in mehrfacher Hinsicht Einfluss auf die völkerrechtlichen Definitionsansätze. Eine Betrachtung der innerstaatlichen Umsetzung von völkerrechtlichen Definitionen zeigt zuvorderst, wie in den einzelnen Staaten die jeweilige Definition verstanden und ausgelegt wird. So lässt sich letztlich Staatenpraxis in reiner Form betrachten und erkennen. Auch wird durch die Untersuchung von Entscheidungen und Maßnahmen aus verschiedenen Rechtskreisen deutlich, welche Definitionsmerkmale in der praktischen Anwendung besonders schwierig zu handhaben sind. Es bietet sich so die Möglichkeit festzustellen, ob und inwieweit die innerstaatliche Anwendung dazu beigetragen hat die Definition zu schärfen, oder ob etwa durch unterschiedliches Verständnis einzelner Definitionsmerkmale in verschiedenen Staaten die Auslegung der Definition noch schwieriger geworden ist.

Im 2. Kapitel des zweiten Teils wendet sich die Arbeit sodann der Definition des maritimen Terrorismus zu. Hierfür werden die zentralen Elemente der Terrorismusdefinition herausgearbeitet, aus denen ein eigenständiger Definitionsansatz entwickelt wird.

Im dritten Teil stellt die Arbeit Maßnahmen dar, die zur Verhinderung von Piraterie und maritimem Terrorismus ergriffen werden können. Hinsichtlich der gegen Piraten zu treffenden Maßnahmen (Dritter Teil, Kapitel 1) wird zunächst der Grundsatz des Vorrangs der Jurisdiktion des Flaggenstaates und die Jurisdiktionshoheit von Küstenstaaten erläutert (Dritter Teil Kapitel 1, II. und III.), bevor auf die Eingriffskompetenzen anderer Staaten eingegangen wird. Hierbei werden die in der UN-Seerechtskonvention geregelten Eingriffsrechte beleuchtet (Dritter Teil Kapitel 1, IV., 2.). Anschließend wird untersucht, ob die *International Convention against the Taking of Hostages* (Dritter Teil Kapitel 1, IV., 3.) oder das Übereinkommen der Vereinten Nationen gegen die grenzüberschreitende Kriminalität (Dritter Teil Kapitel 1, IV., 4.) Eingriffskompetenzen zur Piraterieबekämpfung vermitteln. Hieran schließt sich die Untersuchung von Eingriffskompetenzen nach Völkergewohnheitsrecht an (Dritter Teil Kapitel 1, IV., 5.), bevor abschließend die Sondersituation in den Küstengewässern Somalias beleuchtet wird (Dritter Teil Kapitel 1, V.).

Im 2. Kapitel des dritten Teils wird analysiert, welche Eingriffskompetenzen hinsichtlich der Bekämpfung des maritimen Terrorismus bestehen. Hierzu werden zunächst das SUA-Übereinkommen sowie das zugehörige Protokoll zur Bekämpfung widerrechtlicher Handlungen gegen die Sicherheit fester Plattformen, die sich auf dem Festlandsockel befinden, beleuchtet (Dritter Teil Kapitel 2, I., 1. und 2.). Anschließend wird auf die Änderungen durch das SUA-Protokoll von 2005 eingegangen (Dritter Teil Kapitel 2, I., 3.), bevor untersucht wird, ob sich Eingriffskompetenzen aus dem *International Ship and Port Facility Security Code* ergeben (Dritter Teil Kapitel 2, I., 4.). Abschließend wird auf Eingriffskompetenzen nach allgemeinem Völkerrecht eingegangen (Dritter Teil Kapitel 2, II.).

Kapitel 2. Geschichte der Piraterie

Nimmt man die Geschichte der Piraterie in den Blick, so dürften ihre Wurzeln um 800 – 500 v. Chr. anzusiedeln sein.[1] Schwerpunkte von Akten der Piraterie bildeten hierbei zunächst Gewässer, deren Ufer dicht besiedelt oder in denen schwer zu navigieren war. Dort kam es häufig zu Überfällen, nicht nur auf Schiffe, die im unmittelbaren Küstenbereich verkehrten, sondern, und gerade auch, auf die dort befindlichen Städte und ihre Bewohner. Überfälle außerhalb der Küstengewässer waren indes die Ausnahme. Das Vorherrschen dieser

1 *de Souza*, Piracy in the Graeco-Roman World, 1999, S. 17; *ders.*, Pirates and Politics in the Roman World, in: Grieb/Todt (Hrsg.), Piraterie von der Antike bis zur Gegenwart, 2012, S. 47 (47).

sogenannten Küstenpiraterie war vor allem der den Piraten zu damaliger Zeit zur Verfügung stehenden Technik geschuldet. Boote, die mit Hilfe von Rudern angetrieben wurden, erlaubten es ihnen nicht, größere und damit schnellere Schiffe im offenen Gewässer zu verfolgen.[2] Erst mit der Entwicklung von leichteren, wendigeren und schnelleren Segelschiffen dehnte sich ihr Aktionsradius auch auf die Hohe See aus.[3] Ein weiterer wichtiger Aspekt, nach dem Piraten ihre Reviere auswählten, war die Möglichkeit, sich an zerklüfteten Küsten oder auf unbewohnten Inseln niederzulassen, um von dort unbehelligt operieren zu können. Aber nicht nur besondere geographische Gegebenheiten führten zu einer stetigen Zunahme von Überfällen auf Schiffe und ihre Besatzung. Schwerpunkte von Piratenüberfällen bildeten sich seit jeher dort, wo größere Mengen an Ware umgeschlagen und Handel getrieben wurde. Denn nur in solchen Gebieten ließ sich reiche Beute machen, und ebenso bot sich die Gelegenheit, das Erbeutete ohne Weiteres wieder zu verkaufen.

I. Piraterie und ihre Bekämpfung im Griechenland der Antike

Zu Anfang des 8. Jahrhunderts v. Chr. herrschte im Mittelmeer des antiken Griechenlands ein Konzept der Piraterie vor, dessen Verständnis sich von dem der Piraterie der Moderne in wesentlichen Aspekten unterscheidet. Betrachtet man Homers Epos *Odyssee*,[4] so werden dort, zum ersten Mal in der griechischen Literatur, Personen oder Personengruppen als „Piraten" bezeichnet. Demnach galt das Anhäufen großer Mengen an Beute als durchaus ehrbare Tätigkeit, und Personen, die so ihren Lebensunterhalt bestritten, konnten in der damaligen Gesellschaft angesehene Positionen erreichen.[5] Zu dieser Zeit bildeten Piraten eine in der Gesellschaft anerkannte Gruppe mit religiösen Riten, die sogar eine eigene Kultur ausbildete.[6] Ein weiterer wesentlicher Unterschied zum heutigen

---

2 *Meissner*, Kidnapping und Plündern Piraterie und Failing States im antiken Griechenland, in: Grieb/Todt (Hrsg.) (Fn. 1), S. 21 (26).

3 *Kammerer-Grothaus*, Von Argonauten und Piraten in der Antike, in: Roder (Hrsg.), Piraten – Die Herren der sieben Meere, 2000, S. 22 (23).

4 Homers *Odysee* gilt, obgleich es ein gewisses Maß an Dichtung enthält, als erste zuverlässige geschriebene Quelle beim Studium des Konzepts der Piraterie im antiken Griechenland, vgl. *Murray*, Early Greece, 2. Aufl. 1993, 3. Kapitel; *de Souza* (Fn. 1), S. 47 (48).

5 *Eck*, Seeräuberei im Mittelmeer, 1. Aufl. 1940, S. 5; *Höckmann*, Antike Seefahrt, 1985, S. 93; Advisory Council on International Affairs (Hrsg.), Combating Piracy at Sea: A Reassessment of Public and Private Responsibilities, 2010, S. 9; *Meissner* (Fn. 2), S. 21 (26)); *Hall*, A History of the Archaic Greek World ca. 1200–479 BC, 2014, S. 181.

6 *Rubin*, The Law of Piracy, 2006, S. 6.

Verständnis der Piraterie war ihre Abgrenzung zur Kriegsführung beziehungsweise gerade das Fehlen einer solchen. So galt in einem kriegerischen Konflikt der Überfall auf Schiffe des Gegners als legitimes Mittel der Kriegsführung.[7] Während des Peloponnesischen Krieges gehörte es beispielsweise zur Taktik der gegen die Athener kämpfenden Spartaner, Kriegsschiffe des Gegners zu überfallen und auszuplündern.[8]

Trotz dieser fortdauernden unklaren Abgrenzung zwischen Krieg und Piraterie gelangen mit der Gründung des Attischen Seebundes erste zählbare Erfolge gegen die griechischen Piraten. Zwar sind die von Athen verfolgten Ziele dieser Verbindung mit verschiedensten Stadtstaaten Kleinasiens unter Historikern umstritten. So geht *de Souza* davon aus, dass die Bekämpfung von Piraten durch die Bündnispartner des Attischen Seebundes lediglich als Vorwand zur weiteren Ausdehnung ihres Herrschaftsbereichs genutzt wurde.[9] Demgegenüber vertritt *Ormand* die Ansicht, dass das vordergründige Interesse Athens an diesem Zusammenschluss die Erkenntnis der Gefährlichkeit der Piraten für das Wohl der eigenen Bevölkerung war.[10]

Gleich welcher Ansicht man aber folgt, ist im Ergebnis festzustellen, dass die Piraterie im Machtbereich des Attischen Seebundes wesentlich zurückgedrängt werden konnte. So gelang es den Verbündeten beispielsweise, der auf der Insel Skyros und der Halbinsel Gallipoli weit verbreiteten Piraterie einen entscheidenden Schlag zu versetzen und die Infrastruktur der Piraten weitgehend zu zerstören.[11]

II. Piraterie und ihre Bekämpfung unter der Vorherrschaft Roms

Unter der Vorherrschaft des römischen Rechts erfuhren Piraten schließlich die gänzliche Ausgrenzung aus der Gesellschaft. Zum ersten Mal trat eine erkennbare Trennung zwischen Kriegsführung und Piraterie hervor. Einzelne gesellschaftliche Gruppen, die sich durch Überfälle auf Handelsschiffe und -städte ihren Lebensunterhalt verdungen, waren nicht mit dem im Römischen Reich vorherrschenden hegemonialen Herrschaftsgedanken vereinbar, sodass Piraten nicht mehr nur als Kriegsgegner, deren Bekämpfung und Behandlung unter das

7 *Pohl*, Die Römische Politik und die Piraterie im östlichen Mittelmeer vom 3. bis zum 1. Jh. v. Chr., 1993, S. 30 f.

8 *de Souza* (Fn. 1), S. 31.

9 *de Souza*, Greek Piracy, in: Powell (Hrsg.), The Greek World, 1995, S. 179 (189).

10 *Ormand*, Piracy in the ancient world, 1924, S. 108.

11 *Ormand* (Fn. 10), S. 108.

geltende Kriegsrecht fiel, sondern als „gemeinsamer Feind aller“ gesehen wurden.[12] Hier nahm also das Konzept des Piraten als Feind der Menschheit und damit der gesamten Staatengemeinschaft, der außerhalb jeder Rechtsordnung steht, seinen Anfang.

Trotz dieses Umdenkens gelang es zunächst nicht, dem Problem der Piraterie im Bereich des Mittelmeeres Herr zu werden. So kam es weiterhin im gesamten Mittelmeerraum zu erheblichen Störungen der römischen Handelsschifffahrt.[13] Prominentestes Opfer war *Gaius Julius Cäsar*, der als junger Mann von kilikischen Piraten entführt und erst gegen Zahlung eines Lösegelds wieder freigelassen wurde.[14] Nach dieser Erfahrung setzte er sich die Bekämpfung der Piraten zum Ziel. Zwar gelang ihm ein entscheidender Schlag gegen die Kilikier. Diese erholten sich hiervon jedoch wieder und fanden zu alter Stärke zurück, woraufhin der römische Senat *Gnaeus Pompejus Magnus* mit umfangreichen Rechten zur Bekämpfung der Piraten zu Wasser wie zu Land ausstattete, um so die souveränen Rechte des Römischen Reichs wiederherstellen zu lassen.[15] Dank einer weit überlegenen Land- und Seestreitmacht gelang es, die Siedlungen der Piraten wie auch ihre gesamte Infrastruktur zu zerstören.[16]

III. Piraterie und ihre Bekämpfung in der Neuzeit

Blickt man auf die neuere Geschichte der Piraterie, erreichte diese mit der Entdeckung neuer Kontinente und der Zunahme des weltumspannenden Handels im 17. und 18. Jahrhundert ihren Höhepunkt. Die Konzeption der Piraterie erfuhr in dieser Zeit insofern einen gewissen Bruch, als sich die großen Seefahrtsnationen wie Spanien, Portugal und England Freibeutern bedienten, um einerseits konkurrierenden Nationen im Wettlauf der Erschließung neuer Kolonien zu schaden und andererseits mit Hilfe des Erbeuteten die eigene Staatskasse

---

12 *Schiedmair*, Archiv für öffentliches Recht 135 (2010), S. 185 (186 Fn. 8) zitiert insoweit *Cicero*, De Officiis, 3, 107.

13 *Berber*, Von der Piraterie in der Antike, in: Ipsen/Necker (Hrsg.), Recht über See, FS für Stödter, 1979, S. 147 (149); *Meissner* (Fn. 2), S. 21 (42).

14 *Gelzer*, Caesar, der Politiker und Staatsmann, 1960, S. 21; *Berber* (Fn. 13), S. 147 (149 f.).

15 *de Souza*. (Fn. 1), S. 47 (61). *Rubin* (Fn. 6), S. 7 f. sieht Pompejus, aufgrund der ihm gewährten umfassenden Rechte über die Inseln der Ägäs sowie Teile der Landmasse Kleinasiens, in der Stellung eines Monarchen.

16 Zu genauen Zahlen bzgl. des Umfangs der eingesetzten Truppen vgl. *Schiedmair* (Fn. 12), S. 185 (187).

aufzubessern.[17] Die Klassifizierung dieser auf Geheiß eines bestimmten Souveräns handelnden Freibeutern als Piraten war umstritten.[18] Diesem Vorgehen wurde durch die *Pariser Deklaration über das Seerecht* von 1856 ein Ende gesetzt. Das hierin vereinbarte Verbot der staatlich geförderten Freibeuterei vermag bis heute Geltung zu beanspruchen.[19]

Auf völkerrechtlicher Ebene fand das Phänomen der Piraterie mit den Bestimmungen der Art. 14 ff. der Genfer Konvention über die Hohe See zum ersten Mal Eingang in ein wesentliches völkervertragsrechtliches Dokument, das auf nahezu weltumspannende Akzeptanz stieß.[20] Ihren Ausgangspunkt fanden diese Bestimmungen in einem von Experten an der Harvard University 1932 ausgearbeiteten Entwurf, der nicht nur einen Formulierungsvorschlag für Vorschriften zur Bekämpfung von Piraterie, sondern auch einen umfassenden Kommentar zu den mit den einzelnen Vorschriften verbundenen Fragestellungen enthält. Der als *Harvard Draft Convention on Piracy* bekannt gewordene Entwurf gilt damit als Keimzelle der Regelungen der Piraterie im Rahmen des Verbunds der Vereinten Nationen.[21] Hierauf aufbauend und in Weiterentwicklung der dort gefundenen Ergebnisse wurden von *J.P.A. François*, Special Rapporteur der International Law Commission, die *Draft Articles on the High Sea* entworfen.[22] Nach umfangreichen Verhandlungen, die zu zahlreichen Änderungen im ursprünglichen Entwurf führten, wurde am 29. April 1958 die Genfer Konvention über die Hohe See verabschiedet, die am 30. September 1962 in Kraft trat. Von den umfangreichen Überarbeitungen und Umgestaltungen während der drei UN-Seerechtskonferenzen, an deren Ende die Verabschiedung des UN-Seerechtsübereinkommens 1982 stand, blieben diese Vorschriften verschont. Sie

---

17 Vgl. zur Geschichte des britischen Freibeuterwesens etwa *Andrews*, Elizabethan privateering, 1964.

18 Zum Streit im englischen Recht vgl. *Rubin* (Fn. 6), S. 69 ff.

19 Zu den Hintergründen der Pariser Deklaration vgl. *Stockton*, American Journal of International Law 14 (1920), S. 356 (356). Für eine Fortgeltung der hierin getroffenen Bestimmungen: *Rauch*, The Protocol Additional to the Geneva Conventions for the Protection of Victims of International Armed Conflicts and the United Nations Convention on the Law of the Sea: Repercussions on the Law of Naval Warfare, 1984, S. 81.

20 BGBl. 1972 II, S. 1089. Das Übereinkommen wurde von 63 Staaten ratifiziert.

21 Abgedruckt mit Kommentaren zu den jeweiligen Artikeln in American Journal of International Law 26 (1932) Supplement, S. 739 – 885. Einen guten Überblick über die Entwicklung der modernen Regelungen zur Pirateriebekämpfung bietet *Guilfoyle*, Piracy and Terrorism, in: Koutrakos/Skordas (Hrsg.), The Law and Practice of Piracy at Sea – European and International Perspectives, 2014, S. 33 (36 ff.).

22 Yearbook of the International Law Commission 1954 Vol. II, S. 7 ff.

wurden letztlich wortgleich in das neue Übereinkommen übernommen. Die zu diesen Vorschriften von den Teilnehmern der Seerechtskonferenzen geführten Diskussionen sind äußerst knapp gehalten, was vor allem daran liegen mag, dass – auch auf Ebene der Vereinten Nationen – dem Problem der Piraterie zu dieser Zeit keine wesentliche Bedeutung beigemessen wurde. Die in jüngster Zeit starke Zunahme von Überfällen auf Frachtschiffe in den Gewässern vor Somalia und in Süd-Ost-Asien hat dies grundlegend geändert. Resultierend aus den sich dort für das Leben von Besatzungsmitgliedern ergebenden Gefahren einerseits und den erheblichen Einschränkungen des weltweiten Seehandels andererseits ist das Problem der modernen Piraterie in den Fokus der Öffentlichkeit gerückt. Auch auf völkerrechtlicher Ebene hat sich der UN-Sicherheitsrat in mehreren Resolutionen mit der Piraterie und ihrer Bekämpfung auseinandergesetzt, und mit der im Rahmen der NATO geführten *Operation Ocean Shield* sowie der von der Europäischen Union durchgeführten *Operation Atalanta* finden nunmehr zum ersten Mal Operationen auf zwischenstaatlicher Ebene statt, die darauf gerichtet sind, die Piraterie vor der Küste Somalias durch militärische Präsenz zu bekämpfen und die mit ihr verbundenen Gefahren einzudämmen.[23]

23 Zu den vom UN-Sicherheitsrat verabschiedeten Resolutionen siehe unten Dritter Teil, Kapitel 1, V.

Zweiter Teil. Begriffsbestimmung

Kapitel 1. Piraterie

I. Definitionen

1. UN-Seerechtsübereinkommen 1982 (Art. 101)

a) Einleitung

Das UN-Seerechtsübereinkommen (SRÜ) gilt als das am umfangreichsten ausdifferenzierte Vertragswerk im Bereich des Seevölkerrechts. Mit seinen Bestimmungen deckt es von Fragen des Umweltschutzes über sicherheitsrelevante Bereiche bis hin zu Aspekten der Forschung eine Vielzahl von Themenbereichen ab und wird daher zu Recht als „Verfassung der Meere" bezeichnet.[24] Darüber hinaus nimmt das SRÜ auch deshalb eine herausragende Stellung unter den völkerrechtlichen Abkommen ein, da es das mit den meisten Mitgliedsstaaten ist.[25] Auch innerhalb des seerechtlichen Normengefüges genießt das SRÜ einen gewissen Vorrang. Deutlich wird dies durch Art. 311 Abs. 1 SRÜ. Hiernach gehen seine Bestimmungen im Verhältnis zwischen den Vertragsstaaten denen der Genfer Konventionen, im hier besprochenen Zusammenhang namentlich der Genfer Konvention über die Hohe See von 1958, vor.[26] Diese „Vormachtstellung" sowohl in thematischer Hinsicht als auch aus dem Blickwinkel der nahezu weltweiten Akzeptanz erfordert es auch bei der Frage nach den grundlegenden Begrifflichkeiten im Bereich der Bekämpfung der Piraterie, die Vorschriften des SRÜ in den Vordergrund zu stellen.

In seinen Art. 100 bis 107 enthält es explizite Regelungen zur Bekämpfung von Piraterie. Dabei wird in Art. 101 der Begriff Piraterie definiert als

---

24 *Proelß*, Preface, in: ders. (Hrsg.), United Nations Convention on the Law of the Sea – A Commentary, 2017, S. VII; *ders.* Zeitschrift für Europäisches Umwelt- und Planungsrecht 2012, S. 280 (280); *Schubert*, Maritimes Infrastrukturrecht, 2015, S. 17; *Jenisch*, Natur und Recht 2006, S. 79 (79).

25 *Jenisch* (Fn. 24), S. 79 (79).

26 Zu den Fällen in denen weiterhin die Definition des Art. 15 der Genfer Konvention über die Hohe See einschlägig ist vgl. unten 2.

„… a) jede rechtswidrige Gewalttat oder Freiheitsberaubung oder jede Plünderung, welche die Besatzung oder die Fahrgäste eines privaten Schiffes oder Luftfahrzeugs zu privaten Zwecken begehen und die gerichtet ist

i) auf Hoher See gegen ein anderes Schiff oder Luftfahrzeug oder gegen Personen oder Vermögenswerte an Bord dieses Schiffes oder Luftfahrzeugs;
ii) an einem Ort, der keiner staatlichen Hoheitsgewalt untersteht, gegen ein Schiff, ein Luftfahrzeug, Personen oder Vermögenswerte;

b) jede freiwillige Beteiligung am Einsatz eines Schiffes oder Luftfahrzeugs in Kenntnis von Tatsachen, aus denen sich ergibt, dass es ein Seeräuberschiff oder -luftfahrzeug ist;
c) jede Anstiftung zu einer unter Buchstabe a oder b bezeichneten Handlung oder jede absichtliche Erleichterung einer solchen Handlung.“

Mit dieser Definition folgt das Übereinkommen wortgleich derjenigen, die bereits in Art. 15 der Genfer Konvention über die Hohe See von 1958 (HSÜ) festgelegt wurde. Die umfangreiche Kodifikationsgeschichte dieser Vorschrift beginnt also bereits mit dem Vorentwurf der Genfer Konvention über die Hohe See. Die schon erwähnten *Draft Articles on the High Sea* enthielten mit Art. 23 eine Definition der Piraterie, die im Zuge des Kodifikationsverfahrens zwar zahlreichen Veränderungen unterworfen war, deren Kernelemente trotz allem Eingang in die Genfer Konvention gefunden haben und, mit Übernahme des Wortlauts in Art. 101 des UN-Seerechtsübereinkommens, bis heute erhalten geblieben sind.

Trotz dieser historischen Bedeutung steht Art. 101 SRÜ in der Kritik. So beanstandet eine nicht geringe Anzahl von Autoren die kaum lösbare Undurchsichtigkeit der Definition.[27] Mit einer Vielzahl von Tatbestandsvoraussetzungen, innerhalb derer verschiedene Problempunkte aufgeworfen sind, gehört die Definition sicher zu einer der komplexeren des völkerrechtlichen Vertragsrechts.[28] Dieser Komplexität lässt sich nur begegnen und so die drohende Undurchsichtigkeit vermeiden, indem die einzelnen Tatbestandsmerkmale systematisch beleuchtet und die hierin liegenden Fragen einer möglichst planvollen, an den

---

27 So beispielsweise *Rubin*, American Journal of International Law 70 (1976), S. 92 (92); *Trésoret*, Seepiraterie: Völkerrechtliche, europarechtliche und verfassungsrechtliche Rahmenbedingungen der Auslandesentsendung deutscher Streitkräfte zur Bekämpfung der Seeräuberei, 2011, S. 213 m.w.N.; *Paige*, Journal of Conflict & Security Law 2016, S. 1 (9) geht dagegen davon aus, dass der durch das Seerechtsübereinkommen gesetzte Rahmen der Piratriebekämpfung klar sei.

28 *Logina*, Definition of piracy: an analysis of its effectiveness in the light of the *Arctic Sea* incident, in: Mejia (Hrsg.), Maritime Security and Crime, 2010, S. 263 (264).

Grundprinzipien des Völkerrechts im Allgemeinen sowie des Seerechts im Besonderen ausgerichteten Beantwortung zugeführt werden.

b) *Alternativen der Tathandlung, Teilnahmehandlungen und Versuch*

Art. 101 a) SRÜ sieht mit dem Verüben einer rechtswidrigen Gewalttat, der Freiheitsberaubung und Plünderung verschiedene Möglichkeiten der Tatbegehung vor. Diesbezüglich besteht in der Literatur Einigkeit, dass die hier genannte Aufzählung nicht enumerativ ist.[29] In mehrfacher Hinsicht umstritten ist dagegen der Begriff der rechtswidrigen Gewalttat, weshalb dieser im Nachfolgenden besonders beleuchtet werden soll.

1) *Die Reichweite des Gewaltbegriffs des Art. 101 SRÜ*

Eine erste Einschränkung erfährt die Definition des Art. 101 SRÜ dahingehend, dass lediglich rechtswidrige Gewaltakte von ihr erfasst sind. Innerhalb des Gewaltbegriffes ist zunächst festzustellen, welche Zielrichtung der mit einem Überfall auf Hoher See verbundene Akt haben muss. Bereits an dieser Stelle wird von einigen Autoren versucht, die Definition der Piraterie zu verengen, indem ein Gewaltakt i.S.d. Art. 101 SRÜ nur dann angenommen wird, wenn er mit dem Ziel erfolgt, Menschen zu verletzen oder zu töten.[30] Nach dieser Ansicht ist, sofern sich die in Frage stehende Tat lediglich gegen Sachen – wie etwa ein Schiff ohne Besatzung – richtet, nicht von einem Gewaltakt und damit nicht von Piraterie i.S.d. Art. 101 SRÜ auszugehen.[31] Gegen eine solche Beschränkung bestehen indes erhebliche Bedenken. Schon aus dem Wortlaut der Vorschrift ergeben sich keinerlei Anhaltspunkte, die eine Verknappung des Anwendungsbereichs der Piraterieschutzvorschriften in dieser Weise rechtfertigen würden. Vielmehr spricht Art. 101 SRÜ lediglich von Gewaltakten im Allgemeinen. Eine Einschränkung auf eine bestimmte Zielrichtung derselben erfolgt gerade nicht. Auch wird in Unterpunkt i) deutlich, dass ausdrücklich beide Arten von Gewalt, sowohl die gegen Personen als auch die gegen Sachen, erfasst sein sollen. Dort heißt es:

---

29 *Lagoni*, Piraterie und widerrechtliche Handlungen gegen die Sicherheit der Seeschiffahrt, in: Ipsen/Schmidt-Jortzig (Hrsg.), Recht, Staat, Gemeinwohl: Festschrift für Dietrich Rauschning, 2001, S. 501 (513); *Trésoret* (Fn. 27), S. 177. A.A. wohl *Waak*, Pirateriebekämpfung durch deutsche staatliche Stellen: Zu den Befugnissen der deutschen Marine, der deutschen Polizei und des Bundesnachrichtendienstes, 2018, S. 28.

30 So etwa *Logina* (Fn. 28), S. 263 (265).

31 *Logina* (Fn. 28), S. 263 (265); *Trésoret* (Fn. 27), S. 177.

"...oder gegen Personen **oder Vermögenswerte** an Bord dieses Schiffes..."[32]

Eine Einkürzung des Anwendungsbereichs der Art. 100 ff. SRÜ auf Gewalt gegen Sachen wäre also nach dem Wortlaut des Art. 100 SRÜ contra legem.

Auch eine teleologische Betrachtung führt zu keinem anderen Ergebnis. Jede Auslegung einer Vorschrift hat sich zumindest an deren Wortlaut zu orientieren.[33] Schon aus den vorgenannten Gründen kommt eine beschränkende Auslegung der Vorschrift daher nicht in Betracht. Zwar wird in der Literatur unter Bezugnahme auf eine Gesamtschau der Begehungsalternativen vertreten, jedem Akt der Piraterie müsse ein gewisses Zwangselement innewohnen, woraus gefolgert wird, dass Gewalt allein gegen Sachen aus dem Tatbestand des Art. 101 SRÜ auszuschließen sei.[34] Diese Ansicht verkennt jedoch den mit Art. 100 ff. SRÜ verfolgten Zweck der Schaffung der Justiziabilität von Straftaten auf Hoher See und der hieraus folgenden möglichst effektiven Bekämpfung von Piraterie. Daher verbietet sich eine Beschränkung in dieser Weise. Zwar hat gerade Gewalt gegen Personen als besonderes Übel von Piratenangriffen zu gelten. Der umfassende Schutz der Freiheit der Meere und der damit verbundene reibungslose Ablauf des Welthandels lassen sich jedoch nur dann erreichen, wenn auch das Eigentum der von solchen Angriffen mittelbar oder unmittelbar Betroffenen geschützt wird.[35]

Ferner wird diskutiert, ob die Definition des Art. 101 SRÜ nur solche Gewaltakte erfassen soll, die genereller Natur sind, also gerade nicht mit Blick auf ein von vornherein feststehendes bestimmtes Ziel ausgeführt werden.[36] Argumentativ

---

32 Hervorhebung durch den Verfasser

33 Ausführlich zur Wortlautauslegung völkerrechtlicher Verträge *Kolb*, The Law of Treaties: An Introduction, 2017, S. 136 ff. Zum Streit, inwiefern bei der Auslegung völkerrechtlicher Verträge überhaupt noch auf andere Auslegungsarten zurückgegriffen werden kann, wenn der Wortlaut klar ist, vgl. *Bernhardt*, Die Auslegung völkerrechtlicher Verträge insbesondere in der neueren Rechtsprechung internationaler Gerichte, 1963, S. 58 ff.

34 *Trésoret* (Fn. 27), S. 178; *Lagoni* (Fn. 29), S. 501 (513); zu Art. 15 der Genfer Konvention über die Hohe See *O'Connell*, The International Law of the Sea Vol. II, 1984, S. 969 m.w.N.

35 Im Ergebnis wie hier: *Dahm/Delbrück/Wolfrum*, Völkerrecht Bd. I/2, 2. Aufl. 2002, S. 364 f; *Longina* (Fn. 28), S. 263 (265); *Waak* (Fn. 29), S. 28.

36 Dargestellt bei *Kanehara*, So-Called „Eco-Piracy" and Interventions by NGOs to Protest against Scientific Research Whaling on the High Seas: An Evaluation of the Japanese Position, in: Symmons (Hrsg.), Selected contemporary issues in the law of the sea, 2011, S. 195 (210).

begründen ließe sich eine solche Einschränkung vor allem mit historischen Erwägungen zur Abgrenzung von Piraterie und revolutionären Gruppen. Diese Argumentation geht davon aus, dass solches Vorgehen, das in unmittelbarem Zusammenhang mit einer Revolution und der durch sie verfolgten Ziele steht, nicht als Piraterie gewertet werden kann.[37] Dem steht aber wiederum der Wortlaut des Art. 101 SRÜ entgegen. Dort findet dieses Element keinerlei Grundlage.[38]

Auf der Folgenseite des Gewaltbegriffs wird sodann diskutiert, ob sich der Gewaltakt in seinen Folgen gleichsam körperlich manifestieren muss,[39] oder ob zur Bejahung der Gewalt i.S.d. Art. 101 SRÜ auch psychische Gewalt ausreichend ist.[40] Diese Diskussion geht letztlich an der Wirklichkeit vorbei, da die weit überwiegende Zahl von Überfällen zumindest auch mit körperlicher Gewalt verbunden ist.[41] Weiterhin ist zu beachten, dass selbst bei zunächst lediglich psychisch wirkenden Folgen, wie beispielsweise einer länger währenden Geiselhaft von Crew oder Passagieren eines Schiffes, nicht ausgeschlossen werden kann, dass sich diese mittel- oder zumindest langfristig auch physisch manifestieren. Entscheidend ist indes auch hier wiederum der Schutzzweck der Art. 100 ff. SRÜ. Vollumfängliche Wirkung vermögen die Vorschriften nur dann zu entfalten, wenn auch die psychische Gewalteinwirkung für ausreichend erachtet wird.

2) *Der Begriff der Rechtswidrigkeit*

Ein weiterer Kernpunkt der Definition des Art. 101 SRÜ ist der in engem Zusammenhang mit dem Gewaltbegriff stehende Begriff der Rechtswidrigkeit. Dieser ist jedoch äußerst umstritten. So wird diesem Begriff, gerade im Zusammenhang mit dem der Gewalt, teilweise jede eigenständige Bedeutung abgesprochen, da die Rechtswidrigkeit bereits im Wesen der Gewalt verankert sei.[42] Weitere Kritik an der Beibehaltung des Begriffs der Rechtswidrigkeit wurde in der Entstehungsphase des Seerechtsübereinkommens laut. Teile des Schrifttums äußerten die Befürchtung, es könne zu einem Wiederaufleben der Freibeuterei kommen,

---

37 Zu dieser Abgrenzung genauer *O'Connell* (Fn. 34), S. 975 f.

38 Im Ergebnis ebenso *Kanehara* (Fn. 36), S. 195 (210).

39 So etwa vertreten von *Menefee*, ILSA Journal of International. & Comparative. Law 5 (1999), S. 309 (313).

40 So beispielsweise ohne nähere Begründung *Waak* (Fn. 29), S. 27.

41 *Logina* (Fn. 28), S. 263 (265).

42 *O'Connell* (Fn. 34), S. 969. *Fournier*, Der Einsatz der Streitkräfte gegen Piraterie auf See, 2014, S. 34 spricht dem Begriff ohne nähere Begründung auf völkerrechtlicher Ebene den Bedeutungsgehalt ab.

Harvard Draft Convention on Piracy, nach dessen ausdrücklichem Wortlaut auch Akte versuchter Piraterie unter die Schutzvorschriften fallen sollten, nicht Eingang in die heute gültige Definition. Mit Blick auf Art. 103 SRÜ, der ein Schiff schon dann als Piratenschiff qualifiziert, wenn noch kein abgeschlossener Akt der Piraterie begangen wurde, und die möglichst umfassende Gewährleistung der Freiheit der Hohen See ist, über den Wortlaut des Art. 101 SRÜ hinausgehend, davon auszugehen, dass bereits der versuchte Angriff als Piraterie zu gelten hat und die Rechte und Pflichten dritter Staaten, wie sie in Art. 105 ff. SRÜ normiert sind, auslöst.[52]

c) *Das Zwei-Schiffe-Erfordernis*

Tragender Pfeiler der Pirateriedefinition ist der Begriff des Schiffes. Ein solches muss nicht nur das Ziel des Angriffs sein, dieser muss zugleich von einem solchen ausgehen. Obgleich von zentraler Bedeutung innerhalb des gesamten Seerechtsübereinkommens, wird der Begriff des Schiffes dort nicht definiert. Es gilt also zunächst herauszuarbeiten, was unter dem Begriff zu verstehen ist, ehe geklärt werden kann, wie viele Schiffe an einem Piratenangriff beteiligt sein müssen, damit die Vorschriften des Seerechtsübereinkommens eingreifen.

1) *Die Definition des Schiffes i.S.d. Art. 101 SRÜ*

(a) *Einleitung*

In der Kodifikationsgeschichte des Seerechtsübereinkommens gab es mehrfach Bestrebungen, eine Schiffsdefinition einzuführen. In der Entstehungsphase der Genfer Konvention über die Hohe See brachte *J.P.A. François* als Special Rapporteur der International Law Commission den Vorschlag einer Definition ein, der in Art. 6 des Entwurfs der Genfer Konvention über die Hohe See seinen

---

52 So auch *Guilfoyle* (Fn. 47), Rn. 15; *König/Salomon*, Rechtliche Rahmenbedingungen: Bestehende Regelungen und Unsicherheiten, in: Ehrhart (Hrsg.), Piraterie und maritimer Terrorismus als Herausforderungen für die Seehandelssicherheit Deutschlands, 2013, S. 165 (172); *Dinstein* (Fn. 45), S. 1126 (1129); *Trésoret* (Fn. 27), S. 212; *Collins/Hassan*, Journal of Maritime Law and Commerce, 40 (2009), S. 89 (101); *Lagoni* (Fn. 29), S. 501 (520); *O'Connell* (Fn. 34), S. 968; *Shaw*, International Law, 8. Auflage 2017, S. 289; *Nordquist* (Fn. 44) Art. 101 Rn. 101.8(g); *Waak* (Fn. 29), S. 54 f. der die Frage indes für unerheblich hält. A.A. *Gottlieb*, Minnesota Journal of International Law 24 (2015), S. 1 (35), der den Versuch zumindest dann nicht unter Art. 101 fassen will, wenn sich die Besatzung erfolgreich gegen ihn zur Wehr setzt.

Niederschlag fand.[53] Nachdem François selbst jedoch Zweifel an der Notwendigkeit einer solchen Definition äußerte, wurde diese ersatzlos gestrichen.[54] Bei der Bestimmung des Begriffs „Schiff" im Rahmen des Seerechtsübereinkommens bieten sich daher im Wesentlichen drei Ansatzpunkte:

- Rückgriff auf bereits kodifizierte völkervertragsrechtliche Definitionen
- Herleitung aus Völkergewohnheitsrecht
- Entwicklung einer gänzlich selbstständigen, allein für das Seerechtsübereinkommen geltenden Definition

Bevor diese Möglichkeiten genauer betrachtet werden können, stellt sich in Bezug auf den englischen Text des Seerechtsübereinkommens zunächst ein begriffsfaktisches Problem. In der englischen Fassung des Seerechtsübereinkommens wird für den Schiffsbegriff nämlich sowohl der Ausdruck „vessel"[55] als auch „ship"[56] verwendet.[57] Insoweit besteht jedoch Einigkeit, dass die beiden Begriffe als deckungsgleich anzusehen sind und ihre unterschiedliche Verwendung auf einem Redaktionsversehen beruht, das der Tatsache geschuldet ist, dass verschiedene Ausschüsse mit der Erarbeitung der unterschiedlichen Normen betraut waren.[58]

(b) *Völkervertragsrechtliche Definitionen*

Auf den ersten Blick mag es am sinnvollsten erscheinen, auf bereits bestehende Definitionen in anderen völkerrechtlichen Verträgen zurückzugreifen. Solch eine Definition findet sich unter anderem in dem *Internationalen Übereinkommen von 1973 zur Verhütung der Meeresverschmutzung durch Schiffe* (MARPOL-Übereinkommen). In dessen Art. 2 wird Schiff definiert als:

> „…ein Fahrzeug jeder Art, das in der Meeresumwelt betrieben wird; er umfasst Tragflächenboote, Luftkissenfahrzeuge, Unterwassergerät, schwimmendes Gerät und feste oder schwimmende Plattformen."[59]

---

53 Der Text des Artikels ist abgedruckt in Yearbook of the International Law Commission 1955 Vol. I, S. 10, Fn. 5.

54 Vgl. Yearbook of the International Law Commission 1955 Vol. I, S. 10, Fn. 5.

55 So in Art. 73 Abs. 2 SRÜ.

56 So in Art. 101 SRÜ.

57 Diese Problematik stellt sich in der französischen, spanischen und der russischen Fassung nicht, da dort nur ein Wort gebraucht wird.

58 *Noyes*, Interpreting the 1982 Law of the Sea Convention and defining its terms, in: Walker (Hrsg.), Definitions for the law of the sea, 2012, S. 55; *Dupy-Vignes*, A Handbook on the New Law of the Sea Vol. 2, 1991, S. 842; *Waak* (Fn. 29), S. 36 ff..

59 BGBl. 1982 II, S. 4 (5).

Eine sehr ähnliche Definition enthält das *Internationale Übereinkommen zur Verhütung der Verschmutzung der See durch Öl* von 1954 in der Fassung vom 11. April 1962. Dort heißt es in Art. 1:

> „'Ship' means any sea-going vessel of any type whatsoever, including floating craft, whether self-propelled or towed by another vessel, making a sea voyage…"[60]

Zuletzt definiert die noch nicht in Kraft getretene *Convention on Conditions for Registration of Ships* den Begriff des Schiffs in Art. 2 als

> „…any self-propelled sea-going vessel used in international seaborne trade for the transport of goods, passengers, or both with the exception of vessels of less than 500 gross registered tons"[61]

Diesen Definitionen gemeinsam ist, dass sie alle recht weit gefasst sind. Ihre Übertragbarkeit auf die Vorschriften des Seerechtsübereinkommens erscheint indes fraglich. So hat der Internationale Gerichtshof in seinem Gutachten zum Fall *Constitution of the Maritime Safety Committee of the Inter-Governmental Maritime Consultative Organization* ausdrücklich festgestellt, dass die Bedeutung eines Wortes innerhalb einer Konvention immer in dem entsprechenden Kontext zu betrachten ist, in dem dieses Wort steht.[62]

Stellt man einen solchen Kontext für die Definition des MARPOL-Übereinkommens her, wird klar, dass die recht weit gefasste Schiffsdefinition hier durchaus Sinn macht. Besonders deutlich wird dies bei den von dem Übereinkommen eindeutig als Schiff erfassten festen Plattformen. Da von solchen, zum Beispiel zur Förderung von Öl installierten, Plattformen erhebliche Gefahren für die Meeresumwelt ausgehen, vor welchen das Übereinkommen gerade schützen will, ist es nur konsequent, wenn auch fest installierte Plattformen als Schiffe in den Schutzbereich des Übereinkommens Eingang finden. Dieses Beispiel zeigt jedoch auch, dass die Definition des Schiffes nicht in den Kontext des Seerechtsübereinkommens als Ganzes übernommen werden kann. Dies ergibt sich für den konkreten Fall der fest installierten Plattformen bereits mit Blick auf die in Art. 1 des Seerechtsübereinkommens festgelegten Begriffsbestimmungen. Dort wird, zumindest hinsichtlich einzelner Bestimmungen, eine deutliche Unterscheidung

---

60 600 UNTS, S. 332 (334).

61 26 I.L.M., S. 1229 (1237).

62 IGH *Constitution of the Maritime Safety Committee of the Inter-Governmental Maritime Consultative Organization, Advisory Opinion*, ICJ Reports 1960, S. 150 (158). Zur systematischen Auslegung ausführlich *Kolb* (Fn. 33), S. 139 ff.

zwischen Schiffen und Plattformen getroffen.[63] Schon deshalb verbietet sich die Übernahme einer solche Plattformen einschließenden Definition als für das gesamte Seerechtsübereinkommen gültige Begriffsbestimmung.[64] Auch in Bezug auf den unterschiedlichen Zweck des MARPOL-Übereinkommens einerseits und des Seerechtsübereinkommens andererseits verbietet sich die generelle Überführung der in Art. 2 des MARPOL-Übereinkommens enthaltenen Definition. Zwar sind im UN-Seerechtsübereinkommen auch Vorschriften enthalten, die zum einen den Schiffsbegriff verwenden und zum anderen den Schutz der Meeresumwelt bezwecken.[65] Dies gilt jedoch nicht für alle dort enthaltenen Vorschriften, sodass die Schiffsdefinition des MARPOL-Übereinkommens nicht für alle Vorschriften des Seerechtsübereinkommens gleichsam herangezogen werden kann.

Die kontextuale Betrachtung der in Art. 1 des *Internationalen Übereinkommens zur Verhütung der Verschmutzung der See durch Öl* enthaltenen Definition führt zu demselben Ergebnis. Dieses Übereinkommen bezweckte den Schutz der Umwelt, vor allem in Bezug auf die bei der Schiffsreinigung anfallenden Ölreste und deren Einleitung ins Meer.[66] Hier hat also dasselbe zweckbezogene Argument zu gelten wie schon beim MARPOL-Übereinkommen, sodass auch diese Schiffsdefinition nicht für das Seerechtsübereinkommen herangezogen werden kann.

Letztlich muss auch die Heranziehung der in der *Convention on Conditions for Registration of Ships* enthaltenen Definition für das Seerechtsübereinkommen scheitern. Dies ist schon der Tatsache geschuldet, dass dieses Übereinkommen noch nicht in Kraft getreten ist.[67] Zöge man gleichwohl die hierin enthaltene Definition des Schiffes für das Seerechtsübereinkommen heran, würde damit einem Teil der Bestimmungen zur Wirksamkeit verholfen und so die Erfordernisse, die für das Inkrafttreten des Übereinkommens festgelegt wurden, umgangen. Ferner würde die Tatsache, dass der Umfang der Definition wegen der

63 Vgl. Art. 1 Abs. 1 Nr. 5. Wie hier *Walker*, California Western International Law Journal 34 (2003–2004), S. 211 (237).

64 Vgl. *Noyes* (Fn. 58), S. 58, der fest installierte Plattformen dort in den Schiffsbegriff einbeziehen will, wo es um den Schutz des Lebens geht.

65 So beispielsweise Art. 194 Abs. 3 SRÜ.

66 Zur Geschichte des OILPOL-Übereinkommens s. *Douvier*, MARPOL, 2008 S. 25 ff.

67 Art. 19 des Übereinkommens sieht ein Inkrafttreten 12 Monate nach dem Beitritt von 40 Staaten, deren Frachtaufkommen mindestens 25 Prozent des weltweiten Frachtaufkommens beträgt, vor. Bislang sind dem Übereinkommen nur 15 Staaten beigetreten (Stand 18. Januar 2019).

Begrenzung auf Schiffe mit mehr als 500 BRT umstritten ist,[68] bei einer Übertragung in das Seerechtsübereinkommen eher zu weiteren Unsicherheiten als zur Klärung beitragen. Zudem verhindert auch hier der sich für die Definition ergebende Kontext eine solche Übernahme. Hauptziel des Übereinkommens ist die Schaffung einheitlicher Voraussetzungen zur Registrierung von Schiffen.[69] Zu der Vielzahl von Bereichen, welche das Seerechtsübereinkommen regelt und in welchen die Schiffsdefinition dort relevant wird, gehört die Registrierung von Schiffen aber gerade nicht. Damit lässt sich der erforderliche kontextuale Zusammenhang zwischen der Definition und dem Seerechtsübereinkommen nicht herstellen, und die Heranziehung der Definition des Schiffs in der *Convention on Conditions for Registration of Ships* für das Seerechtsübereinkommen scheidet aus.

(c) *Völkergewohnheitsrechtliche Definition*

Die Tatsache, dass weltweit eine nahezu unübersehbare Zahl innerstaatlicher Gesetze bestehen, die den Begriff des Schiffs definieren, legt den Schluss nahe, dass sich eine auf Staatenpraxis und opinio juris beruhende völkergewohnheitsrechtliche Definition herausgebildet haben muss. Dem stehen jedoch grundlegende Erwägungen entgegen. Zum einen verhindert gerade die große Anzahl bestehender Definitionen und deren unterschiedliche Ausprägung das Entstehen einer einheitlichen Staatenpraxis.[70] Aber nicht nur verschiedene Definitionen der unterschiedlichen Staaten bedingen diese Folge. Sie ergibt sich schon aus der Tatsache, dass oftmals innerhalb ein und derselben Rechtsordnung und sogar innerhalb verschiedener Gesetze dieser Rechtsordnung unterschiedliche Schiffsdefinitionen gelten.[71]

---

68 So hatte die International Transport Workers' Federation bei der Konferenz zur Verabschiedung des Übereinkommens erhebliche Bedenken angemeldet, vgl. United Nations Conference on Trade and Development (Hrsg.), Documents, United Nations Conference on Conditions for Registration of Ships, 1984, S. 7.

69 *McConnell*, Journal of Maritime Law and Commerce 18 (1987), S. 435 (441).

70 Eine umfassende Darstellung der verschiedenen Merkmale von Schiffsdefinitionen in Gesetzen der wichtigsten Schifffahrtsnationen enthält *Lazaratos*, Revue Hellénique de Droit International 22 (1969), S. 57 (62 ff.).

71 Vgl. hierzu etwa die Darstellung zur Rechtsordnung Großbritanniens bei *Engert-Schüler*, Völkerrechtliche Fragen des Eigentums an Wracks auf dem Hohen Meer, 1979, S. 34 ff.

(d) *Selbstständige, auf Art. 101 – 107 SRÜ bezogene Definition*
Die Suche nach einer tragfähigen Begriffsbestimmung kann somit nur zum Erfolg führen, wenn eigenständige Merkmale entwickelt werden, die dem Sinn und Zweck der Pirateriescchutzvorschriften des Seerechtsübereinkommens gerecht werden. Wie bereits gezeigt, muss vorrangiges Ziel sein, eine allein für die Vorschriften der Art. 100 – 107 SRÜ einschlägige Definition zu erarbeiten. Erreicht werden kann und soll aber gerade nicht eine für das Seerechtsübereinkommen im Gesamten oder gar eine darüber hinausreichende, allgemeingültige Definition des Rechtsbegriffs „Schiff". Ein solches Unterfangen wäre wegen der Vielzahl an Regelungsbereichen, die vom Seerechtsübereinkommen erfasst werden, zum Scheitern verurteilt. Andererseits ist der Vorschlag *Lucchinis*, von einer feststehenden völkerrechtlichen Definition des Schiffs gänzlich abzusehen und dafür im wissenschaftlichen Diskurs der Völkerrechtswissenschaft einzelne Merkmale herauszuarbeiten, anhand derer Richter und andere Entscheidungsträger im Rahmen des jeweils zu entscheidenden Einzelfalls festlegen könnten, ob die Schiffseigenschaft vorliege oder nicht, abzulehnen.[72] Ein solches Vorgehen setzte zunächst einen gewissen Zeitablauf voraus, in dem derartige Merkmale entwickelt werden und sich durchsetzen könnten. Im Gegensatz zu einer feststehenden Definition ist es daher nicht geeignet, bei zeitnah zu treffenden Entscheidungen Hilfestellung zu geben. Auch stellte sich dieser Vorschlag in der Rechtsanwendung als problematisch dar, wenn es Richtern und sonstigen Entscheidungsträgern überlassen bliebe, welche Merkmale sie aus einem „bunten Strauß" denkbarer Kriterien zur Festlegung der Schiffseigenschaft auswählen. Hieraus resultierte letztlich die Gefahr sich widersprechender Entscheidungen.

Zunächst ist daher die Frage zu stellen, ob für die Schiffsdefinition nach Art. 101 SRÜ die Größe des jeweiligen Schiffs eine Rolle spielt. In der einschlägigen Literatur wird die Größe in unterschiedlicher Hinsicht als relevant angesehen. So wird einerseits vertreten, dass die Größe eines Schiffs zu dessen Definition schon allein deshalb entscheidend sei, da Art. 91 SRÜ vorsieht, dass jeder Staat denjenigen Schiffen, denen er erlaubt, seine Flagge zu führen, entsprechende Dokumente ausstellt, obwohl viele Staaten solche Dokumente nur für Schiffe ab einer gewissen Größe ausgeben, sodass der Schiffsbegriff kleine Yachten nicht erfassen würde.[73] Mit diesem Argument lässt sich das Erfordernis

72 Vgl. *Lucchini*, Le Navire et Les Navires, in: Societe Française pour le Droit International (Hrsg.), Le Navire en Droit International, 1992, S. 11 (21).

73 Noch zu der gleichlautenden Vorschrift des Art. 5 Abs. 2 der Genfer Konvention über die Hohe See: *Meyers*, The nationality of ships, 1967, S. 17, 160 f.

einer bestimmten Größe nach dem oben Gesagten nicht auf die Pirateriedefinition übertragen. Denn während Art. 91 SRÜ registerrechtliche Zwecke verfolgt, sollen die Vorschriften der Art. 100 ff. SRÜ verhindern, dass im Bereich der Hohen See ein rechtsfreier Raum entsteht, und im Gegenzug den umfassenden Lebens- und Eigentumsschutz in diesem Bereich gewährleisten.[74] Die Anforderungen, die Art. 91 SRÜ an die Definition des Schiffs stellt, sind damit andere als die in Art. 100 ff. SRÜ. Macht man sich jedoch bewusst, dass Piraterie nach ihrer Grundkonzeption auf den Bereich der Hohen See beschränkt ist, ließe sich zumindest eine Schiffsgröße fordern, die es erlaubt, in diesem Bereich Schifffahrt zu betreiben.[75] Dem steht jedoch wiederum der Zweck des umfassenden Schutzes, den die Definition der Piraterie letztlich ermöglichen soll, entgegen. Deutlich wird dies bei Betrachtung des Falls von Bootsflüchtlingen, die meist in nicht für die Hochseeschifffahrt geeigneten Booten unterwegs sind.[76] Würde man die Definition des Schiffs und damit auch die der Piraterie auf der Größe nach hochseegängige Schiffe beschränken, führe dies zu dem unerträglichen Ergebnis der gänzlichen Schutzlosigkeit solcher Flüchtlinge gegenüber Piraten, sodass auch kleine, an sich nicht hochseetaugliche Schiffe von dem in Art. 101 SRÜ verwendeten Schiffsbegriff erfasst sein müssen.[77]

Aus dieser Überlegung ergibt sich auch, dass von der Definition des Schiffs, wie sie für Art. 101 SRÜ zu gelten hat, nicht nur solche Schiffe erfasst sein können, die Seeschiffe sind. Dass regelmäßig solche Schiffe gemeint sind, wenn in völkerrechtlichen Verträgen im Allgemeinen von Schiffen die Rede ist, ergibt sich daraus, dass Binnenschiffe selten in Regionen außerhalb des Aquitoriums[78]

---

74 Ähnlich auch *Trésoret* (Fn. 27), S. 212.

75 So etwa *Engert-Schüler* (Fn. 71), S. 59, die eine Angabe einer genauen Minimalgröße jedoch für überflüssig erachtet. *Herber*, Seehandelsrecht, 2. Aufl. 2016, S. 93 fordert eine „nicht ganz unbedeutende Größe", sieht diese bei Seeschiffen aber als stets erfüllt an.

76 Das Phänomen der Bootsflüchtlinge ist nach den in den 1970er Jahren zahlreich aufgetretenen Boat People in Folge der sog. Jasminrevolution in Tunesien 2010/2011 wieder aktuell geworden. Ähnliches zeigt sich in jüngster Zeit auch hinsichtlich der Flüchtlingsströme im Mittelmeer. Vgl. zur Problematik der Boat People: *Menefee*, Piracy and Vietnamese Boat People: a retrospective, in: Mejia (Hrsg.) (Fn. 28), S. 49 ff.

77 Wie hier *Lagoni* (Fn. 29), S. 501 (516); *Bolte*, Die Rechte des Uferstaates in Seehäfen über ausländische Handelsschiffe, 1969, S. 10; *Trésoret* (Fn 27), S. 190; *Waak* (Fn. 29), S. 35.

78 Der von *Graf Vitzthum* entwickelte Begriff des Aquitoriums umfasst die inneren Gewässer, Archipelgewässer und das Küstenmeer vgl. *Proelß*, Raum und Umwelt im Völkerrecht, in: Graf Vitzthum/ders. (Hrsg.), Völkerrecht, 8. Aufl. 2019, Rn. 36 sowie

vordringen, in denen diese Verträge maßgeblich sind.[79] Mit den zuvor angestellten Überlegungen ist in Hinsicht auf die speziellen Regelungen der Art. 100 ff. SRÜ jedoch derjenigen Meinung zu widersprechen, die Schiffe im völkerrechtlichen Sinn ausschließlich auf Seeschiffe beschränken will.[80]

Um indes das völlige Ausufern der Definition des Schiffs zu verhindern, ist wenigstens zu fordern, dass in Frage stehende Gefährte zumindest geeignet sind, Personen oder Güter zu transportieren.[81]

Ein weiterer unverzichtbarer Eckpunkt der Definition ist die Schwimmfähigkeit. Dieser Punkt wird vor allem bei der Frage, wann die Schiffseigenschaft endet, also bei der Abgrenzung zwischen Schiffen und Wracks, relevant. So ist davon auszugehen, dass die Schiffseigenschaft entfällt, wenn die Fähigkeit verloren geht, sich auf oder unter Wasser fortzubewegen oder fortbewegt zu werden.[82] Dabei genügt der nur vorübergehende Verlust der Schwimmfähigkeit jedoch nicht, vielmehr ist von einem Wrack, im Gegensatz zu einem Schiff, erst dann auszugehen, wenn entweder das Eigentum gänzlich aufgegeben wurde oder eine Bergung keine Aussicht auf Erfolg hat.[83]

Im Weiteren ist zu fragen, ob im Rahmen der Art. 100 ff. SRÜ zur Bejahung der Schiffseigenschaft gefordert werden soll, dass das in Frage kommende Gefährt zur Fortbewegung im Wasser bestimmt sein muss. Dies ist dahingehend zu bejahen, als zumindest die Möglichkeit der Nutzung des Wassers als Element der regulären Fortbewegung, und sei es auch nur zeitweise, gegeben sein muss.[84] Bei der Nutzung des Wassers zur Fortbewegung ist dagegen nicht erforderlich, dass diese mit einem bestimmten Zweck verbunden ist. Führt man den Gedanken des umfassenden Schutzes der Art. 100 ff. SRÜ fort, muss zwar, wie oben ausgeführt, die Eignung zur Beförderung von Personen oder Fracht gegeben

---

Graf Vitzthum, Maritimes Aquitorium und Anschlusszone, in: ders. (Hrsg.), Handbuch des Seerechts, 2006, S. 63 (69).

79 Ebenso *Engert-Schüler* (Fn. 71), S. 27; *Cheng*, Current Legal Problems 11 (1958), S. 225 (226).

80 So etwa bei *Engert-Schüler* (Fn. 71), S. 26 f.

81 *Herber* (Fn. 75), S. 94; *Engert-Schüler* (Fn. 71), S. 57.

82 *Herber* (Fn. 75), S. 94; *Böhme*, Tankerunfälle auf dem Hohen Meer, 1970, S. 22. Im Ergebnis ebenso *Brown*, Current Legal Problems 21 (1968), S. 113 (127, Fn. 45). Das Erfordernis der Schwimmfähigkeit ebenfalls bejahend *Engert-Schüler* (Fn. 71), S. 57.

83 Vgl. *Lazaratos* (Fn. 70), S. 92; *Böhme* (Fn. 82), S. 22; *Herber* (Fn. 75), S. 95.

84 So wohl auch *Gabel*, Tulane Law Review 18 (2006/2007), S. 1433 (1457); *Nordquist* (Fn. 44), Ar.t 101 Rn. 101.8 f.; *Herber* (Fn. 75), S. 94; ebenso *Trésoret* (Fn. 27), S. 191 und *Waak* (Fn. 29), S. 35, die auch Wasserflugzeuge als mögliches Angriffsobjekt i.S.d. Art. 101 SRÜ sehen.

sein. Eine dahingehende Einschränkung, dass ein Objekt nur dann als Schiff gelten kann, wenn es zur Beförderung von Personen oder Fracht *bestimmt* ist, ist jedoch nicht erforderlich.[85]

Ferner gilt es zu klären, inwieweit Objekte, die unter den Schiffsbegriff der Art. 100 ff. SRÜ fallen sollen, die Fähigkeit haben müssen zu navigieren. Zu denken wäre zunächst daran, nur solche Gefährte zu erfassen, die selbständig navigieren können.[86] Demgegenüber muss es jedoch als ausreichend gelten, dass solche Fahrzeuge navigierbar sind, also entweder die selbständige Fähigkeit besitzen, die Richtung ihrer Fortbewegung zu bestimmen – wobei der nur vorübergehende Verlust dieser Fähigkeit, etwa durch einen Maschinenschaden, die Schiffseigenschaft nicht aufhebt – *oder* durch andere Gefährte in eine bestimmte Richtung bewegt werden können.[87]

Zusammenfassend ergibt sich in Bezug auf die Vorschriften der Art. 100 – 107 SRÜ damit folgende Definition des Schiffes:

> Schiff im Sinne der Art. 100 – 107 SRÜ ist jedes Gefährt, das unabhängig von seiner Größe fähig ist Personen oder Fracht zu tragen und dazu bestimmt ist, sich auf oder unter Wasser fortzubewegen oder fortbewegt zu werden, sofern die Möglichkeit besteht, die Richtung der Fortbewegung aktiv, sei es durch das Gefährt selbst oder durch Eingreifen anderer Gefährte, zu bestimmen.

Allein eine solch weitreichende Definition vermag den bezweckten umfassenden Schutz von Menschen und Eigentum auf Hoher See zu gewährleisten.

2) *Die Zahl der an einem Piratenangriff beteiligten Schiffe*

Die Frage nach der Mindestanzahl der an einem Piratenangriff beteiligten Schiffe beantwortet Art. 101 SRÜ scheinbar eindeutig. Indem es in Unterpunkt i) heißt

> „… auf Hoher See gegen **ein anderes** Schiff oder Luftfahrzeug…“[88],

lässt sich die Frage auf den ersten Blick relativ einfach dahingehend beantworten, dass, damit von Piraterie i.S.d. Art. 101 SRÜ auszugehen ist, mindestens zwei Schiffe beteiligt sein müssen: ein Schiff, von dem der Angriff ausgeht, und ein

85 Insoweit ungenau *Engert-Schüler* (Fn. 71), S. 57.

86 *Vialard*, Droit maritime, 1997, S. 236. Ablehnend *Engert-Schüler* (Fn. 71), S. 60.

87 Ebenso *Trésoret* (Fn. 27), S. 190; *Herber* (Fn. 75), S. 94. *Waak* (Fn. 29), S. 35 spricht von „bewegliche[n] Wasserfahrzeugen“ im Gegensatz zu „(festen) Anlagen und Bauwerken“.

88 Hervorhebung durch den Verfasser.

weiteres, das als Angriffsobjekt dient.[89] Die Mindestzahl von zwei Schiffen findet ihre Stütze auch in den der Verabschiedung des Seerechtsübereinkommens vorausgegangenen Entwürfen.[90] Trotz allem ist dieses Erfordernis nicht kritiklos geblieben. Insoweit, als hierdurch die Meuterei auf Hoher See vom Anwendungsbereich der Art. 100 – 107 SRÜ ausgenommen ist, wird eine Unterscheidung zwischen Meuterei und Piraterie abgelehnt, da sowohl bei Beteiligung mehrerer Schiffe als auch bei einer Übernahme ein und desselben Schiffs „von innen heraus“ das Ergebnis dasselbe sei, nämlich der Eigentumsverlust des Berechtigten sowie die Gefährdung und Verletzung von Personen.[91] Dem ist jedoch entgegenzuhalten, dass rein interne Vorgänge auf einem Schiff allein der Jurisdiktion des Flaggenstaates unterfallen und gerade nicht die Zuständigkeit eines jeden Staates nach Art. 105 SRÜ auslösen.[92] Ebenso wenig kann der Wortlaut des Art. 101 (a) (ii) SRÜ mit der Argumentation, auch die Hohe See stelle einen Ort dar, der keiner staatlichen Hoheitsgewalt unterstehe, auf Taten im Bereich der Hohen See herangezogen werden.[93] Zwar ist richtig, dass nach dem Wortlaut des Art. 101 (a) (ii) SRÜ das Erfordernis der Beteiligung zweier Schiffe entfällt, wenn die Taten an einem Ort begangen werden, der keiner staatlichen Hoheitsgewalt untersteht, sich Meuterei und Piraterie innerhalb der Art. 100 – 107 SRÜ also nicht gänzlich in einem Exklusivitätsverhältnis gegenüberstehen.[94] Die auf die

---

89 *Guilfoyle* (Fn. 47), Rn. 12; *Dinstein* (Fn. 45), S. 1125 (1135); *Churchill*, The Piracy Provisions of the UN Convention on the Law of the Sea – Fit for Purpose?, in: Koutrakos/Skordas (Hrsg.) (Fn. 21), S. 9 (18 f.); *ders./Lowe*, The law of the sea, 3. Aufl. 1999, S. 210; *Shaw* (Fn. 52), S. 458; *Ali*, Maritime Security Cooperation in the Gulf of Guinea – Prospects and Challenges, 2015, S. 118.

90 So stellte die International Law Commission im Kommentar zu den von ihr entworfenen Draft Articles ausdrücklich fest, dass Meutereien, also Angriffe von Passagieren und/oder Besatzung auf das eigene Schiff, nicht unter die Definition der Piraterie fallen, vgl. *Nordquist* (Fn. 44), Art. 101 Rn. 101.8 (e). Zur geschichtlichen Entwicklung des Zwei-Schiffe-Erfordernisss auch *Fournier* (Fn. 42), S. 53 ff.

91 *Bento*, Berkley Journal of International Law 29 (2011), S. 399 (421).

92 *Trésoret* (Fn. 27), S. 192; *Azubuike*, Annual Survey of International and Coparative Law 15 (2009), S. 43 (53); *Jesus*, International Journal of Marine and Costal Law 18 (2003), S. 363 (376), der zwar nicht ausschließen will, dass die Beteiligung nur eines Schiffes zur Bejahung der Piraterie ausreicht, wenn die Täter das Schiff oder seine Ladung zum eigenen Vorteil in ihre Gewalt bringen, es hierfür aber als notwendig erachtet, den Wortlaut von Art. 101 (a) (i) SRÜ zu ändern.

93 *Menefee* (Fn. 39), S. 309 (312).

94 Art. 101 (a) (ii) SRÜ lautet „…an einem Ort, der keiner staatlichen Hoheitsgewalt untersteht, gegen **ein Schiff**…“ Hervorhebung durch den Verfasser. In Bezug auf den Entfall der Beteiligung zweier Schiffe wie hier *Waak* (Fn. 29), S. 34.

Harvard Draft Convention on Piracy zurückgehende Formulierung hat jedoch vor allem solche Gebiete im Auge, die als terra nullius gelten.[95] Wollte man den Bereich der Hohen See unter Art. 101 (a) (ii) SRÜ fassen, wäre die Unterscheidung der Alternativen sinnlos.[96] Inwieweit die Alternative des Art. 101 (a) (ii) SRÜ in Zeiten der zunehmenden Ausweitung seewärtiger Hoheitsgebiete noch relevant ist, wird im Rahmen des räumlichen Geltungsbereichs des Art. 101 SRÜ im folgenden Abschnitt zu klären sein.

Der von den Schöpfern des Seerechtsübereinkommens gewollte und eindeutig im Wortlaut des Art. 101 (a) (i) SRÜ zum Ausdruck kommende Vorrang der Flaggenstaatsjurisdiktion wird indes dort problematisch, wo der Flaggenstaat entweder nicht willens ist oder nicht die erforderlichen Ressourcen besitzt, um gegen Täter vorzugehen, die sich, dieselben Ziele verfolgend wie Piraten i.S.d. Seerechtsübereinkommens, als Besatzung oder Passagiere eines Schiffes bemächtigen.[97] Verfolgt man den Gedanken des Schutzzwecks der Vorschriften des Seerechtsübereinkommens über die Piraterie, der schon oben Eingang in die Erwägungen zum Schiffsbegriff gefunden hat, auch an dieser Stelle, muss man zu dem Ergebnis gelangen, dass das in Art. 101 (a) (i) SRÜ niedergelegte Konzept der zwei sich bekämpfenden Schiffe nicht zielführend ist. Um den umfassenden Schutz von Leben und Eigentum auf Hoher See gewährleisten zu können, darf es keine Rolle spielen, ob der Angriff gegen ein Schiff auf Hoher See von innerhalb ausgeht oder von außen geführt wird. Um diesen Mangel zu beheben, kommt – wie gezeigt – nur eine Änderung des Wortlauts in Betracht. Denn eine völkergewohnheitsrechtliche Beschränkung auf lediglich ein beteiligtes Schiff kommt schon deshalb nicht in Betracht, da es im Rahmen der Kodifikationsgeschichte der Vorschrift Bemühungen Chinas gab, den Wortlaut so zu gestalten, dass die Übernahme eines Schiffes von innen unter die Definition fällt, was von der überwiegenden Mehrheit der Staaten indes abgelehnt wurde.[98] Ob über eine solche

95 *Guilfoyle* (Fn. 47), Rn. 11; *Jesus* (Fn. 92), S. 363 (376); *Dinstein* (Fn. 45), S. 1125 (1133).
96 Ebenso *Fournier* (Fn. 42), S. 55.
97 Vgl. hierzu den von *Bento* (Fn. 91), S. 399 (422) gebildeten, hypothetischen Fall.
98 Zur Ablehnung des chinesischen Antrags auf der ersten Seerechtskonferenz *Kontorovich,* American Journal of International Law 103 (2009), S. 734 (737). Wie hier gegen die Bildung eines völkergewohnheitsrechtlichen Rechtssatzes *Trésoret* (Fn. 27), S. 192, Fn. 823 der jedoch mit Inkrafttreten der SUA-Konvention keine Notwendigkeit mehr sieht, den Pirateriebegriff auf Fälle der Beteiligung nur eines Schiffs zu erweitern. Für eine völkergewohnheitsrechtliche Regelung dieser Art dagegen *O'Connell* (Fn. 34), S. 971.

zwischen den Vertragsstaaten des Seerechtsübereinkommens Einigkeit erzielt und so Klarheit in diese Grauzone gebracht werden kann, indem das Erfordernis eines zweiten Schiffs obsolet gemacht wird, muss bezweifelt werden, würde dies doch eine nicht unerhebliche Einschränkung der Hoheitsrechte von Flaggenstaaten mit sich bringen.

d) Räumliche Abgrenzung

1) *Einleitung*

Die in Art. 101 des Seerechtsübereinkommens festgelegte Definition erfährt eine nicht unerhebliche Einschränkung, als sie nur solche Handlungen erfasst, die auf Hoher See oder in Räumen stattfinden, die der staatlichen Hoheitsgewalt entzogen sind. Zur räumlichen Abgrenzung ist daher zunächst ein Blick auf das Regime der Hohen See geboten. Die Hohe See ist in Art. 86 des Seerechtsübereinkommens negativ als derjenige Teil des Meeres definiert, der weder dem Küstenmeer oder den inneren Gewässern eines Staates noch den Archipelgewässern eines Archipelstaates zuzurechnen ist.[99] Diese territoriale Beschränkung der Pirateriervorschriften des Seerechtsübereinkommens auf die Hohe See erklärt sich, wenn man sich zwei Grundprinzipien des Völkerrechts vergegenwärtigt. Einerseits scheitert ein landwärtiges Eingreifen des Seerechtsübereinkommens am Grundsatz der Souveränität der Staaten. Eine Ausweitung des Geltungsbereichs der Art. 100 ff SRÜ, beispielsweise innerhalb des Küstenmeeres, würde zugleich Einschränkungen der Souveränität von Küstenstaaten mit sich bringen. Gleichsam gegenläufig wirkt die von *Grotius* entwickelte und in Art. 87 SRÜ kodifizierte Freiheit der Hohen See. Dieser Grundsatz, nach dem der Bereich der Hohen See von jeder Hoheitsgewalt frei zu bleiben hat, also kein Staat in diesem Gebiet hoheitliche Rechte geltend machen kann, findet innerhalb der Vorschriften zum Schutz vor Piraterie dahingehend seine Einschränkung, dass nach Art. 105 SRÜ jedem Staat nicht nur das Recht zukommt, ein von ihm auf Hoher See gestelltes Seeräuberschiff aufzubringen, sondern zugleich eine Universaljurisdiktion besteht, also Gerichte des aufbringenden Staates, gänzlich unabhängig davon, welche Flagge das Seeräuberschiff führt, über die Piraten richten dürfen. Der Grundsatz der Universaljurisdiktion kann nur dort eingreifen, wo staatliche

99 Zur Problematik dieser ausschließlich negativ gefassten Abgrenzung, vor allem im Hinblick auf die übermäßige Ausweitung des seewärtigen Hoheitsgebiets, vgl. *Wolfrum*, Hohe See und Tiefseeboden (Gebiet), in: Graf Vitzthum (Hrsg.), Handbuch des Seerechts (Fn. 78), S. 287 (294).

Hoheitsrechte nicht betroffen sind, in Bezug auf die Piraterie also im Bereich der Hohen See.[100]

Die räumliche Begrenzung auf die Hohe See erweist sich für die Praktikabilität der Vorschriften zum Schutz vor Piraterie jedoch als äußerst hinderlich. Dies ist vor allem der Tatsache geschuldet, dass die überwiegende Zahl der geführten Angriffe gegen Schiffe gerade nicht im Bereich der Hohen See, sondern vielmehr innerhalb des Küstenmeers bestimmter Staaten stattfindet und damit nicht als Piraterie i.S.d. Seerechtsübereinkommens zu qualifizieren ist. Dies zeigt zum einen, wie bereits zuvor angeführt, dass Rechtswirklichkeit und vertragliche Regelung deutlich auseinanderfallen. Zum anderen machen sich moderne Piraten die an sich gegen sie gerichtete Vorschrift zunutze, indem sie ihre Aktivitäten entweder in den Bereich des Küstenmeers verlegen, oder nach Überfällen auf Hoher See in das Küstenmeer eines Staates flüchten, um so der Verfolgung durch Schiffe anderer Staaten zu entgehen. Es lässt sich deshalb mit *Murphy* sagen, dass durch die Beschränkung der Art. 100 ff. SRÜ auf die Hohe See der Piraterie letztlich sogar Vorschub geleistet wird.[101] Das Argument, dass die Piraten der Jurisdiktion desjenigen Staates unterliegen, in dessen Gewässer sie operieren bzw. in dessen Gewässer sie sich flüchten und von diesem gestellt werden können, vermag dies insofern nicht zu entkräften, als die betroffenen Küstenstaaten oftmals weder finanziell noch logistisch in der Lage sind, Entsprechendes zu leisten.

Um dieser Problematik zu begegnen, bedarf es also einer Ausweitung des geographischen Anwendungsbereichs der Art. 100 ff. SRÜ. Gelingen kann dies jedoch nur unter Anwendung eines Korrektivs, welches das Interesse der Staatengemeinschaft an der aktiven Bekämpfung der Piraterie einerseits und den Gedanken der Souveränität der Küstenstaaten andererseits in Ausgleich bringt.

2) *Erweiterung auf die Ausschließliche Wirtschaftszone*

Eine erweiternde Auslegung der Definition ergibt, dass von Piraterie auch gesprochen werden kann, wenn der Überfall innerhalb der Ausschließlichen Wirtschaftszone (AWZ) eines Staates stattfindet. Dies folgt aus dem Zusammenspiel von Art. 86 und Art. 52 Abs. 2 SRÜ. Zwar stehen dem Küstenstaat

---

100 Zu den Befugnissen nach Art. 105 SRÜ siehe unten Dritter Teil, Kapitel 1, IV., 2., c).

101 *Murphy*, Piracy and UNCLOS: Does International Law Help Regional States Combat Piracy?, in: Lehr (Hrsg.), Violence at Sea: Piracy in the Age of Global Terrorism, 2007, S. 155 (165). A.A. wohl *Fournier* (Fn. 42), S. 49 f. die eine küstenwärtige Ausweitung der Piraterievorschriften unter dem Hinweis auf das Wesen des Völkerrechts generell ablehnt.

innerhalb der AWZ bestimmte, in ihrem Umfang beschränkte Befugnisse der exklusiven Nutzung zu. So kann sich ein Küstenstaat innerhalb der AWZ der in Art. 56 Abs. 1 SRÜ niedergelegten Rechte zur Erforschung, Ausbeutung und Bewirtschaftung der in diesem Bereich vorhandenen Ressourcen bedienen.[102] Jedoch ist zwischen der Nutzung durch den Küstenstaat und der gebietsrechtlichen Zuordnung zu trennen.[103] Wie der Wortlaut von Art. 56 Abs. 1 lit. a SRÜ zeigt, ist die Nutzung der AWZ an die dort vorhandenen Ressourcen geknüpft und hat gerade keine gebietsrechtlichen Auswirkungen.[104] Mit Blick auf Art. 86 SRÜ ließe sich argumentieren, dass die dort getroffene Unterscheidung zwischen AWZ und Hoher See nahelegt, dass die AWZ nicht zum Bereich der Hohen See gezählt werden kann und die Definition des Art. 101 SRÜ damit innerhalb der AWZ keine Anwendung findet. Dem ist entgegenzuhalten, dass in dieser Unterscheidung kein definitorisches Element des Begriffs der Hohen See zu sehen ist.[105] Vielmehr setzt sich Art. 86 SRÜ mit der Konkretisierung der in Teil VII des Übereinkommens niedergelegten Bestimmungen auseinander.[106] Für eine Anwendung des Art. 101 SRÜ im Bereich der AWZ spricht zudem Art. 86 Satz 2 SRÜ, der deutlich macht, dass Vorschriften des Übereinkommens, die nicht die Nutzung von Ressourcen betreffen, auch in der AWZ zur Anwendung kommen.[107] Demnach gelten über die Verweisungsnorm des Art. 58 Abs. 2 SRÜ die Pirateriévorschriften auch innerhalb der AWZ, da die Bekämpfung von Piraterie gerade nicht mit den Vorschriften über die AWZ unvereinbar, sondern vielmehr den dort gewährten Rechten dienlich ist.[108] Umstritten hierbei ist ferner, ob es

---

102 Zum Umfang dieser Rechte ausführlich: *Proelß*, Ausschließliche Wirtschaftszone, in: Graf Vitzthum (Hrsg.), Handbuch des Seerechts (Fn.78), S. 222 (233).

103 *Proelß* (Fn. 102), S. 222 (228 f.); *ders.* (Fn. 24), S. 280 (282).

104 *Proelß* (Fn. 24), S. 280 (282) spricht insoweit von einer „küstenstaatliche[n] Funktionshoheitszone".

105 *Proelß* (Fn. 102), S. 222 (228); *ders.* (Fn. 24), S. 280 (282).

106 *Proelß* (Fn. 102), S. 222 (228); *ders.* (Fn. 24), S. 280 (282).

107 *Guilfoyle*, Art. 86, in: Proelß (Hrsg.) (Fn. 24), Rn. 5.

108 *Allmendinger/Kees*, Neue Zeitschrift für Wehrrecht 2008, S. 60 (62); *Jesus* (Fn. 92), S. 363 (379); *von Arnauld*, Archiv des Völkerrechts 47 (2009), S. 454 (457); *Shearer*, Piracy, in: Wolfrum (Hrsg.), The Max Planck Encyclopedia of Public International Law, 2010, Rn.19; *König/Salomon* (Fn. 52), S. 165 (171); *Treves*, Italian Yearbook of International Law 22 (2012), S. 23 (33); *von Arnauld*, Piraterie und Völkerrecht heute, in: Grieb/Todt (Hrsg.) (Fn. 1), S. 219 (221); *Gosalbo-Bono/Boelaert-Suominen*, The European Union's Comprehensive Approach to Combating Piracy at Sea: Legal Aspects, in: Koutrakos/Skordas (Hrsg.) (Fn. 21), S. 81 (98); *Churchill* (Fn. 89), S. 9 (20); *Fournier* (Fn. 42), S. 51; *Waak* (Fn. 29), S. 41. A.A. *Bento* (Fn. 91), S. 399 (418). *Hershey*, University of Massachusetts Law Review 10 (2014), S. 94 (113).

sich nach Art. 58 Abs. 2 SRÜ bei Überfällen in der AWZ um Akte der Piraterie i.S.d. Definition des Art. 101 SRÜ handelt oder ob bei solchen Überfällen lediglich die Rechtsfolgen des Art. 105 SRÜ greifen. Für Letzteres wird angeführt, dass nach Art. 58 Abs. 2 SRÜ lediglich eine entsprechende Anwendung der Vorschriften vorgesehen sei, die Voraussetzungen des Art. 101 SRÜ bei Überfällen in der AWZ aber gerade nicht vorlägen.[109] Dem steht indes der Wortlaut des Art. 58 Abs. 2 SRÜ entgegen. Die lediglich entsprechende Anwendung der Art. 88 ff. SRÜ kann dem nicht entnommen werden. Vielmehr sollen die Art. 88 bis 115 SRÜ uneingeschränkt gelten, sofern sie nicht mit den Vorschriften über die AWZ unvereinbar sind.

3) *Ausweitung des geographischen Geltungsbereichs auf das Küstenmeer*

Für die Ausweitung der Befugnisse zur Verfolgung von Piraten innerhalb des Küstenmeers bieten sich zahlreiche Ansätze. Wenig überzeugend ist der Vorschlag, das Tatbestandsmerkmal der Hohen See als Begehungsort aus der Definition zu streichen.[110] Zwar würde hierdurch die Definition eindeutig auch für das Küstenmeer Geltung erhalten. Dies ginge jedoch in einem Maße zu Lasten des Souveränitätsgedankens, das nicht tragbar ist. Der Befugnis fremder Staaten, innerhalb des Hoheitsgebiets von Küstenstaaten zu operieren, stünde so nämlich kein Ausgleich zum Schutz der hoheitlichen Rechte entgegen. Letztlich drohte bei einer bloßen Streichung des Begehungsorts die Souveränität von Küstenstaaten gänzlich ausgehöhlt zu werden. Dann wäre nämlich nicht nur die Verfolgung von Piraten innerhalb der Küstengewässer, sondern auch in den inneren Gewässern, ja sogar an Land denkbar, und das jederzeit, durch jeden Staat und ohne das Erfordernis der Kenntnisgabe an geschweige denn des Einverständnisses durch den betroffenen Küstenstaat. Eine solch weitgehende Einschränkung der staatlichen Souveränität ist weder wünschenswert noch praktisch durchsetzbar.

Aus ähnlich gelagerten Gründen ist der Vorschlag, die Definition der Piraterie losgelöst von der Unterteilung des Meeres in verschiedene Bereiche zu betrachten und als Abgrenzungsmerkmal vielmehr die Fähigkeit der Küstenstaaten zur effektiven Bekämpfung von Piraten heranzuziehen, nicht tragfähig.[111] Wollte man allein fragen, in welchem seewärtigen Bereich ein Staat in der Lage zur wirksamen Bekämpfung von Piraten ist, um festzulegen, wie weit seine souveränen Rechte reichen, würde dies nicht nur die Aufgabe des im Seerecht über lange

---

109 *Logina* (Fn. 28), S. 263 (274 f.).

110 So etwa *Stiles*, Suffolk Transnational Law Review 27 (2003–2004), S. 299 (323 f.).

111 *Logina* (Fn. 28), S. 263 (276).

Zeit entwickelten und in der Staatengemeinschaft anerkannten Zonensystems bedeuten. Auch würde ein solcher Ansatz zu Undurchsichtigkeit bei der Anwendung der Piraterieschutzvorschriften führen, da sich die Fähigkeit zur effektiven Bekämpfung von Piraten und damit die territoriale Ausdehnung der Jurisdiktion der Küstenstaaten von Staat zu Staat in erheblichem Maße unterscheiden würde, ohne dass hierfür konkrete, objektiv nachvollziehbare Anhaltspunkte zu finden wären.

Eine weitere Möglichkeit, den Geltungsbereich der Art. 100 ff. SRÜ auf das Küstenmeer zu erweitern, bietet die Pflicht zur Hilfeleistung nach Art. 98 SRÜ. Die Pflicht, anderen in Not befindlichen Menschen so schnell wie möglich zu Hilfe zu eilen, gilt unter Seefahrern seit jeher. Mit Art. 11 des Internationalen Übereinkommens zur einheitlichen Feststellung einzelner Regeln über die Hilfeleistung und die Bergung in Seenot vom 23. September 1910 wurde diese Regel erstmals völkerrechtlich kodifiziert.[112] Die Pflicht zur Hilfeleistung hat in Art. 12 Abs. 1 Genfer Konvention über die Hohe See Eingang gefunden, der nahezu wortgleich in Art. 98 SRÜ übernommen wurde und insoweit Völkergewohnheitsrecht darstellt.[113] Ob sich hieraus jedoch die Erweiterung der Schutzvorschriften zur Bekämpfung von Piraterie auf die Küstengewässer eines Staates ergeben kann, ist zweifelhaft. Hierzu bedarf es der genaueren Betrachtung des räumlichen Anwendungsbereichs von Art. 98 SRÜ. Nach einer im Schrifttum vorherrschenden Meinung greift Art. 98 SRÜ auch innerhalb der Küstengewässer.[114] Einer solch generellen Erstreckung der Nothilfe auch auf innerstaatliche Gewässer stehen jedoch mehrere Erwägungen entgegen. Schon der Souveränitätsgedanke verbietet eine unterschiedslose Erweiterung des Zugriffsrechts anderer Staaten auf den Bereich des Küstenmeers, und sei es auch um Hilfe zu leisten.[115] Ferner spricht gegen eine Anwendbarkeit von Art. 98 SRÜ innerhalb

112 RGBl. 1913, S. 66.

113 *Guilfoyle*, Art. 98, in: Proelß (Hrsg.) (Fn. 24), Rn. 1; *O'Connell* (Fn. 34), S. 814; Yearbook of the International Law Commission 1956 Vol. II, S. 253 (281); *Waak* (Fn. 29), S. 95.

114 *Guilfoyle* (Fn. 113), Rn. 3; *Nordquist* (Fn. 44), Art. 98 Rn. 98.11 (g); im Ergebnis auch *Shearer* (Fn. 108), Rn. 33; *Trésoret* (Fn. 27), S. 273; Wiefelspütz, Neue Zeitschrift für Wehrrecht 2009, S. 133 (135); *ders.*, Der Auslandseinsatz der Bundeswehr und das Parlamentsbeteiligungsgesetz, 2. Aufl. 2012, S. 170; *ders.*, Neue Zeitschrift für Wehrrecht 2005, S. 146 (155); *Stehr*, Piraterie und Terror auf See, 2004, S. 22.

115 Zur vorrangigen Zuständigkeit des Küstenstaats im Bereich des Küstenmeers vgl. Yearbook of the International Law Commission 1956 Vol II, S. 253 (282); *Nordquist* (Fn. 44), Art. 101 Rn. 101.8 d).

der Küstengewässer dessen Stellung im VII. Teil des Seerechtsübereinkommens, wo ausschließlich Fragen der Hohen See betroffen sind.[116] In Situationen, in denen der Küstenstaat zu erforderlichen Rettungsmaßnahmen logistisch nicht in der Lage ist, ist jedoch eine differenzierende Sichtweise angezeigt, denn dort würde der Lebensschutz, den das Seerechtsübereinkommen gewähren will, wiederum konterkariert werden, wollte man der Souveränität des Küstenstaats gänzlichen Vorrang einräumen.[117] In solchen wie auch in Fällen, in denen der Küstenstaat sein Einverständnis mit dem Ergreifen der Rettungsmaßnahmen innerhalb seiner Gewässer durch Schiffe anderer Staaten erklärt und insoweit, was die Souveränität angeht, keine schutzwürdigen Interessen ins Feld führen kann, greift die Nothilfeverpflichtung des Art. 98 SRÜ auch im Bereich des Küstenmeers.[118] Eine generelle Erweiterung des räumlichen Geltungsbereichs der Art. 100 ff. SRÜ ist auf diesem Wege jedoch nicht möglich.

Wesentlich effektiver erscheint der von *Jesus* ins Feld geführte Vorschlag, die Geltung der Art. 100 ff. SRÜ dadurch auf die Küstengewässer auszudehnen, dass über Art. 311 Abs. 3 SRÜ Abkommen mit entsprechendem Inhalt geschlossen werden.[119] Durch ein solches Vorgehen lassen sich die souveränen Interessen des Küstenstaats und die Bekämpfung der Piraterie auf völkerrechtlicher Ebene sehr gut vereinen. Während nämlich einerseits den Schiffen fremder Staaten der Zugriff auf und die Verhaftung von in Küstengewässern operierenden Piraten erlaubt würde, könnten andererseits – gleichsam als Ausgleich – bestimmte

116 Vgl. *Trésoret* (Fn. 27), S. 273.

117 Ähnlich *Heintschel von Heinegg*, Friedliche Nutzung, Seekriegs- und Neutralitätsrecht, Friedenssicherung in: Graf Vitzthum, Handbuch des Seerechts (Fn. 78), S. 491 (530). Insoweit nicht überzeugend ist die bei *Trésoret* (Fn. 27), S. 274 geführte Argumentation, der Schutzzweck würde stets unterlaufen, wenn auf die vorrangige Zuständigkeit des Küstenstaates abgestellt würde. Wenn der Küstenstaat selbst zur Rettung in der Lage ist, wird der Schutzzweck nämlich erreicht, ohne dass in die staatliche Souveränität eingegriffen werden muss.

118 So im Ergebnis auch *Waak* (Fn. 29), S. 97 und wohl auch *Heintschel von Heinegg* (Fn. 117), S. 491 (530). Zu den weiteren tatbestandlichen Voraussetzungen und dem Umfang des sich dann ergebenden Eingriffsrechts siehe unten Dritter Teil, Kapitel 1, IV. 2. d).

119 Ausführlich hierzu *Jesus* (Fn. 92), S. 363 (383 ff.). Ebenso *von Arnauld* (Fn. 108), S. 219 (232). Die Frage, ob solche Abkommen mit Blick auf das Recht der friedlichen Durchfahrt einschränkend wirken und damit nach Art. 311 Abs. 3 Hs. 3 SRÜ unzulässig sind, stellt sich hier nicht, da es um Situationen geht, in welchen die Überfälle *innerhalb der Küstengewässer* begangen wurden, die Friedlichkeit der Durchfahrt also aufgehoben ist.

Anforderungen an den Eingriff in die bestehenden Hoheitsrechte gestellt werden, um bestehende Souveränitätsansprüche abzusichern.[120]

Zu denken wäre dabei etwa an eine Mitteilungspflicht der einfahrenden Schiffe gegenüber den Behörden des Küstenstaats, verbunden mit einer Subsidiaritätsklausel dergestalt, dass das Recht zum Aufgreifen der Piraten vorrangig den Seestreitkräften des Küstenstaates zusteht, sofern diese hierzu zeitnah in der Lage sind. Ferner wäre die Vereinbarung sinnvoll, die von ausländischen Staatsschiffen aufgegriffenen Piraten sowie beschlagnahmte Schiffe und Güter an die Behörden des Küstenstaats auszuliefern, sofern sichergestellt ist, dass dort ein ordentliches Gerichtsverfahren geführt wird. Zudem böten sich zum Schutz der Rechte des Küstenstaats Bestimmungen zur gerichtlichen Streitbeilegung sowie zum Ersatz von Schäden, die durch bzw. bei der Verfolgung von Piraten innerhalb des Küstenmeers durch Schiffe anderer Staaten verursacht werden, an. Letztlich ließe sich ein Ausgleich der Interessen nur unter Beachtung des Reziprozitätsgrundsatzes gewährleisten.

Ein weiterer Ansatz, der Problematik des geographischen Geltungsbereichs der Pirateriedefinition Herr zu werden, ist die Möglichkeit der Ausweitung des Rechts der Nacheile. Nach bisheriger Rechtslage besteht ein seewärtiges Recht zur Nacheile dergestalt, dass Schiffe eines Küstenstaats Piraten auch über die Grenzen des eigenen Küstenmeers hinaus in den Bereich der Hohen See verfolgen und dort aufgreifen dürfen.[121] Diese Regelung kollidiert insoweit nicht mit den Rechten anderer Staaten, da der verfolgende Küstenstaat innerhalb der eigenen Gewässer die ihm zustehenden Hoheitsrechte ausübt und auf Hoher See nach Art. 105 SRÜ zum Zugriff berechtigt ist. Nach Art. 111 Abs. 3 SRÜ endet das Recht zur Nacheile jedoch, sobald das verfolgte Schiff in das Küstenmeer eines anderen Staats als des Flaggenstaats des nacheilenden Schiffs einfährt. Eine Verfolgung von in eigenen Küstengewässern oder auf Hoher See gestellten Piraten in Küstengewässer fremder Staaten scheidet mit Blick auf Art. 111 Abs. 3 SRÜ grundsätzlich aus. Hintergrund dieser Bestimmung ist, dass den Küstenstaaten innerhalb des Küstenmeers die uneingeschränkten souveränen Rechte zustehen, in die fremde Staaten – etwa durch Nacheile – nicht eingreifen dürfen.[122] Die Bestimmung des Art. 111 Abs. 3 SRÜ wird im Schrifttum äußerst kontrovers

120 Zu den im Nachfolgenden genannten möglichen Absicherungen der Hoheitsrechte des Küstenstaats vgl. *Jesus* (Fn. 92), S. 363 (385).

121 Vgl. Art. 111 Abs. 1 SRÜ. Zu dessen Tatbestandsvoraussetzungen siehe unten Dritter Teil, Kapitel 1, IV., 2. e).

122 Vgl. *Trésoret* (Fn. 27), S. 278; *Stehr* (Fn. 114), S. 22 f.; *Doehring* (Fn. 48), S. 229. Zur Ausdehnung sowie zum Rechtsstatus des Küstenmeers vgl. *Proelß* (Fn. 78), Rn. 43 ff.

gesehen. Einerseits wird mit dem klaren Wortlaut der Vorschrift die Nacheile innerhalb des Küstenmeers fremder Staaten gänzlich abgelehnt.[123] Dagegen geht eine andere Meinung entgegen des klaren Wortlauts der Vorschrift davon aus, dass das Recht, die Nacheile in fremden Küstengewässern fortzusetzen, auf Art. 111 Abs. 3 SRÜ zurückzuführen und immer, sogar unabhängig vom Einverständnis des Küstenstaats, möglich sei.[124] Vermittelnd wird vertreten, dass im Rahmen der Bekämpfung der Piraterie die Nacheile innerhalb des Küstenmeers dann zulässig sei, wenn der betroffene Küstenstaat nicht die Möglichkeit habe, das Piratenschiff selbst zu verfolgen.[125] Auf völkervertragsrechtlicher Ebene sah die *Harvard Draft Convention on Piracy* in Art. 7 die Möglichkeit der sogenannten fortgesetzten Nacheile vor. Die Verfasser dieser Bestimmung schlossen sich bewusst der das Recht zur fortgesetzten Nacheile bejahenden Meinung an, um eine verlässliche Kodifikation des Rechts der Nacheile innerhalb von Küstengewässern zu erreichen.[126]

Als Schutz der territorialen Rechte sah der Entwurf neben der Pflicht zum Ersatz möglicher Schäden durch den verfolgenden Staat (Art. 8) auch das Recht der Küstenstaaten vor, über die in den Küstengewässern gestellten Schiffe zu verfügen.[127] Die fortgesetzte Nacheile wurde letztlich aber weder in der Genfer Konvention über die Hohe See noch im Seerechtsübereinkommen kodifiziert. Mit der Resolution des UN-Sicherheitsrats zur Situation in Somalia wurde Art. 111 Abs. 3 SRÜ außer Kraft gesetzt und die fortgesetzte Nacheile innerhalb des Küstenmeers von Somalia für zulässig erklärt.[128] Auch wird von einzelnen Staaten die Verfolgung von Piratenschiffen in Küstengewässern anderer Staaten für zulässig erachtet.[129] Insoweit ließe sich eine völkergewohnheitsrechtliche Erweiterung des Rechts der Nacheile andenken, wie sie im früheren Schrifttum

---

123 *Nordquist* (Fn. 44), Art. 105 Rn. 105.10 (b).

124 Dargestellt bei *Trésoret* (Fn. 27), S. 279 f. m.w.N.

125 *Bowett*, Self-Defence in International Law, 1958, S. 83; *Hackworth*, Digest of International Law 2: Chapters 68, 1941, S. 683.

126 Kommentar zur Harvard Draft Convention on Piracy (Fn. 21), S. 739 (833).

127 Kommentar zur Harvard Draft Convention on Piracy (Fn. 21), S. 739 (833).

128 S.C. Res. 1816 vom 02.06.2008 S/INF/63, S. 63 ff., hierzu näher unten Dritter Teil, Kapitel 1, V., 2., a).

129 So etwa von den Vereinigten Staaten von Amerika vgl. Department of the Navy (Hrsg.), The Commander's Handbook on the Law of Naval Operations, 2007, 3.5.3.2: Pursuit of Pirates into Foreign Territorial Seas, Archipelagic Waters, or Airspace, abrufbar unter: http://www.usnwc.edu/getattachment/a9b8e92d-2c8d-4779-9925-0defea93325c/1-14M_%28Jul_2007%29_%28NWP%29

angenommen wurde.[130] Hiergegen spricht indes, dass das Anerkennen des Rechts zur fortgesetzten Nacheile auf staatlicher Ebene bislang einen Ausnahmefall darstellt und nicht als zu verallgemeinernde Zulässigkeit der fortgesetzten Nacheile gesehen werden kann.[131] Auch die Tatsache, dass der Sicherheitsrat in seiner Resolution 1816 (2008) die Zulässigkeit der fortgesetzten Nacheile ausdrücklich festgestellt hat, spricht gegen das Bestehen eines solchen völkergewohnheitsrechtlichen Rechtssatzes.[132] Aus der Tatsache, dass in dieser Resolution die fortgesetzte Nacheile positiv beschieden wurde, den Schluss zu ziehen, diese sei völkergewohnheitsrechtlich zulässig, verbietet sich schon deshalb, da die Resolution zugleich ausdrücklich bestimmt, dass sich aus ihr keine völkergewohnheitsrechtlichen Änderungen ergeben.[133] Die Ausweitung des Rechts zur Nacheile ohne nähere vertragliche Regelung ist damit nicht möglich. Die von *Hackworth* und *Bowett* befürwortete erweiternde Auslegung ist deshalb nicht mehr zeitgemäß, da sie gegen den klaren Wortlaut des Art. 111 Abs. 3 SRÜ verstößt. Sie ist damit völkerrechtswidrig.[134]

Die Ausweitung des Rechts der Nacheile unter gleichzeitiger Wahrung der hoheitlichen Interessen der Küstenstaaten ließe sich aber wiederum über nach Art. 311 Abs. 3 SRÜ zu treffende Übereinkommen erreichen. Zugunsten der Küstenstaaten wären darin aber die bereits dargelegten Sicherungsinstrumente einzubauen. Entscheidend für die Zulässigkeit von Übereinkommen solchen Inhalts ist die Frage, inwieweit hierdurch andere Vertragsstaaten in der Ausübung ihrer Rechte aus dem Übereinkommen beeinträchtigt würden.[135] Jedem Schiff steht nach Art. 19 Abs. 1 SRÜ das Recht der friedlichen Durchfahrt zu, „solange sie nicht den Frieden, die Ordnung oder die Sicherheit des Küstenstaats beeinträchtigt." Dieses Recht würde durch ein Abkommen der vorgenannten Art

130 *Affeld*, Humanitäres Völkerrecht – Informationsschriften 2000, S. 95 (97) m.w.N.

131 Insoweit ebenfalls zweifelnd: *Murphy* (Fn. 101), S. 155 (163). Ähnlich *Fournier* (Fn. 42), S. 80.

132 *Bento* (Fn. 91), S. 399 (420). Im Ergebnis a.A. *Trésoret* (Fn. 27), S. 280 ff., der das Bestehen einer solchen völkergewohnheitsrechtlichen Bestimmung wohl nicht ausschließen will, sich hiermit aber nicht näher auseinandersetzt.

133 SC-Res 1816 (2008), Para 9.

134 Ebenso *Rindfleisch*, Das Recht der Nacheile zur See, 2001, S. 155. Das Recht zur fortgesetzten Nacheile ebenfalls ablehnend *Geiß/Tams*, Non-Flag States as Guardians of the Maritime Order: Creeping Jurisdiction of a Different Kind?, in: Ringbom (Hrsg.), Jurisdiction over Ships: Post-UNCLOS Developments in the Law of the Sea, 2015, S. 19 (42).

135 Vgl. Art. 311 Abs. 3 Hs. 3 SRÜ.

zumindest eingeschränkt. Jedoch wird man die Durchfahrt eines Piratenschiffs nicht als von Art. 19 SRÜ gedeckt ansehen können. In Fällen, in denen Piraten die Küstengewässer ausschließlich als Rückzugsort nutzen, ohne dort weitere Überfälle zu begehen, liegt der Ansatzpunkt für die die Sicherheit des Küstenstaats beeinträchtigende Handlung zwar außerhalb des Küstenmeers. Dass die beeinträchtigende Handlung innerhalb der Küstengewässer erfolgt, ist jedoch auch nicht erforderlich. Dies ergibt sich aus dem Wortlaut des Art. 19 Abs. 1 SRÜ, wonach die Sicherheit des Küstenstaates gewährleistet sein muss, unabhängig davon, wo beeinträchtigende Handlungen vorgenommen werden.[136] Die Durchfahrt eines Schiffes, dessen Besatzung die Küstengewässer eines Staates nur deshalb aufsucht, um nicht wegen Piraterie bestraft zu werden, fällt deshalb nicht unter Art. 19 Abs. 1 SRÜ. Allein die Tatsache, dass das fragliche Schiff dem Aufbringen zu entgehen versucht, hebt die Friedlichkeit der Durchfahrt aber nicht ohne Weiteres auf. Zur Beurteilung, ob die Flucht die Sicherheit des Küstenstaats gefährdet, ist zum einen die Schwere des Delikts, aufgrund dessen das Schiff verfolgt wird, und zum anderen die Tatsache maßgeblich, ob der Küstenstaat die Begehung ähnlicher Taten innerhalb seines Hoheitsgebiets befürchten muss.[137] Dass die Verübung seeräuberischer Akte als schwerwiegender Verstoß gegen die Rechtsordnung zu gelten hat, steht außer Frage. Eben die Stellung von Piraten als *hostis humani generis* ist es auch, die es erlaubt, den von ihnen genutzten Schiffen das Recht der friedlichen Durchfahrt zu entziehen. Ferner müssten Küstenstaaten, in deren Gewässer sich regelmäßig Piratenschiffe zurückziehen, um die Sicherheit der Küstenschifffahrt fürchten, da zumindest nicht ausgeschlossen werden kann, dass die Piraten ihre Überfälle auch innerhalb ihres eigenen Küstenmeeres ausführen. Wollte man solchen Schiffen das Recht der friedlichen Durchfahrt zuerkennen, würde letztlich ein Rückzugsort für rechtswidrig handelnde Personen geschaffen und so die Piraterie noch gefördert.[138] Nach alledem ist eine Beeinträchtigung der Rechte anderer Mitgliedsstaaten durch Abkommen, die den Anwendungsbereich der Nacheile auf das Küstenmeer erweitern, nicht gegeben.[139] Mit solchen Abkommen kann ein Instrument

136 Wie hier: *Churchill/Lowe* (Fn. 89), S. 87.

137 *Reuland*, Virginia Journal of International Law 33 (1993), S. 557 (579).

138 Wie hier *Reuland* (Fn. 137), S. 557 (579). A.A. *Rindfleisch* (Fn. 134), S. 156 f., der, mit Verweis auf den Wortlaut des Art. 27 Abs. 5 SRÜ, die Hoheitsgewalt des Küstenstaates über ein Piratenschiff innerhalb des Küstenmeeres ablehnt.

139 So im Ergebnis auch *Jesus* (Fn. 92), S. 363 (383). Zwischenstaatliche Vereinbarungen ebenfalls als vorzugswürdig in Betracht ziehend *Fournier* (Fn. 42), S. 82 f.

der Piraten, nämlich die Flucht in Küstengewässer von Drittstaaten zur für sie sicheren Durchführung ihrer Überfälle, wesentlich beschränkt werden.

4) *Ergebnis*

Die Definition der Piraterie bedarf hinsichtlich ihres geographischen Geltungsbereichs dringlich einer Erweiterung auf das Küstenmeer, um die in der Mehrzahl dort operierenden Piraten effektiv bekämpfen zu können und denjenigen, die klassische Angriffe gegen Schiffe auf Hoher See führen, die Möglichkeit der Flucht unter den Schirm faktisch nicht bestehender Küstenstaatsjurisdiktion zu nehmen. Umgesetzt werden kann und muss dies letztlich über den langwierigen Weg einer Änderung des Wortlauts von Art. 101 SRÜ sowie die Erweiterung der Vorschriften über die Nacheile. Um jedoch bereits mittelfristig Erfolge in der Pirateriebekämpfung erzielen zu können, ohne zugleich unverhältnismäßige Einschränkungen der staatlichen Hoheitsrechte hinnehmen zu müssen, bietet sich der Abschluss regionaler bzw. globaler Vereinbarungen mit entsprechenden Erweiterungen des Rechts der Nacheile sowie des Zugriffsrechts fremder Staaten in Küstengewässern einerseits und Bestimmungen zur Sicherung der jeweiligen Hoheitsrechte andererseits an.

e) Begehung zu privaten Zwecken

1) *Einleitung*

Zuletzt fordert die Definition des Art. 101 SRÜ, dass die Gewalttat von einem privaten Schiff oder Flugzeug und zu privaten Zwecken geführt wird. Dieses Element der Definition geht, historisch betrachtet, auf die von staatlicher Seite geförderte Kaperei zurück.[140] Insoweit, als der Angriff von einem privaten Schiff auszugehen hat, ist die Definition des Art. 101 SRÜ in Zusammenhang mit Art. 102 SRÜ zu sehen. Demnach ist als privates Schiff jedes Schiff anzusehen, das nicht in den Anwendungsbereich des Art. 102 SRÜ fällt.[141] In Bezug auf die Abgrenzung zwischen staatlichen und privaten Flugzeugen kann indes auf die in Art. 3 (b) des Abkommens über die Internationale Zivilluftfahrt von 1944 zurückgegriffen werden. Demnach sind Staatsflugzeuge „Luftfahrzeuge, die im Militär-, Zoll- und Polizeidienst verwendet werden…“.[142]

140 *Fournier* (Fn. 42), S. 38. Vgl. hierzu oben b), 2)..

141 *Churchill* (Fn. 89), S. 9 (18); *Nordquist* (Fn. 44), Art. 101 Rn. 101.8 (b).

142 BGBl 1956 II, S. 411 ff.

2) *Inhaltliche Ausgestaltung*

Die inhaltliche Konzeption des Tatbestandsmerkmals der Begehung zu privaten Zwecken ist umstritten. Ein Interpretationsansatz geht dahin, die privaten Zwecke von Piraten in den Gegensatz zu öffentlichen Zwecken zu setzen, was letztlich nichts anderes bedeutet, als dass nach dieser Ansicht Piraterie dann vorliegt, wenn sie nicht durch staatliche Stellen betrieben oder zumindest von diesen unterstützt wird.[143] Die Gegenansicht ordnet das Erfordernis des privaten Zwecks als subjektives Element der Pirateriedefinition ein und führt die Abgrenzung zwischen privatem und politischem Zweck einer Tat durch.[144] Ersterer Ansicht ist zwar durchaus zuzugeben, dass sie die Unsicherheiten, die stets mit inneren Tatbestandsmerkmalen verbunden sind, beseitigen würde.[145] Indes macht die Kodifikationsgeschichte der Pirateriedefinition deutlich, dass seit jeher nicht dieser Ansatz, sondern eine Abgrenzung zwischen privaten und politischen Zwecken gewollt war.[146] Betrachtet man etwa die Kommentierung zu Art. 16 der Harvard Draft Convention on Piracy, heißt es dort

> „Some writers assert that... attacks on foreign commerce by unrecognized revolutionaries are piracies in the international law sense; ...It is the better view, however, that these are not cases falling under the common jurisdiction of all states as piracy...“[147]

Diese Kommentierung legt nahe, dass der hinter dem Erfordernis des privaten Zwecks stehende Gedanke der war, politisch motivierte Taten von der Universaljurisdiktion über das Vergehen der Piraterie auszuschließen, da solche oft

---

143 *Guilfoyle* (Fn. 47), Rn. 10; *Gardner*, Journal of International Criminal Justice 10 (2012), S. 797 (812); Geneva Academy of International Humanitarian Law and Human Rights (Hrsg.), Counterpiracy under International Law, 2012, S. 13; *Fournier* (Fn. 42), S. 38; *Waak* (Fn. 29), S. 43 ff. m.w.N..

144 Vgl. die Darstellung bei *Phillips*, Florida Journal of International Law 25 (2013), S. 271 (295) und *Waak* (Fn. 29), S. 46; ebenso der Ansatz der IMO, vgl. hierzu *Ong-Webb*, Introduction Southeast Asian Piracy: Research and Developments, in: ders. (Hrsg.), Piracy, Maritime Terrorism and Securing the Malacca Straits, 2006, S. xi (xiii).

145 Dieses Problem andeutend *Mensah*, Piracy at Sea – a New Approach to an Old Menace, in: Hestermeyer/Matz-Lück/Seibert-Fohr /Vöneky (Hrsg.), Law of the Sea in Dialogue, 2011, S. 161 (165).

146 Ebenso *Phillips* (Fn. 144), S. 271 (296 ff.). Die normgeschichtliche Entwicklung wird ausführlich dargestellt bei *Fournier* (Fn. 42), S. 38 ff.

147 Kommentar zur Harvard Draft Convention on Piracy (Fn. 21), S. 739 (857).

tiefgreifende Interessen der betroffenen Staaten berühren und die Täter daher von diesen selbst zur Verantwortung gezogen werden sollen.[148]

Folgt man dieser Ansicht, findet demnach mit dem Erfordernis des zu privaten Zwecken geführten Angriffs ein subjektives Element Eingang in die Definition der Piraterie, nämlich der von Angreifern verfolgte Sinn und Zweck ihres Angriffs. Weder das Seerechtsübereinkommen noch die Genfer Konvention über die Hohe See treffen indes nähere Aussagen darüber, wie dieser Zweck ausgestaltet sein muss oder wie er zu bestimmen ist. Dieses Tatbestandsmerkmal ist der Ansatzpunkt zur Abgrenzung von Piraterie und maritimem Terrorismus. Problematisch ist das Erfordernis des privaten Zwecks jedoch deshalb, weil durchaus die Verfolgung verschiedener Zwecke denkbar ist (hier sog. Mischzweck). Zudem ist dieses Tatbestandsmerkmal der Definition des Art. 101 SRÜ, wie jedes innere Merkmal, nur schwer bestimmbar, da sich die von Angreifern verfolgte Zweckrichtung nicht zwangsläufig nach außen manifestiert. Insoweit ist über eine Objektivierung dieses Merkmals nachzudenken.

3) *Abgrenzung von Piraterie und Terrorismus*

Während die genaue Definition des Terrorismusbegriffs auf völkerrechtlicher Ebene äußerst umstritten ist,[149] scheint die Abgrenzung von Piraterie und Terrorismus auf den ersten Blick recht klar: Während von Piraterie i.S.d. Art. 101 SRÜ gesprochen werden kann, wenn der Überfall auf ein Schiff dem Zuwachs an eigenem Vermögen der Täter dienen soll, ist von Terrorismus auszugehen, wenn die Tat politisch motiviert ist.[150] Letztendlich bedeutet dies, dass Akte terroristischer Gewalt vom Begriff der Piraterie grundsätzlich auszunehmen sind. Woran jedoch die hinter einem Angriff stehende Motivation letztlich festgemacht werden kann, ist umstritten, vor allem in dem oben bereits angeführten Bereich der Mischzwecke.

4) *Verfolgung sog. Mischzwecke*

Die Problematik der Verfolgung von Mischzwecken im Bereich des Terrorismus ist vor allem nach den Anschlägen des 11. September 2001 zutage getreten. Dabei ergibt sich in mehrfacher Hinsicht eine mögliche Schnittmenge zwischen Piraterie und maritimem Terrorismus. Einerseits ist zu befürchten, dass Gruppen,

---

148 Kommentar zur Harvard Draft Convention on Piracy (Fn. 21), S. 739 (857); *Phillips* (Fn. 144), S. 271 (296).

149 Zur Definition des Begriffs Terrorismus vgl. ausführlich 2. Kapitel, II.

150 Vgl. *Young/Valencia*, Contemporary Southeast Asia 25 (2003), S. 269 (270 f.).

die Anschläge zur Durchsetzung politischer Ziele planen und durchführen, also im klassischen Sinne terroristisch handeln, sich schon zur Finanzierung eben dieser Aktivitäten Mitteln der Piraterie bedienen, etwa dem Entführen von Schiffen zur Erpressung von Lösegeld. Andererseits steht die Zusammenarbeit zwischen „klassischen" Piraten und terroristischen Gruppen, um lohnenswerte Anschlagsziele wie beispielsweise Öltanker oder Giftmülltransporte auszumachen, im Raum. Um dieser Grauzone zwischen Piraterie und Terrorismus Herr zu werden, gibt es verschiedene Ansatzpunkte.

(a) *Animus furandi*

Das Merkmal des privaten Zwecks innerhalb der Pirateriedefinition wurde im völkerrechtlichen Schrifttum lange Zeit dahingehend verstanden, dass auf Seiten der Täter ein Diebstahlsvorsatz (animus furandi) zu fordern sei.[151] Ein solches Erfordernis ist inzwischen jedoch eindeutig überholt. So geht schon aus dem Abschlussbericht der International Law Commission zur Erarbeitung der Genfer Konvention über die Hohe See hervor, dass der Diebstahlsvorsatz zum Vorliegen eines privaten Zwecks gerade nicht erforderlich ist.[152] Zudem hilft der Diebstahlsvorsatz in den Fällen der Verfolgung eines Mischzwecks nicht weiter, da er lediglich im Durchgangsstadium der Mittelbeschaffung für bzw. der Planung von anderen Taten vorhanden ist.

(b) *Begrenzung des politischen Zwecks auf Revolutionäre*

Ein weiterer Versuch, den privaten vom politischen Zweck zu trennen, geht dahin, solche Gewalttaten als politisch motiviert und damit als terroristisch anzusehen, die im Rahmen des Kampfs um politische Unabhängigkeit begangen werden und gegen Einrichtungen desjenigen Staates gerichtet sind, dessen Regierung gestürzt werden soll, wogegen Angriffe auf Schiffe verschiedenster Staaten, die allein dem Ziel dienen, diesen Staaten oder gar Menschen Schaden zuzufügen, nicht als politisch in diesem Sinne zu gelten haben und somit von der Pirateriedefinition erfasst werden.[153] Gestützt wird diese Ansicht auf die Kommentierung der den Bestimmungen der Konvention über die Hohe

151 Anstelle vieler vgl. *Lauterpacht*, Oppenheim's International Law 1 – Peace, 8. Aufl. 1955, S. 608 f.

152 Yearbook of the International Law Commission 1955 Vol. I, S. 19 (41); *Dinstein* (Fn. 45), S. 1125 (1132); *Waak* (Fn. 29), S. 45. Die diesbezügliche geschichtliche Entwicklung ausführlich darstellend *Fournier* (Fn. 42), S. 34 ff.

153 *Halberstam*, American Journal of International Law 82 (1962), S. 269 (280). Zur Frage, ob Aufständische unter den Tatbestand des Art. 101 SRÜ zu fassen sind vgl. auch *Waak* (Fn. 29), S. 50.

See vorausgehenden Harvard Draft Convention. Nach der Kommentierung zu Art. 16 ist davon auszugehen, dass die Verfasser der Draft Convention zwischen Situationen, in denen Angriffe gegen einen bestimmten Staat geführt werden und solchen, in denen die Angriffe unterschiedslos erfolgen, unterschieden wissen wollten.[154] Dieser Argumentation kann jedoch letztlich nicht gefolgt werden. Zwar mag der Schluss anhand der Kommentierung durchaus naheliegen, jedoch handelt es sich hierbei lediglich um Auslegungshilfen. Diese entfalten indes, für sich genommen, keinerlei Rechtskraft.

(c) *Political offence Doktrin im Recht der grenzüberschreitenden Auslieferung*
Wesentlich überzeugender scheint hingegen der Ansatz zu sein, der zur Festlegung des politischen Zwecks als Abgrenzungskriterium innerhalb der Pirateriedefinition auf die im Völkerrecht entwickelten Grundsätze des Auslieferungsverbots politischer Straftäter zurückgreift.[155] Geschichtlich betrachtet umfasste das Recht eines jeden Staates, die Auslieferung wegen bestimmter Straftaten zu verweigern, vor allem Fälle, in denen Aufständische, die Straftaten gegen ihre eigene Regierung begangen hatten und ins Ausland geflohen waren, bei einer Auslieferung strafrechtliche Repressalien zu befürchten hatten. Der in neuerer Zeit immer weiter fortschreitenden Aufweichung der Grenzen des Begriffs der politischen Straftat begegnet die Staatengemeinschaft damit, dass in der weit überwiegenden Zahl bi- und multilateraler Auslieferungsabkommen terroristische Akte ausdrücklich vom Auslieferungsverbot ausgenommen werden.[156] Hieraus lässt sich aber nicht schließen, dass terroristische Akte per se nicht der political offence Doktrin unterfallen.[157] Will man, ausgehend von dem im Recht der grenzüberschreitenden Auslieferung verwendeten Begriff des politischen Zwecks, eine Parallele zur Pirateriedefinition ziehen, sind zunächst dessen inhaltliche Grundsätze zu klären.

Eine grundsätzliche Unterscheidung ist zwischen absoluten und relativen politischen Straftaten zu treffen. Bei ersteren handelt es sich um Vergehen, die unmittelbar gegen die Regierung gerichtet sind, und durch die keinerlei private Rechtsgüter beeinträchtigt werden.[158] Da hier keinerlei private Interessen die Tat

154 Die Kommentierung zu Art. 16 der Draft Convention unterscheidet zwischen „offended states" und „states not offended or threatned", vgl. Fn. 21, S. 73 (857).

155 Diesen Ansatz verfolgend: *Ngochua*, Ateneo Law Journal 51 (2007), S. 1161 (1199 f.).

156 *Buckland*, California Law Review 94 (2006), S. 423 (423 f.).

157 *van den Wyngaert*, Israel Yearbook of International Law 19 (1989), S. 297 (302).

158 *Bassiouni*, International Extradition, 6. Aufl. 2014, S. 660; *Gilbert*, Aspects of Extradition Law, 1991, S. 118 f.; *Ngochua* (Fn. 155), S. 1161 (1201).

beeinflussen, handelt es sich in jedem Fall um politische Straftaten, wegen derer sich eine Auslieferung grundsätzlich verbietet.

Die Kategorie der relativen politischen Straftaten zeichnet sich dadurch aus, dass in ein und derselben Tat sowohl politische als auch private Zwecke wurzeln. Dabei ist zwischen *délits complexe* einerseits und *délits connexe* andererseits zu unterscheiden. Im Rahmen des *délit complexe* ist die Motivation des Täters dahingehend als politisch zu bezeichnen, als er versucht, durch seine Tat die politische Ordnung zu stören, wobei er dies auch durch die Verletzung privater Rechtsgüter zu erreichen gedenkt.[159] Bei einem *délit connexe* hingegen ist das Ziel nicht die Störung der politischen Ordnung, sondern die Tat ist von vornherein gegen private Rechtspositionen gerichtet, dabei aber mit einer letztlich politisch motivierten Tat eng verknüpft.[160]

Während bei den *délits connexe* die Problematik im Wesentlichen darin besteht, wie eng der Zusammenhang beider Taten sein muss, um diejenige, die sich gegen private Rechtspositionen richtet, auch noch als politisch anzusehen, ist das Meinungsbild bei den auch als gemischten Straftaten bezeichneten *délits complexe* uneinheitlich, was die Frage des Ansatzpunktes für ihre Qualifikation als politische Tat angeht. Aus rein subjektiver Sicht haben gemischte Straftaten ebenfalls als politisch zu gelten, da auch hier, zumindest mittelbar, ein politischer Zweck verfolgt wird.[161] Die Gegenposition verneint dahingegen bei Taten mit Mischzweck den politischen Charakter ausnahmslos.[162] In vielen einzelstaatlichen Auslieferungsgesetzen und bilateralen Abkommen findet sich ein zwischen diesen beiden Ansichten vermittelnder Standpunkt, der bestimmte gemischte Taten als politisch qualifiziert, während andere aus dem Bereich der politischen Straftaten herausgelöst werden.[163] Um hierbei eine klare Trennung zu erreichen, kann auf mehrere Ansätze abgestellt werden.

---

159 *Shearer*, Extradition in International Law, 1971, S. 181; *Gilbert* (Fn. 158), S. 119; *Ngoschua* (Fn. 155), S. 1161 (1201) führt als Beispiel den Angriff einer Polizeistation an, bei dem auch Zivilisten verletzt werden.

160 *Gilbert* (Fn. 158), S. 119; *Shearer* (Fn. 159), S. 181 f. Als Gegenbeispiel nennt *Ngoscha* (Fn. 155), S. 1161 (1201) hier den Diebstahl von Waffen, die einer Guerilla-Gruppe zur Verübung von Angriffen auf staatliche Einrichtungen dienen.

161 Dargestellt bei *Bassiouni* (Fn. 158), S. 663.

162 *Shearer* (Fn. 159), S. 188 f. zitiert insoweit einen Fall des House of Lords.

163 Genannt sei hier beispielhaft der zwischen der Bundesrepublik Deutschland und den Vereinigten Staaten von Amerika geschlossene Zusatzvertrag vom 21.10.1986 zum Auslieferungsvertrag vom 20.6.1978, der beispielsweise Mord und Geiselnahme sowie andere genauer spezifizierte Taten vom Bereich der politischen Straftaten ausnimmt, BGBl. 1988 II, S. 1087 ff. Ein ähnlich lautender Vertrag besteht zwischen dem

Bereits im 19. Jahrhundert wurde zur Festlegung, welche gemischte Straftat nicht als politisch gelten kann, die sog. Attentatsklausel entwickelt, wonach Taten, die gegen das Leben eines fremden Staatsoberhaupts oder dessen Familie gerichtet sind, nicht politische Straftaten sind.[164] Zwar findet eine solche Klausel noch heute zahlreiche Verwendung. Sie ist aber schon deshalb wenig sinnvoll, da sie mit der Beschränkung auf Staatsoberhäupter oder Regierungsmitglieder und deren Angehörige einen zu geringen Teil des Spektrums gemischter Straftaten abdeckt. So ist es beispielsweise nicht gerechtfertigt, die Tötung anderer Staatsangestellter allein vor dem Hintergrund ihres niedrigeren Ranges innerhalb des Staatsapparats als politisches Vergehen einzustufen und den Täter so zu privilegieren.

Im Weiteren ist hier die sog. *Schwerpunkttheorie* zu nennen, wonach zu fragen ist, welche Zielrichtung der Tat überwiegt. Nur in Fällen, in denen das politische Motiv im Vordergrund steht, kann auch von einer politischen Tat gesprochen werden.[165]

Wesentlich eingeschränkter ist der Bereich der politischen Straftat in solchen Gesetzen und internationalen Verträgen zu sehen, die bei gemischten Straftaten den politischen Charakter immer dann verneinen, wenn die in Frage stehende Tat nach ihrer Art oder Ausführung durch besondere Rücksichtslosigkeit und Härte gekennzeichnet ist, also einen gewissen Schweregrad erreicht.[166]

Eine noch weitergehende Einschränkung des Begriffs der politischen Tat ergibt sich aus der sich seit Beginn der 1990er Jahre herausbildenden Staatenpraxis. Mit dem Ziel, zu verhindern, dass Terroristen die political offence Doktrin nutzen, um der Bestrafung für von ihnen begangenen Taten zu entgehen, hat zunächst die Generalversammlung der Vereinten Nationen 1993 eine Resolution verabschiedet, in der jede Art von Terrorismus strengstens verurteilt wird.[167] Auch die ebenfalls von der Generalversammlung der Vereinten Nationen stammende *Declaration on Measures to Eliminate International Terrorism*,[168] in der ausdrücklich festgelegt ist, dass terroristische Akte unter keinen Umständen

---

Vereinigten Königreich und den Vereinigten Staaten, vgl. *Ngochua* (Fn. 155), S. 1161 (1205 f.). Zu Letzterem sogleich.

164 Vgl. etwa Art. 4 Abs. 2 Ziff. 2 des deutsch-französischen Auslieferungsvertrages vom 29.11.1951, BGBl 1953 II, S. 151.

165 *van den Wyngaert* (Fn. 157), S. 297 (307) m.w.N.

166 *Dahm/Delbrück/Wolfrum* (Fn. 35), S. 167 f.; *van den Wyngaert* (Fn. 157), S. 297 (306). Auszunehmen wären demgemäß beispielsweise Straftaten gegen das Leben.

167 G.A. Res. 48/122, U.N. GAOR, 48th Serss., Supp. No. 49, S. 241.

168 G.A. Res. 49/60, U.N. GAOR, 49th Sess., Supp. No. 49, S. 303.

gerechtfertigt werden können und von jedem Mitglied der Staatengemeinschaft verfolgt werden sollen, macht deutlich, dass die political offence Doktrin nach dem Willen der Mitgliedsstaaten der Vereinten Nationen eingeschränkt werden soll. Dem hat sich auch der UN-Sicherheitsrat durch mehrere Resolutionen angeschlossen.[169]

Ein Blick auf das zwischenstaatliche Recht zeigt ebenfalls die Tendenz, den Bereich der politischen Straftaten einzuschränken. So zählt ein zwischen den Vereinigten Staaten von Amerika und dem Vereinigten Königreich in Reaktion auf die wegen der political offence Doktrin abgewiesenen Auslieferungsgesuche für mehrere Kämpfer der Irisch Republikanischen Armee (IRA) geschlossenes Abkommen Delikte wie Mord, Freiheitsberaubung und andere schwerwiegende Taten auf, die nicht als politische Taten gelten sollen.[170]

Im Ergebnis gilt es also festzustellen, dass die gemischten Straftaten, deren Motive sowohl politisch als auch privater Natur sind, nicht als politische Taten gelten können. Im Umkehrschluss bedeutet dies, dass sie, wenn alle anderen Merkmale der Definition des Art. 101 SRÜ erfüllt sind, dem Begriff der Piraterie unterfallen.

5) *Objektivierung des Zweckmerkmals*

Für die Unterscheidung zwischen Piraterie und maritimem Terrorismus bzw. für die Zuordnung einer bestimmten Tat zur Piraterie bleibt entscheidend, wie der von dem oder den Tätern jeweils verfolgte Zweck festgelegt werden kann. Dies ist, wie oben bereits angedeutet, wegen des subjektiven Einschlags schwierig. Um eine objektiv nachprüfbare Basis zu erreichen, sollte bei der Abgrenzung nicht auf das Motiv, sondern vielmehr darauf abgestellt werden, ob durch die Tat die Rechte Einzelner, wie beispielsweise das Eigentum oder die Gesundheit, verletzt wurden.[171] Stellt man eine solche Verletzung fest, ist die Tat als private Tat i.S.d. Art. 101 SRÜ zu qualifizieren. Sind hingegen ausschließlich Rechtspositionen des Staates betroffen, ist die Tat als politisch zu qualifizieren und unterfällt nicht der Definition des Art. 101 SRÜ. Verfolgt man diesen Ansatz, kommt es auf die subjektive Motivation des Täters nicht mehr an.

---

169 So etwa durch die Resolution 1269 aus dem Jahr 1999, U.N. SCOR, 4053rd mtg., U.N. Doc. S/RES/1269 (1999) und der Resolution 1373 vom 28. September 2001, U.N. SCOR, 4385th mtg., U.N. Doc. S/RES/1373 (2001).

170 Zitiert von *Ngochua* (Fn. 155), S. 1161 (1205 f.).

171 *Bento* (Fn. 91), S. 399 (418). Für eine objektive Beurteilung des Zwecks ebenfalls *Dinstein* (Fn. 45), S. 1125 (1132); *Waak* (Fn. 29), S. 47 f. m. w. N.

2. *Genfer Konvention über die Hohe See von 1958 (Art. 15)*

Als Vorläufer des UN-Seerechtsübereinkommens enthält auch die Genfer Konvention über die Hohe See von 1958 (HSÜ) in ihrem Art. 15 eine Definition der Piraterie.[172] Wie bereits ausgeführt, unterscheiden sich beide Definitionen ihrem Wortlaut nach nicht. Inhaltlich kann daher auf das im vorherigen Abschnitt Gesagte Bezug genommen werden.

Dennoch ist die Definition des Art. 15 HSÜ auch heute noch von praktischer Relevanz und dabei mehr als nur ein Durchgangsstadium auf dem Weg zur Entwicklung einer zeitgemäßen Definition der Piraterie. Anders als während der Ausarbeitung des SRÜ vorgeschlagen, führte dessen Verabschiedung nicht zum Außerkrafttreten der Genfer Konvention über die Hohe See.[173] Entscheidend nämlich ist, dass das UN-Seerechtsübereinkommen mit 168 Mitgliedsstaaten[174] zwar nahezu weltumspannende Gültigkeit besitzt, es aber noch immer Staaten gibt, die zwar die Genfer Konvention über die Hohe See von 1958, nicht aber das UN-Seerechtsübereinkommen ratifiziert haben. Hierzu zählen unter anderem die Vereinigten Staaten von Amerika mit einer Handelsflotte von über 7 Millionen Bruttoregistertonnen.[175] Für diese Staaten gelten weiterhin die Bestimmungen der Genfer Konvention über die Hohe See.

3. *Übereinkommen zur Bekämpfung widerrechtlicher Handlungen gegen die Sicherheit der Seeschifffahrt*

Das Übereinkommen zur Bekämpfung widerrechtlicher Handlungen gegen die Sicherheit der Seeschifffahrt (SUA-Übereinkommen) vom 10. März 1988 hat nach seiner Präambel das Ziel, die wirksame Bekämpfung sämtlicher rechtswidriger Handlungen, die sich gegen die Sicherheit der Seeschifffahrt richten, zu ermöglichen.[176] Auch wenn das Abkommen vor allem vor dem Hintergrund der Terrorismusbekämpfung zu sehen ist,[177] sind nach den Definitionen des

172 Zu deren Stellenwert in der Kodifikationsgeschichte des SRÜ s. 1. a).

173 *Matz-Lück*, Art. 311, in: Proelß (Hrsg.) (Fn. 24), Rn. 9.

174 Stand: 22. Mai 2020.

175 Zahlen des U.S. Department of Transportation zum 20. November 2018, verfügbar unter https://www.maritime.dot.gov/sites/marad.dot.gov/files/oictures/DS_USFlag-Fleet_20181127.xlsx.

176 1678 UNTS 221 (1992).

177 Auslösendes Moment der Erarbeitung und Verabschiedung des Abkommens war der Überfall auf die *Achille Lauro*, welcher, da der Überfall durch die Passagiere und nicht von Bord eines zweiten Schiffes erfolgte, nicht als Piraterie i.S.d. Art. 101 SRÜ zu werten ist, näher hierzu unten 7. b). Zur Entstehungsgeschichte des Abkommens

Abkommens auch Akte der Piraterie vom Anwendungsbereich erfasst.[178] Weiterreichender ist das Abkommen im Gegensatz zum Seerechtsübereinkommen dahingehend, als sich nach Art. 4 der geographische Anwendungsbereich ausdrücklich auf das Küstenmeer der Vertragsstaaten erstreckt. Es legt zudem die enge Zusammenarbeit aller Staaten zur Bekämpfung der in Frage kommenden Taten fest, indem es Erleichterungen bei der Auslieferung der Täter vorsieht und eine Kooperationspflicht aller Mitgliedsstaaten statuiert.[179] Einschränkungen ergeben sich im Vergleich zu der Definition des Seerechtsübereinkommens dahin, als ein präventives Vorgehen gegen Schiffe, die unter Verdacht stehen, Straftaten begehen zu wollen, anders als nach Art. 105, 110 SRÜ nicht vorgesehen ist. Auch fehlt es bei Vergehen nach dem SUA-Übereinkommen an dem im Rahmen des Seerechtsübereinkommens geltenden und als grundlegend zu bezeichnenden Universalitätsprinzip. Gleichsam als Ausgleich zur Einschränkung des Territorialitätsprinzips kann nur derjenige Staat in den Küstengewässern eines anderen Mitgliedsstaats Schiffe aufbringen, der direkt von der durch dieses Schiff verübten Tat betroffen ist.[180]

4. *Definition des International Maritime Bureau*

Gegründet 1981 mit Sitz in London, ist das International Maritime Bureau (IMB) Teil des Commercial Crime Service der Internationalen Handelskammer. Als solcher hat es die Aufgabe, Informationen über Straftaten gegen den

---

genauer *Houghton*, Tulsa Journal of Comparative and International Law 16 (2009), S. 253 (273 ff.). Zur Definition des Terrorismusbegriffs siehe Kapitel 2. Die aus dem Abkommen folgenden Eingriffskompetenzen werden im Dritten Teil, Kapitel 2, I, 1. behandelt.

178 Vgl. die Definition des Art. 3: 1. Eine Straftat begeht, wer widerrechtlich und vorsätzlich a) durch Gewalt oder Drohung mit Gewalt oder durch eine andere Form der Einschüchterung ein Schiff in Besitz nimmt oder die Herrschaft darüber ausübt oder b) eine gewalttätige Handlung gegen eine Person an Bord eines Schiffes verübt, wenn diese Handlung geeignet ist, die sichere Führung des Schiffes zu gefährden, oder c) ein Schiff zerstört oder einem Schiff oder seiner Ladung eine Beschädigung zufügt, die geeignet ist, die sichere Führung des Schiffes zu gefährden, oder d) in ein Schiff auf welche Art auch immer eine Vorrichtung oder eine andere Sache bringt oder bringen lässt, die geeignet ist, dieses Schiff zu zerstören oder dem Schiff oder seiner Ladung eine Beschädigung zuzufügen, welche die sichere Führung des Schiffes gefährdet oder zu gefährden geeignet ist.

179 Vgl. Art. 11 und Art. 13 Abs. 1 des Übereinkommens. Zum Ganzen s. *Stiles* (Fn. 110), S. 299 (312).

180 Vgl. Art. 6 des Übereinkommens.

internationalen Seehandel zu sammeln, Schiffsbesatzungen in der Abwehr solcher Taten zu schulen und so zum effektiven Schutz des weltweiten Schiffsverkehrs beizutragen; ein wesentlicher Teil dieser Arbeit besteht darin, die Bekämpfung der Piraterie voranzutreiben.[181] Zu diesem Zweck wurde 1992 das IMB Piracy Reporting Centre eingerichtet. Dort laufen alle Informationen betreffend Angriffe auf Schiffe zusammen. Im Zuge dessen hat das IMB folgende eigenständige Definition der Piraterie entwickelt:

> [Piracy is] „an act of boarding or attempting to board any ship with the apparent intent to commit theft or any other crime and with the apparent intent or capability to use force in the furtherance of that act."[182]

Augenfälligster Unterschied zu der in Art. 101 SRÜ und Art. 15 HSÜ festgelegten Definition ist der fehlende Bezug zur Hohen See. In geographischer Hinsicht erfasst der hier verwendete Pirateriebegriff also auch Angriffe innerhalb der Hoheitsgewässer eines Staates. Dies ist, wollte man die Definition des IMB auf völkerrechtlicher Ebene zur Anwendung bringen, vor dem Hintergrund der einzelstaatlichen Souveränität problematisch. Zudem ist der im Vergleich zu der Definition des Seerechtsübereinkommens weitreichende Ansatz vor dem Hintergrund seines Hauptzweckes, der statistischen Erfassung von Angriffen auf Schiffe, zu sehen, sodass er zwar eine umfängliche Erfassung von Schiffsangriffen ermöglicht, als international verbindlich indes nicht anerkannt ist.[183]

5. *Weitere Definitionsansätze*

Mit der stetigen Zunahme von Überfällen auf Schiffe in allen Teilen der Welt und der damit verbundenen Sensibilisierung der betroffenen Staaten und der Staatengemeinschaft im Ganzen haben sich zahlreiche regionale Übereinkünfte zum Schutz der Schifffahrt herausgebildet.[184] Ebenso befasst sich der

---

181 *ICC*, An Overview of ICC, Promoting World Trade, 2007, S. 23; näher zu den Aufgaben des Commercial Crime Service s. *Trésoret* (Fn. 27), S. 61; *Fournier* (Fn. 42), S. 49.

182 Zitiert in *Stiles* (Fn. 110), S. 299 (302, Fn. 22).

183 *ICC/IMB*, Piracy and Armed Robbery against Ships, Annual Report, 2008, S. 3; *Trésoret* (Fn. 27), S. 63; *Kraska*, Developing Piracy Policy for the National Strategy for Maritime Security and the International Maritime Organization, in: Nordquist u.a. (Hrsg.), Legal Challenges in Maritime Security, 2008, S. 329 (337); *Skaridov*, Hostis Humani Generis, in: Nordquist u.a. (Hrsg.), Legal Challenges in Maritime Security, 2008, S. 479 (483); *Fournier* (Fn. 42), S. 50. A.A. *Dahlvang*, Regent Journal of International Law 4 (2006), S. 17 (21).

184 Einen guten Überblick bietet insoweit die Zusammenstellung des Ocean Beyond Piracy Project der amerikanischen Nichtregierungsorganisation One Earth Future

UN-Sicherheitsrat inzwischen regelmäßig mit Fragen der Piraterie. Beiden Ansätzen gemein ist indes, dass sie in der weitaus überwiegenden Zahl auf die Definition des Art. 101 SRÜ verweisen.[185] Insoweit bieten sich hier, zumindest was die Definition der Piraterie angeht, keine weitergehenden Erkenntnisse.[186]

6. *Armed Robbery at Sea als völkergewohnheitsrechtliche Weiterentwicklung*

Mit der Geltung für den weit überwiegenden Teil der internationalen Staatengemeinschaft und ihrer weitreichenden Akzeptanz ist die völkergewohnheitsrechtliche Geltung der Pirateriedefinition heute nahezu unbestritten.[187] Vor der bereits ins Feld geführten Verlagerung der Mehrzahl von Angriffen in den Bereich der Küstengewässer hat sich der Begriff der *armed robbery at sea* entwickelt. Im Folgenden soll zunächst dessen Inhalt erläutert und dann die Frage gestellt werden, inwiefern der Begriff auf völkerrechtlicher Ebene als völkergewohnheitsrechtliche Weiterentwicklung des Pirateriebegriffs von Bedeutung ist.

a) Begriffliche Ausgestaltung

Anders als der Begriff der Piraterie selbst ist derjenige der *armed robbery at sea* in keinem völkerrechtlichen Übereinkommen näher bestimmt. Vielmehr ist, will man seinen Inhalt näher bestimmen, auf Verlautbarungen zwischenstaatlicher Organisationen, regionale Abkommen und die Resolutionen des UN-Sicherheitsrates zurückzugreifen.

1) *Der Begriff der* armed robbery at sea *in der Arbeit der IMO und des IMB*

Die Rechtsfigur der *armed robbery at sea* hat sich unter anderem aus einem seitens der International Maritime Organization (IMO) 1998 initiierten Projekt zur Bekämpfung von Piraterie und bewaffneten Angriffen zu See herausgebildet, das als Hauptziel die Förderung zwischenstaatlicher Kooperation auf regionaler Ebene in eben diesem Bereich verfolgt.[188] Im Rahmen dieses Projekts erarbeitete

---

Foundation, verfügbar unter http://oceansbeyondpiracy.org/matrix/counter-piracy-activities-dynamic.

185 Vgl. etwa die Resolutionen des UN-Sicherheitsrates zur Lage in den Gewässern vor Somalia, die stets die Vorschriften des SRÜ als Rechtsrahmen heranziehen, siehe unten Dritter Teil, Kapitel 1, V.

186 Anderes gilt für die Definition des Begriffs der *armed robbery at sea* (hierzu sogleich).

187 Vgl. anstelle Vieler *Wolfrum* (Fn. 99), S. 287 (307) m.w.N. Zu der Entwicklung dieser gewohnheitsrechtlichen Geltung genauer: *Trésoret* (Fn. 27), S. 220 ff.

188 Vgl. http://www.imo.org/blast/mainframe.asp?topic_id=362.

einer Unterscheidung zwischen Piraterie und bewaffneten Raubüberfällen nicht gänzlich absehen wollte. Vielmehr kann davon ausgegangen werden, dass mit der überarbeiteten Formulierung des Art. 12 der Gemeinsamen Aktion deutlich gemacht werden soll, dass mit dem Begriff der bewaffneten Raubüberfälle die geographische Beschränkung auf den Bereich der Hohen See bzw. auf einen Bereich außerhalb der staatlichen Hoheitsgewalt, wie sie Art. 101 SRÜ vorsieht, aufgehoben, die weiteren Tatbestandsmerkmale des Art. 101 SRÜ jedoch aufrecht erhalten werden sollen. Dies ist vor allem vor dem Hintergrund zu sehen, dass einerseits verhindert werden soll, dass sich Piraten nach der Begehung von Taten der Piraterie auf Hoher See in die Hoheitsgewässer Somalias zurückziehen. Andererseits soll unterbunden werden, dass die Piraten ihre Operationen innerhalb des somalischen Küstenmeers durchführen. Eine derartige Auslegung der Gemeinsamen Aktion führt im Vergleich zur vom IMB und der Internationalen Seeschifffahrtsorganisation gewählten Definition dazu, dass zwar der geographische Eingriffsbereich auf die Hoheitsgewässer zu erweitern ist, das Erfordernis der Beteiligung zweier Schiffe aber weiterhin bestehen bleibt.

5) *Armed Robbery at sea in der Gesetzgebung Kenias*

Kenia ist bei der Bekämpfung der Piraterie am Horn von Afrika neben den Seychellen ein wichtiger Partner der in den dortigen Gewässern operierenden Verbänden von NATO und EU, besteht doch mit diesem Staat ein Überstellungsübereinkommen für festgenommene Piraten zu deren Aburteilung. Insoweit ist die in der innerstaatlichen Gesetzgebung Kenias festgelegte Definition der armed robbery durchaus von Interesse. Von Bedeutung sind im Besonderen zwei Bestimmungen des Kenyan Merchant Shipping Act von 2009. Dort heißt es in Section 369 (1)

> „In this Part... "armed robbery against ships" means any unlawful act of violence or detention or any act of depredation or threat thereof, other than an act of piracy, directed against persons or property on board such a ship, within territorial waters or waters under Kenya's jurisdiction;"[206]

Im Weiteren legt Section 371 desselben Gesetzes unter der Überschrift "Offences of piracy and armed robbery" fest:

206 Zitiert nach *Geiß/Petrig* (Fn. 192), S. 249.

„Any person who

(a) commits any act of piracy;
(b) in territorial waters, commits any act of armed robbery against ships shall be liable, upon conviction, to imprisonment for life."[207]

Die durch die kenianische Legislative gewählte Definition orientiert sich im Wesentlichen an derjenigen des IMB.[208]

6) *Ergebnis*

Legt man die vorhandenen Definitionen zugrunde, ist das Institut der *armed robbery at sea* nicht etwa als Erweiterung des in Art. 101 SRÜ definierten Begriffs der Piraterie zu verstehen, sondern stellt einen eigenständigen Rechtsbegriff, ein Aliud, dar, mithilfe dessen Lücken im Anwendungsbereich der Pirateriedefinition geschlossen werden können.[209] Allen Definitionen gemein ist, dass die von ihr erfassten Angriffe in der Zielrichtung zwar mit Akten der Piraterie übereinstimmen, eine Beteiligung zweier Schiffe aber nicht erforderlich ist. Dieser Unterschied wird deutlich, wenn man den Wortlaut der verschiedenen Definitionen der *armed robbery at sea* mit der Pirateriedefinition des Seerechtsübereinkommens vergleicht. So sprechen die Definitionen des IMB, des Djibouti Code of Conduct und des ReCAAP von einem Angriff „directed against **a ship** or against persons or property on board such a ship", wohingegen die Definition des Seerechtsübereinkommens einen Angriff „against **another ship**" voraussetzt.[210] Darüber hinaus werden, was den geographischen Anwendungsbereich betrifft, nach dem ausdrücklichen Wortlaut aller Definitionen ausschließlich und gerade solche Taten erfasst, die innerhalb der Hoheitsgewässer eines Staates stattfinden.[211]

---

207 Zitiert nach *Geiß/Petrig* (Fn. 192), S. 249.

208 Vgl. zur Definition des IMB oben 1). Zur Definition der Piraterie in Kenias Gesetzgebung vgl. unten 7. f).

209 Insoweit zur Definition des IMB *Treves,* European Journal of International Law 20 (2009), S. 399 (403); *Trésoret* (Fn. 27), S. 60.

210 *Geiß/Petrig* (Fn. 192), S. 75. Bezogen auf die Resolution des UN-Sicherheitsrates 1816 (2008); *Waak* (Fn. 29), S. 189.

211 Ähnlich *Petrovic,* Moderne Piraterie als Sicherheitsrisiko, in: Jäger (Hrsg.), Handbuch Sicherheitsgefahren, 2015, S. 207 (208). Ebenso *Geiß/Petrig* (Fn. 192), S. 74 f.; a.A.. *Treves* (Fn. 108), S. 23 (33), beide zur Verwendung des Begriffs in den Resolutionen des UN-Sicherheitsrates bzgl. der Situation in den Gewässern vor Somalia.

b) *Völkergewohnheitsrechtliche Geltung*

Der Begriff der *armed robbery at sea*, wie ihn das IMB definiert, wurde von verschiedenen Staaten übernommen.[212] Auch vor dem Hintergrund, dass diese Rechtsfigur zum einen durch ihre Aufnahme in zahlreiche zwischenstaatliche Vereinbarungen, zum anderen aber auch durch Verlautbarungen einzelner Staaten auf zwischenstaatlicher Ebene Zugang zum Bereich des Völkerrechts gefunden hat, stellt sich die Frage, ob der Begriff inzwischen völkergewohnheitsrechtliche Geltung zu beanspruchen vermag. Dies ist jedoch zu verneinen, zieht man die einzelnen Instrumente heran, in denen die Rechtsfigur der *armed robbery at sea* Niederschlag gefunden hat. Wie schon die von Seiten des IMB vertretene erweiterte Definition der Piraterie vermag auch dessen Definition der *armed robbery at sea* nicht in völkerrechtlicher Rechtskraft zu erwachsen.[213] Auch lassen weder die Aufnahme des Begriffs in einzelstaatliche Erklärungen noch dessen Verwendung in zwischenstaatlichen Abkommen allein den Rückschluss auf das Bestehen einer völkergewohnheitsrechtlichen Rechtspflicht zu. Betrachtet man die Erklärungen genauer, muss festgestellt werden, dass es letztlich an dem für das Entstehen von Völkergewohnheitsrecht erforderlichen Element der opinio juris fehlt. Beispielhaft sei dies am ReCAAP-Übereinkommen verdeutlicht: Zum einen ist in dessen Art. 2 (4) ausdrücklich festgelegt, dass aus den Bestimmungen des Übereinkommens keinerlei Rechte der Vertragsstaaten folgen, die die Souveränität eines der Vertragsstaaten einschränken. Zum anderen stellt Art. 2 (5) klar, dass die Gerichtsbarkeit über Akte, die auf dem Gebiet eines der Vertragsstaaten verübt werden, bei diesem verbleibt und sich auch die Aburteilung solcher Taten ausschließlich nach den Bestimmungen der nationalen Rechtsordnung dieses Staates richtet. Hierdurch wird deutlich, dass die als *armed robbery at sea* zu qualifizierenden Taten zwar im Staatenverbund bekämpft werden sollen, eine Überführung des Begriffs auf völkerrechtliche Ebene aber gerade nicht gewollt ist. Selbiges hat für die anderen zwischenstaatlichen Abkommen zu gelten, in denen ausnahmslos die Souveränität der Einzelstaaten als tragendes Element der Zusammenarbeit genannt wird.[214] Gerade die

---

212 Vgl. etwa für die australische Regierung: Office of the Inspector of Transport Security (Hrsg.), International Piracy and Armed Robbry at Sea Security Inquiry Report April 2010, S. 6, verfügbar unter https://web.archive.org/web/20170211075626/https://infrastructure.gov.au/security/its/files/IPARS_SecurityInquiryReport.pdf.

213 Zur Begründung sei auf die oben bei 4. gemachten Ausführungen verwiesen.

214 Vgl. etwa zum Abkommen der Maritime Organisation for West and Central Africa: Art. 3 Memorandum of Understanding on the Establishment of a Sub-regional Integrated Coast Guard Network in West and Central Africa.

des Überfalls als Piraterie letztlich fehl. Die mit diesem Fall grundsätzlich verbundene Frage, ob die Entführung „zu privaten Zwecken“ durchgeführt wurde, stellt sich als Kernpunkt der Diskussion um den Fall dar. Die Äußerung der Entführer, durch ihre Aktion die Regierung Salazar stürzen zu wollen, verleitet zunächst dazu, den politischen Zweck als unproblematisch anzusehen und das Vorliegen von Piraterie ohne Weiteres zu verneinen.[224] Nach der zum Zeitpunkt der Vorkommnisse in Rechtsprechung und Literatur vorherrschenden Ansicht kam es für die Festlegung des privaten Zwecks aber wesentlich darauf an, ob die in Frage stehende Tat von einer Gruppe ausgeführt wurde, die von einem oder mehreren Mitgliedern der internationalen Staatengemeinschaft als Revolutionäre anerkannt wurden.[225] Zieht man die Erklärung des amerikanischen Außenministeriums heran, die das Vorgehen als Piraterie bezeichnete, muss hieraus gefolgert werden, dass die Vereinigten Staaten davon ausgingen, dass der Gruppe der Entführer trotz ihres Ziels, durch ihre Aktion die Regierung Salazar zu stürzen, nicht der Status von Revolutionären zuzuerkennen war.[226] Gleichwohl ob und mit welcher Begründung man dieser Ansicht folgen mag,[227] ist sie nach den oben herausgearbeiteten Abgrenzungsmodalitäten nur im Ergebnis zutreffend. Entscheidend für die Einordnung der Vorkommnisse ist nach der hier vertretenen Ansicht nicht etwa die Einordnung der Gruppe als Revolutionäre i.S.d. Völkerrechts, sondern vielmehr die Behandlung der Vorkommnisse als *délit connexe*. Der Zusammenhang zwischen dem im Vordergrund stehenden Angriff auf private Rechte und dem verfolgten politischen Ziel geht indes nicht so weit, dass man die Verletzung der privaten Rechte ebenfalls als politische Tat ansehen kann. Vor dem Hintergrund der Ermordung eines der Besatzungsmitglieder und der mehrtägigen Freiheitsberaubung der an Bord befindlichen Personen ist ferner die den Begriff der politischen Tat weitgehend einschränkende Staatenpraxis zu beachten, sodass letzten Endes der private Zweck der Entführung zu bejahen ist. Die Fassung der Vorgänge unter die oben dargestellte Definition der Piraterie scheitert aber an der Tatsache, dass die Übernahme durch einen Teil der Crew und der Passagiere erfolgte, während ein anderes Schiff an der Durchführung des Angriffs zu keiner Zeit beteiligt war. Die Übernahme des Schiffs erfolgte also

224 So etwa *Forman*, JAG Journal 15 (1961), S. 143 (168). Ähnlich auch *Fournier* (Fn. 42), S. 41

225 Vgl. etwa *Whiteman*, Digest of International Law, 1965, S. 665 f.

226 *Madden*, Boston College Third World Law Journal 8 (1988), S. 137 (142).

227 *Fenwick* (Fn. 222), S 426 (428) zieht zur Begründung beispielsweise die Tatsache heran, dass die von der Gruppe repräsentierte Bewegung kein Hauptquartier auf portugiesischem Boden unterhielt oder einen Teil des Landes unter ihrer Kontrolle hatte.

„von innen heraus“ und ist unter dem Gesichtspunkt des Zwei-Schiffe-Erfordernisses nicht als Piraterie i.S.d. Völkerrechts zu qualifizieren.[228]

b) *Der Fall der Achille Lauro*

Ähnlich gelagert wie die Vorfälle um die *Santa Maria* stellen sich die um das Kreuzfahrtschiff Achille Lauro dar. Im Unterschied zum ersteren hat der Fall jedoch mehrere Entscheidungen amerikanischer Gerichte nach sich gezogen, innerhalb derer deutlich wird, dass der Begriff der Piraterie selbst innerhalb ein und desselben Rechtssystems unterschiedlichem Verständnis unterliegt.

1) *Sachverhalt*

Am 7. Oktober 1985 brachten vier Mitglieder der Palestine Liberation Front (PLF), einer Splittergruppe der Palästinensischen Befreiungsorganisation PLO, das unter italienischer Flagge fahrende Schiff vor der Küste Ägyptens in ihre Gewalt.[229] Ursprünglich geplant war, das Schiff für einen Anschlag im Hafen von Aschdod in Israel zu nutzen und so Vergeltung für die teilweise Zerstörung des PLO-Hauptquartiers in Tunis durch israelische Streitkräfte zu üben. Nachdem die als Passagiere getarnten Angreifer jedoch von Mitreisenden in ihrer Kabine beim Reinigen ihrer Waffen beobachtet worden waren, änderten sie ihren Plan und entführten das Schiff. Sie forderten die Freilassung von 50 palästinensischen Gefangenen aus israelischen Gefängnissen. Im Laufe der Entführung wurde der als Passagier an Bord befindliche amerikanische Staatsbürger Leon Klinghoffer, der teilweise gelähmt und daher auf einen Rollstuhl angewiesen war, von den Mitgliedern der PLF über Bord geworfen und so ermordet.[230] Mohammed Abbas Zaidan war als Kopf der Gruppe und Hauptverantwortlicher für die Planung des Anschlags auf den Hafen von Aschdod in Ägypten verblieben. Nachdem er mit den ägyptischen Behörden über die Freilassung der Geiseln verhandelt

---

228 So mit Blick auf die damals aktuelle Harvard Draft Convention on Piracy und die zu diesem Zeitpunkt noch nicht in Kraft getretene Genfer Konvention über die Hohe See auch *Váli*, Northwestern University Law Review 56 (1961–1962), S. 168 (172). Ebenso *Guilfoyle* (Fn. 21), S. 33 (45). Vgl. näher hierzu oben 1., c), 2) und sogleich unter b), 2) zu dem ähnlich gelagerten Fall der *Achille Lauro*.

229 *McGinley*, Tennessee Law Review 52 (1985), S. 691 (691). Zum gesamten Sachverhal vgl. auch *Fournier* (Fn. 42), S. 42.

230 Die genauen Hintergründe hierzu sind bis heute ungeklärt. Während teilweise davon ausgegangen wird, die Entführer hätten Klinghoffer getötet um ihrer Forderung Nachdruck zu verleihen, wird auch die jüdische Abstammung Klinghoffers als mögliches Motiv für seine Ermordung ins Feld geführt.

hatte, kehrte das Schiff am 9. Oktober nach Port Said zurück. Die Entführer verließen gemeinsam mit Zaidan am folgenden Tag das Land per Flugzeug. Dieses wurde durch Kampfjets der US Navy zur Landung auf Sizilien gezwungen. Die Vereinigten Staaten beantragten bei den italienischen Behörden zwar umgehend die Auslieferung der Gruppe. Dies wurde jedoch mit Blick auf die den Entführern in den USA drohende Todesstrafe abgelehnt. Vielmehr wurden die vier Entführer von der italienischen Polizei festgenommen und später von italienischen Gerichten wegen der Taten im Zusammenhang mit den Vorkommnissen auf der Achille Lauro verurteilt, während Zaidan auf freien Fuß gesetzt wurde, da er diplomatische Immunität genoss. Daraufhin erließ der United States District Court des District of Columbia einen Haftbefehl gegen ihn.[231]

Im Nachgang zu den Vorkommnissen auf der Achille Lauro erhob die Witwe von Leon Klinghoffer, Marilyn Klinghoffer, am 27. November 1985 Klage vor dem United States District Court for the Southern District of New York. Diese richtete sich unter anderem gegen den Eigner des Schiffs. Gemeinsam mit anderen Passagieren der Achille Lauro obsiegten die Erben von Marilyn und Leon Klinghoffer durch letztinstanzliches Urteil des Obersten Gerichtshofs der Vereinigten Staaten vom 22. März 1989.[232] Der United States District Court for the Southern District of New York befasste sich nochmals mit dem Fall, wobei es um die Frage ging, inwieweit die PLO in Anspruch genommen werden kann. Dies wurde mit Entscheidung vom 23. Juli 1992 verneint.[233]

2) *Der Haftbefehl gegen die Entführer und die Entscheidungen der amerikanischen Gerichte im Fall Klinghoffer*

Der Fall der Achille Lauro fand durch mehrere Entscheidungen Eingang in die amerikanische Rechtsprechung. Neben der noch zu erläuternden strafrechtlichen Entscheidungen setzten sich auch amerikanische Zivilgerichte mit dem Fall der Achille Lauro auseinander. Die von den Erben Leon Klinghoffers geltend gemachten Schadensersatzansprüche gegen den Schiffseigner und mehrere Reisebüros wurden im gesamten Instanzenzug bis vor den obersten Gerichtshof der Vereinigten Staaten verfolgt. Dieser setzte sich ebenso wie die vorinstanzlichen Gerichte jedoch nicht unmittelbar mit der Definition der Piraterie bzw. mit der Frage der Abgrenzung zwischen Piraterie und Terrorismus auseinander. Trotz allem machen die Entscheidungen aus diesem Bereich gewisse Divergenzen in

231 Abgedruckt in International Legal Materials 24 (1985), S. 1509 (1554).

232 490 U.S. 495.

233 795 F Supp. 112 (1992).

dieser Frage deutlich. Die Richter des Obersten Gerichtshofs ordneten den Vorfall in den Bereich des Terrorismus und nicht als Piraterie ein. So führte die von Richter Brennan verfasste Entscheidung vom 22. Mai 1989 in ihrer Sachverhaltsdarstellung aus

> „The individual respondents were, or represent the estates of persons who were, passengers aboard the cruise ship Achille Lauro when it was hijacked **by terrorists** in the Mediterranean…“[234]

Im Gegensatz dazu stellte Richter Stanton vom United States District Court for the Southern District of New York in einer Entscheidung vom 23. Juli 1992 einleitend fest:

> „The Klinghoffer… cases were brought in late 1985, following the **piratical hijacking** of the vessel „Achille Lauro“…“[235]

Diese Entscheidungen bezogen sich allein auf den zivilrechtlichen Bereich und die Frage, inwieweit den Erben von Leon Klinghoffer und anderen Passagieren Schadenersatzansprüche nach innerstaatlichem Recht zustanden. Für die Beurteilung der Vorkommnisse im Lichte der völkerrechtlichen Pirateriedefinition sind sie damit nur von geringer Bedeutung. Die zitierten Entscheidungen machen jedoch deutlich, dass eine Einordnung der Vorfälle als Terrorismus oder Piraterie nicht problemlos zu treffen ist, sondern dass es einer genauen Beleuchtung der einzelnen Tatbestandsmerkmale bedarf.

Hierzu eignet sich der gegen die Entführer erlassene Haftbefehl des United States District Court des District of Columbia vom 10. Dezember 1985. Die Relevanz des Falles für die Auslegung des Pirateriebegriffs auf völkerrechtlicher Ebene wird hier besonders deutlich, da den Entführern unter anderem ein Verstoß gegen 18 U.S.C. § 1651 vorgeworfen wurde. In der mit *„Piracy under the Law of Nations“* überschriebenen Vorschrift heißt es:

> „Whoever, on the high seas, commits the crime of piracy **as defined by the law of nations**, and is afterwards brought into or found in the United States, shall be imprisoned for life.“[236]

In den Erläuterungen zu diesem Vorwurf führte das Gericht aus, die Täter hätten zwischen dem 7. und 10 Oktober 1985 die Tatbestandsvoraussetzungen der Norm erfüllt. Von Interesse ist hierbei vor allem die Ansicht, es sei durch die

---

234 490 U.S. 495 (496). Hervorhebungen durch den Verfasser.
235 795 F Supp. 112 (113) (1992). Hervorhebungen durch den Verfasser.
236 Vgl. 18 U.S.C. § 1651. Hervorhebung durch den Verfasser.

Handlungen der völkerrechtliche Tatbestand der Piraterie verwirklicht, den das Gericht definierte als

> „...knowingly, willfully and without legal authority from any sovereign power and for private ends seize control of the cruise ship Achille Lauro by force, violence and threat of force and violence.“[237]

In zeitlicher Hinsicht unterfällt der Fall der Achille Lauro auf völkerrechtlicher Ebene der Genfer Konvention über die Hohe See von 1958.[238] Insoweit, als 18 U.S.C. § 1651 einen Bezug zu geltendem Völkerrecht herstellt, hätte sich das den Haftbefehl ausstellende Gericht also an der in Art. 15 HSÜ festgelegten Definition der Piraterie orientieren müssen, um die Erfüllung der innerstaatlichen Strafnorm annehmen zu können.[239] Betrachtet man die vom District Court des District of Columbia zugrunde gelegte Definition genauer, fallen im Wesentlichen drei Problempunkte auf. Das Gericht ging ohne Weiteres davon aus, dass das Delikt im Bereich der Hohen See verübt wurde. Auch wenn dem im Ergebnis zuzustimmen ist, hätte der geographische Anwendungsbereich der Strafnorm durchaus näherer Erörterung bedurft, da der genaue Ort der Entführung des Schiffs umstritten ist. Während es von offizieller ägyptischer Seite hieß, die Entführung habe etwa 30 Meilen vor der ägyptischen Küste und damit außerhalb der zu diesem Zeitpunkt von Ägypten beanspruchten Hoheitsgewässer stattgefunden,[240] ist nach den Aussagen der Entführer davon auszugehen, dass die Übernahme des Schiffs innerhalb ägyptischer Hoheitsgewässer stattgefunden hat.[241] Unstrittig ist jedoch, dass die Achille Lauro im Laufe der Entführung die ägyptischen Hoheitsgewässer verließ und sich zumindest zeitweise auf Hoher See befand. Da sich auch zu diesem Zeitpunkt die Freiheitsberaubung zu Lasten der Passagiere und der Crew fortsetzte, ist eine Begehung der Tat auf Hoher See zu bejahen, unabhängig davon wo die Entführung ihren Ausgang nahm.[242]

Mit der Begehung der Tat zu privaten Zwecken setzte sich das Gericht ebenso nicht inhaltlich auseinander. Betrachtet man die zeitgenössischen Beiträge in

---

237 International Legal Materials 24 (1985), S. 1509 (1557).

238 Die Vereinigten Staaten unterzeichneten das Dokument am 15. September 1958, die Ratifizierung erfolgte am 12. April 1961.

239 Vgl. hierzu den Fall *United States v. Said*, ausführlich dargestellt unter c) aa).

240 The New York Times v. 8.10.1985, S. 1, Spalte 6, Abs. 1.

241 The New York Times v. 8.10.1985, S. 1. Spalte 6, Abs. 1. Auch die zu dem Artikel abgedruckte Karte legt nahe, dass die Entführung wesentlich näher an der ägyptischen Küste stattgefunden hat, als von offizieller Seite angegeben.

242 *McGinley* (Fn. 229), S. 691 (696); *Madden* (Fn. 226), S. 137 (144).

der Literatur zum Fall der Achille Lauro, wird diesem Punkt zu Recht einiges Gewicht eingeräumt. Zur Feststellung, ob die Begehung zu privaten Zwecken stattfand und damit als Piraterie zu qualifizieren sei oder ob der private Zweck fehle und die Tat somit als Terrorismus einzuordnen sei, wurde wie schon im zuvor dargestellten Fall der Santa Maria die Frage gestellt, ob die Täter zu einer nach völkerrechtlichen Maßstäben anerkannten Gruppe von Revolutionären gehörten.[243] Hierzu waren drei Konstellationen zu unterscheiden: Die Entführer handelten unabhängig von einer politischen Gruppe und aus eigenständigem Antrieb, sie handelten als Mitglieder der PLF oder sie handelten als solche der PLO.[244] In den ersten beiden Fällen wären die Entführer nach dieser Abgrenzungsmethode als Piraten zu behandeln gewesen. In beiden Fällen wären sie nämlich nicht als völkerrechtlich anerkannte Revolutionäre einzuordnen gewesen, was im ersten Fall selbstverständlich ist und im Falle der Handlung als Mitglieder der PLF daraus resultiert, dass diese Gruppe zu keiner Zeit und von keinem Mitglied der internationalen Staatengemeinschaft als Rebellengruppe im völkerrechtlichen Sinne anerkannt wurde. Anders stellt sich die Lösung der Frage nach dem privaten Zweck allenfalls dann dar, wenn man die Entführer als Mitglieder der PLO angesehen hätte und diese wiederum als völkerrechtlich anerkannte Rebellengruppe einzuordnen gewesen wäre. Unabhängig von der völkerrechtlichen Anerkennung der PLO als Rebellengruppe[245] stand dem auf tatsächlicher Ebene zweierlei entgegen: Zum einen gehörten die Entführer nach eigenen Aussagen der PLF und gerade nicht der PLO an. Zum anderen distanzierte sich die PLO unmittelbar nach Bekanntwerden der Entführung hiervon. Nach dieser Abgrenzungsmethode wäre die Privatheit des von den Entführern verfolgten Zwecks also zu bejahen gewesen.[246]

Wie bereits oben im Falle der Santa Maria ausgeführt, ist für die Herausarbeitung der Privatheit des durch die Entführer verfolgten Zwecks nach der in dieser Arbeit vertretenen Ansicht aber weder die Zuordnung der Täter zu einer Rebellengruppe noch die Frage relevant, inwieweit diese auf völkerrechtlicher Ebene

243 So etwa von *Madden* (Fn. 226), S. 137 (141 ff.).

244 Darstellung der Ansätze nach *McGinley* (Fn. 229), S. 691 (700).

245 Hierzu genauer *Friedlander/Levine/Kassim*, Denver Journal of International Law and Policy 10 (1980–1981), S 221 ff.

246 A.A. *McGinley* (Fn. 229), S. 691 (700), der die Entführer ohne nähere Begründung der PLO zuordnet, letztlich aber ebenfalls zur Einordnung der Vorkommnisse als Piraterie gelangt, da er einen nach der Rechtsprechung der Vereinigten Staaten notwendigen Zusammenhang zwischen der Entführung und den von der PLO verfolgten Zwecken verneint.

anerkannt ist. Entscheidend ist auch hier die Einordnung des Falles nach der political offence Doktrin.[247] Obwohl sich ein nahezu gleiches Bild wie im Falle der Santa Maria darstellt, ist diese Einordnung im Falle der Achille Lauro deshalb besonders interessant, da zwischen Ägypten und den Vereinigten Staaten seit 1874 ein Auslieferungsabkommen bestand.[248] Es ist also die Frage näher zu beleuchten, inwieweit Ägypten unter Rückgriff auf die political offence Doktrin die Auslieferung verweigern durfte. Die Tatsache, dass die Vereinigten Staaten, nachdem die Täter nach Port Said zurückgekehrt waren, bei den zuständigen ägyptischen Behörden mehrfach um deren Auslieferung ersuchten, lässt den Schluss zu, dass die Vereinigten Staaten auch auf dieser Ebene die Tat nicht als politische i.S.d. political offence Doktrin einordneten. Dem ist nach den oben unter 1., e), 4) dargestellten Abgrenzungsmodalitäten zuzustimmen. Die Tat ist, wie schon die Entführung der Santa Maria, als *délit connexe* einzuordnen. Im Unterschied zum Santa-Maria-Vorfall mag der nötige Zusammenhang zwischen der Entführung und der politisch motivierten Forderung der Freilassung von politisch Gleichgesinnten zwar zu bejahen sein. Trotz allem scheidet eine Verneinung der Privatheit des Zwecks im Lichte des Auslieferungsabkommens zwischen Ägypten und den Vereinigten Staaten von 1875 jedoch bereits deshalb aus, da es die political offence Doktrin insoweit einschränkt, als die Auslieferung im Falle von Mord oder versuchtem Mord stets zu erfolgen hat.[249] Darüber hinaus spricht gegen die Einordnung der Tat als politisch i.S.d. political offence Doktrin auch, dass beide Staaten im Zeitpunkt des Vorfalls Mitglied der International Convention against the Taking of Hostages von 1979 waren, welche die Auslieferung im Falle von Geiselnahmen ausdrücklich vorsieht. Nach all dem ist die Entführung der Achille Lauro als zu privaten Zwecken begangen anzusehen. Dieses Definitionsmerkmal hat der United States District Court des District of Columbia in seinem Haftbefehl damit zu Recht bejaht.

Der Sachverhalt trägt die Annahme von Piraterie im völkerrechtlichen Sinne, wie sie 18 U.S.C. § 1651 voraussetzt, aber aus einem anderen Grund nicht. Beim Abgleich des vom Gericht gewählten Pirateriebegriffs mit dem des Art. 15 HSÜ fällt auf, dass dieser, abweichend zu Art. 15 HSÜ, kein Zwei-Schiff-Erfordernis enthält.[250] Legt man dieses Erfordernis zugrunde, kommt man gezwungenermaßen dazu, den Tatbestand der Piraterie im völkerrechtlichen Sinne verneinen

---

247 Vgl. hierzu oben 1., e), 4), (c).

248 *Liput*, Fordham International Law Journal 9 (1985), S. 328 (338).

249 *Liput* (Fn. 248), S. 228 (239).

250 Vgl. hierzu oben a), 2).

zu müssen, wie schon im oben geschilderten Fall der Santa Maria.[251] Denn alle Tatbeteiligten führten keinen Angriff von einem anderen Schiff aus. Vielmehr befanden sie sich zum Zeitpunkt der Übernahme des Schiffes, getarnt als Passagiere, bereits an Bord oder hatten – wie Mohammed Abbas Zaidan – das Schiff nie betreten. Nach hier vertretener Ansicht ist das Bild zweier sich bekämpfender Schiffe auf Hoher See zwar überkommen. Der Wortlaut des Art. 15 HSÜ – wie auch derjenige des Art. 101 SRÜ – und die dahinterstehenden Überlegungen der Vertragsstaaten erlauben es in seiner gegenwärtigen Fassung indes nicht, die Übernahme eines Schiffes durch Passagiere und/oder einen Teil der Crew unter die Pirateriedefinition zu fassen.[252] Der Haftbefehl hätte daher letztlich nicht auf eine Verletzung von 18 U.S.C. § 1651 gestützt werden dürfen.[253]

c) Die Pirateriedefinition in der Rechtsprechung der Vereinigten Staaten

Die oben bereits angeführte Vorschrift des 18 U.S.C. § 1651 gab in jüngerer Zeit Anlass zu durchaus kontroversen Entscheidungen amerikanischer Gerichte. Genauer zu betrachten sind diesbezüglich die Fälle *United States v. Said*, *United States v. Hasan* und *United States v. Dire*. Darüber hinaus soll der Fall *United States v. Ali* näher beleuchtet werden.

1) *United States v. Said*

Der Fall *United States v. Said* wurde ursprünglich im Jahr 2010 vor dem United States District Court for the Eastern District of Virginia (im Folgenden District Court) verhandelt. Die von Richter Raymond A Jackson verfasste Entscheidung vom 17. August 2010 setzte sich mit der Frage des Ansatzpunktes der völkerrechtlichen Pirateriedefinition auseinander, auf die in 18 U.S.C. § 1651 Bezug genommen wird.[254] Besondere Brisanz erhält die Entscheidung nicht nur vor dem Hintergrund, dass sie nach fast 200 Jahren die erste war, die sich mit der Auslegung von 18 U.S.C. § 1651 befasste.[255] Vielmehr hat dasselbe Gericht zur

---

251 *Constantinople*, Virginia Journal of International Law 26 (1986), S. 723 (735 f.). A.A. *McGinley* (Fn. 229), S. 691 (697).

252 Vgl. hierzu oben 1., c), 2). A.A. *Madden* (Fn. 226), S. 137 (144).

253 Die Erfüllung des Zwei-Schiffe-Erfordernisses ebenfalls ablehnen *Guilfoyle* (Fn. 21), S. 33 (45).

254 Die Entscheidung ist abgedruckt in 757 Fed. Supp., 2d 554 (E.D.Va. 2010).

255 Zuletzt war 18 U.S.C. § 1651 Gegenstand der Entscheidung *United States v. Smith* aus dem Jahr 1820. Auf diese wird in der hier zu besprechenden Entscheidung zur Begründung in erheblichem Maß Bezug genommen, worauf im Folgenden noch einzugehen sein wird.

selben Frage nur etwa acht Wochen später durch Richter Mark S. Davis jr. in *United States v. Hasan* eine weitere Entscheidung zur Auslegung von 18 U.S.C. § 1651 getroffen, die wesentlich von der Entscheidung in *United States v. Said* abweicht. Um diese Abweichungen besser herausarbeiten zu können, werden beide Entscheidungen getrennt dargestellt.

(a) *Sachverhalt*

Nach dem der Entscheidung zugrundeliegenden Sachverhalt näherten sich die Angeklagten am 10. April 2010 gegen 5 Uhr im Golf von Aden der USS Ashland, einem Docklandungsschiff der U.S. Navy.[256] Nachdem das kleine Boot der Angeklagten an Backbord längsseits gegangen war, eröffnete mindestens einer der Angeklagten das Feuer auf die USS Ashland.[257] Von dort wurde daraufhin das Feuer erwidert und das Boot der Angeklagten zerstört, wobei einer von ihnen getötet wurde, während die anderen von der Besatzung der USS Ashland in Gewahrsam genommen und in die Vereinigten Staaten verbracht wurden.[258] Dort wurde ihnen unter anderem ein Verstoß gegen 18 U.S.C. § 1651 vorgeworfen.[259] Hiergegen wandten sie sich mit der Anrufung des District Court.

(b) *Die Entscheidung des District Court*

Zunächst stellte der District Court fest, dass es für die Auslegung des Begriffs der Piraterie im völkerrechtlichen Sinne („Piracy as defined by the law of nations") nach 18 U.S.C. § 1651 auf den Zeitpunkt des Inkrafttretens der Vorschrift im Jahr 1819 ankomme.[260] Um den Umfang des Begriffs der Piraterie festzulegen, griff das Gericht auf die insoweit relevanten gerichtlichen Entscheidungen zurück, wobei es feststellte, dass der vom Obersten Gerichtshof der Vereinigten Staaten im Jahr 1820 entschiedene Fall die einzige Entscheidung sei, die sich bislang mit dieser Frage befasst habe.[261] Der dort gefundenen Definition der Piraterie schloss sich der District Court an und führte insoweit aus:

> „…this Court concludes that the Supreme Court in *Smith* set forth the authoritative definition of piracy as **robbery or forcible depredations on the high seas**…"[262]

256 757 Fed. Supp., 2d 554 (556).
257 757 Fed. Supp., 2d 554 (557).
258 757 Fed. Supp., 2d 554 (557).
259 Zu dessen genauem Wortlaut vgl. oben b), 2).
260 757 Fed. Supp., 2d 554 (559).
261 757 Fed. Supp., 2d 554 (559).
262 757 Fed. Supp., 2d 554 (562). Hervorhebung durch den Verfasser.

Das Gericht lehnte somit die von der Anklage vertretene Ansicht ab, die vom Obersten Gerichtshof gefundene Definition beziehe sich auf den Fall des Raubes, lege aber nicht fest, welche anderen Vergehen ebenfalls unter den Pirateriebegriff zu subsumieren seien. Indem es im Weiteren zahlreiche von der Anklage ins Feld geführte Fälle analysierte, machte es deutlich, dass dem nach *Smith* definierten Begriff der Piraterie ein Raubelement sowie die Übernahme eines Schiffes innewohnt.[263]

Der Voraussetzung eines Raubelements, wie sie im Fall *Smith* aufgestellt wurde, standen nach Ansicht des District Court auch die in völkerrechtlichen Normen, wie etwa in Art. 15 HSÜ oder in Art. 101 SRÜ, niedergelegten Definitionen der Piraterie nicht entgegen. Das Gericht gestand insoweit zwar zu, dass nach diesen Definitionen ein tatsächlich durchgeführter oder zumindest beabsichtigter Raub nicht Voraussetzung für das Vorliegen von Piraterie sei.[264] Jedoch seien die dort niedergelegten Definitionen aus Sicht der völkerrechtlichen Literatur unklar, und auch der Rechtsprechung sei es bislang nicht gelungen, diesbezüglich Licht ins Dunkel zu bringen.[265] Demnach kam das Gericht hinsichtlich der Heranziehung dieser Normen zur Definition auch zu dem Schluss, dass

> „...the Court's reliance solely on the international sources would be erroneous."[266]

Diese Ansicht stützte das Gericht weiter mit dem Verweis auf den vom Obersten Gerichtshof der Vereinigten Staaten herausgearbeiteten Grundsatz des fairen Verfahrens. Nach Meinung des District Court verhinderten die im Bereich des Völkerrechts bestehenden Unklarheiten über eine einheitliche Pirateriedefinition deren Anwendung auf den vorliegenden Fall. Insoweit hieß es in der Entscheidung:

> „Given the flexible manner in which international sources treat the definition of piracy... the Court's reliance on these international sources as authoritative would not meet constitutional muster and must therefore be rejected."[267]

Da die Angeklagten die USS Ashton zwar angegriffen, jedoch keinerlei Gegenstände entwendet hatten, verneinte der District Court mangels Piraterie im völkerrechtlichen Sinne das Vorliegen der Tatbestandsvoraussetzungen des § 1651.

263 757 Fed. Supp., 2d 554 (562).
264 757 Fed. Supp., 2d 554 (564).
265 757 Fed. Supp., 2d 554 (565).
266 757 Fed. Supp., 2d 554 (566).
267 757 Fed. Supp., 2d 554 (567).

(c) *Stellungnahme*

Die Entscheidung des District Court ist in der Literatur auf umfangreiche Kritik gestoßen. Dieser ist zumindest in weiten Teilen zuzustimmen. Betrachtet man die in Bezug genommene Entscheidung *United States v. Smith* genauer, fällt in mehrfacher Hinsicht auf, dass der District Court diese falsch ausgelegt hat. So heißt es in der von Richter Story verfassten Entscheidung etwa

> „...and whatever may be the diversity of definitions, in other respects, all writers concur, in holding, that robbery, or forcible depredations upon the sea, *animo furandi*, is piracy."[268]

Der Wortlaut der Entscheidung lässt insoweit also nur den Schluss zu, dass der Oberste Gerichtshof die Definition der Piraterie nicht etwa auf Fälle beschränken wollte, in denen ein Raubelement gegeben ist, sondern lediglich festgestellt hat, dass jedenfalls solche Fälle, in denen dieses Element erfüllt wird, von der Definition erfasst sind.[269] Ferner wird der District Court der Entscheidung des Obersten Gerichtshofs insofern nicht gerecht, als dort gerade nicht darüber entschieden wurde, welcher Zeitpunkt für die Auslegung von § 1651 in Betracht zu ziehen ist. In Betracht kommt insoweit der Zeitpunkt des Inkrafttretens des Gesetzes – hier des 18 U.S.C. § 1651 – oder derjenige der Tatbegehung, also das Jahr 2010. Welcher Zeitpunkt ausschlaggebend und was zu den jeweiligen Zeitpunkten unter Piraterie i.S.d. Völkerrechts zu verstehen war, hatte der Oberste Gerichtshof im Falle *Smith* nicht zu entscheiden, da Inkrafttreten und Tatbegehung in zeitlich engem Zusammenhang standen.[270] Bezüglich dieser Frage ist das Urteil im Falle *Smith* also als unvollständig anzusehen.[271]

Betrachtet man den Wortlaut des 18 U.S.C. § 1651, wird deutlich, dass es auf den Zeitpunkt der Tatbegehung ankommen muss. Die Vorschrift stellt nämlich gerade nicht Piraterie i.S.d. Völkerrechts *im Zeitpunkt des Inkrafttretens des Gesetzes* unter Strafe.[272] Würde man der Argumentation des District Court folgen und

---

268 18 U.S. (5 Wheat.) 153 (161).

269 So auch *Helfman*, Syracuse Law Review 62 (2012), S. 53 (64); *Clay*, A Tale of Two Judgments: United States v. Said and United States v. Hasan, 2011, S. 14 f., verfügbar unter http://papers.ssrn.com/sol3/papers.cfm?abstract_id=1783681

270 18 U.S.C. § 1651 trat im März 1819 in Kraft, die zur Entscheidung im Fall *Smith* führenden Ereignisse trugen sich im selben Monat zu.

271 Vgl. *Larian*, University of San Francisco Maritime Law Journal 26 (2013–2014), S. 117 (126).

272 *Larian* (Fn. 271), S. 117 (135), der zudem auf die Entscheidung des Obersten Gerichtshofs im Fall *Sosa v. Alvarez-Machain* verweist, wonach es Bundesgerichten in Bezug auf eine Vorschrift aus dem Bereich des Deliktsrechts erlaubt sein soll, den Begriff des Völkerrechts anhand dessen Vorschriften der Gegenwart auszulegen.

allein des Völkerrecht von 1819 zur Anwendung bringen, widerspräche dies dem Wesen des Völkerrechts im Gesamten, welches ständiger Fortentwicklung unterworfen ist.[273] Vor diesem Hintergrund hätte der District Court die Vorschrift im Lichte des zum Zeitpunkt der Tat geltenden Völkerrechts auslegen müssen.[274] Was genau hierunter zu verstehen ist, folgt letztlich aus Art. 38 IGH-Statut, der die Quellen des Völkerrechts aufzählt.[275] Insoweit, als Art. 38 Abs. 1 (a) IGH-Statut internationale Übereinkommen als Rechtsquelle aufzählt, hätte der District Court vor allem auf die Definition des Art. 15 HSÜ zurückgreifen müssen, da die Vereinigten Staaten Mitglied dieses Übereinkommens waren und sind.[276] Die im Falle *Smith* gefundene Definition hätte damit allenfalls unter dem Aspekt des Art. 38 Abs. 1 c) IGH-Statut als Hilfsrechtsquelle in die Entscheidung des District Court einfließen dürfen. Da mit Art. 15 HSÜ eine klare völkervertragsrechtliche Definition für Piraterie gegeben ist, hätte es eines Rückgriffs auf die Definition des Obersten Gerichtshofs im Fall *Smith* nicht bedurft.[277] Die Definition des Art. 15 HSÜ erfährt in ihrer Gesamtheit schon aufgrund der tiefen Verwurzelung innerhalb des Völkerrechts umfassende Akzeptanz innerhalb der Staatengemeinschaft. Dass sie in einzelnen Punkten umstritten ist, vermag entgegen der Ansicht des District Court ihre Anwendung auf den vorliegenden Fall nicht zu hindern. Dem Erfordernis eines Raubelements innerhalb der völkerrechtlichen Pirateriedefinition, wie es der District Court unter Bezugnahme auf den Fall *Smith* aufgestellt hat, ist damit zu widersprechen.[278]

Geht man mit der soeben ausgeführten Begründung davon aus, dass der District Court sich mit der Definition des Art. 15 HSÜ hätte näher auseinandersetzen müssen, ist die Frage von entscheidender Bedeutung, welche Auswirkungen es hat, dass die Angeklagten das Schiff erst betraten, nachdem sie durch die Crew

---

273 *Stowes*, Florida A&M University Law Review 7 (2011–2012), S. 125 (146); *Larian* (Fn. 271), S. 117 (135).

274 Vgl. IGH *Jurisdictional Immunities of the State* (Germany v. Italy), ICJ Reports 2012, S. 99 (124).

275 Diesen Ansatz ebenfalls verfolgend *Larian* (Fn. 271), S. 117 (128 ff.).

276 Auf den Streit, ob und inwiefern unter den aufgezählten Rechtsquellen ein Rangverhältnis besteht, kommt es hierbei nicht an, da Gerichtsentscheidungen als Hilfsrechtsquellen, Verträge dagegen als Hauptrechtsquellen anzusehen sind. Vgl. dazu genauer *Crawford*, Brownlie's Principles of Public International Law, 9. Aufl. 2019, S. 20. Zu den Völkerrechtsquellen allgemein *Kaczorowska-Ireland*, Public International Law, 5. Aufl. 2015, S. 26 ff.

277 So im Ergebnis auch *Larian* (Fn. 271), S. 117 (135).

278 Siehe hierzu auch oben 1., e), 4), (a).

der USS Ashland festgenommen worden waren. Dies hat der District Court allenfalls angedeutet, indem er das Argument der Angeklagten, sie hätten zu keiner Zeit die Kontrolle über das angegriffene Schiff erlangt, kurz darstellte.[279] Da dies für die vom Obersten Gerichtshof im Falle *Smith* herausgearbeitete Definition der Piraterie, welche der District Court fälschlicherweise als die allein gültige angesehen hat, nicht von Belang ist, wurde dieses Argument in der vorliegenden Entscheidung nicht weiter vertieft. Zieht man indes aus den soeben dargestellten Gründen die Definition des Art. 15 HSÜ heran, wird diese Frage zur letztlich entscheidenden in diesem Fall. Am Ergebnis ändert sich insoweit letztlich nichts, da die Angeklagten mit dem Längsseitsgehen und dem Beschuss der USS Ashland zumindest in das Versuchsstadium der Piraterie eingetreten sind. Ihr im Versuch verbliebener Angriff ist bereits von der Pirateriedefinition erfasst.[280] Auch unter diesem Gesichtspunkt wäre letztlich das Vorliegen von Piraterie im völkerrechtlichen Sinne zu bejahen und damit die Verwirklichung von 18 U.S.C. § 1651 anzunehmen gewesen.

2) *United States v. Hasan*

Nach der Entscheidung des Obersten Gerichtshofs im Fall *Smith* im Jahr 1820 setzten sich amerikanische Gerichte fast 200 Jahre lang nicht mehr mit der Auslegung des völkerrechtlichen Pirateriebegriffs, wie ihn 18 U.S.C. § 1651 in Bezug nimmt, auseinander. Verwunderlich ist daher, dass in nahezu unmittelbarer Folge der soeben dargestellten Entscheidung *United States v. Said* mit *United States v. Hasan* eine weitere, hiervon zwar gänzlich unabhängige, aber dieselbe Frage behandelnde Entscheidung erging, die zwar von einem anderen Richter, aber dennoch von demselben Gericht getroffen wurde.[281] Umso verwunderlicher stellen sich die erheblichen Unterschiede zwischen beiden Entscheidungen dar, die im Folgenden näher zu betrachten sind.

(a) *Sachverhalt*

Dem Fall lag folgender Sachverhalt zugrunde:

Die fünf Beschwerdeführer waren somalische Staatsangehörige. Sie stachen Ende März 2010 mit einem hochseetüchtigen Schiff von der somalischen Küste aus in See. Nachdem sich ihr Schiff im Bereich der Hohen See zwischen Somalia und den Seychellen befand, sichteten sie ein Schiff, das sie für ein Handelsschiff hielten. Daraufhin ließen sie ein Beiboot zu Wasser, mit welchem sich drei

---

279 757 Fed. Supp., 2d 554 (557).

280 Zum Versuch der Piraterie vgl. oben 1., b), 3) zu der Definition des Art. 101 SRÜ.

281 Die Entscheidung ist abgedruckt in 747 Fed. Supp., 2d 599 (E.D.Va. 2010).

der Beschwerdeführer auf den Weg machten, um das Handelsschiff anzugreifen. Dazu führten sie mehrere Sturmgewehre sowie eine Panzerabwehrwaffe mit sich. Die beiden anderen Beschwerdeführer blieben auf dem Mutterschiff zurück. Nachdem sich die Angreifer in unmittelbarer Nähe ihres Ziels befanden, eröffneten sie das Feuer. Als die Schüsse von dort erwidert wurden, stellten die Beschwerdeführer fest, dass es sich bei dem von ihnen angegriffenen Schiff um die USS Nicholas, eine Fregatte der US-Navy, handelte. Daraufhin ergriffen sie die Flucht, wurden kurze Zeit später aber von der USS Nicholas gestellt und verhaftet. Nach kurzer Suche gelang es, auch das Mutterschiff aufzubringen und die hierauf befindlichen Beschwerdeführer festzunehmen. Nachdem alle in die Vereinigten Staaten verbracht worden waren, wurden sie dort unter anderem wegen Verstoßes gegen 18 U.S.C. § 1651 angeklagt. Hiergegen wandten sie sich mit der Anrufung des United States District Court for the Eastern District of Virginia (im Folgenden District Court).

(b) *Die Entscheidung des District Court*

Die von Richter Mark S. Davis jr. am 29. Oktober 2010 getroffene Entscheidung hatte sich, wie schon die etwa sechs Wochen zuvor ergangene Entscheidung im Fall *United States v. Said*, mit der Frage auseinanderzusetzen, wie der Begriff der Piraterie nach völkerrechtlichem Verständnis, wie ihn die Norm des 18 U.S.C. § 1651 voraussetzt, auszulegen ist.

Hierzu stellte das Gericht zunächst die historische Entwicklung des Pirateriebegriffes in der Gesetzgebung der Vereinigten Staaten dar, ausgehend von der Verfassung der Vereinigten Staaten.[282] Hieran schlossen sich ausführliche Erörterungen zum Universalitätsprinzip hinsichtlich von Akten der Piraterie im völkerrechtlichen Sinne an, bevor das Gericht die Ansätze der legislativen Implementierung des völkerrechtlichen Pirateriebegriffs in innerstaatliches Recht bis hin zu der im vorliegenden Fall relevanten Vorschrift des 18 U.S.C. § 1651 darstellte und die hierzu vor dem Obersten Gerichtshof ergangene Entscheidung im Fall *Smith* erläuterte.[283] Sodann wurde der Inhalt der völkerrechtlich relevanten Normen wiedergegeben. Nach Abschluss dieser einleitenden Ausführungen setzte sich das Gericht zunächst mit der Argumentation der Beschwerdeführer auseinander, die Definition der Piraterie im völkerrechtlichen Sinne nach 18 U.S.C. § 1651 ergebe sich aus der Entscheidung des Obersten Gerichtshofs im Falle *Smith*, sodass ein – im vorliegenden Fall nicht erfülltes – Raubelement vonnöten sei. Das Gericht zählte zahlreiche Entscheidungen verschiedener

282 747 Fed. Supp., 2d 599 (612).
283 747 Fed. Supp., 2d 599 (615).

amerikanischer Gerichte auf, die diese Ansicht stützten, führte aber auch solche ins Feld, die Fälle als Piraterie im völkerrechtlichen Sinne qualifizierten, in denen kein Raub im Spiel war.[284] Die Frage, ob die Definition des Obersten Gerichtshofs im Fall *Smith* als abschließend zu gelten hat, ließ der District Court ausdrücklich offen.[285] Vielmehr setzte er sich mit der Frage auseinander, welcher Zeitpunkt für die Auslegung des Pirateriebegriffs maßgeblich ist, und kam letztlich zu dem Ergebnis, dass bei der Frage, was unter Piraterie im völkerrechtlichen Sinne nach 18 U.S.C. § 1651 zu verstehen ist, nicht die im Jahr 1820 geltende, sondern diejenige Definition heranzuziehen sei, welche das moderne, im Zeitpunkt der Tat geltende Völkerrecht zur Verfügung stelle.[286] Zu diesem Ergebnis gelangte das Gericht unter Heranziehung des Wortlauts von 18 U.S.C. § 1651 und führte aus:

> „The plain language of 18 U.S.C. § 1651 reveals that, in choosing to define the international crime of piracy by… a reference [to the law of nations], Congress made a conscious decision to adopt a flexible… definition of… piracy that would automatically incorporate developing international norms regarding piracy."[287]

Als weiteres Argument wurde herangezogen, dass es – wollte man den im Falle *Smith* herausgearbeiteten Definitionsansatz auch heute noch zur Anwendung bringen – zu einer Verurteilung wegen Taten kommen könnte, die nach heutigem Verständnis des Völkerrechts nicht mehr als Piraterie im völkerrechtlichen Sinne zu werten sind.[288]

Auf Basis dieses Ergebnisses setzte sich das Gericht im Weiteren damit auseinander, wie die völkerrechtliche Definition der Piraterie zum Zeitpunkt der Tatbegehung im April 2010 ausgestaltet war. Ausgehend von den in Art. 38 IGH-Statut aufgezählten Quellen kam es letztlich zu dem Schluss, dass die Definition, wie sie in Art. 101 SRÜ und Art. 15 HSÜ dargestellt wird, Völkergewohnheitsrecht bilde.[289]

Im Weiteren bejahte das Gericht entgegen der Ansicht der Beschwerdeführer auch die Strafbarkeit der versuchten Piraterie im Rahmen des 18 U.S.C. § 1651.[290]

---

284 747 Fed. Supp., 2d 599 (622).
285 747 Fed. Supp., 2d 599 (622).
286 747 Fed. Supp., 2d 599 (629 f.).
287 747 Fed. Supp., 2d 599 (623).
288 747 Fed. Supp., 2d 599 (625).
289 747 Fed. Supp., 2d 599 (633 ff.).
290 747 Fed. Supp., 2d 599 (637).

Bezüglich der Frage, wie der Begriff der Piraterie im völkerrechtlichen Sinne innerhalb der Vorschrift des 18 U.S.C. § 1651 auszulegen sei, kam der District Court zum Ergebnis,

> „...that Article 101 of UNCLOS reflects the modern customary international law definition of... piracy, which is applicable to 18 U.S.C. § 1651."[291]

In seiner nachfolgenden Subsumtion des Sachverhalts unter die Strafvorschrift und damit unter das Tatbestandsmerkmal der Piraterie stellte das Gericht fest, dass das Vorgehen der drei Beschwerdeführer, die auf die USS Nicholas gefeuert haben, als Piraterie im völkerrechtlichen Sinne zu qualifizieren sei, während es das Verhalten der auf dem Mutterschiff verbliebenen Beschwerdeführer als Beihilfehandlung i.S.d Art. 101 SRÜ qualifizierte.[292]

(c) *Stellungnahme*

Die Entscheidung von Richter Davis steht in unmittelbarem Widerspruch zu der Entscheidung im Fall *Said*.[293] Der sehr fundiert dargestellten Entscheidung ist im weit überwiegenden Teil zuzustimmen. Zu Recht ging der District Court davon aus, dass es sich beim Völkerrecht nicht etwa um ein feststehendes Gebilde handelt, sondern es fortwährenden Weiterentwicklungen unterworfen ist, und berücksichtigt damit richtigerweise die im Zeitpunkt der Tat geltende völkerrechtliche Pirateriedefinition.[294] Als Ausgangspunkt bediente sich der District Court ebenfalls der Entscheidung des Obersten Gerichtshofs im Falle *Smith*. Der entscheidende Unterschied zu der sechs Wochen zuvor ergangenen Entscheidung des District Court im Fall *Said* ist jedoch, dass er hieran nicht stehen blieb. Der durch das Gericht erfolgten Bezugnahme auf den modernen Pirateriebegriff und dem daraus folgenden Verzicht auf ein Raubelement ist dem Grunde nach zuzustimmen.[295] Zu kritisieren ist allenfalls die vom District Court gewählte Herleitung. Nach der Bezugnahme auf Art. 38 IGH-Statut bemühte sich das Gericht nach Kräften, die völkergewohnheitsrechtliche Geltung des völkerrechtlichen

---

291 747 Fed. Supp., 2d 599 (637).

292 747 Fed. Supp., 2d 599 (641).

293 Betrachtet werden im Folgenden nur die Unterschiede, die sich bzgl. der völkerrechtlichen Pirateriedefinition ergeben, da ausschließlich diese für die vorliegende Arbeit von Interesse sind. Zur Frage, ob Richter Davis bei seiner Entscheidung durch die zeitlich vorhergehende Entscheidung im Fall *Said* gebunden war vgl. *Clay* (Fn. 269), S. 16 f.

294 Zur Begründung siehe oben 1), (c).

295 So auch *McKinney*, South Carolina Law Review 62 (2010–2011), S. 577 (580); *Clay* (Fn. 269), S. 25.

Pirateriebegriffs herauszuarbeiten, und zog dafür nationale wie internationale Rechtsprechung, die bestehenden Vertragstexte von Art. 15 HSÜ und Art. 101 SRÜ sowie diverse Literatur heran, um letztlich die völkergewohnheitsrechtliche Geltung von Art. 101 SRÜ zu belegen. Mit einem genauen Blick auf Art. 38 IGH-Statut hätte es dieser Mühe jedoch nicht bedurft. Die Tatsache, dass die Vereinigten Staaten als Mitgliedsstaat an die Genfer Konvention über die Hohe See gebunden sind, genügt, um zumindest den Wortlaut von Art. 15 HSÜ, der – wie schon mehrfach angeführt – wortgleich mit dem des Art. 101 SRÜ ist, in die Auslegung des 18 U.S.C. § 1651 einzubeziehen und so zum selben Ergebnis zu gelangen.

3) *United States v. Dire*

(a) *Die Ausgangslage*

Nachdem der United States District Court for the Eastern District of Virginia in den Fällen *Said* und *Hasan* zwei gegenläufige Entscheidungen erlassen hatte, wurde in beiden Fällen mit dem United States Court of Appeals, Fourth Circuit das Berufungsgericht angerufen. Dieses entschied über beide Fälle am 23. März 2012. Dabei wurde die Entscheidung, die in der Vorinstanz als *United States v. Hasan* geführt wurde, nunmehr als *United States v. Dire* geführt. Das Berufungsgericht schloss sich in diesem Fall der Vorinstanz an, während die Berufung im Fall *United States v. Said* zur Aufhebung und Zurückverweisung des Ausgangsurteils führte. Dabei beschränkte sich das Berufungsgericht darauf, nur für den Fall *Dire* eine ausführliche Begründung zu verfassen.[296] Das Berufungsurteil im Falle *Said* beschränkte sich in seiner Begründung im Wesentlichen darauf, auf diese Entscheidung Bezug zu nehmen.[297]

(b) *Die Entscheidung des United States Court of Appeals, Fourth Circuit*

In seiner Entscheidung schloss sich der United States Court of Appeals, Fourth Circuit (im Folgenden Court of Appeals) der Argumentation im Fall *United States v. Hasan* an. Nach ausführlicher Darstellung der Entscheidung des Instanzgerichts führte der Court of Appeals seine eigene Auslegung von 18 U.S.C. § 1651 durch, wobei er sich hauptsächlich an den von den Beschwerdeführern vorgebrachten Argumenten orientierte. Ausgehend von dem bereits oben angeführten Präzedenzfall *Sosa v. Alvarez-Machain*[298] setzte sich das Gericht mit der

---

296 Diese ist abgedruckt in 680 F.3d 446.

297 Abgedruckt in 680 F.3d 374.

298 Siehe oben Fn. 272.

Frage auseinander, ob sich das Verständnis des Völkerrechts im Allgemeinen oder der Pirateriedefinition im Besonderen seit des Inkrafttretens von 18 U.S.C. § 1651 verändert hat. Hierzu führte das Gericht aus:

> „...if the Congress of 1819 had believed either the law of nations... or its piracy definition... to be inflexible, the Act of 1819 could easily have been drafted... „piracy as defined *on March 3, 1819* [the date of enactment], by the law of nations,...“[299]

Im Weiteren machte das Gericht deutlich, dass ein Rückgriff auf die Pirateriedefinition des Falles *Smith* aus dem Jahr 1820 und damit das Voraussetzen eines Raubelements innerhalb derselben die Gerichte der Vereinigten Staaten in der Ausübung der universellen Gerichtsbarkeit über Piraten behindern, diese letztlich sogar ausschließen würde.[300]

Der Court of Appeals gelangte daher zum Ergebnis, dass

> „...§ 1651 incorporates a definition of piracy that changes with advancements in the law of nations.“[301]

Zuletzt und relativ knapp machte das Gericht deutlich, dass für die Auslegung von § 1651 die Pirateriedefinition des UN-Seerechtsübereinkommens als maßgeblich heranzuziehen sei, wobei es unter anderem auch auf die Resolution 2020 des UN Sicherheitsrates verwies, die die Vereinigten Staaten mitgetragen haben, und in der ausdrücklich auf die Definition des Art. 101 SRÜ Bezug genommen wird.[302]

(c) *Abschließende Stellungnahme*

Das Konvolut der Entscheidungen *United States v. Said, United States v. Hasan* und abschließend *United States v. Dire* macht die völkerrechtliche Pirateriedefinition, wie sie die Judikative der Vereinigten Staaten zugrunde legt, nahezu lehrbuchmäßig deutlich. Die Entscheidung des Court of Appeals deckt insoweit die Fehler der Entscheidung des Instanzgerichts im Fall *Said* schonungslos auf. Mit guten Argumenten wird der Bezug zum modernen Völkerrecht hergestellt. Insoweit hat sich der Court of Appeals der einzig vernünftigen Sicht der Dinge angeschlossen. Sich auf die Definition des Obersten Gerichtshofs im Fall *Smith* festzulegen, würde bedeuten, nicht nur die damals getroffene Entscheidung, sondern auch den Willen des Gesetzgebers fehlerhaft zu interpretieren.[303]

---

299 680 F.3d 446 (468).

300 680 F.3d 446 (469).

301 680 F.3d 446 (469).

302 680 F.3d 446 (469). Ausführlich zur Resolution 2020 unten Zweiter Teil, Kapitel 1, V. 5., c).

303 Vgl. hierzu schon 1), (c).

Die Bejahung eines Raubelements innerhalb der Pirateriedefinition würde ferner die Bemühungen der internationalen Staatengemeinschaft zur Bekämpfung von Piraterie ad absurdum führen. In den Fällen *Said* und *Hasan* fehlt das Raubelement allein deshalb, da ein bewaffnetes Schiff, das sich auf Patrouille befand, angegriffen wurde und die Ausrüstung der Angreifer nicht ausreichte, um der Feuerkraft des Schiffs etwas entgegenzusetzen. In solchen Fällen Piraterie zu verneinen hieße, das Delikt auf wehrlose Schiffe zu beschränken und die Zweckrichtung der Angriffe letztlich gänzlich auszublenden.[304] Auch überzeugt die Begründung nicht, das Völkerrecht im Allgemeinen und die Pirateriedefinition im Besonderen seien derart starken Veränderungen unterworfen, dass ihre Anwendung zu nicht hinnehmbarer Rechtsunsicherheit führe. Die Pirateriedefinition, wie sie in Art. 101 SRÜ und Art. 15 HSÜ festgelegt ist, hat weltumspannend Geltung und ist als grundlegendes Fundament der Pirateriebekämpfung auf völkerrechtlicher Ebene zu sehen.[305] Die Gefahr, dass es im Falle einer sich stets fortentwickelnden Pirateriedefinition zu unterschiedlich gelagerter Beurteilung ähnlich gelagerter Fälle kommt, etwa weil verschiedene Staaten die Vorschriften des UN-Seerechtsübereinkommens teilweise unterschiedlich anwenden, ist daher hinzunehmen.[306]

Mit seiner Entscheidung hat der Court of Appeals ein deutliches Zeichen gesetzt, wie der völkerrechtliche Pirateriebegriff in der Rechtsprechung der Vereinigten Staaten zukünftig auszulegen ist.[307] Die Entscheidung des Court of Appeals wie auch die des District Court im Fall *Hasan* ist aber auch darüber hinaus von herausragender Bedeutung, da sie ausdrücklich Art. 101 SRÜ als Grundlage für die Auslegung heranzieht, obwohl die Vereinigten Staaten bis heute das UN-Seerechtsübereinkommen nicht ratifiziert haben. Schon inhaltlich betrachtet steht die fehlende Ratifizierung der vom Court of Appeals gewählten Auslegung nicht entgegen, da Art. 15 HSÜ, an dem sich die Vereinigten Staaten unzweifelhaft aufgrund ihrer Mitgliedschaft am HSÜ zu orientieren haben, die wortgleiche Definition enthält. Auch der ausdrückliche Verweis auf Art. 101 SRÜ ist durch die fehlende Ratifizierung nicht ausgeschlossen. Betrachtet man die Gründe genauer, aus denen die Vereinigten Staaten eine Ratifizierung bislang abgelehnt haben, so scheiterte diese hauptsächlich daran, dass die amerikanische

---

304 *Richard*, Boston College International and Comparative Law Review 36 (2014), S. 76 (86).

305 *Richard* (Fn. 304), S. 76 (87).

306 So wohl *Richard* (Fn. 304), S. 76 (87). Anders die Ansicht des Instanzgerichts im Fall *Said* 757 Fed. Supp., 2d 554 (564).

307 *Douglas*, North Carolina Law Review Addendum 91 (2013), S. 119 (137).

Regierung die Vorschriften zum Tiefseebergbau im XI. Teil des Übereinkommens ablehnt.[308] Diese Vorschriften sind indes völlig unabhängig von der Definition des Art. 101 SRÜ, sodass eine Akzeptanz derselben durch die Vereinigten Staaten auch bei fehlender Ratifizierung des Übereinkommens als Ganzes durchaus angenommen werden kann.[309] Im Ergebnis ist der Entscheidung des Court of Appeals und des District Court im Fall *Hasan* insoweit zuzustimmen, als das Vorliegen eines Raubelements innerhalb der Pirateriedefinition für nicht erforderlich erachtet wird.

4) *United States v. Ali*

Mit der Entscheidung *United States v. Ali* hat der United States Court of Appeals for the District of Columbia Circuit eine Entscheidung getroffen, die für gleich zwei Elemente der völkerrechtlichen Pirateriedefinition von Belang ist. Aus der Entscheidung ergeben sich zum einen Fragen in Bezug auf den geographischen Geltungsbereich, zum anderen ist die Entscheidung aber auch im Licht des Erfordernisses der Begehung zu privaten Zwecken problematisch.

(a) *Sachverhalt*

Dem Fall lag folgender Sachverhalt zugrunde: Der Angeklagte Ali Mohamed Ali war somalischer oder jemenitischer Staatsbürger und Mitglied des somalischen Warsengeli-Klans. Dieser plante die Entführung der CEC Future, ein Frachtschiff eines dänischen Eigners, das unter der Flagge Bahamas fuhr. Am 7. November 2008 griffen Komplizen Alis das Schiff an, als es sich auf Hoher See im Golf von Aden befand. Mit Granaten und Maschinenpistolen bewaffnet enterten sie das Schiff und nahmen die Besatzung als Geiseln. Dann erzwangen sie eine Kursänderung, die das Schiff direkt nach Point Ras Binna führte, unmittelbar vor der Küste Somalias gelegen. Dort kam der Angeklagte am 9. November 2008 an Bord und vermittelte zwischen der Besatzung und den Entführern als Übersetzer. Noch am selben Tag lief das Schiff in den Hafen der somalischen Stadt Ely ein, wo es bis zu seiner Befreiung im Januar des Folgejahres vor Anker blieb. Ali übernahm, während er sich an Bord befand, auch die Lösegeldverhandlungen mit dem Schiffseigner. Während der gesamten Zeit, in der sich Ali an Bord befand, befuhr das Schiff bis auf wenige Minuten ausschließlich die Territorialgewässer Somalias. Die Verhandlungen über das Lösegeld führten schließlich zu einer Zahlung von 1,7 Millionen US-Dollar an die Piraten. Ali

308 *McKinney* (Fn. 295), S. 577 (583, Fn. 62).

309 *Douglas* (Fn. 307), S. 119 (138). Zu den Versuchen verschiedener Regierungen eine Ratifizierung des Übereinkommens zu erreichen vgl. *Larian* (Fn. 271), S. 117 (132 f.).

erhielt für seine Vermittlung 86.500 US-Dollar. Nach Begleichung des Betrages durch die Reederei kamen Schiff und Besatzung unbeschadet wieder frei.

Ali bekleidete ab Juni 2010 den Posten des Generaldirektors am Bildungsministerium der Republik Somaliland. Als solcher reiste er im April 2011 in die Vereinigten Staaten, wo er noch am Flughafen verhaftet wurde. Er wurde unter anderem wegen Verschwörung zur Piraterie nach 18 U.S.C. § 371 in Verbindung mit 18 U.S.C. § 1651 sowie wegen Anstiftung und Beihilfe hierzu gemäß 18 U.S.C. § 2 angeklagt.[310]

Das Instanzgericht vertrat die Ansicht, dass die Verschwörung zur Piraterie im völkerrechtlichen Sinne nach 18 U.S.C. § 1651 in Verbindung mit 18 U.S.C. § 371 nicht strafbar sei, da sich letztere Vorschrift nicht auf § 1651 erstrecke. Eine Strafbarkeit wegen Anstiftung und Beihilfe zur Piraterie nach § 1651 lehnte das Instanzgericht mit der Begründung ab, dass Piraterie im völkerrechtlichen Sinne, wie sie von der Norm vorausgesetzt wird, nur vorliege, wenn die Tat im Bereich der Hohen See begangen werde, was auch für den Anstifter und den Helfer zu gelten habe und im vorliegenden Fall zu verneinen sei, da sich das Schiff in der Zeit, in der sich der Angeklagte an Bord befunden habe, nahezu ausschließlich in den territorialen Gewässern von Somalia aufgehalten habe.

Die Staatsanwaltschaft legte gegen die Entscheidung Berufung zum United States Court of Appeals for the District of Columbia Circuit ein.

(b) *Die Entscheidung des United States Court of Appeals, D.C. Circuit*

Die von Richter Brown verfasste Entscheidung des United States Court of Appeals for the District of Columbia Circuit (im Folgenden Court of Appeals) vom 11. Juni 2013[311] setzte sich zunächst mit der Gerichtsbarkeit amerikanischer Gerichte über den Fall auseinander und stellte fest, dass diese hinsichtlich des Vorwurfs der Piraterie mit Blick auf die universelle Jurisdiktion gegeben sei.[312]

Sodann wandte sich das Gericht der Frage zu, ob die Beteiligung Alis als Anstiftung und Beihilfe zur Piraterie gewertet werden könne. Inzident prüfte das Gericht, ob insofern von Piraterie im völkerrechtlichen Sinne gemäß 18 U.S.C. § 1651 ausgegangen werden könne. Definitorisch legte das Gericht Art. 101 SRÜ zugrunde und führte hierzu aus:

> „Despite not being a signatory, the United States has recognized, via United Nations Security Council resolution [2020], that the U.N. Convention on the Law of the Sea

310 Zudem wurde ihm Verschwörung zur Geiselnahme sowie Anstiftung und Beihilfe hierzu vorgeworfen.

311 Abgedruckt in 718 F3d 929.

312 718 F3d 929 (935).

("UNCLOS") "sets out the legal framework applicable to combating piracy and armed robbery at sea."[313]

Ausgehend von der Pirateriedefinition des UN-Seerechtsübereinkommens stellte das Gericht mit einem Verweis auf Art. 101 c) SRÜ fest, dass die Anstiftung und Beihilfe, wie sie nach innerstaatlichem Recht gemäß 18 U.S.C. § 2 unter Strafe gestellt sei, auch nach völkerrechtlichen Maßstäben unter den Pirateriebegriff zu fassen sei. Sodann war die Frage zu beantworten, ob sich der Anstiftung und Beihilfe zur Piraterie nach Art. 101 c) SRÜ nur schuldig machen kann, wer seine Taten auf Hoher See begeht. Unter Heranziehung des Wortlauts verneinte das Gericht diese Frage. Es vertrat die Meinung, dass

„Explicit geographical limits—"on the high seas" and "outside the jurisdiction of any state"—govern piratical acts under article 101(a) (i) and (ii). Such language is absent, however, in article 101(c), strongly suggesting a facilitative act need not occur on the high seas so long as its predicate offense has."[314]

Anschließend setzte sich das Gericht mit der Argumentation des Angeklagten auseinander und lehnte es ab, über Art. 86 SRÜ oder Art. 105 S. 1 SRÜ ein solches Erfordernis in Art. 101 c) SRÜ hineinzulesen.[315] Letztlich sah das Gericht die geographische Beschränkung von Art. 101 c) SRÜ auf den Bereich der Hohen See auch nicht in der Gesetzgebungsgeschichte dieser Vorschrift begründet.[316]

Ein weiteres Argument des Angeklagten, nämlich dass der Wortlaut des § 1651 selbst die Begehung seiner Tat auf Hoher See erfordere, lehnte das Gericht ebenfalls ab.[317] Es stellte fest:

„[§ 1651 does mention the high sea because] doing so fits the international definition of piracy—a concept that encompasses both crimes on the high seas and the acts that facilitate them—into the structure of U.S. criminal law. To be convicted as a principal under § 1651 alone, one must commit piratical acts on the high seas, just as UNCLOS article 101(a) demands. But applying aider and abettor liability to the sorts of facilitative acts proscribed by UNCLOS article 101(c) requires using § 1651 and § 2 in tandem."[318]

313 718 F.3d 929 (936).
314 718 F.3d 929 (937).
315 718 F.3d 929 (937 f.).
316 718 F.3d 929 (938).
317 § 1651 lautet insoweit: „Whoever, **on the high seas**, commits the crime of piracy…" Hervorhebung durch den Verfasser.
318 718 F.3d 929 (941).

(c) *Stellungnahme*

Folgt man der vom Court of Appeals gewählten Interpretation von Art. 101 c) SRÜ und verzichtet im Rahmen der Anstiftung zu und Erleichterung von Piratenangriffen auf die Beschränkung des Geltungsbereichs auf die Hohe See, hat dies weitreichende Konsequenzen. Neben der unmittelbar sichtbar werdenden Problematik, die sich hinsichtlich der Ausweitung des geographischen Anwendungsbereichs ergibt, folgen aus der Entscheidung zumindest mittelbare Konsequenzen hinsichtlich des Tatbestandsmerkmals der Begehung zu privaten Zwecken, auch wenn diese vom Court of Appeals nicht in Betracht gezogen wurden, da sie im konkreten Fall nicht relevante waren.

i. Auswirkungen auf den geographischen Geltungsbereich

Ob ein Verzicht auf das geographische Moment der Hohen See als res loci im Rahmen von Teilnahmehandlungen angezeigt ist, stellt sich im Wesentlichen als Auslegungsfrage des Art. 101 SRÜ dar. Ansatzpunkte hierfür bieten sich sowohl innerhalb der Norm selbst als auch durch deren Stellung im Normgefüge des Seerechtsübereinkommens.

Betrachtet man, wie es der Court of Appeals ebenfalls getan hat, zunächst den Wortlaut der Norm, erscheint der Schluss, die Teilnahmehandlung könne auch begangen werden, ohne dass sich der Teilnehmer auf Hoher See befindet, durchaus naheliegend. Wie das Gericht zutreffend feststellte, findet sich im Wortlaut des Art. 101 c) SRÜ weder eine Bezugnahme zur Hohen See, noch ist der Terminus des Ortes, der keiner staatlichen Hoheitsgewalt untersteht, dort zu finden. Hieraus folgt, dass die Teilnahmehandlung gerade nicht auf Hoher See ausgeführt werden muss.[319]

Trotz dieses klaren Wortlauts könnte sich aus einer kontextuellen Auslegung der Vorschrift etwas anderes ergeben. Nach Art. 31 Wiener Vertragsrechtsübereinkommen (WÜV) sind die Bestimmungen eines Vertrages grundsätzlich in ihrem Zusammenhang auszulegen. Vor diesem Hintergrund argumentierte der Beschwerdeführer zunächst mit der den VII. Teil des Seerechtsübereinkommens (Hohe See) einleitenden Vorschrift des Art. 86 SRÜ. Dieser bestimmt:

---

319 *Phillips* (Fn. 144), S. 271 (293); *White*, Emory International Law Review 27 (2013), S. 705 (708); *Waak* (Fn. 29), S. 42 f. A..A. *Bellish*, A High Seas Requirement for Inciters and International Facilitators of Piracy Jure Gentium and its (Lack of) Implications for Impunity, 2013, S. 12 ff., verfügbar unter http://papers.ssrn.com/sol3/papers.cfm?abstract_id=2226030

„Dieser Teil gilt für alle Teile des Meeres, die nicht zur ausschließlichen Wirtschaftszone, zum Küstenmeer oder zu den inneren Gewässern eines Staates oder zu den Archipelgewässern eines Archipelstaates gehören."

Da die Bestimmung des Art. 101 c) SRÜ ebenfalls zu Teil VII gehört, ließe sich daran denken, über die Bezugnahme des Art. 86 SRÜ auf alle Vorschriften des VII. Teils die geographische Verortung der Teilnahmehandlung auf die Hohe See in Art. 101 c) SRÜ hineinzulesen.[320] Dem stehen aber in mehrfacher Hinsicht Bedenken gegenüber: Zum einen würde der Verweis auf die Hohe See als Begehungsort in Art. 101 a) i) SRÜ selbst gänzlich überflüssig, wollte man den geographischen Geltungsbereich der Definition des Art. 101 SRÜ schon über Art. 86 SRÜ festlegen.[321] Selbiges gilt für andere Vorschriften des VII. Teils, die in ihrem Wortlaut ebenfalls auf die Hohe See verweisen, wie beispielsweise Art. 95, 105 SRÜ oder Art. 109 SRÜ. Gegen eine solche Deutung spricht zudem, dass es, beispielsweise mit Art. 58 SRÜ, auch Vorschriften außerhalb des VII. Teil gibt, die auf die Hohe See verweisen. Demnach ist dem Court of Appeals auch insoweit zuzustimmen, als er diese Auslegung des Art. 101 SRÜ ablehnte, weil sie zu zahlreichen Redundanzen („numerous redundancies") führen würde.[322]

Das Erfordernis der Begehung der Teilnahmehandlung im Bereich der Hohen See folgt auch nicht aus dem Wortlaut des Art. 105 SRÜ. Insoweit wird im Schrifttum der Ansatz vertreten, die Vorschrift des Art. 105 SRÜ vermittele die Universaljurisdiktion über die Piraterie nur im Bereich der Hohen See, sodass der Verzicht der Beschränkung des Art. 101 c) SRÜ auf den Bereich der Hohen See zu einem Widerspruch dieser beiden Vorschriften führe, da ansonsten in Bezug auf den Teilnehmer Universaljurisdiktion für Delikte bestehe, die im Hoheitsbereich eines Staates ausgeführt worden seien.[323] Dieser Argumentation muss

320 So etwa *Bellish* (Fn. 319), S. 15 f.

321 Diesen Ansatz ebenfalls verfolgend *Guilfoyle*, EJIL: Talk! Committing Piracy on Dry Land: Liability for Facilitating Piracy, Kommentar vom 27. Juli 2012, 17:28 Uhr, verfügbar unter http://www.ejiltalk.org/committing-piracy-on-dry-land-liability-for-facilitating-piracy/comment-page-1/#comment-24102

322 718 F.3d 929 (937).

323 *Kontorovich*, Kommentar zu *Guilfoyle* (Fn. 285) vom 30. Juli 2012, 17:40 Uhr, verfügbar unter http://www.ejiltalk.org/committing-piracy-on-dry-land-liability-for-facilitating-piracy/comment-page-1/#comment-24314. *Bellish* (Fn. 319), S. 16 leitet dasselbe Ergebnis darüber her, dass die Teilnahmehandlung selbst als Piraterie zu qualifizieren und damit im Lichte von Art. 105 SRÜ nur im Bereich der Hohen See begangen werden könne, räumt aber ein, dass diese Argumentation die Frage über die Maßen vereinfacht.

jedoch entgegengehalten werden, dass Art. 105 SRÜ zum einen den unberechtigten Eingriff in die Freiheit der Hohen See verhindern will, und zum anderen eine Auslieferung von aufgegriffenen Piraten an Drittstaaten durch diese Vorschrift auch dann nicht ausgeschlossen ist, wenn die begangenen Taten nicht in Zusammenhang mit dem eigentlichen Vorfall auf Hoher See stehen.[324] Der Verzicht auf die Hohe See als Begehungsort im Rahmen der Teilnahme i.S.d. Art. 101 c) SRÜ führt auch aus anderer Sicht nicht zu einem Eingriff in die Souveränität von Staaten, in deren Hoheitsgebiet sich ein Teilnehmer i.S.d. Art. 101 c) SRÜ befindet: Dem betroffenen Staat wird hierdurch weder die Möglichkeit genommen, selbst gegen einen solchen Teilnehmer vorzugehen, noch werden die Eingriffsrechte anderer Staaten auf das Hoheitsgebiet des betroffenen Staates ausgedehnt, da die Eingriffsrechte selbst die geographische Begrenzung auf die Hohe See enthalten.[325] Wie schon die Norm des 18 U.S.C. § 1651, die dem vorliegenden Fall zugrunde liegt, deutlich macht, kommt eine Ergreifung des Teilnehmers durch einen anderen Staat also erst dann in Betracht, wenn dieser sich außerhalb des Hoheitsgebiets eines jeden Staates befindet oder etwa die Territorialhoheit des ergreifenden Staates greift.[326] Die Argumentation des Beschwerdeführers vermag demnach, wie der Court of Appeals zutreffend feststellte, auch mit Blick auf Art. 105 SRÜ nicht zu überzeugen.

Wenn auch vom Beschwerdeführer nicht eingebracht und daher vom Gericht nicht betrachtet, ist letztlich auch Art. 100 SRÜ in die Überlegung einzubeziehen und zu fragen, ob sich das Erfordernis der Teilnahme auf Hoher See möglicherweise aus dieser Vorschrift ableiten lässt. Dies ist vor dem Hintergrund abzulehnen, dass Art. 100 SRÜ nur als Auffangtatbestand eingreift, wenn speziellere Eingriffsnormen nicht einschlägig sind. Ein generelles geographisches Erfordernis lässt sich daher nicht aus Art. 100 SRÜ ableiten.

Zuletzt ist noch die Argumentation des Beschwerdeführers, aus der Normgebungsgeschichte der Pirateriedefinition sei die geographische Beschränkung der Teilnahme auf den Bereich der Hohen See abzuleiten, genauer zu betrachten. Die Argumentation des Gerichts ging diesbezüglich dahin, dass vorbereitende Arbeiten i.S.d. Art. 32 WÜV nur dann zur Auslegung herangezogen werden dürfen, wenn die Bedeutung einer Vorschrift nach den allgemeinen Auslegungsregeln nach Art. 31 WÜV mehrdeutig ist oder im Dunkeln bleibt, oder die

---

324 *Phillips* (Fn. 144), S. 271 (294).

325 Vgl. den Wortlaut von Art. 105 und Art. 110 SRÜ. Näher zu den einzelnen Eingriffsrechten unten Dritter Teil, Kapitel 1, IV.

326 *Phillips* (Fn. 144), S. 271 (293).

Auslegung nach diesen allgemeinen Grundsätzen zu einem sinnwidrigen oder unvernünftigen Ergebnis führt.[327] Wie die nachfolgend dargestellte Entwicklung der Definition zeigt, ist der Wortlaut von Art. 101 SRÜ bzw. von Art. 15 HSÜ nicht so eindeutig, dass sich ein Rückgriff auf die vorbereitenden Arbeiten zur Auslegung von vornherein verbietet.[328]

Unterzieht man die Definition einer historischen Auslegung, ist zunächst vor allem der Kommentar zu der Harvard Draft Convention von Interesse, auf die sowohl Art. 101 SRÜ als auch Art. 15 HSÜ zurückgehen. Dort heißt es in Bezug auf den Begehungsort:

> „The act of instigation or facilitation is not subjected to the common jurisdiction unless it takes place outside territorial jurisdiction."[329]

Diese Kommentierung für sich deutet durchaus auf die geographische Verortung der Teilnahmehandlung auf die Hohe See hin.[330] Aufbauend auf die Harvard Draft Convention, befasste sich die International Law Commission im Jahr 1955 mit der Pirateriedefinition. Der von ihr ernannte Special Rapporteur führte hinsichtlich des Begehungsortes wie folgt aus:

> „… that only acts committed on the high seas could be described as piracy…"[331]

Im Nachgang zu diesem Bericht und der hierzu erfolgten Diskussion verabschiedete die International Law Commission im Jahr 1956 die *ILC Draft Articles concerning the Law of the Sea with commentaries.* Unter Bezugnahme auf die Harvard Draft Convention heißt es in der Kommentierung zu Art. 39 der Draft Articles, der die Pirateriedefinition enthält:

> „… [p]iracy can be committed only on the high seas or in a place situated outside the territorial jurisdiction of any state, and cannot be committed within the territory of a State or its territorial sea…"[332]

Aus der Bezugnahme auf die Harvard Draft Convention sowohl des Berichts des Special Rapporteurs aus dem Jahr 1955 als auch der Draft Articles aus dem folgenden Jahr könnte man den Schluss ziehen, dass das Erfordernis

---

327 718 F.3d 929 (939); *Villiger*, Commentary on the 1969 Vienna Convention on the Law of Treaties, 2009, Article 32 Rn. 7 ff.

328 A.A. *White* (Fn. 319), S. 705 (714 f.).

329 Kommentar zur Harvard Draft Convention on Piracy (Fn. 21), S. 739 (822).

330 So etwa *Bellish* (Fn. 319), S. 18.

331 Yearbook of the International Law Commission 1955 Vol I, S. 19 (40).

332 Kommentar zur Harvard Draft Convention on Piracy (Fn. 21), S. 739 (743).

der Teilnahmehandlung auf Hoher See auch weiterhin fortbestehen sollte.[333] Betrachtet man jedoch den Wortlaut der Kommentierung, ist ein solcher Schluss weitaus weniger naheliegend. Mögliche Teilnehmer werden nämlich an keiner Stelle in der Kommentierung erwähnt, sodass davon auszugehen ist, dass bezüglich des Begehungsortes auf Hoher See in der Kommentierung allein die Haupttat gemeint ist.[334]

Demnach ist dem Gericht in der Ablehnung des historischen Arguments des Beschwerdeführers zuzustimmen.

ii. Auswirkungen auf den Begehungszweck

Die Argumentation des Court of Appeals mit dem Unterschied im Wortlaut zwischen Art. 101 a) SRÜ und Art. 101 c) SRÜ hinsichtlich des geographischen Geltungsbereichs spielt eine nicht unerhebliche Rolle bezüglich des in Art. 101 a) SRÜ vorgesehenen, dagegen aber in Art. 101 c) SRÜ nicht vorhandenen Merkmals der Begehung zu privaten Zwecken. Auch wenn sich die Entscheidung mit diesem Unterschied nicht auseinandersetzte, was den Schluss nahelegt, dass das Gericht diese Auswirkungen schlicht übersehen hat, so kann das Argument des unterschiedlichen Wortlauts ebenso auf das Definitionsmerkmal der Begehung zu privaten Zwecken bezogen werden. Das bedeutet, dass nach dem Wortlaut der Vorschrift eine private Zwecksetzung für den Teilnehmer nicht erforderlich ist. Sieht man den Begehungszweck als subjektives Element,[335] ist zu fragen, was auf Teilnehmerseite in subjektiver Hinsicht erforderlich ist. Betrachtet man die Entscheidung des Court of Appeals vor der innerstaatlichen Diskussion, wie die subjektive Seite der Teilnahme ausgestaltet sein muss, hat sich in der amerikanischen Rechtsprechung bezüglich Anstiftung und Beihilfe der Grundsatz herausgebildet, dass grundsätzlich jede zielgerichtete Förderung der Tat genügt.[336] In Fällen, in denen sich der subjektive Wille des Teilnehmers nicht zweifelsfrei ermitteln ließ, stellten Teile der amerikanischen Rechtsprechung auch schon auf die Förderung einer ganz bestimmten Tat ab, während andere das bloße Wissen um die Tatbegehung genügen ließen.[337]

---

333 *Bellish* (Fn.319), S. 21.

334 Dargestellt bei *Bellish* (Fn.319), S. 18 ff.

335 Vgl. hierzu oben 1., e), 2).

336 Grundlegend hierzu etwa die Entscheidung des United States Supreme Court im Fall *Nye & Nissen, A Corportation, et al. v. United States*, 336 U.S. 613 (618 f.).

337 Zu letzterem etwa der Circuit Court of Appeals, Fourth Circuit im Fall *Backun v. United States*, 112 F.2d 635 (1940), S. 637; beide Ansichten darstellend *Bellish*, EJIL: Talk! The Possible Unintended Consequences of United States v. Ali, verfügbar unter http://www.ejiltalk.org/the-possible-unintended-consequences-of-united-states-v-ali/.

Auf internationaler Ebene haben sich sowohl der Internationale Strafgerichtshof für das ehemalige Jugoslawien (ICTY) als auch der Internationale Strafgerichtshof mit der Frage der Ausgestaltung von Teilnahmehandlungen auseinandergesetzt. Ersterer hat festgestellt, dass es zur Bestrafung eines Teilnehmers erforderlich sei, dass dieser seine Teilnahmehandlung an dem vom Haupttäter verfolgten Zweck ausrichte.[338] Der Internationale Strafgerichtshof ließ es für die Teilnehmerstrafbarkeit dagegen genügen, dass zur Erleichterung eines Verbrechens Beihilfe oder sonstige Unterstützung bei der Begehung geleistet wurde.[339]

Sinnvollerweise kann es nicht ausreichen, die bloße Förderung der Haupttat zur Verwirklichung von Art. 101 c) SRÜ genügen zu lassen. Vielmehr muss auf subjektiver Ebene eine Verbindung zur Haupttat hergestellt sein, die darin besteht, dass der Teilnehmer den Erfolg der Haupttat willentlich mitträgt.[340] Allein eine solche Auslegung von Art. 101 c) SRÜ erlaubt es, die hinter Piratenüberfällen stehenden Finanziers und sonstigen Unterstützer in den Tatbestand einzubeziehen, ohne diesen in unüberschaubarer Weise auszudehnen.[341]

iii. Die zeitliche Komponente der Teilnahmehandlung

In der Diskussion der Entscheidung tritt eine weitere Frage zutage, mit der sich das Gericht nicht auseinandergesetzt hat, nämlich die, ob die Teilnahmehandlung i.S.d. Art. 101 c) SRÜ nur dann als solche zu qualifizieren ist, wenn sie der Haupttat zeitlich vorgelagert vorgenommen wird.[342] Dem ist jedoch entgegenzuhalten, dass eine Teilnahmehandlung, die ausgeführt wird, nachdem die Haupttat bereits abgeschlossen ist, in ihrem Unrechtsgehalt ebenso schwer wiegen kann wie eine solche, die der Haupttat vorgelagert ist oder während deren Ausführung durchgeführt wird.[343] Darüber hinaus spricht auch die Tatsache, dass nach Art. 101 a) SRÜ die Haupttat letztlich als Dauerdelikt ausgestaltet ist, gegen

---

338 *Prosecutor v. Momčilo Perišić*, Urteil vom 28. Februar 2013, Rn. 25 ff.

339 Vgl. Art. 25 Abs. 3 c) IStGH-Statut

340 *Phillips* (Fn. 144), S. 271 (305 f.); *ders.*, International Facilitation and Commission of Piracy as part of a Joint Criminal Enterprise, Beitrag vom 26. Juli 2012, verfügbar unter http://piracy-law.com/2012/07/26/intentional-facilitation-and-commission-of-piracy-as-part-of-a-joint-criminal-enterprise/.

341 Zu den Folgen einer zu weitgehenden Auslegung der Norm sogleich unter ee).

342 So etwa *Kontorovich*, From Prof. Eugene Kontorovich, About Today's Piracy Decision, verfügbar unter http://volokh.com/2012/07/13/from-prof-eugene-kontorovich-about-todays-piracy-decision/

343 Zu denken ist hierbei etwa an Teilnahmehandlungen im Rahmen der Sicherung von Lösegeldzahlungen.

Das Berufungsgericht zog dann eine Entscheidung des belgischen Cour de Cassation aus dem Jahre 1986 heran, in dem Umweltaktivisten als Piraten qualifiziert wurden, und kam zu dem Ergebnis, dass

> „…"private ends" include those [aims] pursued on personal, moral or philosophical grounds, such as Sea Shepherd's professed environmental goals."[354]

Im Weiteren wandte sich der Court of Appeals der Frage des Gewaltbegriffs innerhalb der Definition des Art. 101 SRÜ zu. Während das Instanzgericht das Vorliegen von Gewalt mit der Begründung abgelehnt hatte, sämtliche der von Sea Shepherd durchgeführten Aktionen hätten sich ausschließlich gegen die Schiffe des Klägers, nicht aber gegen deren Besatzung gerichtet, kam das Berufungsgericht nach Auslegung der Definition des Art. 101 SRÜ zur Bejahung von Gewalt. Hierzu führte es aus:

> „[The district court's interpretation of "violence"] runs afoul of the UNCLOS itself, which prohibits "violence… against another ship" and "violence... against persons or property". [It] also comports with the commonsense understanding of the term…"[355]

Letztlich hielt das Berufungsgericht das diesbezüglich in der Ausgangsinstanz gefundene Ergebnis auch deshalb für falsch, da selbst dann, wenn man der Ansicht des Instanzgerichts folge, das Rammen der Schiffe des Klägers sowie die mögliche Beschädigung der Ruderanlage zu einer Gefährdung der Besatzung hätte führen können, etwa dann, wenn eines der Schiffe gesunken oder auf Grund gelaufen wäre.[356]

Somit kam der Court of Appeals bezüglich der Frage des Vorliegens von Piraterie i.S.d. Art. 101 SRÜ letztlich zum Ergebnis, dass

> „The activities that Cetacean alleges Sea Shepherd has engaged in are clear instances of violent acts for private ends, the very embodiment of piracy. The district court erred in dismissing Cetacean's piracy claims."[357]

(c) *Stellungnahme*

Die Entscheidung des Court of Appeals überzeugt nur zum Teil. Während die Argumentation des Gerichts bezüglich des Gewaltbegriffs grundsätzlich stichhaltig ist, geht die Entscheidung insoweit, als sie den privaten Zweck der Aktionen der Klägerin bejaht, fehl.

---

354 723 F3d 940 (944).
355 723 F3d 940 (944).
356 723 F3d 940 (944).
357 723 F3d 940 (944).

i. Auswirkungen auf den Gewaltbegriff
Zu Recht ordnete das Berufungsgericht die von Sea Shepherd durchgeführten Aktionen als Gewalttat i.S.d. Art. 101 SRÜ ein. Die Tatsache, dass auch solche Gewalt, die allein gegen Schiffe und nicht etwa gegen die an Bord befindlichen Personen gerichtet ist, den Erfordernissen des Art. 101 SRÜ genügt, ergibt sich, wie das Gericht richtigerweise feststellte, schon aus dem Wortlaut der Vorschrift.[358] Insoweit hätte es der hypothetischen Äußerungen nicht bedurft, dass die Aktionen von Sea Shepherd zumindest mittelbar auch Auswirkungen auf das Leben der Crew hätten haben können. Inwieweit solche hypothetischen Schäden zur Ausfüllung der Definition des Art. 101 SRÜ überhaupt heranzuziehen sind, scheint bislang weitestgehend ungeklärt zu sein. Auch ist nicht ersichtlich, dass bei der Erarbeitung der Definition des Art. 101 SRÜ bzw. des Art. 15 HSÜ die Frage der hypothetischen Schädigung erörtert worden wäre. Betrachtet man den Wortlaut der Vorschrift, liegt der Schluss nahe, dass nur solche Schäden Berücksichtigung finden sollen, die auch tatsächlich eingetreten sind. Hypothetische Schäden – wie sie der Court of Appeals zumindest ansatzweise ins Spiel zu bringen versuchte – müssen, zumindest im Rahmen der vollendeten Piraterie, außer Betracht bleiben. Ansonsten käme es zu einer Aufweichung der Grenze zwischen dem ebenfalls von der Definition umfassten Versuch und der vollendeten Tat.[359]

Insoweit, als das Berufungsgericht das Tatbestandsmerkmal der Gewalttat auch auf eine hypothetische Schädigung der Besatzung stützte, ist der Entscheidung zu widersprechen.

ii. Auswirkungen auf den Begehungszweck
Hinsichtlich des Begehungszwecks, der privater Natur sein muss, um der Definition des Art. 101 SRÜ zu genügen, zieht das Gericht die Abgrenzung hin zu staatlich gefördertem Vorgehen. Dieser Ansicht ist aus den oben bereits dargelegten Gründen zu widersprechen.[360] Hinter dem Vorgehen der Beklagten stehen der umweltpolitische Zweck der Eindämmung des Walfangs sowie der Schutz der Meeresumwelt. Man mag die aggressive Vorgehensweise der Organisation zwar durchaus für fragwürdig erachten, sie dient aber einem politischen, im Interesse der Allgemeinheit stehenden Zweck und verwirklicht damit nicht das Tatbestandsmerkmal der Begehung zu privaten Zwecken.[361]

---

358 Vgl. hierzu oben 1., b), 1).

359 Zum Versuch vgl. oben 1., b), 3).

360 Vgl. oben 1., e), 2).

361 *Jesus* (Fn. 92), S. 363 (379); *Teulings*, Peaceful Protests against Whaling on the High Seas – A Human Rights-Based Approach, in: Symmons (Hrsg.), Selected Contemporary Issues in the Law of the Sea, 2011, S. 221 (246).

iii. Die grundsätzliche Einordnung von Umweltaktivisten als Piraten

Die Entscheidung des Court of Appeals wirft neben den soeben aufgeworfenen und auf den konkreten Fall bezogenen Fragen auch die ganz allgemeine Frage auf, ob bzw. inwieweit das Vorgehen von Umweltschutzorganisationen gegen Walfänger als Piraterie i.S.d. Art. 101 SRÜ eingeordnet werden kann. Neben konkreten Fragen des Einzelfalles bezüglich der einzelnen Tatbestandsmerkmale der Definition sind bei einer solchen Einordnung mehrere grundsätzliche Punkte zu bedenken, die letztlich gegen die Qualifikation von Umweltschutzorganisationen als Piraten i.S.d. Seerechtsübereinkommens sprechen.

Zum einen muss man sich den Ausnahmecharakter des Tatbestands der Piraterie bewusst machen. Piraterie ist eines der wenigen Delikte, die von der internationalen Staatengemeinschaft als derart schwerwiegend eingestuft werden, dass ihre Begehung eine Universaljurisdiktion auslöst. Gerade dieser Ausnahmecharakter verbietet eine generelle Subsumtion von umweltpolitisch motiviertem Vorgehen auf Hoher See im Allgemeinen, und dem Vorgehen gegen Walfänger im Besonderen, unter die Definition des Art. 101 SRÜ.[362]

Zum anderen führt der hinter den Piraterievorschriften des Seerechtsübereinkommens stehende Schutzzweck zu keinem anderen Ergebnis. Allein die Tatsache, dass es in Auseinandersetzungen zwischen Umweltschutzorganisationen und Walfängern immer wieder zu Einschränkungen der Schifffahrtsfreiheit von Walfangschiffen kommt, rechtfertigt die Qualifikation des Vorgehens der Organisationen als Piraterie schon deshalb nicht, da die so eingeschränkten Walfangschiffe durchaus nicht schutzlos bleiben. Vielmehr ist es denkbar, dass die Behinderung ihrer Schifffahrtsfreiheit den Tatbestand des Art. 3 Abs. 1 SUA-Übereinkommen auslöst.[363] Betrachtet man indes Art. 8 des Zusatzprotokolls von 2005, wird deutlich, dass ein Vorgehen gegen Personen, die vom SUA-Übereinkommen erfasste Taten begehen, vom Einverständnis des Flaggenstaats desjenigen Schiffs abhängig ist, von dem aus die Taten begangen werden. Diese Unterscheidung würde hinfällig, wollte man das Vorgehen von Umweltschutzorganisationen gegen Walfangschiffe unter die Pirateriedefinition fassen, und der bereits dargestellte Ausnahmecharakter der Pirateriebestimmungen würde aufgeweicht.[364]

362 *Kanehara* (Fn. 36), S. 195 (210).

363 Bezüglich der Eingriffsrechte nach dem SUA-Übereinkommen siehe unten Dritter Teil, Kapitel 2, I, 1.

364 Ebenso wohl auch *Kanehara* (Fn. 36), S. 195 (211 f.).

6) *United States v. Shibin*

Ebenfalls im Jahr 2013 entschied der United States Court of Appeals, Fourth Circuit (Court of Appeals) über die Verurteilung des somalischen Staatsangehörigen Mohammad Saaili Shibin.[365] Zentrale Norm war auch hier 18 U.S.C. § 1651, wobei der Fall ähnlich dem oben bereits besprochenen *United States v. Ali* gelagert war[366] und seinen Schwerpunkt in der Frage der Reichweite des Anstifter- und Teilnehmerbegriffs hatte.

(a) *Sachverhalt*

Dem Rechtsstreit lag folgender Sachverhalt zugrunde: Am 8. Mai 2010 wurde das deutsche Frachtschiff *Marida Marguerite* im Bereich der Hohen See überfallen. Die Besatzung wurde festgesetzt und misshandelt, das Schiff geplündert. Der Beschwerdeführer selbst nahm am ursprünglichen Überfall nicht teil, sondern betrat das Schiff erst, nachdem es in somalische Hoheitsgewässer eingefahren war. Er beteiligte sich an der Folter der Besatzung und führte die Lösegeldverhandlungen zu ihrer Freilassung, die mit einer Zahlung von 5 Millionen US-Dollar endeten.

Der Beschwerdeführer sollte in gleicher Weise als Verhandlungsführer für Lösegeldzahlungen nach der Entführung des Schiffs *Quest* am 18. Februar 2011 eingesetzt werden. Hierzu kam es aber nicht, da die Besatzung vor Erreichen der somalischen Hoheitsgewässer durch die Entführer getötet wurde.

Am 4. April 2011 wurde Shibin auf somalischem Staatsgebiet festgenommen und am 6. April 2011 in die Obhut des FBI übergeben. Nach seiner Überstellung in die Vereinigten Staaten wurde er unter anderem wegen Piraterie i.S.d. 18 U.S.C. § 1651 angeklagt und in der Vorinstanz vollumfänglich verurteilt. Hiergegen wandte sich Shibin in der Rechtsmittelinstanz an den Court of Appeals.

(b) *Die Entscheidung des United States Court of Appeals, Fourth Circuit*

In der von Richter Niemeyer verfassten Entscheidung vom 12. Juli 2013 bejahte das Gericht mit Verweis auf die Entscheidungen *United States v. Hasan* und *United States v. Dire*[367] zunächst seine gerichtliche Zuständigkeit.[368] Sodann wandte es sich der zentralen Frage zu, ob Shibin wegen Beihilfe zur Piraterie verurteilt werden konnte, obwohl er sich zu keiner Zeit auf den Schiffen befand, als diese sich im Bereich der Hohen See aufhielten. Diese Frage bejahte das Gericht und

---

365 Entscheidung abgedruckt in 722 F.3d 233.

366 Siehe hierzu oben 4).

367 Zu diesen Entscheidungen ausführlich oben 2) und 3).

368 722 F.3d 233 (239).

stellte wie schon in seiner Entscheidung im Fall *United States v. Dire* auf den Wortlaut von Art. 101 c) SRÜ ab. Hierzu führte es aus:

> „… Article 101 (c), which defines different piratical acts, independent of the acts described in Article 101 (a), is linked to Article 101 (a) only to the extent that the acts must *facilitate* Article 101 (a) acts. Article 101 (c) does not limit the facilitating acts to conduct on the high seas. […]The text of Article 101 describes one class of acts involving violence, detention, and depredation of ships on the high seas and another class of acts that facilitate those acts. In this way, Article 101 reaches all the piratical conduct, wherever carried out, so long as the acts specified in Article 101(a) are carried out on the high seas"[369]

Im Weiteren setzte sich das Gericht mit dem vom Beschwerdeführer ins Feld geführten Argument auseinander, die Begehung der Beihilfehandlung im Bereich der Hohen See müsse über Art. 86 SRÜ in Art. 101 c) hineingelesen werden, was das Gericht im Ergebnis ablehnte.[370] In diesem Zusammenhang zog das Gericht auch die Resolutionen des UN-Sicherheitsrates 1976 (2011) und 2020 (2011) heran und stellte fest:

> „These sources reflect, without ambiguity, the international viewpoint that piracy committed on the high seas is an act against all nations and all humankind and that persons committing those acts on the high seas, as well as those supporting those acts from anywhere, may be prosecuted by any nation under international law"[371]

Im Ergebnis bejahte der Court of Appeals die Verwirklichung von 18 U.S.C. § 1651 und hielt damit die Entscheidung des Instanzgerichts aufrecht.

(c) *Stellungnahme*

Die Entscheidung des Court of Appeals fügt sich nahtlos an die Entscheidung *United States v. Ali* an und bringt, was die Auslegung von Art. 101 c) SRÜ hinsichtlich des Begehungsortes der Beihilfehandlung anbelangt, nichts Neues.[372] Den Argumenten hinsichtlich des Wortlauts und auch bezüglich Art. 86 SRÜ ist zuzustimmen.[373]

369 722 F.3d 233 (241).

370 722 F.3d 233 (241).

371 722 F.3d 233 (242).

372 Vgl. hierzu und zu den weiteren Auswirkungen hinsichtlich des Umfangs der Beihilfe oben 4), (c), iii.

373 Vgl. hierzu schon oben 4) (c), i.

d) *Die Pirateriedefinition in der Rechtsprechung der Seychellen – Der Fall Republic v. Farad Jama & Others*

1) *Sachverhalt*

In dem vor dem Obersten Gerichtshof der Seychellen (im Folgenden Supreme Court) verhandelten Fall *Republic v. Farad Jama & Others* waren 15 somalische Staatsbürger der Piraterie nach Section 65 Abs. 1 Penal Code in mehreren Fällen sowie der freiwilligen Beteiligung hieran nach Section 65 Abs. 4 Penal Code angeklagt. Der Entscheidung lag dabei folgender Sachverhalt zugrunde: Am 5. Januar 2012 näherten sich fünf der Angeklagten dem Öltanker *MV Sunshine* in einem kleinen Boot. Zu diesem Zeitpunkt befanden sich beide Schiffe im Bereich der Hohen See. Die fünf Angeklagten waren mit mehreren automatischen Waffen und einer Panzerfaust ausgestattet. Letztere richteten sie auf die Brücke der *MV Sunshine*, ohne sie jedoch abzufeuern. Nachdem der Kapitän der *MV Sunshine* überzeugt war, von Piraten angegriffen zu werden, wurden Abwehrmaßnahmen eingeleitet. Insbesondere feuerte das Schiff mit Wasserwerfern auf die Angreifer. Dabei wurde eine an Bord des angreifenden Schiffs befindliche Leiter, wie sie gewöhnlicherweise zum Entern von Schiffen genutzt wird, zerstört. Nachdem die *MV Sunshine* einen Notruf abgesetzt hatte, kamen ihr sowohl mehrere Hubschrauber der US Navy wie auch die *USS Moile Bay*, ein in unmittelbarer Nähe befindlicher Kreuzer der US Navy, zur Hilfe. Mit dem Eintreffen der Hubschrauber stellten die Angreifer die Verfolgung der *MV Sunshine* ein und gaben bei einer Befragung durch Besatzungsmitglieder der *USS Mobile Bay* an, Fischer zu sein und einen Motorschaden erlitten zu haben. Nachdem sich die *USS Mobile Bay* wieder zurückgezogen hatte, setzten die Angeklagten ihre Fahrt fort und begaben sich an Bord eines in der Nähe befindlichen iranischen Schiffs (im Folgenden Mutterschiff). Dort wurden alle 15 Angeklagten zusammen mit 13 Besatzungsmitgliedern iranischer Herkunft wenig später durch Angehörige der US Navy festgenommen. Wie sich herausstellte, hatten die Angeklagten das Mutterschiff etwa zwei Wochen zuvor in ihre Gewalt gebracht und die Besatzungsmitglieder gezwungen, ihnen bei Überfällen auf andere Schiffe behilflich zu sein. Während die iranische Besatzung auf freien Fuß gesetzt wurde, verhaftete die US Navy die Angeklagten und überstellte sie zur Aburteilung auf die Seychellen.

2) *Die Entscheidung des Supreme Court of Seychelles*

Wenn auch zeitlich nachgeordnet, setzte sich der Supreme Court zunächst mit dem Angriff von fünf der Angeklagten auf die *MV Sunshine* am 5. Januar 2012 und dem von der Staatsanwaltschaft in diesem Zusammenhang erhobenen

Vorwurf der gemeinschaftlichen Begehung von Piraterie i.S.d. Section 65 Abs. 1 i.V.m. Section 23 Penal Code auseinander. Section 65 Abs. 1 Penal Code lautet:

> „Any person who commits any act of piracy within Seychelles or elsewhere is guilty of an offence and liable to imprisonment for 30 years and a fine of R1 million."[374]

Section 65 Abs. 4 Penal Code enthält eine Legaldefinition der Piraterie, die im Wortlaut und der Nummerierung mit der Definition des Art. 101 SRÜ gänzlich übereinstimmt.

Das Gericht sah es nach den von der Staatsanwaltschaft eingebrachten Beweisen als erwiesen an, dass sich fünf der Angeklagten der Piraterie schuldig gemacht hatten. Entscheidend hierfür war, ob Piraterie im Sinne von Section 65 Abs. 1 Penal Code angenommen werden konnte, obwohl die Angreifer das Schiff weder betreten noch einen Schuss abgefeuert hatten. Hierzu führte das Gericht aus:

> „…there is no necessity for the prosecution to establish a boarding or attempted boarding of a private ship. It is apparent from the facts of the case… that the intention of the armed persons on board the fast approaching skiff was to attack the MV Sunshine and by directing the Rocket Propelled Grenade Launcher on the bridge of the MV Sunshine performed an act of violence against persons aboard the ship…"[375]

Im Folgenden stellte das Gericht klar, dass es in dem Vorgehen der fünf Angeklagten, entgegen dem Vortrag der Verteidigung, keinen Versuch, sondern vielmehr eine vollendete Tat sah:

> „…that the act of directing the RPG launcher on the bridge of the MV Sunshine is in itself an act of violence falling under section 65 (1) of the Penal Code and not an attempted act of violence…"[376]

Sodann setzte sich das Gericht mit der Frage auseinander, wie der Aufenthalt der Angeklagten auf dem iranischen Mutterschiff zu bewerten war. Der Supreme Court ließ dabei die von der Staatsanwaltschaft vorgebrachten Beweise für eine Verurteilung sowohl wegen Beteiligung an Piraterie bezüglich derjenigen Angeklagten, die während des Angriffs auf die *MV Sunshine* auf dem Mutterschiff zurückgeblieben waren, wie auch wegen des Delikts der Piraterie gegen das Mutterschiff selbst zu einem früheren Zeitpunkt genügen. Hierbei stützte es sich im Wesentlichen auf die Tatsache, dass alle Angeklagten an Bord des Mutterschiffs

---

374 Zitiert nach *Republic v. Fahrad Jama & Others*, [2013] SCSC 17, Rn. 2.

375 *Republic v. Fahrad Jama & Others*, [2013] SCSC 17, Rn. 35.

376 *Republic v. Fahrad Jama & Others*, [2013] SCSC 17, Rn. 35.

angetroffen wurden und sich das für den Angriff auf die *MV Sunshine* benutzte Beiboot an Bord des Mutterschiffs befand.[377] Ferner stützte das Gericht seine Entscheidung auf die Tatsache, dass sich im Ruderhaus des Mutterschiffs mehrere Einschusslöcher befanden und die iranische Crew sich über ihre Befreiung äußerst erfreut zeigte.[378]

3) *Stellungnahme*

Die Entscheidung des Supreme Court wirft innerhalb der Pirateriedefinition mehrere Fragen auf. Während einerseits die Frage des Versuchs und die des Umfangs des Gewaltbegriffs unmittelbar vom Gericht angesprochen wurde, ist andererseits auch die Reichweite der Regelung des Art. 101 b) SRÜ – der mit derjenigen des Art. 65 Abs. 4 b) Penal Code übereinstimmt – hinsichtlich nicht freiwillig agierender Teilnehmer relevant.

(a) *Versuch und Gewaltbegriff*

Im vorliegend zu begutachtenden Fall ist die Reichweite des Versuchs und diejenige des Gewaltbegriffs gemeinsam zu betrachten. Wie oben bereits dargestellt, ging der Supreme Court in seiner Entscheidung davon aus, dass allein das Ausrichten der Panzerfaust auf das Schiff eine vollendete Gewalttat und damit auch vollendete Piraterie und nicht etwa deren Versuch darstelle. Der Versuch der Piraterie ist ebenfalls der Definition des Art. 101 SRÜ zu unterstellen.[379] Dieser wäre im konkreten Fall anzunehmen, wollte man als „tatbestandlichen Erfolg" das Betreten des Schiffs sehen, was letztlich nicht stattgefunden hat. Betrachtet man aber den Gewaltbegriff und die hinter Art. 101 SRÜ stehende Intention des Schutzes der internationalen Schifffahrt, ist dem Gericht zuzustimmen, soweit es von vollendeter Piraterie ausgeht. Mit dem Ausrichten der Panzerfaust auf die Brücke der *MV Sunshine* übten die Täter erheblichen psychischen Druck auf die Besatzung des Schiffes aus. Nach hier vertretener Ansicht reicht die Ausübung psychischer Gewalt für die Erfüllung des Tatbestands der Piraterie aus, ohne dass sich diese körperlich manifestieren muss.[380] Auch der Schutzzweck des Art. 101 SRÜ streitet für die Annahme vollendeter Piraterie im vorliegenden Fall. Vorrangig soll nämlich der internationale Schiffsverkehr in seiner Funktionsfähigkeit geschützt werden. Mit ihrem Vorgehen haben die Angreifer in

---

377 *Republic v. Fahrad Jama & Others*, [2013] SCSC 17, Rn. 37.

378 *Republic v. Fahrad Jama & Others*, [2013] SCSC 17, Rn. 37.

379 Siehe hierzu oben 1., b), 3).

380 Vgl. oben 1., b), 1).

diese Funktionsfähigkeit in erheblicher Weise eingegriffen. Das Gericht stellte insoweit zutreffend fest, das Vorgehen der Angreifer

> „... was likely to endanger the safe navigation of the ship MV Sunshine.“[381]

Das Ausrichten der Waffen auf das Schiff ist damit als vollendete Piraterie zu qualifizieren, auch wenn kein Schuss gefallen ist und die Angreifer zu keiner Zeit das angegriffene Schiff betreten haben.

(b) *Unfreiwillige Unterstützung*

Indem das Gericht einerseits den Teil der Angeklagten, die während des Angriffs auf dem Mutterschiff zurückgeblieben waren, wegen freiwilliger Beteiligung an Piraterie nach Section 65 Abs. 4 b) Penal Code (entspricht Art. 101 b) SRÜ) verurteilte, die iranische Besatzung aber andererseits auf freien Fuß gesetzt wurde, stellt sich die Frage, wie Fälle der unfreiwilligen Unterstützung zu bewerten sind. Schon allein wegen des Wortlauts lassen sie sich sicher nicht unter Art. 101 b) SRÜ subsumieren, muss doch jede Art der dort normierten Beteiligung auf freiwilliger Basis erfolgen. Zu denken wäre jedoch an eine Subsumtion unter Art. 101 c) SRÜ als Beihilfehandlung bzw. absichtliche Erleichterung. Hier sind Parallelen zu den im Fall *United States v. Ali.* gemachten Ausführungen zu ziehen.[382] Würde man nämlich der Ansicht folgen, dass jede zielgerichtete Förderung der Haupttat oder auch das Wissen um die Tatbegehung zur Verwirklichung des Tatbestandes des Art. 101 c) SRÜ genügt, wären auch unfreiwillige Helfer als Teilnehmer zu qualifizieren. Nach hier vertretener Ansicht scheidet eine unfreiwillige Teilnahme jedoch aus, da der Teilnehmer die Haupttat willentlich mittragen muss. Insoweit wurden die gegen ihren Willen in den Angriff verwickelten Besatzungsmitglieder des Mutterschiffs zu Recht nicht belangt.

e) Die Pirateriedefinition in der Rechtsprechung des Vereinigten Königreichs – Der Fall „In re Piracy jure gentium“ des House of Lords

Der Fall *In re Piracy jure gentium* wurde im Jahr 1934 vom House of Lords entschieden. Obwohl diese Entscheidung schon längere Zeit zurück liegt und die Richter darin keine eigenständige Definition der Piraterie entwickelten, soll sie an dieser Stelle besprochen werden. Dies ist zum einen der Tatsache geschuldet, dass die Entscheidung bis heute als grundlegend für die Beeinflussung des innerstaatlichen Rechts des Vereinigten Königreichs durch völkerrechtliche

381 *Republic v. Fahrad Jama & Others*, [2013] SCSC 17, Rn. 35.

382 Siehe hierzu oben 4).

Rechtssätze gilt.[383] Zum anderen stellt sie mit der Versuchsbegehung und der Frage nach der Notwendigkeit eines Raubelements zwei Elemente in den Mittelpunkt, die auch in den aktuell geltenden Definitionen des Seerechtsübereinkommens und der Genfer Konvention über die Hohe See noch von Bedeutung sind.

1) *Sachverhalt*

Das House of Lords legte seiner Entscheidung folgenden Sachverhalt zugrunde:[384] Am 4. Januar 1931 griffen mehrere Personen chinesischer Nationalität von zwei Dschunken aus ein auf Hoher See befindliches Handelsschiff an. Die Angreifer waren bewaffnet. Sie verfolgten das ebenfalls unter chinesischer Flagge fahrende Handelsschiff über eine halbe Stunde lang und gaben mehrfach Schüsse ab. Hierdurch auf das Geschehen aufmerksam geworden, griffen zwei Dampfschiffe ein, bevor die Angreifer sich des Schiffes bemächtigen konnten, und brachten das angreifende Schiff auf. Die dort an Bord befindlichen Personen wurden nach Hongkong verbracht, wo sie von einer Jury wegen des Verbrechens der Piraterie für schuldig befunden wurden.

2) *Die Entscheidung des House of Lords*

Dem House of Lords wurde die Frage vorgelegt,

> „...whether actual robbery is an essential element of the crime of piracy jure gentium, or whether a frustrated attempt to commit a piratical robbery is not equally piracy jure gentium...“[385]

Die von Viscount Sankey verfasste Entscheidung stellte zunächst klar, dass sie in keiner Weise das Ergebnis der als abschließend anzusehenden Entscheidung des Instanzgerichts – hier des Full Court of Hongkong – zu beeinflussen vermochte, sondern lediglich in die Zukunft gerichtet sei.[386]

Hieran schlossen sich Erwägungen des Gerichts an, welche Rechtsquellen zur Beantwortung der Frage heranzuziehen seien. Ausgehend von einem durch Henry VIII. verabschiedeten Gesetz aus dem Jahr 1536 stellten die Richter dann die im innerstaatlichen wie im völkerrechtlichen Schrifttum vertretenen Ansichten zum Erfordernis eines Raubelements innerhalb der Pirateriedefinition bzw.

---

383 *O'Keefe*, British Yearbook of International Law 75 (2004), S. 407 (454).
384 Die Sachverhaltsdarstellung folgt der des Gerichts, abgedruckt in [1934] AC 586 (587).
385 [1934] AC 586 (588).
386 [1934] AC 586 (588).

der versuchsmäßigen Begehung dar.[387] Abstellend auf mehrere Gerichtsentscheidungen zu ersterer Frage hielt das House of Lords fest,

> „…that a definition of piracy as sea robbery is both too narrow and too wide.“[388]

Sodann wertete das Gericht die Pirateriedefinitionen verschiedener in- und ausländischer Gelehrter wie beispielsweise Blackstone, Wheaton oder Bluntschli aus. Abschließend stellte das Gericht fest, dass nach Betrachtung der im in- und ausländischen Schrifttum und der Rechtsprechung verschiedener Länder vertretenen Ansichten der Schluss zu ziehen sei, dass

> „..actual robbery is not an essential element in the crime of piracy jure gentium, and…a frustrated attempt to commit piratical robbery is equally piracy jure gentium.“[389]

3) *Stellungnahme*

Auch wenn das Gericht – ganz bewusst – keine eigene Definition der Piraterie herausarbeitete, wirft die Entscheidung gleich mehrfach Licht auf Punkte, die zum Zeitpunkt, in dem die Entscheidung getroffen wurde, aber auch noch heute durchaus beachtenswert sind. Die Tatsache, dass sich die Entscheidung noch immer zur Lösung von strittigen Fragen heranziehen lässt, ist umso bemerkenswerter, als im Zeitpunkt ihrer Veröffentlichung die Definition der Piraterie auf Ebene des Völkervertragsrechts erst in der Entstehung begriffen, jedoch noch nicht festgeschrieben war.[390]

i. Die versuchte Piraterie und das Erfordernis eines Raubelements

Bei der Auswertung der dem House of Lords zur Verfügung stehenden Piraterie-definitionen aus Schrifttum und Rechtsprechung kommt es zu einer gewissen Vermischung der Frage, ob versuchte Piraterie als Piraterie im Sinne des Common Law zu verstehen ist, und der Frage nach dem Erfordernis eines Raubelements. Dies ist den zugrundeliegenden Tatsachen geschuldet, da die vollendete Begehung durch das Eingreifen Dritter verhindert wurde, bevor die Angreifer an Bord gelangen und etwas rauben konnten.

---

387 [1934] AC 586 (589 ff.).

388 [1934] AC 586 (592).

389 [1934] AC 586 (599).

390 Das House of Lords verwies insoweit auf die Arbeit eines vom Völkerbund im Jahr 1926 eigens für die Erarbeitung einer solchen Definition eingesetzten Komitees, [1934] AC 586 (599).

Was die Erstreckung der Piraterie auf den Versuch angeht, ist diese Frage bis heute nicht gänzlich abschließend geklärt.[391] Die Entscheidung des House of Lords ist aber nicht nur in Bezug auf die heute – über 70 Jahre nach der getroffenen Entscheidung – vorherrschende völkervertragsrechtliche Gemengelage zu begrüßen. Betrachtet man die Entscheidung im Lichte ihrer Zeit, ist die Tatsache nicht verwunderlich, dass der Versuch der vollendeten Piraterie gleichgestellt wurde. So sah etwa die kurz vor der Entscheidung von der Harvard University erarbeitete *Harvard Draft Convention on Piracy* eine solche Gleichstellung schon nach dem Wortlaut der dort herausgearbeiteten Definition ausdrücklich vor.[392]

In der Entscheidung, dass das Raubelement für die Erfüllung des Tatbestandes der Piraterie nicht zwingend notwendig sei, ist dem Gericht ebenfalls zuzustimmen.[393] Von besonderem Interesse ist hierbei neben dem Ergebnis aber auch die Herangehensweise des Gerichts. Mit Lord Macmillan und Lord Tomlin sprachen sich zwei Richter dafür aus, das Völkerrecht als Teil des innerstaatlichen Rechts zu betrachten.[394] Dies ist in Anbetracht der Zeit, in welcher die Entscheidung erging, äußerst beachtenswert. Letztlich mag die Tatsache, dass das Gericht völkerrechtliches Schrifttum zur Entscheidungsfindung herangezogen hat, aus heutiger Sicht wenig verwundern, hat mit Art. 38 Abs. 1 d) IGH-Statut doch die Lehrmeinung der fähigsten Völkerrechtler längst Einzug in das heutige Verständnis der Quellen des Völkerrechts gehalten. Im Zeitpunkt der Entscheidung des House of Lords im vorliegenden Fall war die Frage nach den Quellen des Völkerrechts indes noch gänzlich offen, sodass die Entscheidung auch insoweit durchaus als bahnbrechend bezeichnet werden kann.

ii. Das Zwei-Schiffe-Erfordernis

Betrachtet man den Wortlaut der Entscheidung genauer, ist die Frage aufzuwerfen, ob die Entscheidung auch für das Tatbestandsmerkmal der Beteiligung mindestens zweier Schiffe an einem Piratenangriff von Bedeutung ist. Das Gericht führte nämlich an einem Beispiel die Schwäche der auf ein Raubelement abstellenden Definition aus, das auf dieses Tatbestandsmerkmal hindeuten könnte:

> „Assume a modern liner with its crew and passengers, say of several thousand aboard, under its national flag, and suppose one passenger robbed another. It would be

391 Vgl. hierzu oben 1., b), 3)..

392 Zum Einfluss der Harvard Draft Convention on Piracy auf die Entscheidung des House of Lords vgl. *Fairman*, American Journal of International Law 29 (1935), S. 508 (510).

393 Vgl. hierzu schon die Stellungnahme zum Fall *United States v. Hasan,* oben 2), (c).

394 *Fairman* (Fn. 392), S. 508 (511).

> impossible to contend that such a robbery on the high seas was piracy and that the passenger in question had committed an act of piracy when he robbed his fellow passenger."[395]

Dieses Beispiel mag auf den ersten Blick zwar die Deutung hin zu einem Zwei-Schiffe-Erfordernis zulassen. Betrachtet man den gewählten Beispielsfall aber im Zusammenhang mit der aufgeworfenen Rechtsfrage, wird bereits klar, dass das vom Gericht gewählte Beispiel allein dazu dienen soll, die Problematik des Erfordernisses eines Raubelements näher zu beleuchten. Gestützt wird dies von der durch das Gericht zur Auslegung einer anderen Quelle gewählten Formulierung, die Piraterie dort bejaht, wo sich Passagiere auf Hoher See mit Gewalt gegen den Kapitän oder die Offiziere auflehnen.[396]

f) Die Pirateriedefinition in der Gesetzgebung Kenias

Die Tatsache, dass Kenia mit der Europäischen Union ein Abkommen zur Überstellung von im Rahmen der Operation Atalanta in den Gewässern um das Horn von Afrika festgenommenen Piraten abgeschlossen hat, macht diesen Staat zu einer wichtigen Komponente bei der Bekämpfung von Piraten. Insoweit von Interesse ist die im Rechtssystem von Kenia verwendete Definition der Piraterie. Bis 2009 war eine solche in der kenianischen Gesetzgebung nicht explizit vorgesehen. § 69 des Kenya Penal Code sah jedoch vor, dass

> „any person who, in territorial waters or upon the high seas, commits any act of piracy jure gentium is guilty of the offence of piracy."[397]

Dieser Verweis wurde mit der Einführung von Section 369 Abs. 1 Merchant Shipping Act 2009 konkretisiert. Die dort niedergelegte Definition stimmt wortgleich mit derjenigen des Art. 101 SRÜ überein. Der Gesetzgeber hat sich dabei an den von der kenianischen Rechtsprechung entwickelten Grundsätzen orientiert, wonach die Definitionsmerkmale der in Art. 101 SRÜ niedergelegten Definition, zunächst noch über den Verweis des § 69 Penal Code, in der innerstaatlichen Rechtsfindung zu berücksichtigen seien.[398] Die Konkretisierung der Definition brachte als wesentlichsten Unterschied demnach die Beschränkung des geographischen Anwendungsbereichs auf die Hohe See oder einen sonstigen außerhalb der Hoheitsgewalt eines Staates liegenden Bereich.

---

395 [1934] AC 586 (592).

396 [1934] AC 586 (598).

397 Zitiert nach *Gathii*, American Journal of International Law 104 (2010), S. 416 (422).

398 Zu den in der kenianischen Rechtsprechung entschiedenen Fällen ausführlich *Gathii* (Fn. 397), S. 416 (421 ff.)

II. Ergebnis

Im Abgleich der zur Definition des Pirateriebegriffes zur Verfügung stehenden verbindlichen völkerrechtlichen Vorschriften einerseits und der tatsächlichen Lage andererseits ergibt sich ein nicht unbeachtliches Gefälle. Wie die hier vorgenommene Auswertung der innerstaatlichen Rechtsprechung und Gesetzgebung zeigt, führt die innerstaatliche Anwendung der völkerrechtlichen Pirateriedefinition ebenfalls nicht in allen Punkten zu Klarheit. Betrachtet man die Gesamtheit der hier besprochenen Entscheidungen und der Gesetzgebung wird zunächst deutlich, dass sich die Definition des Art. 101 SRÜ als die grundlegende Säule der Pirateriebekämpfung auf völkerrechtlicher Ebene herausgebildet hat. Nicht anders lässt sich die Tatsache deuten, dass selbst Staaten die nicht Mitglied des UN-Seerechtsübereinkommens sind die Definition des Art. 101 SRÜ als die zentrale Definition bei der Bekämpfung von Piraterie ansehen. Damit wird deutlich, dass Reformbestrebungen hier anzusetzen haben. Dass diese notwendig sind, zeigt ihre innerstaatliche Anwendung ebenfalls. Die ausgewerteten Entscheidungen machen deutlich, dass sich das Verständnis der Definition in der Staatenpraxis insoweit eindeutig dahin entwickelt hat, dass vom Erfordernis eines Raubelements innerhalb der Pirateriedefinition Abstand genommen wurde.[399] Ein weiteres Feld, das in der vorliegend thematisierten Staatenpraxis mehrfachen Niederschlag gefunden hat, ist die Frage des Begehungsorts der Teilnahmehandlung. Diesbezüglich ist nach Auswertung der innerstaatlichen Entscheidungen festzuhalten, dass ein Bezug zur Hohen See bezüglich des Teilnehmers nicht bestehen muss. Die so getroffenen Entscheidungen stützen mit ihrem Ergebnis den Wortlaut von Art. 101 c) SRÜ und haben so zu dessen Schärfung beigetragen. Darüber hinaus bringt ein Teil der untersuchten Staatenpraxis Klarheit im Bereich des Gewaltbegriffs wie er in Art. 101 SRÜ verwandt wird. Demnach wird bei der innerstaatlichen Anwendung der Pirateriedefinition davon ausgegangen, dass auch bloße Gewalt gegen Sachen und solche Gewalt, die nur psychisch wirkt, sich aber nicht physisch manifestiert, dem Pirateriebegriff des Art. 101 SRÜ zu unterstellen ist. Dies deckt sich mit den hier gefundenen Ergebnissen.[400] Selbiges hat für die Frage zu gelten, ob bereits der Versuch der Piraterie von Art. 101 SRÜ gedeckt sein soll. Mit der untersuchten Staatenpraxis ist, wie hier ebenfalls vertreten, diese Frage zu bejahen.[401] Da diese Frage indes weiterhin umstritten bleibt und der Wortlaut des

399 Hierzu genauer unter I., 1., e), 4), (a).

400 Zum Gewaltbegriff ausführlich oben I., 1., b), 1).

401 Zum Versuch oben I., 1., b), 3).

Art. 101 SRÜ hierzu keinen Aufschluss gibt, ist diesbezüglich zumindest eine Klarstellung innerhalb der Definition angezeigt. Wesentlich drängender, und von der hier ausgewerteten Staatenpraxis auch nur unzureichend beantwortet, ist die Frage der Abgrenzung zwischen Piraterie und maritimem Terrorismus. Wie schon die Ausführungen zu den Vorfällen um die *Santa Maria* und die *Achille Lauro* deutlich machen, ist die Einordnung bestimmter Lebenssachverhalte in die Definition der Piraterie nicht immer einfach. Die Tatsache, dass diejenigen der untersuchten Entscheidungen, die sich dazu geeignet hätten, die Frage der Abgrenzung von Piraterie und maritimem Terrorismus entweder gar nicht aufgreifen oder aber an der entscheidenden Stelle zu kurz greifen, zeigt, dass sich insoweit bislang keine einheitliche Linie herausgebildet hat. Da das Phänomen des Terrorismus in jüngster Zeit wieder stark in den Mittelpunkt der öffentlichen Wahrnehmung gerückt ist, steht zu befürchten, dass in Zukunft Überfälle auf Schiffe oder deren Verwendung als Waffe allzu schnell als terroristische Akte eingeordnet werden, ohne sich mit Abgrenzungsfragen zwischen Piraterie und maritimem Terrorismus näher auseinanderzusetzen. Klarheit in der Abgrenzung wird sich nur erreichen lassen, wenn innerhalb der Staatengemeinschaft klare Abgrenzungsmerkmale geschaffen werden und eine einheitliche Herangehensweise zur Lösung solcher Zweifelsfälle etabliert wird. Weitere Fragen, wie etwa diejenige, wie mit der geographischen Beschränkung auf die Hohe See – bezogen auf die Haupttat – umzugehen ist, hat die Staatenpraxis bislang unbeantwortet gelassen. Der inzwischen deutlich zutage tretenden Lückenhaftigkeit der Pirateriedefinition kann zwar durch bilaterale Abkommen in der hier dargestellten Ausgestaltung und innerstaatliche Regelungen entgegengetreten werden. Dies ist indes allenfalls eine mittelfristige Lösung. Nachhaltig lassen sich diese Lücken nur durch eine grundlegende Überarbeitung und Umgestaltung der definitorischen Regelungen auf völkervertragsrechtlicher Ebene erzielen.

Kapitel 2. Maritimer Terrorismus

I. Einleitung

Das Konzept des internationalen Terrorismus im Allgemeinen und des maritimen Terrorismus im Besonderen ist durch die Entführung von Kreuzfahrtschiffen wie der *Santa Maria* im Jahr 1961 und der *Achille Lauro* 1985[402] sowie dem Angriff auf den Zerstörer der US-Navy *USS Cole* Mitte 2000[403] und nicht

402 Vergleiche hierzu ausführlich oben Kapitel 1, I., 7., b).

403 Näher hierzu *Perl/ORourke*, Terrorist Attack on USS Cole: Background and Issues for Congress, verfügbar unter http://www.history.navy.mil/research/library/

zuletzt durch die Anschläge vom 11. September 2001 in New York in das Licht der Öffentlichkeit gerückt. Nach den Vorkommnissen in Paris, Nizza und Berlin ist in jüngster Zeit auch die breite Öffentlichkeit in Europa hinsichtlich des Phänomens des Terrorismus sensibilisiert. Die Geschichte desselben reicht zurück bis in die Zeit der französischen Revolution, wo die gewaltsame Herrschaft der Jakobiner unter Georges Danton und Maximilien de Robespierre als die „Herrschaft des Terrors“ in die Geschichte einging.[404] Das heute herrschende Verständnis des Terrorismus geht jedoch über den von staatlicher Seite ausgehenden hinaus. Wie die Ereignisse um den 11. September 2001 gezeigt haben, zeichnet er sich gerade dadurch aus, dass er gegen den Staat als solchen gerichtet ist. Im Zeitalter des Transports toxischer und leicht entflammbarer Güter auf dem Seeweg haben nicht nur Kreuzfahrtschiffe, sondern auch Handelsschiffe, die solche gefährlichen Güter transportieren, als vorrangige Ziele terroristischer Angriffe zu gelten.[405] Denn nicht nur ihre Ladung, sondern auch das Schiff selbst lässt sich in der Umsetzung terroristischer Vorhaben als Waffe nutzen.[406] Ziel dieses Abschnitts ist es, die begriffsbildenden Merkmale des maritimen Terrorismus herauszuarbeiten und so eine Definition zu erarbeiten, auf deren Grundlage sodann entsprechende Eingriffskompetenzen zu erörtern sind.[407]

II. Definition

1. Einleitung

Um den Gefahren des maritimen Terrorismus auf völkerrechtlicher Ebene wirksam zu begegnen, also festlegen zu können, durch wen und in welcher Weise dagegen vorgegangen werden kann, stellt sich zunächst die Frage, was unter dem Begriff des Terrorismus, spezieller des maritimen Terrorismus, zu verstehen ist. Über eine solche Definition herrscht im Bereich des Völkerrechts seit jeher erhebliche Unsicherheit.[408] Erste Versuche einer völkerrechtlichen Definition

---

online-reading-room/title-list-alphabetically/t/terrorist-attack-on-uss-cole-background-and-issues-for-congress.html; *Fournier* (Fn. 42), S. 47..

404 *Saul*, Defining Terrorism in International Law, 2008, S. 1; *Johnson*, Boston College International and Comparative Law Review 13 (1990), S. 1 (19 ff.). Ausführlich hierzu etwa *Gueniffey*, La Politique de la Terreur, 2000.

405 *Münchau* (Fn. 45), S. 39; *Wolfrum* (Fn. 99), S. 287 (310).

406 Zu den verschiedenen Gefährdungsszenarien vgl. *Nincic*, Journal of Strategic Studies 28 (2005), S. 619 (623 ff.).

407 Letztere werden im dritten Teil, Kapitel 2 behandelt.

408 *Levitt*, Ohio Northern University Law Review 13 (1986), S. 97 (97) vergleicht den Versuch einer Definition etwa mit der Suche nach dem Heiligen Gral. Diese Unsicherheit

des Terrorismus gab es in den 1920er und 1930er Jahren. Auf mehreren internationalen Konferenzen, die als *International Conferences for the Unification of Penal Law* bekannt wurden, setzten sich die Vertreter verschiedener Staaten mit den Fragen des Terrorismus erstmals auf internationaler Ebene auseinander.[409] Diese Bemühungen mündeten letztlich mit der *Convention for the Prevention and Punishment of Terrorism* in den ersten Versuch, auf Ebene des Völkerbundes eine verbindliche Definition in einem völkerrechtlichen Vertrag festzuschreiben.[410] In Art. 1 Abs. 2 wurde der terroristische Akt definiert als

> „...criminal acts directed against a State and intended or calculated to create a state of terror in the minds of particular persons or a group of persons or the general public."[411]

Dieser sehr weitreichende Definitionsansatz stieß innerhalb der Staatengemeinschaft auf wenig Einverständnis, sodass letztlich nur 22 Staaten den Vertrag unterzeichneten und er mangels ausreichender Ratifizierungen nie in Kraft trat.[412] Seitdem haben sich verschiedene Definitionen entwickelt. So gab und gibt es gerade im zwischenstaatlichen Bereich sowohl auf regionaler als auch auf völkervertragsrechtlicher Ebene zahlreiche Versuche, den Begriff des Terrorismus zu definieren.[413] Betrachtet man sämtliche dieser Definitionsversuche, fehlt es ihnen letztlich an der nötigen Einheitlichkeit, sodass sich eine allgemeingültige

---

nimmt ihren Ausgang schon in der einzelstaatlichen Gesetzgebung, wie ein Bericht zeigt, der 2007 von der britischen Regierung in Auftrag gegeben wurde und der zu dem Schluss kam, dass eine allgemeingültige Definition nahezu unmöglich erscheint, s. *Lord Carlile of Berriew*, Definition of Terrorism, 2007, Para 9 f. verfügbar unter http://www.official-documents.gov.uk/document/cm70/7052/7052.pdf.

409 *Saul*, Terrorism as a legal concept, in: Lennon/Walker (Hrsg.), Routledge Handbook of Law and Terrorism, 2015, S. 19 (19); *Koufa*, Human Rights and Terrorism in the United Nations, in: Alfredsson (Hrsg.), Justice Pending: Indigenous peoples and other good causes, FS für Daes, 2002, S. 203 (205); *Levitt* (Fn. 408), S. 97 (97 f.).

410 Abgedruckt in League of Nations (Hrsg.), Journal official 19 (1938), S. 23 ff.

411 League of Nations (Fn. 410), S. 23 (23).

412 *Amet*, Annual Survey of International and Comparative Law 19 (2013), S. 17 (29); *Schmid*, Case Western Reserve Journal of International Law 36 (2004), S. 375 (385); *Walter*, Terrorism, in: Wolfrum (Hrsg.) (Fn. 108), 2015, Rn. 2; *Starke*, British Yearbook of International Law 19 (1938), S. 214 (214 f.).

413 *Blöcher*, Eyes on the ICC 8 (2011–2012), S. 107 (110) zählt seit 1963 in 14 völkerrechtlichen Verträgen und vier Protokollen 50 unterschiedliche Delikte, die als Terrorismus qualifiziert sind. Einen guten Überblick über die Definitionsansätze auf Ebene der völkerrechtlichen Verträge, des Völkergewohnheitsrechts und des humanitären Völkerrechts bietet *Saul* (Fn. 404), Kapitel 3–5.

Definition des Terminus bis zum heutigen Tage nicht herausgebildet hat.[414] Dies mag zum einen daran liegen, dass solche Definitionen zumeist als Reaktion auf ein bestimmtes Ereignis erarbeitet und verabschiedet wurden.[415] Zum anderen ist bereits die grundlegende Herangehensweise an die Herausarbeitung eines entsprechenden Definitionsansatzes umstritten.[416] Während einerseits gefordert wird, es müsse ein Ansatz gewählt werden, der nicht auf den Einzelfall fixiert ist, sondern eine allgemeingültige Definition liefert und die grundlegenden Ursachen des Terrorismus außer Betracht lässt,[417] wird andererseits ein Ansatz gewählt, der rein problemorientiert einzelne Fragen aufwirft, die es zu lösen gilt, ohne eine allgemeingültige Definition anzubieten.[418] Ziel der nachfolgenden Ausführungen ist die Herausarbeitung allgemeingültiger Definitionsmerkmale des Begriffs des maritimen Terrorismus, anhand derer abgewogen werden kann, ob eine bestimmte Tat als Akt des maritimen Terrorismus zu qualifizieren ist oder nicht.

2. *Einzelne Definitionsmerkmale*

a) *Gewaltanwendung*

Grundlegendes Element des Terrorismusbegriffs ist die Anwendung von Gewalt zur Durchsetzung bestimmter Ziele. Unklar ist insoweit, ob eine tatsächliche Gewaltausübung erforderlich ist,[419] oder ob bereits die Drohung mit Gewalt

---

414 *Schneider*, Maritimer Terrorismus: Tätergruppen und Anschlagstypen 1968–2010, Hamburger Beiträge zur Friedensforschung und Sicherheitspolitik, Heft 157, 2012, S. 10 verfügbar unter http://edoc.vifapol.de/opus/volltexte/2015/5786/pdf/HB_157_Schneider.pdf; *Heintze*, Völkerrecht und Terrorismus, in: Hirschmann/Gerhard (Hrsg.), Terrorismus als weltweites Phänomen, 2000, S. 217 (220); *Saul* (Fn. 404), S. 312; *Bakker*, Terrorism and Counterterrorism Studies: Comparing Theory and Practice, 2015, S. 33 f.; *Waak* (Fn. 29), S. 47; *Papastavridis*, Maritime terrorism in international law, in: Saul (Hrsg.), Research handbook on international law and terrorism, 2. Aufl. 2020, S. 60 (62); *Karim*, Maritime Terrorism and the Role of Judicial Institutions in the International Legal Order, 2017, S. 41. *di Filippo*, The definition(s) of terrorism in international law, in: Saul (Hrsg.), Research handbook on international law and terrorism, 2. Aufl. 2020, S. 2 (4) sieht diese Problematik auch, ist indes der Meinung die Einheitlichkeit in den Definitionsansätzen habe in den letzten Jahren zugenommen.

415 *Blöcher* (Fn. 413), S. 107 (110).

416 Die verschiedenen Ansätze kurz darstellend *Levitt* (Fn. 408), S. 97 (97).

417 So etwa *Blöcher* (Fn. 413), S. 107 (109).

418 So etwa *Hodgson/Trados*, New Criminal Law Review 16 (2013), S. 494 (495).

419 So *Saul* (Fn. 404), S. 59; *Hodgson/Trados* (Fn. 418), S. 494 (509 f.).

genügt.[420] Nimmt man die in der Völkerrechtspraxis bestehenden Versuche Terrorismus zu definieren in den Blick, wird man zu dem Schluss kommen, dass eine bloße Drohung mit Gewalt dort in weiten Teilen als ausreichend betrachtet wird. So stellt etwa das Übereinkommen zur Bekämpfung widerrechtlicher Handlungen gegen die Sicherheit der Seeschifffahrt bei der Beschreibung der unter das Abkommen fallenden Taten in Art. 3 Abs. 1 (a) fest:

> „(a) seizes or exercises control over a ship by force **or threat thereof**…“[421]

Selbiges ist mit Blick auf bilaterale Abkommen, die mit dem Ziel der Terrorismusbekämpfung verabschiedet wurden, festzustellen. So definiert etwa der *Treaty on Cooperation among the States Members of the Commonwealth of Independent States in Combating Terrorism* den Terrorismusbegriff unter anderem als

> „…an illegal act punishable under criminal law committed for the purpose of undermining public safety, influencing decision-making by the authorities or terrorizing the population, and taking the form of: Violence **or the threat of violence** against natural or juridical persons…“[422]

Auch die *Convention of the Organisation of the Islamic Conference on Combating International Terrorism* umfasst mit ihrer in Art. 1 Abs. 2 enthaltenen Definition bereits die Drohung mit Gewalt. Dort heißt es:

> „“Terrorism” means any act of violence **or threat thereof**…“[423]

Auch die Arbeit der NATO zeigt, dass bereits die Drohung mit Gewalt vom Terrorismusbegriff, wie er dort verstanden wird, erfasst sein soll. Im AAP-06 NATO Glossary of Terms and Definitions, Edition 2014 wird Terrorismus definiert als

> „The unlawful **use or threatened use of force or violence** against individuals or property in an attempt to coerce or intimidate governments or societies to achieve political, religious or ideological objectives.“[424]

---

420 *Wildfang*, Terrorismus – Definition, Struktur, Dynamik, 2010, S. 32; *Schmid* (Fn. 412), S. 375 (403); *Münchau* (Fn. 45), S. 42.

421 Näher zu diesem Abkommen und seiner Wichtigkeit bei der Bekämpfung des maritimen Terrorismus unten Dritter Teil, Kapitel 2, I., 1. Hervorhebung durch den Verfasser.

422 Zitiert nach United Nations (Hrsg.), International Instruments related tot he Prevention and Suppression of International Terrorism, 2004, S. 175 f. Hervorhebung durch den Verfasser.

423 Zitiert nach United Nations (Hrsg.) (Fn. 422), S. 190. Hervorhebung durch den Verfasser.

424 Hervorhebung durch den Verfasser.

Die Staatenpraxis zeigt also, dass ein erweitertes Verständnis des Terrorismusbegriffs, der auch die Drohung mit Gewalt umfasst, gewollt ist.

Während die Frage, welche Form die Gewalt annehmen muss, um unter die Definition von Terrorismus zu fallen, gänzlich unerheblich ist,[425] ist die Zielrichtung derselben durchaus umstritten. Zu denken wäre etwa daran, die Definition auf derartige Gewalttaten zu beschränken, die die Tötung oder Verletzung von Menschen zum Ziel haben.[426] Letztlich kommt es jedoch darauf an, dass durch die Ausübung der Gewalt das Meinungsbild der Öffentlichkeit durch ein gewisses Maß an Schrecken geprägt wird, um bestimmte Ziele durchzusetzen.[427] Dieser Ansatz lässt sich bereits aus der oben zitierten Definition der *Convention for the Prevention and Punishment of Terrorism* erkennen.[428] Die Betrachtung weiterer Übereinkommen, die den Terrorismusbegriff verwenden bzw. die Bekämpfung des Terrorismus zum Gegenstand haben, stützt diese Ansicht ebenfalls. So führt das *Übereinkommen des Europarats zur Verhütung von Terrorismus* in seiner Präambel aus:

> „... dass terroristische Handlungen aufgrund ihres Wesens oder der Umstände darauf abzielen, **die Bevölkerung auf schwerwiegende Weise einzuschüchtern**...“[429]

Noch deutlicher wird dies, wenn man etwa die Definition des Terrorismus in der *Arab Convention on the Suppression of Terrorism* aus dem Jahr 1998 betrachtet. In deren Art. 1 wird Terrorismus definiert als

> „Any act or threat of violence, whatever its motives or purposes, that occurs for the advancement of an individual or collective criminal agenda, **causing terror among people, causing fear by harming them**, or placing their lives, liberty or security in danger, or aiming to cause damage to the environment or to public or private installations or property or to occupy or to seize them, or aiming to jeopardize a national resource.“[430]

---

425 *Blöcher* (Fn. 413), S. 107 (120); *Wildfang* (Fn. 420), S. 32.

426 Dargestellt bei *Hodgson/Trados* (Fn. 418), S. 494 (509). Ähnlich bei *di Filippo* (Fn. 414), S. 2 (12 f.), der zunächst herausgearbeitet sehen möchte, ob die verletzen Werte als von der betroffenen Gesellschaft wesentlich angesehen werden.

427 *Saul* (Fn. 404), S. 62; *Wildfang* (Fn. 420), S. 32; *Herzog*, Terrorismus – Versuch einer Definition und Analyse internationaler Übereinkommen zu seiner Bekämpfung, 1991, S. 95 f. Näher hierzu unten d).

428 Dort heißt es ausdrücklich: „...intended or calculated to create a state of terror in the minds of particular persons...“ Zu diesem Definitionsversuch genauer oben 1.

429 BGBl. 2011 II, S. 300 (302). Hervorhebung durch den Verfasser.

430 Zitiert nach United Nations (Hrsg.), International Instruments Related to the Prevention and Suppression of International Terrorism, 2008, S. 179. Hervorhebung durch den Verfasser.

Gleiches folgt aus der *International Convention for the Suppression of the Financing of Terrorism*. Diesem Abkommen sollen nach Art. 2 Abs. 1 (b) unter anderem Tätigkeiten zur Finanzierung von Akten unterfallen, die

> „… intended to cause death or serious bodily injury to a civilian, or to any other person not taking an active part in the hostilities in a situation of armed conflict, when the purpose of such act, by its nature or context, is **to intimidate a population**…"[431]

Auch die Arbeit der Vereinten Nationen deutet in diese Richtung. Bereits die Resolution 49/60 der Generalversammlung der Vereinten Nationen vom 9. Dezember 1994 stellte fest:

> „Criminal acts intended or calculated to **provoke a state of terror in the general public, a group of persons or particular persons** for political purposes are in any circumstance unjustifiable…"[432]

In der Resolution 1566 des UN-Sicherheitsrates vom 8. Oktober 2004 wird Terrorismus definiert als

> „… Straftaten, namentlich auch gegen Zivilpersonen, die mit der Absicht begangen werden, den Tod oder schwere Körperverletzungen zu verursachen, oder Geiselnahmen, die mit dem Ziel begangen werden, **die ganze Bevölkerung, eine Gruppe von Personen oder einzelne Personen in Angst und Schrecken zu versetzen, eine Bevölkerung einzuschüchtern** oder eine Regierung oder eine internationale Organisation zu einem Tun oder Unterlassen zu nötigen, welche Straftaten im Sinne und entsprechend den Begriffsbestimmungen der internationalen Übereinkommen und Protokolle betreffend den Terrorismus darstellen…"[433]

Eine solche Beeinflussung der Öffentlichkeit durch Hervorrufen von Angst und die hieraus folgende Steuerung des Meinungsbildes lässt sich auch durch Gewalt erreichen, die allein gegen Sachwerte gerichtet ist. Dies und die Tatsache, dass auch bei bloßer Gewalt gegen Sachen eine Verletzung von Personen nicht gänzlich auszuschließen ist, streitet dafür, auch solche Gewalttaten dem Terrorismusbegriff unterfallen zu lassen.[434]

---

431 UNTS 2178, S. 197 (230). Hervorhebung durch den Verfasser.

432 A/Res 49/60, Para 3. Hervorhebung durch den Verfasser.

433 SC-Res 1566 (2004), Para 3. Hervorhebung durch den Verfasser.

434 *Saul* (Fn. 404), S. 59; *Pathak*, Windsor Review of Legal and Social Issues 20 (2005), S. 65 (73).

b) *Täter*

Für eine tragfähige Definition ist ferner die Frage entscheidend, ob auf Täterseite eine Gruppe von Personen agieren muss, oder ob auch eine Begehung durch einen Einzeltäter denkbar ist. Diese Frage lässt sich letztlich am besten mit einem Blick auf das Gefährdungspotential beantworten. Zwar sind durchaus Szenarien denkbar, in denen Einzeltäter erheblichen Schaden anrichten.[435] Betrachtet man indes den Terrorismus auf internationaler Ebene, so ist schon deshalb das Zusammenwirken mehrerer Beteiligter erforderlich, da derartige Gewalttaten in sämtlichen Stadien ihrer Durchführung in aller Regel ein erhebliches Maß an Organisation erfordern.[436] Eine Gewalttat nur dann als Terrorismus zu bewerten, wenn sie durch eine Gruppe von Personen begangen wird, gebietet sich aber auch aus Gründen der Effektivität solcher Taten. Anders als Taten einer Personengruppe sind Taten Einzelner oft weit weniger durchschlagskräftig und meist nicht von Dauerhaftigkeit geprägt.[437]

Setzt man demnach grundsätzlich voraus, dass auf Täterseite eine Gruppe von Personen agieren muss, ist als Folge deren Struktur näher zu beleuchten. Genauer ist zu fragen, wie stark die Verbundenheit eines Täters zu einer Gruppe sein muss, um ihn als Mitglied derselben und damit als Terrorist einstufen zu können. So könnte man mit Blick auf das erhöhte Gefährdungspotential fordern, dass ein als Einzeltäter erscheinendes Individuum zumindest vor der Tatbegehung in Kontakt mit einer Gruppe gekommen sein und sich so der Dynamik dieser Vereinigung ausgesetzt haben muss, die gerade das erhöhte Gefahrenpotential begründet.[438] Im Lichte jüngster Ereignisse und der bislang bestehenden völkerrechtlichen Praxis zum Versuch der Definition von Terrorismus ist ein solcher Ansatz jedoch nicht tragfähig. Betrachtet man beispielsweise den Anschlag in Berlin aber auch die häufig auftretenden Anschläge im Irak oder in Afghanistan, so wird deutlich, dass es sich hier um Einzeltäter handelt, die ihre Taten ausführen, ohne zuvor in hinreichend engem Kontakt mit der

---

435 Zu denken wäre etwa an die Anschläge in Norwegen im Jahr 2011, denen über 80 Menschen zum Opfer fielen.

436 *Wildfang* (Fn. 420), S. 24.

437 *di Filippo* (Fn. 414), S. 2 (13); *Wildfang* (Fn. 420), S. 24 f; *Münchau* (Fn. 45), S. 42 und *Lambert*, Terrorism and Hostages in International Law, 1990, S. 14 gehen im Ergebnis ebenfalls von einer Begehung durch eine Gruppe aus. A.A. *Young*, Boston College International and Comparative Law Review 29 (2006), S. 23 (61).

438 *Wildfang* (Fn. 420), S. 27 weist zu Recht auf moderne Rekrutierungsmethoden terroristischer Vereinigungen über das Internet hin, sodass ein persönlicher Kontakt nicht erforderlich ist.

Dies zeigen nicht nur die jüngsten Anschläge wie der in Paris auf ein Konzert, in Nizza auf eine Feier zum französischen Nationalfeiertag oder in Berlin auf einen Weihnachtsmarkt. Auch die in der völkerrechtlichen Praxis vorhandenen Definitionsansätze stützen einen solchen Schluss. So ordnet die *International Convention for the Suppression of Terrorist Bombings* in Art. 2 Abs. 1 auch solche Taten als terroristisch ein, die sich gegen die Öffentlichkeit als solche richten. Dort heißt es:

> „Any person commits an offence within the meaning of this Convention if that person unlawfully and intentionally delivers, places, discharges or detonates an explosive or other lethal device **in, into or against a place of public use**…“[447]

Der *place of public use* wird in Art. 1 Abs. 5 definiert ist als

> „… those parts of any building, land, street, waterway or other location that are accessible or open to members of the public, whether continuously, periodically or occasionally, and encompasses any commercial, business, cultural, historical, educational, religious, governmental, entertainment, recreational or similar place that is so accessible or open to the public.“

An dieser Stelle wird auch die Frage relevant, wie terroristische Akte von solchen abzugrenzen sind, die während eines Krieges begangen werden, denn Gewalt als Kriegshandlung hat ebenso wie der Terrorismus einen politischen Hintergrund.[448] Die daher nötige Abgrenzung kann in zweierlei Weise erfolgen. Es könnte danach unterschieden werden, ob die Tat aufgrund staatlicher Befehlsgewalt oder von staatlich unabhängigen Gruppen begangen wird.[449] Vor dem Hintergrund, dass – etwa bei Gewaltausübung von Freiheitskämpfern – Situationen denkbar sind, in denen diese Abgrenzung nicht eindeutig gezogen werden kann, ist der Ansatz überzeugender, der die Abgrenzung dahingehend vollzieht, ob das Ziel einer Gewalttat Kombattanten eines militärischen Konflikts oder Zivilisten sind, wobei nur im letzteren Fall von Terrorismus zu sprechen ist.[450]

---

447 Hervorhebung durch den Verfasser.

448 *Hodgson/Trados* (Fn. 418), S. 494 (510). Zum politischen Aspekt der Terrorismusdefinition genauer unter e).

449 *Hodgson/Trados* (Fn. 418), S. 494 (511). Näher hierzu schon oben unter b).

450 *Hodgson/Trados* (Fn. 418), S. 494 (511); *Young* (Fn. 437), S. 23 (57). Hierfür spricht auch Art. 2 (1) des Internationalen Übereinkommens zur Bekämpfung der Finanzierung des Terrorismus, der den Schutzbereich des Abkommens ausdrücklich auf „Zivilpersonen oder… Personen, die in einem bewaffneten Konflikt nicht aktiv an den Feindseligkeiten [teilnehmen]“ beschränkt.

d) Außenwirkung

Gewalttaten, die als Terrorismus zu qualifizieren sind, haben zudem gemein, dass sie darauf gerichtet sind, innerhalb einer bestimmten Zielgruppe[451] gewisse Wirkungen zu entfalten. Wie sich schon aus der Wortbedeutung des Begriffs Terrorismus ergibt, müssen die Taten darauf gerichtet sein, innerhalb der Zielgruppe ein erhebliches Maß an Furcht hervorzurufen.[452] Dieses Erfordernis spiegelt sich erneut in den Definitionen der völkerrechtlichen Praxis wider.[453] Das Erregen einer solchen Furcht muss dabei nicht etwa der Hauptzweck des Vorgehens sein.[454] Es genügt vielmehr, dass die Furcht genutzt werden soll, um so die hinter der Aktion stehenden Ziele zu erreichen.[455]

e) Zielrichtung

Zu klären ist ferner, ob für eine tragfähige Definition die durch den konkreten Gewaltakt verfolgten Ziele von Bedeutung sind. Wirft man auch hier einen Blick auf einige Definitionen der Völkerrechtspraxis, könnte man zu dem Schluss kommen, dass diese Ziele einer Tat keine Rolle spielen. So verzichtet die Definition der *Arab Convention on the Suppression of Terrorism* ausdrücklich auf einen Bezug auf die hinter einer Tat stehenden Motive, indem sie ausführt:

> „Any act or threat of violence, **whatever its motives or purposes**, that occurs for the advancement of an individual or collective criminal agenda, causing terror among people, causing fear by harming them, or placing their lives, liberty or security in danger, or aiming to cause damage to the environment or to public or private installations or property or to occupy or to seize them, or aiming to jeopardize a national resource."[456]

Selbiges ließe sich auch aus dem Wortlaut der recht ähnlichen Definition der *Convention of the Organisation of the Islamic Conference on Combating International Terrorism* schließen:

---

451 Gemeint ist hier diejenige Personengruppe, die zur Zielerreichung beeinflusst werden soll, die aber nicht zwingend auf der Opferseite stehen muss, vgl. schon oben c).

452 *Bakker* (Fn. 414), S. 41 f.; *Saul* (Fn. 404), S. 62 f.; *ders.*, Civilising the Exception: Universally Defining Terrorism, in: Masferrer (Hrsg.), Post 9/11 and the State of Permanent Legal Emergency, 2012, S. 79 (93); *Schmid* (Fn. 412), S. 375 (402).

453 Um Wiederholungen zu vermeiden sei an dieser Stelle auf die oben unter a) angeführten Beispiele verwiesen.

454 So aber *Hodgson/Trados* (Fn. 418), S. 494 (519).

455 *Herzog* (Fn. 427), S. 106 f.

456 Zitiert nach United Nations (Hrsg.), International Instruments Related to the Prevention and Suppression of International Terrorism, 2008, S. 179. Hervorhebung durch den Verfasser.

> „"Terrorism" means any act of violence or threat thereof **notwithstanding its motives or intentions** perpetrated to carry out an individual or collective criminal plan..."[457]

Eine solche Interpretation verkennt jedoch, dass gerade anhand der verfolgten Ziele einer Tat der Terrorismus von solchen Akten abgegrenzt werden kann, die der Allgemeinkriminalität zuzurechnen sind.[458] Um ein Vorgehen einer Gruppe als terroristisch einstufen zu können, muss die hinter der Tat stehende Zielsetzung daher darauf ausgerichtet sein, die innerhalb einer staatlichen Ordnung bestehenden politischen, ideologischen, sozialen, religiösen oder ethnischen Verhältnisse zu ändern.[459] Dieses Merkmal unterscheidet, wie bereits dargestellt, den maritimen Terrorismus letztlich von Akten der Piraterie.[460]

f) Internationalität

Für die vorliegende Untersuchung sind allein Gewaltakte relevant, die sich auf völkerrechtlicher Ebene abspielen. Im Gegensatz zu innerstaatlichem Terrorismus ist für die hier herauszuarbeitende Definition also ein internationales Moment erforderlich. Dieser Bezug kann sich etwa daraus ergeben, dass mit einer bestimmten Tat die Staatsangehörigen eines anderen Staates gezielt angegriffen und so in einem ihrer Rechtsgüter verletzt werden,[461] oder dass die hinter einer Tat stehende Gruppe bei der Tatplanung oder der Ausführung grenzüberschreitend agiert.[462] Hierin erschöpft sich die Internationalität indes nicht. Von internationalem Terrorismus ist schon dann auszugehen, wenn durch innerstaatliche Taten Interessen fremder Staaten oder der gesamten Staatengemeinschaft betroffen sind.[463] Gerade im Rahmen des maritimen Terrorismus besonders

---

457 Zitiert nach United Nations (Hrsg.) (Fn. 422), S. 190. Hervorhebung durch den Verfasser.

458 *Saul*, Civilising the Exception: Universally Defining Terrorism (Fn. 452), S. 79 (93).

459 *Herzog* (Fn. 427), S. 106; *Saul*, Civilising the Exception: Universally Defining Terrorism (Fn. 452), S. 79 (93); *Türk*, University of Miami International & Comparative Law Review 15 (2008), S. 337 (343); *Pathak* (Fn. 434), S. 65 (73). *Waak* (Fn. 29), S. 49 spricht insoweit allgemein von einem politischen Ziel, ohne dies näher auszuführen.

460 Zur Abgrenzung der beiden Phänomene siehe oben Kapitel 1, I., e), 3) f.

461 *Wilkinson* (Fn. 446), S. 173; *Lambert* (Fn. 437), S. 23.

462 *Saul*, Civilising the Exception: Universally Defining Terrorism (Fn. 452), S. 93. *Fournier* (Fn. 42), S. 46 nimmt insoweit Bezug auf international vernetzte Organisationen.

463 *Mann*, Personnel and Property of Transnational Business Operations, in: Evans/Murphy (Hrsg.), Legal Aspects of International Terrorism, 1978, S. 399 (399); *Saul* (Fn. 404), S. 61; *Young* (Fn. 437), S. 23 (60) führt etwa die rein innerstaatlich begründete Verletzung von Menschenrechten als Beispiel an.

relevant ist, dass von internationalem Terrorismus aber auch dort zu sprechen ist, wo die Tat in einem Bereich außerhalb der Hoheitsgewalt eines jeden Staates begangen wird.[464]

g) *Maritimer Bezug*

Wenn hier von maritimem Terrorismus die Rede ist, ist schon begrifflich der Bezug zur maritimen Umwelt klar. Ein solcher ist in mehrfacher Hinsicht denkbar. So kann, wie es etwa bei der *Achille Lauro* der Fall war, ein Schiff selbst das Ziel eines Angriffs werden.[465] Zu denken ist aber auch daran, dass ein Schiff mit entsprechend gefährlicher Ladung als Waffe gegen Einrichtungen an Land eingesetzt wird oder etwa Hafenanlagen zum Ziel von Angriffen werden.[466] Der maritime Bezug ist letztlich auch dann gegeben, wenn Offshore-Anlagen wie etwa Windkraft- oder Ölförderanlagen zum Ziel von Angriffen werden.[467]

h) *Subjektives Element*

Zur Qualifizierung einer Tat als maritimen Terrorismus bedarf es neben den soeben herausgearbeiteten objektiven Elementen auch eines subjektiven Merkmales. Dieses setzt voraus, dass die Gewalttat in ihrer oben dargestellten Ausprägung, also gerade was die Tötung und/oder Verletzung von Menschen oder die Zerstörung von Sachen angeht, vorsätzlich begangen wird.[468] Dieses Merkmal wird durch zahlreiche Definitionsansätze in der völkerrechtlichen Praxis

---

464 *Saul* (Fn. 404), S. 61; *Farrell*, Terrorism is…?, in: Moore/Turner (Hrsg.), Readings on International Law from the Naval War College Review 1978–1994, 1995, S. 401 (406). Dies betrifft im Wesentlichen Taten im Bereich der Hohen See. Gegen die Aufnahme des Merkmals der Internationalität generell *di Filippo* (Fn. 414), S. 2 (14).

465 Der Fall der Achille Lauro unterfiele demnach aus zweierlei Gründen dem Begriff des maritimen Terrorismus und nicht demjenigen der Piraterie: Zum einen verfolgten die Entführer mit der Freipressung politisch Gleichgesinnter ein politisches Ziel, zum anderen tarnten sie sich zunächst als Passagiere und übernahmen das Schiff von innen. Ausführlich zu diesem Fall oben Kapitel 1, I., 7., b).

466 *Karim* (Fn. 414), S. 8; *Schneider* (Fn. 414), S. 10. Was den Angriff auf Hafenanlagen angeht, ist das Definitionsmerkmal der Internationalität zu beachten, das nur dann gegeben wäre, wenn das verwendete Schiff nicht unter der Flagge des betroffenen Küstenstaats führe oder aber die Verletzung oder Tötung der Angehörigen eines anderen Staates zu befürchten wäre.

467 *Münchau* (Fn. 45), S. 39 f.

468 Vgl. *Farrell* (Fn. 464), S. 406; *Blöcher* (Fn. 413), S. 107 (124 f.); *Blakesley*, Terrorism and Anti-terrorism: A Normative and Practical Assessment, 2006, S. 50; *Münchau* (Fn. 45), S. 42.

gestützt. Beispielhaft seien hierzu nur die Definitionen des *Übereinkommens zur Bekämpfung widerrechtlicher Handlungen gegen die Sicherheit der Seeschifffahrt* und die der *International Convention for the Suppression of Terrorist Bombings* herangezogen. Beide unterstellen wie viele andere Übereinkommen auch nur solche Taten ihrem Regime, die vorsätzlich begangen werden.[469]

3. Ergebnis

Mit den im Vorangegangenen herausgearbeiteten Merkmalen ergibt sich für die vorliegende Arbeit folgende Definition des Begriffs des maritimen Terrorismus:

> Maritimer Terrorismus umfasst jede vorsätzliche Tat, die
>
> - als Mittel ihrer Ausführung Gewalt zum Gegenstand hat,
> - von einer organisatorisch zusammenwirkenden, nichtstaatlichen Gruppe von Menschen begangen wird,
> - gegen das Leben oder die körperliche Unversehrtheit von Zivilisten oder auf die Zerstörung von Sachen gerichtet ist,
> - geeignet ist, innerhalb einer bestimmten Personengruppe ein erhebliches Maß an Furcht hervorzurufen,
> - darauf gerichtet ist, die innerhalb einer staatlichen Ordnung bestehenden politischen, ideologischen, sozialen, religiösen oder ethnischen Verhältnisse zu ändern,
> - Interessen mehrerer Staaten oder der Staatengemeinschaft als Ganzes berührt und
> - einen Bezug zur maritimen Umwelt dergestalt aufweist, als sie gegen Schiffe, sonstige auf See befindliche Anlagen oder maritime Anlagen an Land gerichtet ist oder sich eines Schiffes bedient, um die Sicherheit anderer Schiffe, sonstiger auf See befindlicher Anlagen oder maritimer Anlagen an Land zu beeinträchtigen.

---

469 Vgl. zu ersterem Art. 3 Abs. 1 und zu zweiterem Art. 2 Abs. 1.

Dritter Teil. Maßnahmen zur Verhinderung der Piraterie und terroristischer Akte

Kapitel 1. Umfang der Kontrollbefugnis im Rahmen der Pirateriebekämpfung

I. Einleitung

1. Das Prinzip der Freiheit der Hohen See

Der Bereich der Hohen See ist seit jeher gekennzeichnet durch das Prinzip der Freiheit der Meere. Dieser Grundsatz wurde bereits zu Beginn des 17. Jahrhunderts von *Hugo Grotius* dergestalt entwickelt, als er die Nutzung der Meere zur Schifffahrt, zu Zwecken des Seehandels und der Fischerei als ein allen Staaten zu gleichen Teilen zustehendes Privileg propagierte.[470] Heute ist dieser Grundsatz in Art. 87 SRÜ vertraglich festgeschrieben und erfährt darüber hinaus als Teil des Völkergewohnheitsrechts umfassende Geltung.[471] Inhaltlich ist die Freiheit der Meere zum einen als Abwehrrecht ausgestaltet, mithilfe dessen gegen einzelstaatliche Regelungen und Maßnahmen zur Steuerung der Nutzung der Hohen See durch Dritte vorgegangen werden kann.[472] Zum anderen beinhaltet der Grundsatz der Freiheit der Meere aber auch den positivistischen Ansatz, dass eine Nutzung der Hohen See, gleich zu welchem Zweck, nur in dem Maße erfolgen darf, als andere Staaten in der Ausübung derselben Freiheit nicht beeinträchtigt werden.[473]

---

470 *Grotius*, Mare liberum, siv De iure quod Batavis competit ad Indicana commercia Dissertatio, 1609. Näher zum Einfluss Grotius' und der von *Selden* vertretenen Gegenposition *Wolfrum* (Fn. 99), S. 287 (296). Die geschichtliche Entwicklung genauer beleuchtend *Proelß* (Fn. 78), Rn.64.

471 *Churchill/Lowe* (Fn. 89), S. 204; *Dupuy*, A Handbook on the New Law of the Sea Vol. 1, 1991, S. 385. Ob der Grundsatz zugleich dem ius cogens zuzuordnen ist, ist umstritten. Dafür etwa *Hasselmann*, Die Freiheit der Handelsschiffahrt, 1987, S. 74. Vgl. hierzu auch *Waak* (Fn. 29), S. 85. A.A. *Wolfrum*, Die Internationalisierung staatsfreier Räume, 1984, S. 134 Fn. 140; *ders.* (Fn. 99), S. 287 (296).

472 *O'Connell* (Fn. 34), S. 792; *Wolfrum* (Fn. 99), S. 287 (297).

473 *Dupuy* (Fn. 471), S. 384 f.; *Wolfrum* (Fn. 99), S. 287 (297) spricht insoweit von dem „Gebot der Rücksichtnahme".

2. *Die Freiheit der Schifffahrt*

Auf Basis des soeben dargestellten, sehr weitreichenden und allgemein gehaltenen Prinzips der Freiheit der Hohen See hat sich eine Vielzahl spezieller seerechtlicher Freiheiten herausgebildet. Ein Teil dieser Freiheiten ist in den Bestimmungen des Seerechtsübereinkommens verankert.[474] In Zusammenhang mit den hier zu beleuchtenden Fragen der Piraterie und des maritimen Terrorismus spielt insoweit vor allem die in Art. 87 Abs. 1 a) SRÜ stipulierte Freiheit der Seeschifffahrt eine Rolle. Während deren völkergewohnheitsrechtliche Geltung außer Frage steht,[475] ist der Inhalt dieses Freiheitsrechts nicht unumstritten.[476] Gleich wie man indes die Grenzen der inhaltlichen Ausgestaltung der Schifffahrtsfreiheit ziehen mag, ist die Freiheit der Schifffahrt nicht grenzenlos zu gewähren. Um zu verhindern, dass die Hohe See zum rechtsfreien Raum wird, gilt seit jeher, dass der Eingriff in dieses Recht grundsätzlich dem Staat obliegt, unter dessen Flagge das in Frage stehende Schiff berechtigterweise[477] fährt. In Bezug auf die Bekämpfung der Piraterie bedeutet dies, dass ein Vorgehen gegen Piraten vorrangig dem Flaggenstaat obliegt. Deshalb soll nachfolgend zunächst der Umfang dieser Flaggenstaatsjurisdiktion näher beleuchtet werden, bevor sodann auf die Eingriffsrechte anderer Staaten einzugehen ist.

II. Ausschließliche Kontrollbefugnis des Flaggenstaates (Art. 90 ff. SRÜ)

1. *Begründung und inhaltliche Ausgestaltung der Flaggenstaatsjurisdiktion*

Der die Rechtshoheit über ein Schiff vermittelnde Ansatzpunkt ist die Staatszugehörigkeit dieses Schiffes. Diese wiederum ergibt sich aus der von dem Schiff geführten Flagge. Durch diese wird ein entsprechendes Näheverhältnis zwischen

---

474 Vgl. etwa den Katalog des Art. 87 Abs. 1 SRÜ oder Art. 112 SRÜ. Die Rechte sind, wegen der fortschreitenden Entwicklung des Seerechts nicht abschließend aufzuzählen, vgl. *Proelß* (Fn. 78), Rn. 65.

475 IGH *Corfu Channel Case* (United Kingdom v. Albania), ICJ Reports 1949, S. 4 (22); *Wolfrum* (Fn. 471), S. 135; *ders.* (Fn. 99), S. 287 (299); *Trésoret* (Fn. 27), S. 243 m.w.N.

476 Ungeklärt ist hier insbesondere die Frage, ob die Schifffahrtsfreiheit eine gewohnheitsrechtlich anerkannte wirtschaftliche Komponente umfasst oder lediglich sicherstellen soll, dass sich Schiffe auf Hoher See ungehindert fortbewegen können. Zu diesem Streit vgl. *Wolfrum*, (Fn. 99), S. 287 (300).

477 *Jennings/Watts*, Oppenheim's International Law, Vol. I, 9. Aufl., 1992, § 287; *Wolfrum* (Fn. 99), S. 287 (300).

dem Flaggenstaat einerseits und dem die Flagge führenden Schiff andererseits hergestellt.[478] Zur Begründung der Flaggenstaatsjurisdiktion wurde früher gefordert, dass zwischen Schiff und Flaggenstaat ein sog. *genuine link* bestehen müsse. Während in Vorbereitung der Genfer Konvention über die Hohe See von 1958 hierzu noch vorwiegend auf die Eigentumsverhältnisse am Schiff entweder durch den Flaggenstaat selbst oder durch dessen Staatsangehörige abgestellt wurde, bildete sich später das Erfordernis der effektiven Rechtsdurchsetzung heraus, welches sich indes mit Blick auf die Registerfreiheit eines jeden Staates im Text des Seerechtsübereinkommens nicht wiederfindet.[479] Die Staatenzugehörigkeit eines Schiffs führt aber nicht etwa dazu, dass es zu einem quasi mobilen Teil des Gebiets eines Staates auf Hoher See wird.[480] Vielmehr bestimmt sich nach der Staatszugehörigkeit eines Schiffs zum einen, welche nationale Rechtsordnung für das Leben an Bord einschlägig ist.[481] Zum anderen wird durch sie festgelegt, welcher Staat zur Durchsetzung von Zwangsmaßnahmen gegen das auf Hoher See befindliche Schiff berufen ist.[482] Dies bedeutet jedoch nicht nur, dass die Ausübung hoheitlicher Rechte dem Grunde nach ausschließlich dem Flaggenstaat zusteht, sondern dass ihn nach einem eben solchen Ausschließlichkeitsgrundsatz auch die mit der Staatszugehörigkeit von Schiffen verbundenen Pflichten

---

478 *König*, Flag of ships, in: Wolfrum (Hrsg.) (Fn. 108), 2008, Rn. 17; *Logan*, Journal of Transantional Law and Policy 14 (2005), S. 253 (267); *Wolfrum* (Fn. 99), S. 287 (300 f.); *Trésoret* (Fn. 27), S. 245. Kritisch zum Konzept der ausschließlichen Flaggenstaatsjurisdiktion *Geiß/Tams* (Fn.134), S. 19 (24 f.).

479 *Wolfrum* (Fn. 99), S. 287 (301 f.); *König* (Fn. 478), Rn. 12 ff. Insoweit als Art. 91 Abs. 1 S. 3 SRÜ von einer echten Verbindung zwischen Schiff und Flaggenstaat spricht, ist diese nicht Voraussetzung für die Staatszugehörigkeit eines Schiffes, vgl. ISGH *Saiga No. 2 Case* (Saint Vincent and the Grenadins v. Guinea) [Merits], International Legal Materials 38 (1999), S. 1322 (1343, Rn. 83). Ausführlich hierzu *Scovazzi*, ITLOS and Jurisdiction over Ships, in: Ringbom (Hrsg.), Jurisdiction over Ships: Post-UNCLOS Developments in the Law of the Sea, 2015, S. 382 (390 ff.).

480 So etwa *Marcopoulos*, Tulane Maritime Law Journal 32 (2007), S. 277 (283); *Ross*, Lehrbuch des Völkerrechts, 1951, S. 141.

481 *Breuer*, Gegenwartsfragen des Verhältnisses Reeder – Staat – Flagge, in: v. Münch (Hrsg.), Staatsrecht, Völkerrecht, Europarecht, FS für Schlochauer, 1981, S. 215 (216); *Wolfrum* (Fn. 99), S. 287 (304 f.); *Khaliq*, Jurisdiction, Ships and Human Rights Treaties, in: Ringbom (Hrsg.) (Fn. 479), S. 324 (329).

482 *Diena*, Recueil de Cours 51 (1935), S. 405 (424); *Gidel*, Le droit international de la mer, Vol. 1, 1981, S. 74; *Wilson*, Naval Law Review 55 (2008), S. 157 (166); *Herdegen*, Art. 27, in: Maunz/Dürig/Herzog (Hrsg.), Grundgesetz, Art. 27, Rn. 13.

treffen.[483] Welche Anforderungen ein Staat zur Verleihung seiner Flagge stellt, hat er dagegen in seiner nationalen Rechtsordnung festzulegen.[484] Die zuvor dargestellte uneingeschränkte Geltung der Registerfreiheit führt im Rahmen der Rechtsdurchsetzung unweigerlich zu Problemen. So lässt sich schon seit den 1920er Jahren das Phänomen sogenannter *Billigflaggen* beobachten.[485] Dabei machen sich Reedereien eben diese Freiheit zunutze, indem sie ihre Schiffe in denjenigen Staaten registrieren, wo die geringsten Kosten anfallen oder die umwelt- und arbeitsrechtlichen Bedingungen sowie die sicherheitstechnischen Anforderungen möglichst günstig umzusetzen sind.[486] Dies führt zwangsläufig zu einem Wettlauf der Rechtsordnungen im Kampf um zu registrierende Schiffe und in Folge dessen zu einer Verlagerung der Zugehörigkeit von Schiffen zu Staaten, deren Organe an der Durchsetzung völkerrechtlicher Pflichten nicht unbedingt interessiert oder damit schon wegen der großen Zahl von Schiffen schlicht überfordert sind. Im Ergebnis vermag dies zu erheblicher Rechtsunsicherheit zu führen.

2. *Flaggenstaatsjurisdiktion über Piratenschiffe*

Ob das Prinzip der Flaggenstaatsjurisdiktion auch für Schiffe Gültigkeit hat, die als Piratenschiff i.S.d. Art. 103 SRÜ gelten, war früher zweifelhaft. Nach überkommener Auffassung führte ein Akt der Piraterie zwangsläufig dazu, dass die oben angesprochene Verbindung zwischen Flaggenstaat und (Piraten-) Schiff aufgehoben, das Schiff also staatenlos wurde.[487] Gestützt wurde diese Ansicht darauf, dass ein jeder Pirat durch sein Handeln aus freien Stücken den durch die Rechtsordnungen aller Staaten gesetzten Rahmen für gesellschaftlich akzeptables Verhalten überschritten habe und damit den durch die Staatsangehörigkeit

---

483 *Geiß/Tams* (Fn.134), S. 19 (24 f.). Zu den auf völkerrechtlicher Ebene bislang nur in Ansätzen kodifizierten Pflichten vgl. *Wolfrum* (Fn. 99), S. 287 (305 f.).

484 *Beckert* (Fn. 48), S. 168; *Trésoret* (Fn. 27), S. 246; *Marcopoulos* (Fn. 480), S. 277 (283); *Hobe*, Einführung in das Völkerrecht, 11. Aufl. 2020, S. 405.

485 *Boczek*, Flags of Convenience, 1962, S. 6 ff.; *Carlisle*, Sovereignty for Sale, 1981, S. 9 ff.

486 *König*, Flags of Convenience in: Wolfrum (Hrsg.) (Fn. 108), Rn. 1, 4 ff.; *Wolfrum* (Fn. 99), S. 287 (303); *ders.*, Recht der Flagge und „Billige Flaggen“ Neuere Entwicklungen im Völkerrecht, in: Drobnig/Basedow/ders. (Hrsg)., Recht der Flagge und „Billige Flaggen“ – Neuere Entwicklungen im Internationalen Privat- und Völkerrecht, 1990, S. 121 (131).

487 *Trésoret* (Fn. 27), S. 248; *Schlikker*, Die völkerrechtliche Lehre von der Piraterie und den ihr gleichgestellten Verbrechen, 1907, S. 8 ff.; *Randall*, Texas Law Review 66 (1988), S. 785 (793); *Lauterpacht* (Fn. 151), S. 609.

vermittelten Schutz nicht mehr verdiene.[488] Diesem Automatismus stellt sich das Seerechtsübereinkommen entgegen, indem es in Art. 104 ausdrücklich festlegt, dass auch Piratenschiffe eine Staatszugehörigkeit haben können und sich der Verlust derselben nach der nationalen Rechtsordnung des Flaggenstaates richtet. Diese Regelung ist als konsequente Fortsetzung der in Art. 91 SRÜ getroffenen einzelstaatlichen Zuweisung der Registrierungsvoraussetzungen zu sehen.[489] Dies bedeutet im Ergebnis, dass auch bezüglich der Piratenschiffe i.S.d. Art. 103 SRÜ der oben dargestellte Ausschließlichkeitsgrundsatz der Flaggenstaatsjurisdiktion gilt.[490] Diesem Ansatz ist in vollem Umfang zuzustimmen. Zwar wäre ein Einschreiten gegen Piratenschiffe von Seiten dritter Staaten völkerrechtlich unkomplizierter, wenn diese Schiffe als staatenlos zu gelten hätten, da somit keine hoheitsrechtlichen Interessen des dann ehemaligen Flaggenstaats mehr bestünden; indes würde damit die Rechtsmacht des Flaggenstaates letztlich in das Ermessen der Piraten selbst gestellt.[491]

III. Jurisdiktion des Küstenstaates

Im Falle, dass sich ein Piratenangriff innerhalb der Hoheitsgewässer eines Küstenstaates ereignet, oder ein Piratenschiff nach Beendigung eines solchen Angriffs auf Hoher See in die Küstengewässer einfährt, tritt neben die Jurisdiktionshoheit des Flaggenstaates diejenige des jeweiligen Küstenstaats, sofern beide auseinanderfallen. Dies folgt aus dem Gedanken der staatlichen Souveränität, welche sich in vollem Umfang auch auf die staatlichen Küstengewässer erstreckt.[492] Insoweit sind im Folgenden neben Eingriffskompetenzen, welche die Flaggenstaatsjurisdiktion zugunsten eines anderen Staates einschränken, auch solche Eingriffskompetenzen zu untersuchen, die zu Lasten des jeweils betroffenen Küstenstaates gehen.

---

488 *Niboyet*, Navires de mer, in: Lapradelle (Hrsg.), Répertoire de Droit International Vol. 10: Nationalité des sociétés – zone franches, 1931, S. 7 (10).

489 *Trésoret* (Fn. 27), S. 248; *Nordquist* (Fn. 44), Art. 104 Rn. 104.5 (b).

490 Dies zumindest so lange wie der Flaggenstaat in seiner nationalen Rechtsordnung nicht den Verlust der Staatszugehörigkeit von Piratenschiffen vorsieht. Vgl. *Lagoni* (Fn. 29), S. 501 (522 f.); *Trésoret* (Fn. 27), 249; *Henzelin*, Le principe de l'universalité en droit pénal international, 2000, S. 267; *Gosalbo-Bono/Boelaert* (Fn. 108), S. 81 (96); *Waak* (Fn. 29), S. 86. A.A. *Wheaton*, Elements of International Law Part 1, 3. Aufl. 1846, Nachdr. v. 1978, S. 176 f.

491 Wie hier *Trésoret* (Fn. 27), S. 249.

492 Vgl. hierzu nur *Fournier* (Fn. 42), S. 78.

IV. Eingriffskompetenzen zur Bekämpfung der Piraterie

1. Einleitung

Trotz des auch über Piratenschiffe bestehenden Flaggenstaatsmonopols bedarf es in mehrfacher Hinsicht der Eingriffskompetenzen von dritter Seite, um gegen Piraten vorzugehen, die unter der Flagge eines bestimmten Staates fahren. Diese Notwendigkeit ergibt sich schon aus dem Wesen der Pirateriebekämpfung, die sich seit jeher gleichsam als Ausnahme zum Ausschließlichkeitsprinzip der Flaggenstaatsjurisdiktion darstellt und ein Vorgehen gegen Piraten durch jeden Staat – unabhängig von der Staatszugehörigkeit des jeweils betroffenen Piratenschiffs – erlaubt.[493] Dass es hierfür aber spezieller Ermächtigungsgrundlagen bedarf, ergibt sich ebenfalls aus dem Ausschließlichkeitsgrundsatz der Flaggenstaatsjurisdiktion. Denn ohne Ermächtigung würde das Vorgehen eines anderen Staates eine nicht hinnehmbare Verletzung der souveränen Rechte des Flaggenstaates bedeuten. Selbiges gilt hinsichtlich des Vorgehens von dritter Seite innerhalb der Hoheitsgewässer eines Küstenstaates. Im Nachfolgenden sind daher zunächst die innerhalb des Seerechtsübereinkommens ausdrücklich geregelten Eingriffsermächtigungen zu untersuchen, wobei zunächst diejenigen allgemeiner Natur und anschließend die besonderen Einzelrechte in den Blick genommen werden. Sodann ist zu erörtern, inwieweit sich Ausnahmeregelungen zum flaggen- und küstenstaatlichen Jurisdiktionsmonopol aus anderen völkerrechtlichen Verträgen herleiten lassen, bevor schließlich darauf einzugehen sein wird, ob und in welchem Umfang diesbezüglich völkergewohnheitsrechtliche Ansätze bestehen.

2. Eingriffskompetenzen innerhalb des Seerechtsübereinkommens

Das Seerechtsübereinkommen sieht eine Reihe verschiedener Eingriffskompetenzen zugunsten aller Staaten vor, um gegen Piratenschiffe vorzugehen. Unterscheiden lassen sich diese Befugnisse in zwei Kategorien, diejenigen welche ausschließlich Untersuchungshandlungen zum Gegenstand haben, und solche mit justiziellem Charakter.[494] Außerhalb dieser Klassifikation steht zum einen die in Art. 100 SRÜ normierte Pflicht aller Staaten, bei der Bekämpfung der Piraterie möglichst effektiv zusammenzuarbeiten. Zum anderen ist anzudenken, ob

---

493 *Wolfrum* (Fn. 99), S. 287 (307); *Trésoret* (Fn. 27), S. 250; *Heinicke*, Kritische Justiz 2009, S. 178 (185); *Wiefelspütz* (Fn. 114), NZWehrR 2005, S. 146 (154); *Waak* (Fn. 29), S. 66, bezogen auf das Eingriffsrecht aus Art. 110 Abs. 1 SRÜ..

494 Diese Unterscheidung ebenso treffend *Heinicke* (Fn. 493), S. 178 (185).

sich aus der allgemein gehaltenen Bestimmung zur Nothilfe (Art. 98 Abs. 1 SRÜ) Eingriffsrechte herleiten lassen.

a) Art. 100 SRÜ

In seiner Entstehungsgeschichte lässt sich Art. 100 SRÜ zunächst auf Art. 14 HSÜ zurückführen, der die Zusammenarbeit der Vertragsstaaten in wortgleicher Weise vorsieht und seinerseits auf Art. 38 der von der International Law Commission erarbeiteten Draft Articles on the Law of the Sea basiert.[495] Trotz dieser verhältnismäßig tiefen geschichtlichen Verwurzelung ist die Reichweite der aus dieser Norm resultierenden völkerrechtlichen Verpflichtungen äußerst umstritten. In einer aufsteigend nach Regelungsintensität geordneten Reihenfolge lassen sich dem völkerrechtlichen Schrifttum im Wesentlichen drei Meinungen entnehmen. Während nach einer Ansicht die Regelungsintensität des Art. 100 SRÜ quasi nicht vorhanden sei, da es sich um einen rein programmatischen Ansatz handle,[496] sieht die gegenläufige Ansicht in Art. 100 SRÜ eine eigenständige völkerrechtliche Pflicht zur Bekämpfung von Akten der Piraterie verankert.[497] Gleichsam vermittelnd stellt sich die Ansicht dar, welche Art. 100 SRÜ als Auffangtatbestand für Fälle sieht, die von den im Seerechtsübereinkommen geregelten speziellen Eingriffsrechten nicht erfasst werden.[498] Auch wenn durchaus einleuchtende Argumente fruchtbar gemacht werden können, eine aus Art. 100 SRÜ resultierende Rechtspflicht gänzlich abzulehnen,[499] ist letztlich

495 *Nordquist* (Fn. 44), Art. 100 Rn. 100.3; *Trésoret* (Fn. 27), S. 252. Zur geschichtlichen Entwicklung dere Vorschrift genauer *Guilfoyle*, Art. 100, in: Proelß (Hrsg.) (Fn. 24), Rn. 4 ff.

496 So etwa *Kavanagh*, Australian Journal of International Law Volume 8 (1999), S. 127 (140); *Dubner* (Fn. 219), S. 110.

497 *Dinstein* (Fn. 45), S. 1125 (1136); *Churchill/Lowe* (Fn. 89), S. 209; *Türk*, Miami International and Comparative Law Review 17 (2009), S. 1 (19); *Blanco-Bazán*, Il Diritto Marittimo 111 (2009), S. 264 (266 f.); *ders.*, Legal Aspects of Piracy and Armed Robbery against Shipping, Vortrag gehalten am 21. Januar 2001 in Brüssel, verfügbar unter http://ec.europa.eu/transport/modes/maritime/events/doc/2009_01_21_piracy/imo_presentation_blanco_legal_aspects.pdf; *Wolfrum* (Fn. 45), S. 9; *Trésoret* (Fn. 27), S. 252. *Waak* (Fn. 29), S. 106 ff. lehnt eine unmittelbare Pflicht zur Bekämpfung der Piraterie ab, bejaht aber eine solche zu deren Unterdrückung.

498 *Lagoni* (Fn. 29), S. 501 (522); *von Arnauld* (Fn. 108), S. 454 (456); *Trésoret* (Fn. 27), S. 252. Den Streit offen lassend *Guilfoyle* (Fn. 495), Rn. 1.

499 So etwa *Wolfrum* (Fn. 99), S. 287 (307), der jedoch eine aus Art. 100 SRÜ resultierende Unterlassungspflicht dergestalt statuiert, dass die Mitgliedsstaaten jede Art von Zusammenarbeit mit oder Förderung von Piraten zu unterlassen haben. Die

der Ansicht zuzustimmen, die eine Rechtspflicht zur Bekämpfung der Piraterie dort bejaht, wo die spezielleren Eingriffsnormen nicht einschlägig sind. Vor dem Hintergrund der immer weiter im Vordringen befindlichen Angriffe auf Schiffe bietet sich so die Möglichkeit, etwaige Lücken im System der Eingriffsbefugnisse zu schließen. Dies erscheint auch vor dem Hintergrund des sich oftmals sowohl auf materieller als auch auf ideeller Ebene als verheerend darstellenden Schadens bzw. der zumindest stark ausgeprägten Schadensgeneigtheit in bestimmten Bereichen der Hohen See gerechtfertigt.[500] Dabei haben sich „Auffangpflichten" verschiedenster Art herausgebildet, ohne dass ihnen nach dem zuvor Gesagten abschließender Charakter zukäme. Hierzu zählen etwa die Pflicht, Informationen in Zusammenhang mit (bevorstehenden) Piratenangriffen weiter- und Warnhinweise diesbezüglich herauszugeben, zu verhindern, dass sich Piraten nach Angriffen oder in deren Vorbereitung auf dem Staatsgebiet – vorrangig innerhalb des Küstenmeers – verschanzen und Hilfe bei der Suche nach Piratenschiffen zu gewährleisten.[501] Eine Grenze der Verpflichtung des Art. 100 SRÜ findet sich im Wortlaut des Art. 105 SRÜ, nämlich dahingehend, dass Vertragsstaaten nicht verpflichtet sind, innerstaatliche Normen zu schaffen, die eine Bestrafung der Piraten erlauben oder diese an einen Drittstaat auszuliefern.[502]

b) Ermächtigungsnormen für Untersuchungshandlungen

1) Das Anhalterecht, Art. 110 Abs. 1 SRÜ

In seinem Absatz 1 sieht Art. 110 SRÜ das Recht von Kriegsschiffen vor, auf Hoher See ein Schiff anzuhalten, das begründeterweise verdächtig ist, Seeräuberei zu betreiben.[503] Die Vorschrift stellt trotz ihrer Negativformulierung eine Eingriffsbefugnis aller Staaten dar, die in Durchbrechung der Flaggenstaatsjurisdiktion ein Vorgehen gegen Schiffe mit fremder Staatszugehörigkeit erlaubt.[504]

---

unmittelbare Rechtspflicht ebenfalls mit ausführlicher Argumentation ablehnend *Trésoret* (Fn. 27), S. 252 ff.

500 Ähnlich *Lagoni* (Fn. 29), S. 501 (522).

501 *Trésoret* (Fn. 27), S. 254; *von Arnauld* (Fn. 108), S. 454 (458 f.); *Lagoni* (Fn. 29), S. 501 (522); *Wolfrum* (Fn. 99), S. 287 (307).

502 *Lagoni* (Fn. 29), S. 501 (522); *Trésoret* (Fn. 27), S. 253 f.

503 Dieses Recht gilt nach Art. 110 Abs. 4, 5 SRÜ auch für militärische Luftfahrzeuge und andere Staatsschiffe, die eine diesbezüglich deutliche Kennzeichnung tragen, vgl. *Trésoret* (Fn. 27), S. 256.

504 *Nordquist* (Fn. 44), Art. 110 Rn. 110.11(a); *Heinicke* (Fn. 493), S. 178 (185); *Wilson* (Fn. 482), S. 157 (189); *Trésoret* (Fn. 27), S. 256; *Lagoni* (Fn. 29), S. 501 (521); *Geiß/Tams* (Fn.134), S. 19 (26).

Dieses Recht war bereits in Art. 46 der ILC Draft Articles on the Law of the Sea vorgesehen, fand dann Eingang in Art. 22 HSÜ und ist in dem heute in Art. 110 Abs. 1 SRÜ verankerten Wortlaut Teil des Völkergewohnheitsrechts.[505] Als Tatbestandsvoraussetzung erfordert Art. 110 Abs. 1 SRÜ zunächst, dass der Anhaltevorgang von einem Kriegsschiff, einem militärischen Luftfahrzeug oder einem durch den Flaggenstaat ermächtigten Staatsschiff mit entsprechender Kennzeichnung vorgenommen wird.[506] Eine Definition des Begriffs des Kriegsschiffs enthält Art. 29 SRÜ, der bestimmt

> „Im Sinne dieses Übereinkommens bedeutet „Kriegsschiff" ein zu den Streitkräften eines Staates gehörendes Schiff, das die äußeren Kennzeichen eines solchen Schiffes seiner Staatszugehörigkeit trägt; es muss unter dem Befehl eines Offiziers stehen, der sich im Dienst des jeweiligen Staates befindet und dessen Name in der entsprechenden Rangliste der Streitkräfte oder in einer gleichwertigen Liste enthalten ist; die Besatzung muss den Regeln der militärischen Disziplin unterliegen."[507]

Des Weiteren setzt Art. 110 Abs. 1 SRÜ voraus, dass das Schiff, welches angehalten werden soll, fremd sein muss. Dies bedeutet nichts anderes, als dass es nicht unter derselben Flagge wie das anhaltende Schiff fahren darf.[508] Zu beachten ist dabei aber, dass fremde Kriegs- und Staatsschiffe nach Art. 95, 96 SRÜ aus dem Tatbestand des Art. 110 SRÜ ausgeschlossen sind.[509] Im Weiteren setzt Art. 110

505 *Churchill/Lowe* (Fn. 89), S. 210; *Heinicke* (Fn. 493), S. 178 (185); *Wilson* (Fn. 482), S. 157 (189); *Nordquist* (Fn. 44), Art. 110 Rn. 110.2.

506 Dieses Erfordernis bezieht sich ausschließlich auf den Vorgang des Anhaltens bzw. die anderen, im Nachfolgenden noch zu behandelnden Eingriffe nach Art. 110 Abs. 1, 2 SRÜ und Art. 105 SRÜ, nicht hingegen auf diesen Eingriffen vorangehende Maßnahmen, mit Ausnahme des Einsatzes von Waffengewalt um der Aufforderung zum Stoppen Nachdruck zu verleihen, vgl. *Nordquist* (Fn. 44), Art. 105 Rn. 105.10 (a); *Trésoret* (Fn. 27), S. 257, Fn. 1096 und S. 259.

507 Zu dieser Definition näher *Heintschel von Heinegg*, Warships, in: Wolfrum (Hrsg.) (Fn. 108), 2015, Rn. 7 ff.

508 *Trésoret* (Fn. 27), S. 257; *Lagoni* (Fn. 29), S. 501 (521); *Affeld* (Fn. 130), S. 95 (96). Dies folgt als logische Konsequenz aus der Flaggenstaatsjurisdiktion. Kraft dieser benötigt ein Kriegs- oder Staatsschiff die Befugnisnorm des Art. 110 Abs. 1, 2 SRÜ nicht; zur Ausübung der staatlichen Hoheitsgewalt kann – und muss – in solchen Fällen auf innerstaatliche Befugnisse zurückgegriffen werden. Ebenso *Waak* (Fn. 29), S. 66 f.

509 *Oehler*, Internationales Strafrecht: Geltungsbereich des Strafrechts, internationales Rechtshilferecht, Recht der Gemeinschaften, Völkerstrafrecht, 2. Aufl. 1983, S. 315 Rn. 430; *Wilson* (Fn. 482), S. 157 (189) Fn. 232; *Trésoret* (Fn. 27), S. 258. Zu beachten ist aber die Gegenausnahme eines Kriegs- oder Staatsschiffs, dessen Mannschaft meutert und Akte der Piraterie begeht (Art. 102 SRÜ), vgl. *Nordquist* (Fn. 44), Art. 102 Rn. 102.6 (a).

Abs. 1 SRÜ voraus, dass „begründeter Anlass für den Verdacht besteht, dass… ein Schiff Seeräuberei betreibt". Gemeint ist hierbei allein der völkerrechtliche Begriff der Seeräuberei, wie ihn Art. 101 SRÜ definiert.[510] Von dem Anhalterecht des Art. 110 SRÜ kann daher in Fällen, in denen der Akt der Piraterie zwar innerhalb der Hoheitsgewässer eines Staates begangen, das Piratenschiff sodann aber auf Hoher See von dem Kriegs- oder Staatsschiff bzw. Luftfahrzeug eines Drittstaates angetroffen wird, grundsätzlich nicht Gebrauch gemacht werden.[511] Wie dieser Verdacht inhaltlich ausgestaltet sein muss, lässt sich der Bestimmung aber nicht entnehmen. Der Wortlaut der Vorschrift zeigt jedoch, dass konkrete Anhaltspunkte bestehen müssen, die zumindest einen Anfangsverdacht für das Betreiben von Seeräuberei begründen.[512]

2) *Das Recht zur Überprüfung, des Betretens und der Durchsuchung, Art. 110 Abs. 2 SRÜ*

Als weitere Rechte zur Untersuchung von Piratenschiffen ist in Art. 110 Abs. 2 SRÜ der Eingriff in die Flaggenstaatsjurisdiktion dergestalt vorgesehen, als die Ordnungsgemäßheit der Registrierungsunterlagen überprüft und das Schiff falls hierzu erforderlich betreten werden darf. Wie der Wortlaut des Art. 110 Abs. 2 SRÜ deutlich macht, bauen diese Rechte auf demjenigen des Art. 110 Abs. 1 SRÜ auf, sodass zunächst die oben dargestellten Tatbestandsvoraussetzungen erfüllt sein müssen. Darüber hinaus gebietet der Grundsatz der Verhältnismäßigkeit, dass von dem Recht zum Betreten zum einen zunächst zum alleinigen Zweck der Überprüfung der Registrierungsunterlagen Gebrauch gemacht werden kann, zum anderen ein solches Betreten nur dann zu erfolgen hat, wenn auf andere Weise die Überprüfung der Registrierungsunterlagen nicht möglich ist.[513] Sofern

---

510 Vgl. hierzu ausführlich oben Zweiter Teil, Kapitel 1, I., 1.

511 Ebenso *Trésoret* (Fn. 27), S. 258 f., dem auch insoweit zuzustimmen ist, als er vorschlägt, in solchen Fällen den nach Art. 110 Abs. 3 SRÜ möglichen Schadenersatzanspruch entfallen zu lassen. A.A. *O'Connell* (Fn. 34), S. 978. Etwas Anderes ergibt sich als Umkehrschluss dort, wo der Küstenstaat und der Flaggenstaat des Kriegs- bzw. Staatsschiffes eine Vereinbarung nach Art. 311 Abs. 3 SRÜ getroffen haben, vgl. hierzu oben Zweiter Teil, Kapitel 1, I., 1., d), 3).

512 *Dahlvang* (Fn. 183), S. 17 (38); *König/Salomon* (Fn. 52), S. 165 (172); ebenso *Trésoret* (Fn. 27), S. 258 mit einer beispielhaften Aufzählung einen solchen Verdacht begründender Tatsachen. Ausführlich zum Verdachtsgrad i.R.d. Art. 110 Abs. 1 SRÜ *Waak* (Fn. 29), S. 66 ff.

513 *Heinicke* (Fn. 493), S. 178 (185); *Nordquist* (Fn. 44), Art. 110 Rn. 110.11 (d); *Trésoret* (Fn. 27), S. 258; zu einem völkergewohnheitsrechtlich ausgeprägten Recht siehe *Frascona*, Visit, search and Seizure on the High Seas: a proposed Convention of

zumindest der Anfangsverdacht durch die Überprüfung der Registrierungsunterlagen nicht ausgeräumt wird oder sich die Hinweise auf das Betreiben von Seeräuberei hierbei gar noch verhärten, besteht nach Art. 110 Abs. 2 S. 3 SRÜ die Möglichkeit, das mutmaßliche Piratenschiff zu durchsuchen, wobei wiederum die Verhältnismäßigkeit des Vorgehens im Vordergrund zu stehen hat, wonach sich die Durchsuchung nur auf diejenigen Tatsachen beziehen darf, die ursprünglich das Anhalten des Schiffs veranlasst haben.[514] Auf der Rechtsfolgenseite führt die Durchsuchung, sofern sich der Verdacht bestätigt, zu der Möglichkeit des Ergreifens der in Art. 105 SRÜ postulierten Maßnahmen; erweist sich der Verdacht jedoch als falsch und stellt sich indes im Nachhinein heraus, dass die Voraussetzungen für eine Durchsuchung nicht vorlagen, kommt ein Schadenersatzanspruch nach Art. 110 Abs. 3 SRÜ in Betracht.[515]

c) *Ermächtigungsnormen auf justizieller Ebene*

1) *Das Recht zum Aufbringen des Piratenschiffs, Art. 105 S. 1 Var. 1 SRÜ*

In logischer Fortsetzung des Vorgehens gegen ein Seeräuberschiff baut Art. 105 S. 1 Var. 1 SRÜ auf dem zuvor erläuterten Recht des Betretens und Durchsuchens eines Schiffes auf, sofern die Durchsuchung Tatsachen zutage bringt, die bestätigen, dass das Schiff tatsächlich Seeräuberei betreibt oder dies – auch ohne eine Durchsuchung i.S.d. Art. 110 Abs. 2 SRÜ – offensichtlich ist, etwa weil das Schiff „auf frischer Tat" betroffen wird.[516] In diesen Fällen darf das Seeräuberschiff nämlich von einem Kriegs- oder einem als solches ausreichend gekennzeichneten Staatsschiff mit entsprechenden Befugnissen aufgebracht werden. In seiner Wirkungsweise stellt Art. 105 S. 1 Var. 1 SRÜ damit ebenso wie Art. 110 Abs. 1, 2 SRÜ eine Durchbrechung der Flaggenstaatsjurisdiktion dar.[517] Vergleicht

---

International Law on the Regulation of this belligerent right, 1938, S. 23; *Zwanenberg*, International and Comparative. Law Quarterly 10 (1961), S. 785 (791 f.).

514 *Nordquist* (Fn. 44), Art. 110 Rn. 110.11 (d); *Waak* (Fn. 29), S. 72; *Trésoret* (Fn. 27), S. 258 schlägt richtigerweise vor, die Verhältnismäßigkeit der Durchsuchung müsse sich am jeweiligen Verdachtsgrad und der Schwere der im Raum stehenden Vergehen orientieren. A.A. *Guilfoyle*, Art. 110, in: Proelß (Hrsg.) (Fn. 24), Rn. 10.

515 Hierzu näher *Guilfoyle* (Fn. 514), Rn. 12; *Trésoret* (Fn. 27), S. 380 f.

516 So auch *Trésoret* (Fn. 27), S. 260; *von Arnauld* (Fn. 108), S. 454 (468); *König/Salomon* (Fn. 52), S. 165 (172).

517 *Treves* (Fn. 209), S. 399 (402); *Heinicke* (Fn. 493), S. 178 (185); *Wilson* (Fn. 482), S. 157 (189 f.); *Trésoret* (Fn. 27), S. 260; *Nordquist* (Fn. 44), Art. 105 Rn. 105.1; *Wiefelspütz* (Fn. 114), NZWehrR 2005, S. 146 (154); *Waak* (Fn. 29), S. 85; *Fournier* (Fn. 42), S. 69..

man die Tatbestandsvoraussetzungen des Art. 105 S. 1 Var. 1 SRÜ ergeben sich einerseits Übereinstimmungen mit Art. 110 SRÜ, andererseits sind aber auch erhebliche Unterschiede auszumachen. Übereinstimmend sind die beiden Vorschriften darin, dass die Rechte stets nur von Kriegs- oder Staatsschiffen wahrgenommen werden dürfen.[518] Ebenfalls gleichlaufend sind die Vorschriften bezüglich der ratione loci, als beide Normen nur bezüglich solcher Akte gelten, die im Bereich der Hohen See verübt werden.[519] Mit Blick auf den Wortlaut von Art. 105 S. 1 Var. 1 SRÜ scheint sich ein entscheidender Unterschied zwischen den beiden Normen dahingehend zu ergeben, als das Recht zum Aufbringen eines Piratenschiffs, anders als die Rechte in Art. 110 SRÜ, nicht die Fremdheit des aufzubringenden Schiffs erfordert. Ein Verzicht auf dieses Merkmal ist indes mit der oben geführten Argumentation nicht einleuchtend. Denn ebenso wie bei den Untersuchungshandlungen nach Art. 110 SRÜ bedarf es auf Seiten des nach innerstaatlichen Normen zum Vorgehen berechtigten Küstenstaats nicht des Rückgriffs auf Art. 105 S. 1 Var. 1 SRÜ, um ein unter seiner Flagge fahrendes Schiff aufzubringen.[520] Ein weiterer Blick auf den Wortlaut des Art. 105 SRÜ offenbart das Fehlen des für Kriegs- und Staatsschiffe in Art. 110 SRÜ vorgesehenen Ausschlusses. Im Unterschied zum Fehlen des Merkmals der Fremdheit des aufgebrachten Schiffs lässt sich der Verzicht auf diese Ausnahme aber aus dem systematischen Zusammenspiel der Art. 102, 103 und 105 SRÜ herleiten. Denn das Recht zum Aufbringen eines Schiffes i.S.d. Art. 105 SRÜ greift nur dort, wo tatbestandlich das Vergehen der Piraterie im Raum steht; ein solches bezüglich Kriegs- und Staatsschiffen ist aber nur dort möglich, wo die Besatzung

---

518 Vgl. hierzu schon oben unter b), 1); bzgl. Art. 105 SRÜ. So auch *Lagoni* (Fn. 29), S. 501 (520); *Stein*, Völkerrechtliche und verfassungsrechtliche Fragen des Schutzes der deutschen Handelsflotte durch die Bundesmarine, in: Ipsen/Schmidt-Jortzig (Hrsg.) (Fn. 29), S. 487 (489 f.); *Schiedmair* (Fn. 12), S. 185 (197); *Trésoret* (Fn. 27), S. 261; *Heintschel von Heinegg* (Fn. 507), Rn. 49; *Shearer* (Fn. 108), Rn. 18; *Wiefelspütz* (Fn. 114), NZWehrR 2005, S. 146 (155); *von Arnauld* (Fn. 108), S. 219 (220); *Fournier* (Fn. 42), S. 70 f.; *Waak* (Fn. 29), S. 78..

519 Zur Geltung auch im Bereich der AWZ vgl. oben Zweiter Teil, Kapitel 1, I., 1., d), 2). Zu den Unterschieden bzgl. der Geltung im Bereich des terra nulius *Waak* (Fn. 29), S. 78 f.

520 So im Ergebnis wohl auch *Kavanagh* (Fn. 496), S. 127 (134). A.A. *Trésoret* (Fn. 27), S. 262, dessen Argumentation mit der möglichen Staatenlosigkeit eines Piratenschiffes wenig überzeugt, da – wie er selbst feststellt – eine solche allein im Ermessen des Flaggenstaats steht.

zu Meuterern wurde, was wiederum den Verlust der völkerrechtlichen Immunität nach sich zieht.[521]

Welche Schiffe im Rahmen des Art. 105 S. 1 Var. 1 SRÜ aufgebracht werden, bestimmt die Vorschrift dahingehend, dass das aufzubringende Schiff

> „...ein Seeräuberschiff oder... ein durch Seeräuberei erbeutetes Schiff...“

sein muss. Dabei lässt die Vorschrift, anders als Art. 110 SRÜ, nicht erkennen, ob diesbezüglich bereits der Verdacht genügt.[522] Mit Blick auf den Wortlaut des Art. 106 SRÜ, der für die Haftung bei zu Unrecht erfolgter Aufbringung auf den bloßen Verdacht abstellt, ließe sich ein Ausreichen des bloßen Verdachts zur Begründung des Rechts zum Aufbringen nach Art. 105 SRÜ durchaus annehmen.[523] Dieses Argument überzeugt indes in mehrfacher Hinsicht nicht. Vergleicht man nämlich wiederum den Wortlaut des Art. 110 SRÜ mit dem des Art. 105 SRÜ, fällt auf, dass ersterer den Verdacht ausdrücklich genügen lässt, wogegen letzterer das Verdachtsstadium gerade nicht in seinen Anwendungsbereich einschließt.[524] Führt man sich zudem die Systematik der Eingriffsnormen des Seerechtsübereinkommens vor Augen, wird umso deutlicher, dass allein ein Verdacht, gleich wie er inhaltlich ausgestaltet sein mag, für ein Aufbringen i.S.d. Art. 105 SRÜ nicht auszureichen vermag. Wie schon zuvor dargelegt, baut die Eingriffsnorm des Art. 105 SRÜ im denklogischen Ablauf des Vorgehens gegen ein Piratenschiff auf dem Eingriffsrecht des Art. 110 SRÜ auf. Vor dem Hintergrund der Verhältnismäßigkeit, die – wie ebenfalls schon gezeigt – grundlegendes Prinzip der Piratenbekämpfung ist, muss bei bloßen Verdachtsmomenten auf die in Art. 110 SRÜ festgelegten Rechte als gleichsam milderes Mittel zurückgegriffen werden.[525] In diesem Zusammenhang bleibt letztlich noch die ebenfalls umstrittene Frage zu klären, welche Folgen ein auf Art. 105 Abs. 1 S. 1 SRÜ gestütztes Handeln in reinen Verdachtsfällen nach sich ziehe. Zu denken wäre

521 *Nordquist* (Fn. 44), Art. 102 Rn. 102.6 (a); *Trésoret* (Fn. 27), S. 262.

522 *Allmendinger/Kees* (Fn. 108), S. 60 (63); *Trésoret* (Fn. 27), S. 262; *Fournier* (Fn. 42), S. 70.

523 *Churchill* (Fn. 89), S. 9 (22). Im Ergebnis ebenso *O'Brien*, International Law, 2001, S. 426; *Menefee*, International Journal of Marine and Coastal Law 14/15 (1999), S. 353 (356).

524 *Allmendinger/Kees* (Fn. 108), S. 60 (63); *Trésoret* (Fn. 27), S. 263. Dargestellt ebenfalls bei *Fournier* (Fn. 42), S. 70.

525 *Trésoret* (Fn. 27), S. 264; *Allmendinger/Kees* (Fn. 108), S. 60 (63); im Ergebnis den Verdacht aus dem Anwendungsbereich des Art. 105 SRÜ ebenfalls ausschließend *Goodman*, Case Western Reserve Journal of International Law 31 (1999), S. 139 (150); *Fournier* (Fn. 42), S. 70..

einerseits an eine Pflicht zur sofortigen Freigabe von so aufgebrachten Schiffen.[526] Dies lässt allerdings die Bestimmung des Art. 106 SRÜ außer Betracht. Dieser bestimmt für das Aufbringen eines Schiffes ohne hinreichenden Grund eine Schadenersatzpflicht des aufbringenden Staates. Die Vorschrift greift also gerade dann, wenn der Verhältnismäßigkeitsgrundsatz überschritten wird, weil ein Schiff aufgebracht wurde, obwohl nur gewisse Verdachtsmomente für das Verüben von Seeräuberei vorlagen, die gerade keinen hinreichender Grund i.S.d. Art. 106 SRÜ darstellten.[527]

Art. 105 Abs. 1 S. 1 Var. 1 SRÜ erlaubt neben dem Aufbringen eines Seeräuberschiffes i.S.d. Art. 103 SRÜ auch ein Vorgehen gegen ein von Piraten gekapertes und nunmehr unter ihrer Gewalt stehendes Schiff. Dabei gilt es in zeitlicher Hinsicht zu beachten, dass die Eingriffsnorm des Art. 105 S. 1 Var. 1 SRÜ erst dann fruchtbar gemacht werden kann, wenn die Seeräuber wesentliche Teile eines Schiffs bereits unter ihre Kontrolle gebracht haben, nicht jedoch schon, wenn ein Angriff noch im Gange ist.[528] Die inhaltliche Reichweite des Rechts aus Art. 105 S. 1 Var. 1 SRÜ erfasst ebenso wie Art. 110 SRÜ auch das Recht, ein der Seeräuberei verdächtiges Schiff zu verfolgen, um festzustellen, ob tatsächlich Seeräuberei verübt wird.[529]

2) *Festnahme-/Beschlagnahmerecht, Art. 105 S. 1 Var. 2, 3 SRÜ*

Durch das in Art. 105 S. 1 Var. 2 SRÜ normierte Recht zur Festnahme der Piraten erfährt das Recht zum Aufbringen eines Seeräuberschiffes eine Erweiterung auf persönlich-repressiver Ebene; selbiges gilt für das in Art. 105 S. 1 Var. 3 SRÜ niedergelegte Recht zur Beschlagnahme des Seeräuberschiffes und der an Bord befindlichen Vermögenswerte. Das Seerechtsübereinkommen liefert indes keinen Anhaltspunkt am Recht welchen Staates sich das Vorgehen bei der Verhaftung bzw. der Beschlagnahme messen lassen muss. In logischer Konsequenz können dies letztlich nur die innerstaatlichen Normen desjenigen Staates sein, der die Verhaftung und/oder Beschlagnahme durchgeführt hat.[530]

---

526 So etwa *Allmendinger/Kees* (Fn. 108), S. 60 (63 f.).

527 Ebenso *Trésoret* (Fn. 27), S. 264.

528 *Dinstein* (Fn. 45), S. 1125 (1140); *Trésoret* (Fn. 27), S. 264. Ähnlich *Fournier* (Fn. 42), S. 38. Zur Abgrenzung zwischen Erbeuten und unter der Gewalt von Piraten stehend vgl. ausführlich *Waak* (Fn. 29), S. 79 ff.

529 Hierzu schon oben zu Art. 110 SRÜ b), 1) m.w.N.

530 *Guilfoyle*, Art. 105, in: Proelß (Hrsg.) (Fn. 24), Rn. 10; *Nordquist* (Fn. 44), Art. 105 Rn. 105.10 (c); *Treves* (Fn. 209), S. 399 (402); *Heinicke* (Fn. 493), S. 178 (185); *Trésoret* (Fn. 27), S. 265; *Lagoni* (Fn. 29), S. 501 (521). A.A.: *Stehr* (Fn. 114), S. 17, der das Vorgehen am Recht des Flaggenstaates des angegriffenen Schiffes gemessen wissen will.

3) *Gerichtliche Zuständigkeit des aufbringenden Staates, Art. 105 S. 2 SRÜ*

Im Fortgang der Ereigniskette vom Aufbringen des Schiffes und nachfolgender Festnahme der Piraten bzw. der Beschlagnahme des aufgebrachten Schiffes stellt sich auf justizieller Ebene die Vorschrift des Art. 105 S. 2 SRÜ als Endpunkt dar. Die Vorschrift will Zuständigkeitskonflikte verschiedener Strafrechtsordnungen vermeiden, die sich daraus ergeben, dass Akte der Piraterie dem Universalitätsgrundsatz unterliegen[531] und somit grundsätzlich die Rechtsordnung eines jeden Staates zur strafrechtlichen Verfolgung berufen ist.[532] Denkbar sind demnach verschiedene Ansatzpunkte zur Begründung gerichtlicher Zuständigkeiten. So ergibt sich auf personaler Ebene zunächst die Zuständigkeit der Gerichte desjenigen Staates, dessen Staatsangehörigkeit die Piraten haben. Nach dem diesbezüglich einschlägigen aktiven Personalitätsprinzip fällt den Gerichten eines Staates die Kompetenz zur Aburteilung solcher außerhalb seines Staatsgebiets begangener Straftaten zu, an deren Ausführung Personen beteiligt sind, gleich ob als Täter oder Teilnehmer, die seine Staatsangehörigkeit inne haben.[533] Auf derselben Ebene kommt auch die Zuständigkeit der Gerichte derjenigen Staaten in Betracht, denen die Besatzungsmitglieder als Opfer des Überfalls angehören. Ihre Wurzeln hat diese Zuständigkeit im sog. passiven Personalitätsprinzip, wonach sich gerichtliche Zuständigkeiten auch für solche Staaten ergeben, deren Staatsangehörige im Ausland Opfer einer Straftat werden.[534] Letztlich ebenfalls einschlägig ist die Zuständigkeit der Gerichte des Flaggenstaates des angegriffenen Schiffs. Dies ist darauf zurückzuführen, dass die kriminelle Handlung der Piraten zwar außerhalb des Staatsgebiets des Flaggenstaats vorgenommen wird, sie sich aber auf im Inland belegene Rechtsgüter auswirkt (sog. Wirkungsprinzip).[535] Die sich so ergebenden Zuständigkeiten stehen einander gleichwertig

---

531 *Nordquist* (Fn. 44), Art. 105 Rn. 105.10 (a); *Shnider*, North Carolina Journal of International Law and Commercial Regulation 38 (2012–2013), S. 473 (482 ff.).

532 *Wolfrum* (Fn. 99), S. 287 (307).

533 *Yokaris*, Les criteres de competence des jurisdictions nationales, in: Ascensio/Decaux/Pellet (Hrsg.), Droit international penal, 2. Aufl. 2012, S. 997 (1001 f.); *Trésoret* (Fn. 27), S. 267; *Crawford* (Fn. 276), S. 443 f.; *Herdegen*, Völkerrecht, 19. Aufl. 2020, § 26 Rn. 9 f.

534 *Yokaris* (Fn. 533), S. 1002 f.; *Trésoret* (Fn. 27), S. 268; *Crawford* (Fn. 276), S. 444 ff.; *Herdegen* (Fn. 533), § 26 Rn. 11. Zum passiven Personalitätsprinzip ausführlich *Wendt*, Das passive Personalitätsprinzip, 1965.

535 Vgl. hierzu *Case of the S.S. „Lotus“* (France v. Turkey), PCIJ Series A, No. 10, S. 25; *Trésoret* (Fn. 27), S. 267; *Crawford* (Fn. 276), S. 447 f.; *Herdegen* (Fn. 533), § 26 Rn. 5. Diesbezüglich kann hingegen nicht das Territorialprinzip herangezogen werden, welches die Zuständigkeit bei Verletzung von Rechtsgütern die im Inland belegen

gegenüber, ohne dass eines der genannten Prinzipien den Vorrang für sich geltend machen könnte.[536] Der sich hieraus unweigerlich ergebende Zuständigkeitskonflikt ist dergestalt zu lösen, dass zunächst danach zu fragen ist, welche der zur Zuständigkeit berufenen Rechtsordnungen am härtesten betroffen ist, um dann im Zusammenspiel von Staatengleichheit, Gepflogenheiten des diplomatischen Verkehrs und Verhältnismäßigkeitserwägungen einen Ausgleich zu schaffen.[537]

In dieses gleichwertige Nebeneinander der Zuständigkeiten greift nun Art. 105 S. 2 SRÜ ein, indem er einen Vorrang der Zuständigkeit der Gerichte desjenigen Staates, der das Piratenschiff aufgegriffen hat, postuliert.[538] Dieses Postulat erschöpft sich allerdings schon nach dem Wortlaut des Art. 105 S. 2 SRÜ in einem unverbindlichen Recht, nicht jedoch in einer obligatorischen Pflicht, die gerichtliche Zuständigkeit anzunehmen,[539] sodass es dem aufbringenden Staat grundsätzlich frei steht, Piraten in eine andere Rechtsordnung zu überstellen.[540] Dies gilt jedoch nicht uneingeschränkt. Zu denken wäre etwa zunächst daran, dass eine Auslieferung der Piraten nur an solche Staaten möglich ist, deren Rechtsordnung nach den oben dargestellten Grundsätzen zuständig ist.[541] Dem ist jedoch der Gedanke des für die Piraterie geltenden Universalitätsprinzips entgegenzuhalten. Dieses eröffnet, wie bereits dargestellt, die Zuständigkeit aller Staaten zur Aburteilung der Piraten. Weiterer zuständigkeitsvermittelnder Ansatzpunkte bedarf es daher nicht.[542] Eine Einschränkung hinsichtlich der Möglichkeit zur Auslieferung ist indes insoweit zu treffen, als der ausliefernde

---

sind begründet, vgl. zum Territorialprinzip *Yokaris* (Fn. 533), S. 997 (999). Denn wie oben bereits gezeigt gelten Schiffe heute nicht mehr als schwimmendes Staatsgebiet, siehe oben II., 1).

536 *Crawford* (Fn. 276), S. 460 f.; *Trésoret* (Fn. 27), S. 268; *Stein/v. Buttlar/Kotzur*, Völkerrecht, 14. Aufl. 2017, S. 234.

537 *Crawford* (Fn. 276), S. 461; *Trésoret* (Fn. 27), S. 268; *Stein/v. Buttlar/Kotzur* (Fn. 536), S 234.

538 *Trésoret* (Fn. 27), S. 269; *Waak* (Fn. 29), S. 86. A.A. *Geiß/Petrig* (Fn. 192), S. 151, die Art. 105 S. 2 SRÜ als bloße Bestätigung des Grundsatzes, dass die Aburteilung nach Normen des innerstaatlichen Straf- und Prozessrechts zu erfolgen hat, sehen.

539 *Jesus* (Fn. 92), S. 363 (374 f.); *Wolfrum* (Fn. 99), S. 287 (307); *von Arnauld* (Fn. 108), S. 219 (227); *Waak* (Fn. 29), S. 86.

540 *König/Salomon* (Fn. 52), S. 165 (175); von *Arnauld* (Fn. 108), S. 454 (469); *Lagoni* (Fn. 29), S. 501 (521); *Trésoret* (Fn. 27), S. 269. A.A. Advisory Council on International Affairs (Hrsg.) (Fn. 5), S. 42. Wohl auch *Fournier* (Fn. 42), S. 89 f.

541 So etwa *Münchau* (Fn. 45), S. 170.

542 Ebenso *Trésoret* (Fn. 27), S. 269, der zu Recht darauf hinweist, dass ansonsten das ranglose Nebeneinander der Zuständigkeiten aufgehoben würde.

Staat darauf zu achten hat, dass im Empfangsstaat menschenrechtliche Mindeststandards eingehalten werden.[543]

d) Eingriffsrecht aus Art. 98 Abs. 1 a) SRÜ

Das Seerechtsübereinkommen sieht unabhängig von den Vorschriften zur Bekämpfung der Piraterie in Art. 98 Abs. 1 SRÜ vor, dass die Mitgliedsstaaten die Kapitäne von Schiffen, die unter ihrer Flagge fahren, verpflichten, Personen Hilfe zu leisten, die auf See in lebensbedrohlichen Situationen angetroffen werden. Zu denken wäre, wie oben dargestellt,[544] an eine aus Art. 98 SRÜ folgende Durchbrechung des Jurisdiktionsprimats des Küsten- bzw. des Flaggenstaats in Fällen, in denen sich ein Piratenangriff auf der Hohen See ereignet oder sofern er sich im Bereich des Küstenmeers ereignet und der Küstenstaat zur Hilfeleistung nicht in der Lage oder hierzu nicht willens ist.

1) *Tatbestand*

Der Tatbestand des Art. 98 SRÜ erfordert zunächst das Vorliegen einer Notsituation. Von einer solchen ist immer dann auszugehen, wenn das Leben zumindest einer Person ernstlich bedroht ist.[545] In der Literatur ist nicht eindeutig geklärt, ob ein Piratenangriff hierunter zu fassen ist. So gibt es Stimmen, die fordern Art. 98 SRÜ nur dort zur Anwendung zu bringen, wo sich solcherlei Risiken konkretisieren, die für Seeleute in der Ausübung ihrer Tätigkeit typischerweise auftreten.[546] Dem muss jedoch sowohl der Wortlaut als auch die Entstehungsgeschichte von Art. 98 Abs. 1 a) SRÜ entgegengehalten werden. Beide lassen eine derartige Einschränkung des Tatbestandes nicht erkennen.[547] Im Ergebnis bedeutet dies, dass ein Piratenangriff eine die Pflicht zur Hilfeleistung nach Art. 98 Abs. 1 SRÜ auslösende Notsituation darstellt.[548] In zeitlicher Hinsicht

543 *König/Salomon* (Fn. 52), S. 165 (175); ähnlich *Trésoret* (Fn. 27), S. 269.

544 Siehe oben Zweiter Teil, Kapitel 1, I., 1., d), 3).

545 *Noyes*, Ships in Distress, in: Wolfrum (Hrsg.) (Fn. 108), 2007, Rn. 1; *Trésoret* (Fn. 27), S. 272; *Fournier* (Fn. 42), S. 108. Ähnlich *Guilfoyle* (Fn. 113), Rn. 9.

546 Zumeist genannt werden Notlagen aufgrund schlechten Wetters oder Versagens der Schiffstechnik. *Stehr* (Fn. 114), S. 22; *Affeld* (Fn. 130), S. 95 (98), der aber in der Führungslosigkeit des überfallenen Schiffs nach einem Piratenangriff ein solch typisches Risiko verwirklicht sieht und so zur Anwendbarkeit von Art. 98 Abs. 1 a) SRÜ gelangt; vgl. auch die Darstellung bei *Trésoret* (Fn. 27), S. 272.

547 *Trésoret* (Fn. 27), S. 272; *Nordquist* (Fn. 44), Art. 98 Rn. 98.1.

548 *König/Salomon* (Fn. 52), S. 165 (174); *Noyes* (Fn. 545), Rn. 1; *Trésoret* (Fn. 27), S. 272; *Heintschel von Heinegg/Gries*, Archiv des Völkerrechts 40 (2002), S. 145 (146). Differenzierend *Waak* (Fn. 29), S. 99 f.

gilt es zu beachten, dass Nothilfe nur dort geleistet werden kann und darf, wo eine konkrete Gefahr für das menschliche Leben vorliegt oder aber zumindest unmittelbar bevorsteht.[549] Ein Vorgehen ist unter dem Gesichtspunkt der Dauergefahr auch dort möglich, wo die Gefährdung des Lebens längere Zeit andauert, sofern die Gefahr jederzeit in einen Schaden umschlagen kann.[550]

Der Tatbestand des Art. 98 SRÜ gilt indes nicht unbedingt. Eine Einschränkung ist dahingehend vorgesehen, wo das helfende Schiff und seine Besatzung eben durch die Hilfeleistung selbst einer ernsthaften Gefahr ausgesetzt würden.[551] Ob eine solche Gefährdung vorliegt, ist vom Kapitän nach den Umständen des Einzelfalles zu entscheiden.[552]

2) *Umfang*

Was den Umfang des Nothilferechts anbelangt, steht die Rettung der betroffenen Personen durch die Beseitigung der Notlage im Vordergrund.[553] Alles was zum Entschärfen der Notlage erforderlich ist, wird von Art. 98 SRÜ gedeckt, während sich ein Vorgehen, das über die Beseitigung der unmittelbaren Lebensgefahr durch den Piratenangriff hinausgeht, an den oben dargestellten Eingriffsrechten messen lassen muss.[554]

e) Eingriffsrecht aus Art. 111 Abs. 1 SRÜ

Eine unter Umständen ebenfalls zum Eingriff in die Flaggenstaatsjurisdiktion berechtigende Norm findet sich in Art. 111 SRÜ. Hier wird, wie bereits oben dargestellt, die Verfolgung von Piratenschiffen durch den Küstenstaat in seewärtiger Richtung zum Küstenmeer geregelt.[555] Dieses Recht des Küstenstaates zum Vorgehen gegen ein Schiff auch auf Hoher See stellt jedoch nicht die klassische Durchbrechung des Vorrangs der Flaggenstaatsjurisdiktion dar, da – wie gleich

---

549 *Trésoret* (Fn. 27), S. 275; *Noyes* (Fn. 545), Rn. 1; *Waak* (Fn. 29), S. 99 f. Insoweit einschränkend *Fournier* (Fn. 42), S. 108, die Art. 98 SRÜ nur dort betroffen sieht, wo der Angriff gerade im Gange ist.

550 So wohl auch *Trésoret* (Fn. 27), S. 275.

551 Art. 98 Abs. 1 (c); *Noyes* (Fn. 545), Rn. 6; *Trésoret* (Fn. 27), S. 275.; *Waak* (Fn. 29), S. 98.

552 Näher hierzu *Trésoret* (Fn. 27), S. 276.

553 *Walker*, Definitions for the Law of the Sea: Terms Not Defined by the 1982 Convention, 2012, S. 173 zieht die Kommentierung zu Art. 24 der Draft Articles on State Responsibility heran, in welcher wiederum auf Art. 98 SRÜ verwiesen wird.

554 *Heintschel von Heinegg* (Fn. 117), S 491 (530); *Trésoret* (Fn. 27), S. 275.

555 Zur Ausweitung des geographischen Anwendungsbereichs der Definition des Art. 101 SRÜ über das Recht zur Nacheile siehe oben Zweiter Teil, Kapitel 1, I., 1., d), 3).

zu zeigen sein wird – anders als bei den bereits zuvor dargestellten Durchbrechungstatbeständen ein unmittelbarer Anknüpfungspunkt für den verfolgenden Küstenstaat gegeben ist.

1) *Tatbestand*

Auf tatbestandlicher Ebene erfordert ein Vorgehen nach Art. 111 SRÜ zunächst einen konkreten Verdacht, dass das verfolgte Schiff die Rechtsordnung des Küstenstaates verletzt hat, während es sich in Gewässern befand, die der Hoheitsgewalt dieses Staates unterstehen.[556] Anders als die hier dargestellten Ermächtigungsnormen ist also zunächst über das Territorialprinzip ein Ansatzpunkt für ein Eingreifen des Küstenstaates gegeben. Auch wenn sich das Mutterschiff zum Begehungszeitpunkt auf Hoher See befindet und lediglich eines der Beiboote eines Verstoßes verdächtig ist, genügt dies zur Ausübung des Rechts zur Nacheile gegenüber dem Mutterschiff.[557] Das Recht zur Nacheile stellt damit gleichsam sicher, dass der Küstenstaat Verstöße gegen seine Rechtsordnung auch außerhalb seines Staatsgebiets verfolgen kann.[558] Weitere Voraussetzung ist, dass die Verfolgung innerhalb des Hoheitsgebiets begonnen wird und zwar unverzüglich nach dem Feststellen des Verstoßes[559] und ununterbrochen in Richtung Hohe See fortgesetzt wird, wobei die Ablösung durch ein anderes Schiff keine Unterbrechung darstellt.[560] Wahrgenommen werden darf das Recht zur Nacheile gemäß Art. 111 Abs. 5 SRÜ nur von Militär- und Staatsfahrzeugen, die als solche deutlich zu erkennen sind.

Auf tatbestandlicher Ebene sieht die Vorschrift des Art. 111 SRÜ mehrfache Einschränkungen vor. So verlangt Art. 111 Abs. 4 SRÜ zum einen, dass eine

---

556 *Guilfoyle*, Art. 111, in: Proelß (Hrsg.) (Fn. 24), Rn. 4; *Gilmore*, Hot Pursuit, in: Weller (Hrsg.), The Oxford Handbook of the Use of Force in International Law, 2015, S. 897 (899); *Scovazzi* (Fn. 479), S. 382 (394); *Hobe* (Fn. 484), S. 405; *Nordquist* (Fn. 44), Art. 111 Rn. 111.9 (b); *Wolfrum* (Fn. 99), S. 287 (317); *Fournier* (Fn. 42), S. 78. Das Recht der Nacheile gilt nach Art. 111 SRÜ auch für Verstöße in der Anschlusszone, der ausschließlichen Wirtschaftszone und dem Festlandsockel.

557 Vgl. Art. 111 Abs. 4 SRÜ. Zum Umfang des Rechts der Nacheile in diesem Fall vgl. ausführlich *Gilmore* (Fn. 556), S. 897 (900 ff.).

558 *Wolfrum* (Fn. 99), S. 287 (317); *Allen*, Ocean Development & International Law 20 (1989), S. 309, (310f.); *Geiß/Tams* (Fn.134), S. 19 (27).

559 *Guilfoyle* (Fn. 556), Rn. 6; *Hobe* (Fn. 484), S. 405; *O'Connell* (Fn. 34), S. 1089; *Wolfrum* (Fn. 99), S. 287 (317); *Allen* (Fn. 558), S. 309 (318); *Crawford* (Fn. 276), S. 294.

560 Siehe Art. 111 Abs. 6 (b) SRÜ; *Wolfrum* (Fn. 99), S. 287 (317); *Allen* (Fn. 558), S. 309 (319); *Fournier* (Fn. 42), S. 78.

Positionsbestimmung des zu verfolgenden Schiffes vorgenommen und festgestellt werden muss, dass dieses sich bei dem in Frage stehenden Verstoß tatsächlich innerhalb der Hoheitsgewässer des betroffenen Küstenstaates befunden hat, bevor die Nacheile überhaupt begonnen wurde. Zum anderen ist es auf Seiten des verfolgenden Schiffes notwendig, dem verfolgten Schiff durch Sicht- oder Schallzeichen das Anhalten zu gebieten. Diese Einschränkungen sollen vor allem die Schifffahrtsfreiheit sicherstellen.[561] Sie sind aber auch von dem bereits dargestellten Normzweck geboten. Das Recht zur Nacheile erlischt nach Art. 111 Abs. 3 SRÜ, sobald das verfolgte Schiff in die Hoheitsgewässer eines anderen als des verfolgenden Staates einfährt. Die an dieser Stelle entwickelte Rechtsfigur der fortgesetzten Nacheile, bei der das verfolgte Vergehen auf Hoher See begangen wird, der oder die Täter aber sodann von dritter Seite in die Hoheitsgewässer eines anderen Staates verfolgt werden, ist nach hier vertretener Ansicht abzulehnen.[562]

2) *Umfang*

Als Rechtsfolge ergibt sich aus Art. 111 SRÜ ein vorrangiges Recht des Küstenstaates, die in seinen Hoheitsgewässern begangenen Verstöße unter der eigenen Rechtsordnung abzuurteilen und zu bestrafen. Bei der Ausübung des Rechts ist der verfolgende Staat sogar berechtigt, Gewalt gegen das fliehende Schiff einzusetzen, um es zu stoppen.[563] Allerdings ist während der gesamten Nacheile die Verhältnismäßigkeit der getroffenen Maßnahmen zum begangenen Verstoß zu wahren.[564] Wird das Recht zur Nacheile zu Unrecht ausgeübt, weil eine der Tatbestandvoraussetzungen nicht gegeben ist, oder wird der Verhältnismäßigkeitsgrundsatz nicht gewahrt, können hieraus Schadenersatzansprüche des Schiffseigners und/oder des Charterers folgen.[565]

---

561 *Allen* (Fn. 558), S. 309 (318 f).

562 Siehe hierzu oben Zweiter Teil, Kapitel 1, I., 1., d), 3).8

563 *Guilfoyle* (Fn. 556), Rn. 13; *O'Connell* (Fn. 34), S. 1073; *Allen* (Fn. 558), S. 309 (320 f.). Zur Frage der Gewaltanwendung gegen Piraten allgemein *Guilfoyle,* The Use of Force Against Pirates, in: Weller (Hrsg.) (Fn. 556), S. 1057 ff. Zum Umfang der Gewaltanwendung, jedoch bezogen auf Art. 105 SRÜ *Waak* (Fn. 29), S. 82 ff.

564 *Wolfrum* (Fn. 99), S. 287 (317); *Allen* (Fn. 558), S. 309 (320 f.).

565 Art. 111 Abs. 8 SRÜ; ISGH *The M/V Saiga (No. 2) Case* (Saint Vincent and the Grenadines v. Guinea), ITLOS Reports 1999 Vol. 3, S. 10 (64 ff.); *Allen* (Fn. 558), S. 309 (321); *Wolfrum* (Fn. 99), S. 287 (318).

3. *Eingriffskompetenzen auf Basis der International Convention against the Taking of Hostages*

Als einschlägiges Instrument im Rahmen der Pirateriebekämpfung verdient auch die *International Convention against the Taking of Hostages* vom 17. Dezember 1979 nähere Betrachtung.[566] Nimmt man etwa die Piraterie vor der Küste Somalias genauer in den Blick, fällt auf, dass die Geiselnahme in zunehmendem Maße Teil des Piraterieproblems wird.[567] So hat sich der UN-Sicherheitsrat in verschiedenen Resolutionen dieses Phänomens angenommen und es unter ausdrücklicher Bezugnahme auf die *International Convention against the Taking of Hostages* verurteilt.[568]

Als Ausgangspunkt legt das Übereinkommen in seinem Art. 1 zunächst die Definition der Geiselnahme fest.[569] In Art. 5 ist sodann festgelegt, welcher Staat die Gerichtsbarkeit bei einer Geiselnahme inne hat, wobei sowohl das Flaggenstaats- und das Territorialitätsprinzip als auch das aktive Personalitätsprinzip und der Ort des gewöhnlichen Aufenthalts und letztlich auch das Schutzprinzip zur Anknüpfung der gerichtlichen Zuständigkeit herangezogen werden können.[570] Art. 5 Abs. 2 des Übereinkommens stellt letztlich fest, dass auch das Prinzip der stellvertretenden Strafrechtspflege zu einer gerichtlichen Zuständigkeit führen kann.[571]

Während im Weiteren Art. 8 des Übereinkommens die Verpflichtung der Mitgliedsstaaten zur ordnungsgemäßen Aburteilung und Auslieferung der Geiselnehmer festlegt, sucht man besondere Eingriffskompetenzen, die die Vertragsstaaten zum Aufgreifen der Geiselnehmer berechtigen würden, vergebens.[572]

4. *Eingriffskompetenzen auf Basis des Übereinkommens der Vereinten Nationen gegen die grenzüberschreitende organisierte Kriminalität*

Auf der Suche nach weiteren Eingriffskompetenzen kann auch das *Übereinkommen der Vereinten Nationen gegen die grenzüberschreitende organisierte*

566 1316 UNTS, S. 205.

567 *Sterio*, Proceedings of the Annual Meeting (American Society of International Law) 105 (2011), S. 543 (543).

568 Zu den Resolutionen des UN-Sicherheitsrates genauer unten V.

569 *Lambert* (Fn. 437), S. 79 ff.; *Trésoret* (Fn. 27), S. 327.

570 *Lambert* (Fn. 437), S. 140 ff.; *Trésoret* (Fn. 27), S. 323

571 *Lambert* (Fn. 437), S. 140 ff; *Trésoret* (Fn. 27), S. 323

572 *Trésoret* (Fn. 27), S. 323; *Roach*, American Journal of International Law 104 (2010), S. 397 (406 f.) stellt konkret auf das Fehlen eines Rechts zum Betreten von Schiffen ab.

Kriminalität[573] herangezogen werden. Der Text dieses Übereinkommens wurde auf Basis der Resolution 52/85 der Generalversammlung der Vereinten Nationen vom 12. Dezember 1997 von einem eigens hierfür eingesetzten Komitee zwischen dem 19. Januar 1999 und dem 28 Juli 2000 ausgehandelt.[574] Es trat am 29. September 2003 in Kraft. Dieses Übereinkommen hat seinen Zentralpunkt in der in Art. 5 niedergelegten Verpflichtung der Mitgliedsstaaten, die Mitgliedschaft in einer kriminellen Vereinigung unter Strafe zu stellen.[575] Um die Anwendung dieser Vorschrift auf Fälle der Piraterie festzustellen, ist also zu fragen, ob Piraten als kriminelle Vereinigung i.S.d. Übereinkommens einzustufen sind. Dies ist nach einem Blick auf die Legaldefinition des Begriffs in Art. 2 des Übereinkommens zu bejahen.[576] Dort wird eine solche Vereinigung definiert als

> „...eine strukturierte Gruppe von drei oder mehr Personen, die eine gewisse Zeit lang besteht und gemeinsam mit dem Ziel vorgeht, eine oder mehrere schwere Straftaten oder in Übereinstimmung mit diesem Übereinkommen umschriebene Straftaten zu begehen, um sich unmittelbar oder mittelbar einen finanziellen oder sonstigen materiellen Vorteil zu verschaffen"[577]

Hierunter sind die Aktionen von in Gruppen organisierten Piraten ohne Weiteres zu fassen.[578] Ferner sind die durch sie begangenen Straftaten, wie es Art. 5 des Übereinkommens ebenfalls erfordert, als schwere Straftat einzuordnen.[579] Der finanzielle Vorteil, der gem. Art. 5 Abs. 1 a) i) des Übereinkommens mit der Tat verbunden sein muss, wohnt schon der Pirateriedefinition inne.[580] Zwar liegen somit die Voraussetzungen des Art. 5 Abs. 1 a) i) des Übereinkommens vor. Hieraus folgt jedoch kein Eingriffsrecht eines Vertragsstaates zu Lasten eines anderen.[581] Vielmehr stellt Art. 4 des Übereinkommens den Vorrang der einzelstaatlichen Souveränität jedes Mitgliedsstaates in den Vordergrund und setzt, wie beispielsweise Art. 18 des Übereinkommens deutlich macht, auf zwischenstaatliche Zusammenarbeit, um dem Problem der grenzüberschreitenden Kriminalität Herr zu werden.

---

573 BGBl. 2005 II, 954.
574 *Ram*, Forum on Crime and Society 1 (2001), S. 135 (138).
575 Clark, Wayne Law Review 50 (2004), S. 161 (165).
576 Ebenso *Trésoret* (Fn. 27), S. 327.
577 Art. 2 (a) des Übereinkommens.
578 *Trésoret* (Fn. 27), S. 324.
579 Eine Legaldefinition des Begriffs enthält Art. 2 (b) des Übereinkommens.
580 Vgl. hierzu oben Zweiter Teil, Kapitel 1, I., 1., e).
581 *Trésoret* (Fn. 27), S. 324 f.

5. *Eingriffskompetenzen nach Völkergewohnheitsrecht*

Vom Grundsatz der Flaggenstaatsjurisdiktion sind neben den soeben aufgeführten völkervertragsrechtlichen Ausnahmen auch solche Eingriffsregeln mit ausschließlich völkergewohnheitsrechtlicher Basis denkbar. Zwar wurzeln die Bestimmungen des Seerechtsübereinkommens im Völkergewohnheitsrecht,[582] dies schließt jedoch darüber hinausgehende völkergewohnheitsrechtliche Eingriffskompetenzen nicht aus.[583] Anzudenken ist eine solche gewohnheitsrechtliche Erweiterung überall dort, wo die tatbestandlichen Vorgaben der Pirateriervorschriften an ihre Grenzen stoßen[584] oder ein Vorgehen gegen Piraten auf der Rechtsfolgenseite nicht mehr von den Vorschriften des Seerechtsübereinkommens gedeckt ist.[585]

a) *Einverständnis und mutmaßliches Einverständnis*

Der Vorrang der Flaggenstaatsjurisdiktion hat wie auch derjenige der Küstenstaatsjurisdiktion innerhalb der Küstengewässer seine Wurzeln in der einzelstaatlichen Souveränität.[586] Im Rahmen derselben steht jedem Staat die Möglichkeit offen, einzelne Rechte auf andere Staaten zu übertragen.[587] Entscheidet sich der Flaggen- bzw. der Küstenstaat, die Pirateriebekämpfung durch Vereinbarung in die Hände eines anderen Staates zu legen, scheidet eine Verletzung der Souveränität schon tatbestandlich aus, wenn die Streitkräfte des beauftragten Staates diese Verpflichtung wahrnehmen.[588] Eine solche Übertragung von Hoheitsrechten ist zwar grundsätzlich formlos möglich.[589] In ihrem Umfang ist sie aber

---

582 *Lagoni* (Fn. 29), S. 501 (524); *Allmendinger/Kees* (Fn. 108), S. 60 (68 f.); *Trésoret* (Fn. 27), S. 327.

583 *Crawford* (Fn.276), S. 31; *Trésoret* (Fn. 27), S. 327; *Treves*, Customary International Law, in: Wolfrum (Hrsg.) (Fn. 108), 2006, Rn. 84.

584 Beispielhaft sei dafür etwa die Beschränkung des räumlichen Anwendungsbereichs genannt, vgl. dazu oben Zweiter Teil, Kapitel 1, I., 1. d).

585 Diese Unterscheidung ebenso treffend *Trésoret* (Fn. 27), S. 328.

586 Zur Begründung der Flaggenstaatsjurisdiktion siehe oben II., 1.

587 *Jesus* (Fn. 92), S. 363 (379); *von Arnauld* (Fn. 108), S. 454 (458); *ders.* (Fn. 108), S. 219 (222); *Trésoret* (Fn. 27), S. 329 m.w.N.

588 *Stein/v. Buttlar/Kotzur* (Fn. 536), S. 427; *Kempen/Hillgruber*, Völkerrecht, 2. Auflage 2012, S. 188, Rn. 66. A.A. *Trésoret* (Fn. 27), S. 329 f.; *Ronzitti*, The Law of the Sea and the Use of Force Against Terrorist Activities, in: ders. (Hrsg.), Maritime Terrorism and International Law, 1990, S. 1 (8), die die Völkerrechtswidrigkeit auf Ebene der Rechtfertigung beseitigt sehen.

589 *Brunée*, Consent, in: Wolfrum (Hrsg.) (Fn. 108), 2010, Rn. 5.

in mehrfacher Weise beschränkt. Grundlegend ist zunächst immer zu fragen, ob der beauftragende Staat zur Übertragung der in Frage kommenden Rechte überhaupt berechtigt ist. Eine im Rahmen der Pirateriebekämpfung nicht einschlägige Einschränkung ergibt sich diesbezüglich in der Unübertragbarkeit von Rechtspositionen des ius cogens.[590] Ferner kann der beauftragte Staat die ihm übertragenen Befugnisse nicht eigenständig an einen Drittstaat übertragen.[591] Ebenso darf der beauftragte Staat nur diejenigen Rechte ausüben, die ihm auch tatsächlich übertragen wurden; eine Erweiterung der Befugnisse kommt ohne ausdrückliche Vereinbarung nicht in Betracht.[592] In zeitlicher Hinsicht gilt das Einverständnis solange als erteilt, bis der beauftragende Staat es widerruft, was grundsätzlich jederzeit möglich ist.[593]

In Fällen, in denen kein ausdrückliches Einverständnis des Flaggen- bzw. Küstenstaates vorliegt, hat sich im Schrifttum unter dem Gedanken der mutmaßlichen Einwilligung ein Ansatz zur Begründung einer Eingriffskompetenz herausgebildet. Gefordert wird, dass der eingreifende Staat eine erfolgreiche Übung bei der Piratenbekämpfung vorweisen kann, im konkreten Fall nicht nur das Schiff selbst sondern auch zumindest einer seiner Staatsangehörigen durch die Piraten erheblich bedroht ist, der Flaggen- oder Küstenstaat selbst nicht die Mittel zu einem Vorgehen hat und dem ganzen Vorgehen der Piraten eine besondere Verwerflichkeit anhaftet.[594] Legt man diesen Maßstab zugrunde, dürften die meisten Fälle nach der hier vertretenen Ansicht über die Eingriffskompetenz nach den Grundsätzen zur Rettung eigener Staatsangehöriger zu lösen sein.[595] Für Eingriffe auf Basis einer mutmaßlichen Einwilligung verbleibt nur ein sehr enger Anwendungsbereich.[596]

---

590 *Stein/v. Buttlar/Kotzur* (Fn. 536), S. 427; *Kempen/Hillgruber* (Fn. 588), S. 188, Rn. 67; *Trésoret* (Fn. 27), S. 331; *Brunée* (Fn. 589), Rn. 13.

591 Vgl. *Brunée* (Fn. 589), Rn. 5; Yearbook of the International Law Commission 2001 Vol II Part 2, S. 1 (73); *Trésoret* (Fn. 27), S. 330.

592 Yearbook of the International Law Commission 2001 Vol II Part 2, S. 72, 73 f.; *Trésoret* (Fn. 27), S. 330.

593 Zu Ausnahmen hiervon vgl. *Brunée* (Fn. 589), Rn. 14; *Trésoret* (Fn. 27), S. 330 f.

594 *Menefee* (Fn. 523), S. 353 (363); *Trésoret* (Fn. 27), S. 333. Ähnlich *Stiles* (Fn. 110), S. 299 (321). In Bezug auf die Gewässer vor Somalia wohl ablehnend *Schiedmair* (Fn. 12), S. 185 (197).

595 Siehe hierzu unten f).

596 Vgl. etwa den bei *Trésoret* (Fn. 27), S. 334 gebildeten Fall eines von Piraten geenterten Öltankers, von dem eine erhebliche Gefahr für die Umwelt ausgeht.

b) Genehmigung

Eng mit der Einwilligung verbunden ist die Rechtsfigur der Genehmigung des an sich völkerrechtswidrigen Verhaltens. Der entscheidende Unterschied zwischen beiden Instituten liegt zum einen in ihrem zeitlichen Ansatz, zum anderen aber auch in ihrer Wirkungsweise. Während nämlich die Einwilligung erteilt wird, *bevor* es zu dem eigentlichen Handeln des ermächtigten Staates kommt, spricht der betroffene Staat die Genehmigung aus, *nachdem* er bereits in seinen Rechten verletzt wurde.[597] Anders als das Einverständnis, das tatbestandsausschließend wirkt,[598] verzichtet der betroffene Staat durch die Genehmigung auf die ihm wegen des völkerrechtswidrigen Verhaltens zustehenden Entschädigungsansprüche.[599]

c) Nothilfe

Zu denken ist ferner an eine völkergewohnheitsrechtliche Eingriffskompetenz zur Abwehr von Piratenangriffen im Zuge der Nothilfe. Zwar vermag das oben im Rahmen des Art. 98 SRÜ dargestellte Nothilferecht im Falle eines Piratenangriffs völkergewohnheitsrechtliche Geltung zu beanspruchen,[600] ein Eingriffsrecht besteht nach der hier vertretenen Ansicht allerdings nur im Raum der Hohen See und in Küstengewässern solcher Staaten, die zur Hilfeleistung nicht in der Lage oder nicht willens sind.[601]

d) Notstand

Der völkerrechtliche Notstand gilt als Rechtfertigungsgrund für ein Verhalten, etwa das Überschreiten der tatbestandlichen Grenzen der Pirateriesvorschriften, das unter normalen Umständen als völkerrechtswidrig zu werten wäre.[602] Die grundlegende Definition des völkerrechtlichen Notstandes findet sich in Art. 25 der *ILC Articles on Responsibility of States for Internationally Wrongful Acts*. Dieser legt fest, dass der Notstand von einem Staat nur dann als Rechtfertigungsgrund für völkerrechtswidriges Verhalten herangezogen werden darf, wenn er nur so in der Lage ist, ein für ihn wesentliches Interesse vor einer unmittelbar

---

597 *Stein/v. Buttlar/Kotzur* (Fn. 536), S. 427; *Trésoret* (Fn. 27), S. 331.

598 Siehe oben a).

599 Vgl. *Crawford* (Fn. 276), S. 674; *Trésoret* (Fn. 27), S. 331 f.; Yearbook of the International Law Commission 2001 Vol II Part 2, S. 1 (73).

600 Vgl. *Nordquist* (Fn. 44), Art. 98 Rn. 98.1; *Trésoret* (Fn. 27), S. 342; *Waak* (Fn. 29), S. 95.

601 Siehe hierzu oben 2. d) und Zweiter Teil, Kapitel 1, I., 1., d), 3).

602 *Crawford* (Fn. 276), S. 549 f.

bevorstehenden Gefahr zu schützen und hierdurch kein wesentliches Interesse desjenigen Staates beeinträchtigt wird, zu dessen Lasten das völkerrechtswidrige Verhalten vorgenommen wird. Innerhalb dieser Interessenabwägung ist bezogen auf das Vorgehen eines Drittstaates gegen Piraten also zu fragen, ob das Interesse der Staatengemeinschaft an der Bekämpfung der Piraterie einerseits das Interesse des Flaggenstaates und – soweit das Vorgehen innerhalb der Küstengewässer eines anderen Staates stattfindet – des betroffenen Küstenstaates an ihrer staatlichen Souveränität andererseits, überwiegt. Sofern das Vorgehen auf Hoher See stattfindet, dürfte dies zu bejahen sein,[603] vor allem vor dem Hintergrund des grundlegenden Interesses der gesamten Staatengemeinschaft an der ungestörten Aufrechterhaltung der Schifffahrt.[604] Dahingegen scheidet ein Vorgehen gegen Piraten innerhalb fremder Küstengewässer dort aus, wo der Küstenstaat willens und in der Lage ist, selbst gegen Piraten in seinen Hoheitsgewässern vorzugehen. Denn insoweit stellt eben dieses Vorgehen durch den Küstenstaat mit Blick auf sein gegenläufiges Souveränitätsinteresse ein milderes Mittel dar.

e) Notlage

Als weiterer Ansatzpunkt für ein völkergewohnheitsrechtliches Eingriffsrecht lässt sich an die ebenfalls in den *ILC Articles on Responsibility of States for Internationally Wrongful Acts* niedergelegte Rechtsfigur der völkerrechtlichen Notlage denken. Art. 24 der ILC Articles sieht in Absatz 1 vor, dass die Völkerrechtswidrigkeit staatlichen Vorgehens gerechtfertigt ist, wo Lebensgefahr für denjenigen besteht, der die völkerrechtswidrige Lage durch sein Handeln schafft, oder für ihm nahestehende Personen. In Abgrenzung zur Rechtfertigung nach Art. 25 der ILC Articles wegen des Vorliegens eines völkerrechtlichen Notstandes geht es in einer Notlage, wie sie Art. 24 voraussetzt, allein um die Abwendung konkreter Lebensgefahr.[605] Tatbestandsausschließende Elemente sieht Art. 24 Abs. 2

---

603 Für den Fall dass sich beispielsweise auf einem durch Piraten entführten Schiff Massenvernichtungswaffen befinden *Waak* (Fn. 29), S. 104 f. A.A. *Trésoret* (Fn. 27), S. 343, der das tatbestandliche Eingreifen des Notstandes ablehnt.

604 Auf die Rechtsgüter Einzelner kommt es insoweit nicht an, vgl. die Kommentierung zu Art. 25 ILC-Articles in Yearbook of the International Law Commission 2001 Vol II Part 2, S. 1 (80); *Heathcote*, Circumstances precluding wrongfulness in the ILC Articles on State Responsibility: Necessity, in: Crawford/Pellet/Olleson (Hrsg.), The Law of International Responsibility, 2010, S. 491 (491); *Trésoret* (Fn. 27), S. 342 f.

605 *Szurek*, Circumstances precluding wrongfulness in the ILC Articles on State Responsibility: Distress, in: Crawford/Pellet/Olleson (Hrsg.) (Fn. 604), S. 481 (483); *Waak* (Fn. 29), S. 102.

ILC Articles vor, sofern derjenige Staat, der die Notlage geltend macht, für diese allein oder zumindest weit überwiegend verantwortlich ist oder durch das völkerrechtswidrige Handeln ein noch größerer Schaden droht. Bezogen auf das Vorgehen gegen Piraten bedeutet dies, dass – sollten sich Staatsangehörige des Flaggenstaates eines verfolgenden Schiffs in Lebensgefahr befinden – ein Vorgehen gegen das Piratenschiff auch außerhalb der Vorgaben des SRÜ zulässig da gerechtfertigt ist.[606] Auf der Rechtsfolgenseite weist die völkerrechtliche Notlage erhebliche Ähnlichkeit mit dem völkerrechtlichen Notstand auf und bietet keinerlei weitergehende Eingriffsrechte als dieser.[607]

f) Eingriff zur Rettung eigener Staatsangehöriger

In Zusammenhang mit der soeben dargestellten Eingriffsmöglichkeit aufgrund einer Notlage ist auch zu erörtern, inwieweit die Flaggen- bzw. Küstenstaatsjurisdiktion durch die Verpflichtung des Heimatstaates, seinen Staatsangehörigen im Ausland beizustehen, durchbrochen wird. Diese Verpflichtung steht dann im Gegensatz zu dem in Art. 2 Nr. 4 UN-Charta festgeschriebenen Gewaltverbot, wenn der Heimatstaat entführter Seeleute im Küstengewässer und/oder an Bord eines Schiffes, das unter der Flagge eines anderen Staates fährt, militärische Mittel einsetzt, um seine Staatsangehörigen aus der Gewalt von Piraten zu befreien.[608] Schon der Ansatzpunkt der Rechtsfigur der Beistandspflicht für im Ausland befindliche Staatsangehörige ist in der Literatur umstritten.[609] Während nach einer Ansicht ein militärisches Vorgehen zum Schutz eigener Staatsangehöriger schon nicht dem Gewaltbegriff des Art. 2 Nr. 4 UN-Charta unterfallen soll,[610] sieht eine andere Ansicht ein solches Vorgehen nach den Grundsätzen der

---

606 Ebenso *Trésoret* (Fn. 27), S. 343. Ähnlich *Waak* (Fn. 29), S. 102 f.

607 *Trésoret* (Fn. 27), S. 343 ; *Waak* (Fn. 29), S. 103. A.A. wohl *Noyes* (Fn. 545), Rn. 6.

608 Für einen Verstoß gegen Art. 2 Nr. 4 UN-Charta bei militärischem Vorgehen gegen Terroristen *Münchau* (Fn. 45), S. 126; daneben auch das Interventionsverbot heranziehend *Grimal/Melling*, Journal of Conflict & Security Law 16 (2011), S. 541 (545); *Trésoret* (Fn. 27), S. 338.

609 Vgl. hierzu ausführlich *Forteau*, Rescuing Nationals Abroad, in: Weller (Hrsg.) (Fn. 556), S. 947 (949 ff.); *Trésoret* (Fn. 27), S. 338 ff.

610 Vgl. *Forteau* (Fn. 609), S. 947 (950); *Ronzitti*, Rescuing Nationals Abroad through military coercion and intervention on grounds of humanity, 1985, S. 1; *Bowett*, Transactions of the Grotius Society 43 (1957), S. 111 (112 ff.); *Trésoret* (Fn. 27), S. 338 m.w.N. Zur grundsätzlichen Vereinbarkeit von militärischen Aktionen zur Befreiung Staatsangehöriger mit Art. 2 Abs. 4 UN-Charta *Franzke*, Österreichische Zeitschrift für öffentliches Recht und Völkerrecht 16 (Neue Folge) (1966), S. 128 (148 ff.).

humanitären Intervention gerechtfertigt.[611] Wegen der mit letzterem Konzept verbundenen Unsicherheiten leitet eine im Schrifttum weit verbreitete Ansicht die Rechtfertigung aus Art. 51 UN-Charta her.[612] Weitere Stimmen sehen diesen Rechtfertigungsgrund als Rechtfertigungsgrund eigener Art[613] oder bedienen sich zu seiner Begründung etwa des völkerrechtlichen Notstandes.[614] Ebenso umstritten wie die Frage der rechtlichen Grundlage des Rechtfertigungsgrundes ist dessen völkergewohnheitsrechtliche Geltung.[615] In Fortsetzung des bereits mehrfach fruchtbar gemachten Gedankens, dass ein Einschreiten anderer Staaten als des Küsten- oder Flaggenstaats zum Schutz der Opfer eines Piratenangriffs zumindest dort zulässig sein muss, wo ein wirkungsvolles Vorgehen seitens dieser Akteure nicht zu erwarten ist, ist ein Vorgehen gegen Piraten innerhalb der Küstengewässer bzw. in Durchbrechung der Flaggenstaatsjurisdiktion zum Schutz eigener Staatsangehöriger zulässig.[616]

g) Eingriff als Repressalie

In Fällen, in welchen Piraten in den Küstengewässern eines Staates operieren oder dieses als Rückzugsgebiet nach Beutezügen auf Hoher See nutzen, ohne dass der betroffene Küstenstaat effektiv hiergegen vorzugehen vermag, ist ein Vorgehen gegen eben diese Piraten innerhalb des Küstenmeers und damit als gerechtfertigter Verstoß gegen die territoriale Jurisdiktionshoheit des Küstenstaates als Repressalie denkbar. Grundlegend ist dabei zunächst die Frage zu stellen, ob die Rechtsfigur der Repressalie überhaupt als Eingriffsermächtigung für jeden Staat herangezogen werden kann, oder ob sich dieser Ermächtigung nur derjenige

---

611 Grundlegend hierzu *Schweisfurth*, German Yearbook of International Law 23 (1980), S. 159 (166 ff.).

612 *Grimal/Melling* (Fn. 608), S. 541 (548 ff.); *Bowett*, The Use of Force for the Protection of Nationals Abroad, in: Cassese (Hrsg.), The Current Legal Regulation of the Use of Force, 1986, S. 39 (41 ff.); *Eichensehr*, Virginia Journal of International Law 48 (2007–2008), S. 451 (463 ff.); *Münchau* (Fn. 45), S. 131.

613 *Hermsdörfer*, Bayrische Verwaltungsblätter 1998, S. 652 (653). Zu weiteren Ansätzen siehe *Forteau* (Fn. 609), S. 947 (951 ff.); *Trésoret* (Fn. 27), S. 338 f.

614 Vgl. *Trésoret* (Fn. 27), S. 338; *Münchau* (Fn. 45), S. 129 f.; *Ronzitti* (Fn. 588), S. 1 (9).

615 Für eine solche etwa *Green*, Passportisation, Peacekeepers and Proporationality: The Russian Claim of the Protection of Nationals Abroad, in: Green/Waters (Hrsg.), Conflict in the Caucasus: Implications for International Legal Order, 2010, S. 54 (62), *Trésoret* (Fn. 27), S. 340 m.w.N. A.A. *Ronzitti* (Fn. 610), S. 64.

616 Ähnlich *Trésoret* (Fn. 27), S. 340. A.A. wohl *Ronzitti* (Fn. 610), S. 64, der bei Untätigkeit des Küstenstaats allein den Flaggenstaat zum Vorgehen nach den dargestellten Kriterien berechtigt sieht. A.A. *Stein* (Fn. 518), S. 487 (490 f.).

Staat bedienen darf, dessen Staatsangehörige durch einen Piratenangriff unmittelbar betroffen sind. Grundsätzlich steht das Mittel der Repressalie nur demjenigen Staat offen, der unmittelbar durch den Völkerrechtsverstoß betroffen ist.[617] Etwas anderes ergibt sich indes dort, wo eine Norm des Völkerrechts, die als erga omnes oder als ius cogens zu qualifizieren ist, verletzt wurde. In diesem Fall ist die Ausführung einer Repressalie auch durch nicht unmittelbar betroffene Drittstaaten möglich.[618] Sieht man also in Art. 100 SRÜ eine solche Norm, kann ein jeder Staat zum Mittel der Repressalie greifen.[619] Ein solches Vorgehen unter die Rechtsfigur der Repressalie zu subsumieren, begegnet jedoch auf tatbestandlicher Ebene erheblichen Bedenken. Während der zunächst erforderliche Verstoß des Küstenstaates gegen eine völkerrechtliche Verpflichtung nach der hier vertretenen Ansicht aus einem Verstoß gegen Art. 100 SRÜ hergeleitet werden kann,[620] sind die weiteren Voraussetzungen durchaus problematisch gerade vor dem Hintergrund, dass ein wirksames Vorgehen gegen Piraten zumeist äußerst situativ bedingt ist. So muss, bevor eine Repressalie durchgeführt wird, der betroffene Staat grundsätzlich zunächst aufgefordert werden, den völkerrechtswidrigen Zustand selbstständig abzustellen.[621] Von diesem Erfordernis kann dann abgesehen werden, wenn eine vorherige Aufforderung an den betroffenen Staat nach den Umständen des Einzelfalles nicht zumutbar ist.[622] Ein solcher Fall liegt beim Vorgehen gegen Piraten vor. Zum einen ergibt sich dies schon aus

---

617 *Dahm* (Fn. 621), S. 48 (60); *Kempen/Hillgruber* (Fn. 588), S. 289 Rn. 44.

618 *Stein/v. Buttlar/Kotzur* (Fn. 536), S. 239; *Kempen/Hillgruber* (Fn. 588), S. 289, Rn. 44; *Trésoret* (Fn. 27), S. 344.

619 *Trésoret* (Fn. 27), S. 344.

620 Dies gilt zumindest dann, wenn der Küstenstaat zu einem Vorgehen gegen Piraten in seinen Küstengewässern nicht willens oder in der Lage ist. Siehe hierzu oben 2. a). Ebenso *Trésoret* (Fn. 27), S. 344.

621 *Dahm,* Das Verbot der Gewaltanwendung nach Art. 2 (4) der UNO-Charta und die Selbsthilfe gegenüber Völkerrechtsverletzungen, die keinen bewaffneten Angriff enthalten, in: Forschungsstelle für Völkerrecht und Ausländisches Öffentliches Recht der Universität Hamburg (Hrsg.), Festschrift für Rudolf Laun zu seinem achtzigsten Geburtstag, 1962, S. 48 (60); *Schröder*, Verantwortlichkeit, Völkerstrafrecht, Streitbeilegung und Sanktionen, in: Graf Vitzthum/Proelß (Hrsg) (Fn. 78), Rn. 119; *Verdross/Simma*, Universelles Völkerrecht, 3. Aufl. 1984, § 1343 S. 910; *Klein*, Berichte der Deutschen Gesellschaft für Völkerrecht 37 (1997), S. 39 (58); *Trésoret* (Fn. 27), S. 344.

622 *Schröder* (Fn. 621), Rn. 119; *Doehring*, Zeitschrift für ausländisches öffentliches Recht und Rechtsvergleichung 47 (1987), S. 44 (50 f.). Im Ergebnis für einen Verzicht auf dieses Merkmal auch *Trésoret* (Fn. 27), S. 344.

der faktischen Unfähigkeit bzw. dem Unwillen des Küstenstaats, selbst gegen die Piraten vorzugehen, welche eine vorherige Aufforderung obsolet macht. Zum anderen würde oftmals schon allein die Zeit, die benötigt würde, um den Küstenstaat zunächst zum eigenständigen Vorgehen aufzufordern, den Erfolg der Bekämpfung in Frage stellen.

Erhebliche Einschränkungen erfährt der Tatbestand der zulässigen Repressalie auch insoweit, als sie als Gegenmaßnahme nicht jedes völkerrechtswidrige Verhalten zulässt, sondern vielmehr die Einhaltung des Gewaltverbots erfordert.[623] Das Ansinnen, das meist mit militärischen Mitteln bewirkte Vorgehen gegen Piraten als Repressalie zu qualifizieren, sieht sich insofern vor erhebliche Schwierigkeiten gestellt. Diese lassen sich, sofern es dem eingreifenden Staat um die Befreiung eigener Staatsangehöriger aus der Gewalt von Piraten geht, unter Heranziehung zweier Gedanken auflösen: Zum einen ist ein solches Vorgehen unter dem soeben ausgeführten Gesichtspunkt des Schutzes eigener Staatsangehöriger entweder schon keine tatbestandsmäßige Gewalt oder zumindest gerechtfertigt, gleich welchen Ansatz man hierfür vertreten mag.[624] Zum anderen ist zu beachten, dass der Grundsatz des Gewaltverzichts im Rahmen einer Repressalie dort nur eingeschränkt gilt, wo mit dieser vorrangig Selbstschutzinteressen des ausführenden Staates verbunden sind, und zwar dergestalt, dass in solchen Fällen Gewaltanwendung durchaus zulässig ist, sofern der Selbstschutz auf andere Weise nicht effektiver erreicht werden kann.[625]

Dies führt zu einer weiteren Voraussetzung der Rechtmäßigkeit einer Repressalie, ihre Verhältnismäßigkeit.[626] Als verhältnismäßig ist eine Repressalie immer dann zu bewerten, wenn sie dem betroffenen Staat einen Schaden zufügt, der nicht über das hinausgeht, was er durch das völkerrechtswidrige Verhalten seinerseits an Schaden verursacht hat.[627] Zum anderen setzt die Verhältnismäßigkeit aber auch die Angemessenheit der Repressalie dergestalt voraus, dass sie dazu geeignet sein muss, den betroffenen Staat zu einer Abkehr von seinem völkerrechtswidrigen Verhalten zu bewegen.[628] Dies ist wiederum, bezogen auf den konkreten Fall eines Küstenstaates, der von vornherein nicht in der Lage oder willens ist, die Piraten zu bekämpfen, äußerst zweifelhaft. Denn ein Vorgehen anderer Staaten ändert hieran nichts, ja fördert unter Umständen gar diese

---

623 *Schröder* (Fn. 621), Rn. 117; *Klein* (Fn. 621), S. 39 (56); *Trésoret* (Fn. 27), S. 345 m.w.N.
624 Siehe hierzu oben d). So auch *Trésoret* (Fn. 27), S. 345.
625 *Doehring* (Fn. 622), S. 44 (52).
626 *Schröder* (Fn. 621), Rn. 119; *Klein* (Fn. 621), S. 39 (61 ff.).
627 *Doehring* (Fn. 622), S. 44 (45); *Schröder* (Fn. 621), Rn. 119; *Trésoret* (Fn. 24), S. 344.
628 *Doehring* (Fn. 622), S. 44 (45); *Trésoret* (Fn. 27), S. 344.

Untätigkeit.[629] Gelöst werden kann dieses Problem dadurch, dass man in solchen Fällen die Geeignetheit trotz allem bejaht, da nur so der drohenden Gefahr begegnet werden kann.[630]

h) Völkerrechtliche Geschäftsführung ohne Auftrag

Ähnlich problematisch ist der Ansatz, ein völkergewohnheitsrechtliches Eingriffsrecht auf die Rechtsfigur der völkerrechtlichen Geschäftsführung ohne Auftrag (GoA) zu stützen.[631] Im Schrifttum bereits umstritten ist schon die Frage, ob die Rechtsfigur der Geschäftsführung ohne Auftrag im Völkerrecht überhaupt existent ist. Eine völkergewohnheitsrechtliche Geltung kann sie für sich nicht beanspruchen.[632] Indes ließe sich an eine Qualifizierung der GoA als allgemeiner Rechtssatz des Völkerrechts i.S.d. Art. 38 I c) IGH-Statut denken.[633]

Auf tatbestandlicher Seite erfordert die völkerrechtliche GoA ein Vorgehen eines Staates im Interesse oder zumindest im mutmaßlichen Willen eines anderen Staates.[634] Im konkreten Fall der Bekämpfung von Piraten innerhalb der Küstengewässer ist dabei dreierlei erforderlich. Auf Seiten des Küstenstaates muss die grundsätzliche Bereitschaft zur (eigenständigen) Bekämpfung der Piratenübergriffe im eigenen Gewässer bestehen, ihm dies auf faktischer Ebene aber nicht möglich und eine Durchfahrt durch die gefährdeten Gewässer für die Schifffahrt der Staatengemeinschaft von erheblicher Bedeutung sein.[635] Gleich wie man zur Frage der grundsätzlichen Existenz einer völkerrechtlichen GoA steht, ist deren tatbestandliche Seite insbesondere wegen der Voraussetzung des

629 Im Ergebnis ebenso *Trésoret* (Fn. 27), S. 345.

630 *Giegerich*, Sicherheit auf See: Maßnahmen gegen die Verschiffung von Massenvernichtungswaffen an internationale Terroristen nach Völkerrecht und deutschem Recht, in: Zimmermann/Tams (Hrsg.), Seesicherheit vor neuen Herausforderungen, 2008, S. 5 (25 f.); *Trésoret* (Fn. 27), S. 345.

631 Vgl. *Stein* (Fn. 518), S. 487 (490); *Herdegen*, Zur Geschäftsführung ohne Auftrag (negotiorum gestio) im Völkerrecht, in: Hailbronner/Ress/Stein (Hrsg.), Staat und Völkerrechtsordnung, Festschrift für Karl Doehring, 1989, S. 303 (321); *Doehring* (Fn. 48), S. 335 f. Vgl. auch die Darstellung bei *Trésoret* (Fn. 27), S. 334 ff.

632 *Herdegen* (Fn. 631), S. 303 (312); *Trésoret* (Fn. 27), S. 335. Soweit ersichtlich hat sich in der völkerrechtlichen Praxis bislang kein Staat auf das Instrument der GoA berufen.

633 So etwa *Doehring* (Fn. 48), S. 335, Fn. 29. Die Existenz der völkerrechtlichen GoA ebenfalls bejahend *Herdegen* (Fn. 631), S. 303 (321); *Hobe* (Fn. 484), S. 171. Die Qualifizierung der Geschäftsführung ohne Auftrag als allgemeiner Rechtssatz nach Art. 38 I c) IGH-Statut ablehnend *Münchau* (Fn. 45), S. 123.

634 *Herdegen* (Fn. 631), S. 303 (318 f.); *Trésoret* (Fn. 27), S. 335.

635 *Stein* (Fn. 518), S. 487 (490), *Trésoret* (Fn. 27), S. 334.

Handelns im zumindest mutmaßlichen Willen des Küstenstaates nur schwer zu fassen und damit ihre Eignung als Ermächtigung im konkreten Fall nicht praktikabel. Denn wann ein Vorgehen noch im (mutmaßlichen) Willen des Küstenstaates liegt, und wann diese Grenze überschritten wird, ist derart fließend, dass eine Entscheidung für ein Vorgehen gegen Piraten in fremden Küstengewässern erheblicher Rechtsunsicherheit unterworfen wäre. Ein praktischer Mehrwert der Zulassung der GoA als Eingriffsrecht in küstenstaatliche Souveränität ist daher nicht zu erkennen.[636]

i) Analoge Anwendung des Seekriegsrechts

Eine Eingriffskompetenz zu Lasten des Küstenstaats ließe sich letztlich auch durch die entsprechende Anwendung des Seekriegsrechts erreichen. Hier ist vorgesehen, dass, sofern die Schiffe zweier Konfliktparteien in den Küstengewässern eines neutralen Staates aufeinanderstoßen, das angegriffene Schiff sich gegen das angreifende Schiff verteidigen darf, ohne Rücksicht auf die Neutralität des Küstenstaates.[637] Hieraus indes eine Analogie zur Bekämpfung von Piratenschiffen in Küstengewässern von Staaten herzuleiten, die der Pirateriebekämpfung „neutral" gegenüberstehen, begegnet grundlegenden Bedenken. So ist schon der Rechtssatz in seiner direkten Anwendung nicht unumstritten[638] und inhaltlich zumindest dahingehend einzuschränken, dass nur defensive Maßnahmen ergriffen werden dürfen.[639] Übertrüge man den Rechtssatz also auf die Bekämpfung von Piraten innerhalb der Küstengewässer eines fremden Staates, wären nur repressive Maßnahmen zulässig, nicht jedoch solche präventiver Natur. Darüber hinaus ist zu bezweifeln, ob überhaupt die Voraussetzungen für eine analoge Anwendung gegeben sind. Nach der hier vertretenen Ansicht greift nämlich im Falle des gleichgültigen Verhaltens des Küstenstaates gegenüber Piraten, die in seinen Küstengewässern operieren, Art. 98 SRÜ, sodass keine Regelungslücke gegeben ist, die durch die analoge Anwendung des Seekriegsrechts geschlossen

---

636 Im Ergebnis ebenfalls ablehnend *Trésoret* (Fn. 27), S. 335, 336.

637 *Heintschel von Heinegg* (Fn. 117), S. 491 (554); *ders.*, Seekriegsrecht und Neutralität im Seekrieg, 1995, S. 543 ff; *Trésoret* (Fn. 27), S. 337.

638 So legen die von den Kommentatoren als absolute Verbote interpretierten Art. 1, 2 des VIII. Haager Abkommens über die Legung von unterseeischen selbsttätigen Kontaktminen den Schluss nahe, dass es einer Konfliktpartei selbst bei einem Angriff durch eine andere Konfliktpartei untersagt ist, innerhalb der Küstengewässer eines neutralen Staates, militärische Maßnahmen zu ergreifen. Vgl. *Heintschel von Heinegg* (Fn. 637), S. 543 m.w.N.

639 *Heintschel von Heinegg* (Fn. 637), S. 545.

werden müsste.[640] Zumindest ist mit *Trésoret* davon auszugehen, dass die analoge Anwendung des Seekriegsrechts vor dem Hintergrund des Art. 98 SRÜ keinen rechtlichen Mehrwert bringt.[641]

V. Eingriffsbefugnisse in den Küstengewässern vor Somalia

1. Einleitung

Während im Allgemeinen ein Vorgehen gegen Piraten innerhalb der Küstengewässer eines Staates vor dem Hintergrund der staatlichen Souveränität eben diesem vorbehalten bleibt und sich Aktionen Dritter grundsätzlich als völkerrechtswidrig darstellen, gelten die Küstengewässer Somalias als Sonderfall, der einer eigenen Betrachtung bedarf. Für diesen Bereich kam es durch den UN-Sicherheitsrat mit Erlass der Resolution 1816 (2008) erstmalig zur Ermächtigung der Seestreitkräfte anderer Staaten zum Vorgehen innerhalb des Hoheitsgebietes eines souveränen Staates.[642] Hintergrund dieser Erweiterung der Eingriffskompetenzen war die erhebliche Zunahme der Aktivitäten von Piraten in diesen Gewässern.[643] Ausgehend von der Resolution 1816 (2008) hat der Sicherheitsrat bis ins Jahr 2020 zahlreiche Resolutionen verabschiedet, die das hierin begründete Mandat zur Operation innerhalb der Küstengewässer Somalias zum Gegenstand haben.[644] Während schon die zeitliche Begrenzung der Geltung einer jeden solchen Resolution die wiederkehrende Befassung des Sicherheitsrates erforderlich macht, hat sich aber mit fortschreitender Dauer der Operation das Wesen der Eingriffsmöglichkeiten dahingehend geändert, dass es eine stetige Erweiterung erfahren hat.[645] Im Folgenden sollen die Kernpunkte der einzelnen Resolutionen dargestellt werden, bevor in einer abschließenden Gesamtbetrachtung eine Einordnung dieses Sonderfalles in das System der Kontrollbefugnisse sowie eine Bewertung der Sonderregelungen vorgenommen werden kann.

---

640 Vgl. zu Art. 98 SRÜ oben 2. d) und Zweiter Teil, Kapitel 1, I., 1., d), 3).

641 *Trésoret* (Fn. 27), S. 337. Ebenfalls eher ablehnend *Stein* (Fn. 518), S. 487 (490).

642 Vgl. *Trésoret* (Fn. 27), S. 283; *Treves* (Fn. 209), S. 399 (399); *Heinicke* (Fn. 493), S. 178 (183); *Shearer* (Fn. 108), Rn. 31

643 So zeigte der Jahresbericht der Internationalen Seeschifffahrtsorganisation für 2008, vom 19. März 2009, einen Anstieg der Angriffe auf Schiffe in den Gewässern vor Ostafrika um über 200 Prozent, vgl. MSC.4/Circ.133, Para 5.

644 Dies betrifft beispielsweise die Resolutionen 1816 (2008), 1838 (2008), 1846 (2008), 1851 (2008), 1897 (2009), 1918 (2010), 1950 (2010), 1976 (2011), 2015 (2011), 2020 (2011), 2067 (2012), 2077 (2012), 2125 (2013), 2184 (2014), 2246 (2015), 2316 (2016).,

645 *Trésoret* (Fn. 27), S. 283.

2. *Resolutionen des UN-Sicherheitsrates aus dem Jahr 2008*

a) *Resolution 1816 (2008)*

Die Resolutionen des UN-Sicherheitsrates, die Piraterie vor der Küste Somalias betreffend, finden ihren Ausgang im Jahr 2008. Die diesbezüglich als grundlegend zu bezeichnende Resolution 1816/2008 wurde am 2. Juni 2008 ohne Gegenstimmen von den Mitgliedsstaaten des UN-Sicherheitsrates angenommen.[646] Unter Punkt 7 regelt die Resolution die Einfahrt von Schiffen anderer Staaten in die Küstengewässer Somalias zum Zwecke der Bekämpfung von Piraterie sowie der *armed robbery at sea*, sofern diese im Einklang mit solchen Maßnahmen steht, die auch im Bereich der Hohen See nach völkerrechtlichen Maßstäben zulässig sind.[647] Hierin ist jedoch wie auch in den nachfolgenden Resolutionen keine eigenständig normierte Eingriffsbefugnis zu sehen. Vielmehr beruht diese auf dem Einverständnis der Übergangsregierung Somalias.[648] Dies ergibt sich eindeutig aus dem Wortlaut der Resolution, wo es bezüglich der hierin enthaltenen Eingriffsbefugnisse heißt:

> „... such authorizations have been provided only following the receipt of the 20 November letter conveying the consent of the TFG."[649]

Außerdem ist dort vorgesehen, dass für ein solches Vorgehen alle notwendigen Mittel eingesetzt werden dürfen, sofern sie im Einklang mit solchen Maßnahmen stehen, die im Bereich der Hohen See nach völkerrechtlichen Maßstäben zulässig sind.[650] Die Resolution stellt damit den Begriff der Piraterie wie auch den stets im Zusammenhang genannten Begriff der *armed robbery at sea* in den Mittelpunkt. Zwar enthält sie diesbezüglich keinen Definitionsansatz, stellt aber einen Bezug zu den Pirateriebvorschriften des Seerechtsübereinkommens her.[651] Hieraus kann der Schluss gezogen werden, dass die Pirateriedefinition, wie sie Art. 101 SRÜ

646 Protokoll der Sitzung des Sicherheitsrates vom 2. Juni 2008, UN-Doc. S/PV.5902, S. 3 f.; *Trésoret* (Fn. 27), S. 285.

647 SC-Res 1816 (2008), Para 7 a); *Houghton* (Fn. 177), S. 253 (276); *Schiedmair* (Fn. 12), S. 185 (209); *Trésoret* (Fn. 27), S. 288 m.w.N. Zu der Regelung in Para. 7 ausführlich *Fournier* (Fn. 42), S. 87 f.

648 *Proelß*, Piracy and the Use of Force, in: Koutrakos/Skordas (Hrsg.) (Fn.21), S. 53 (59).

649 SC-Res 1816 (2008), Para 11; *Proelß* (Fn. 648), S. 53 (59).

650 SC-Res 1816 (2008), Para 7 b); *Schiedmair* (Fn. 12), S. 185 (209); *Trésoret* (Fn. 27), S. 288 m.w.N.; *Fournier* (Fn. 42), S. 87 f.

651 So werden in der Präambel der Resolution ausdrücklich die Vorschriften des Seerechtsübereinkommens als Rahmen für die Pirateriebekämpfung bezeichnet, *Schiedmair* (Fn. 12), S. 185 (210).

festlegt, mit Ausnahme der Beschränkung des geographischen Geltungsbereichs auf die Hohe See auch für ein Vorgehen nach der Resolution 1816/2008 maßgeblich sein soll.[652] Der Umfang der so statuierten Befugnisse fremder Staaten zu hoheitlichem Vorgehen innerhalb des Staatsgebiets von Somalia ist dabei insoweit relativ weitreichend, als die Verwendung des Begriffs des notwendigen Mittels auch die Ausübung militärischer Gewalt zur Pirateriebekämpfung zulässt.[653] Andererseits sind diese Befugnisse in mehrfacher Hinsicht Beschränkungen unterworfen. So macht die Resolution deutlich, dass die Eingriffsmöglichkeiten allein innerhalb der somalischen Küstengewässer gelten.[654] Hieraus folgt, dass eine Erweiterung dieser Befugnisse auf Küstengewässer anderer Staaten auf Basis der Resolution gerade nicht möglich ist.[655] Ferner hebt die Resolution die Wichtigkeit des Rechts der freien Durchfahrt innerhalb der Küstengewässer Somalias hervor und bestimmt, dass es durch die auf Basis der Resolution ergriffenen Maßnahmen nicht zu einer Einschränkung dieses Rechts kommen darf, was deutlich macht, dass die in der Resolution gewährten Eingriffsrechte nicht zur Einschränkung von Rechten dritter Staaten nutzbar gemacht werden sollen.[656] Des Weiteren wird eindeutig klargestellt, dass die Resolution weder Völkergewohnheitsrecht schaffen noch anderweitig bestehende Rechte und Pflichten oder die Grundsätze des Menschenrechtsschutzes und des humanitären Völkerrechts verkürzen soll.[657] Neben diesen inhaltlichen Beschränkungen schafft die Resolution mit der zeitlichen Beschränkung auf sechs Monate[658] und der ebenfalls vorgesehenen Pflicht, drei bzw. fünf Monate nach Verabschiedung

---

652 *Treves* (Fn. 209), S. 399(403); *Waak* (Fn. 29), S. 189; *Trésoret* (Fn. 27), S. 286, der aber die tatbestandlichen Einschränkungen gänzlich übernehmen will. Zur ebenfalls in der Resolution fehlenden Definition der armed robbery at sea vgl. oben Zweiter Teil, Kapitel 1, I., 6.

653 *Treves* (Fn. 209), S. 399 (412); *Schiedmair* (Fn. 12), S. 185 (210); *Kontorovich,* ASIL-Insights 13 (2009), Issue 2; *von Arnauld* (Fn. 108), S. 454 (467); *Trésoret* (Fn. 27), S. 288 m.w.N.

654 SC-Res 1816 (2008), Para 9.

655 *Trésoret* (Fn. 27), S. 289; *Treves* (Fn. 209), S. 399 (405).

656 *Treves* (Fn. 209), S. 399 (405); *von Arnauld* (Fn. 108), S. 454 (462); *Trésoret* (Fn. 27), S. 290.

657 SC-Res 1816 (2008), Para 9, 11; *Schiedmair* (Fn. 12), S. 185 (211); *Shearer* (Fn. 108), Rn. 31; *Trésoret* (Fn. 27), S. 290; *Waak* (Fn. 29), S. 187 f.

658 SC-Res 1816 (2008), Para 7. Von der Möglichkeit der Verlängerung der Maßnahmen wurde mit den nachfolgenden Resolutionen regelmäßig Gebrauch gemacht.

der Resolution über die durch sie erreichten Fortschritte zu informieren,[659] ein gewisses Kontrollintervall.

b) Resolution 1838 (2008)

Ausgehend von der soeben dargestellten Resolution 1816 (2008) verabschiedete der UN-Sicherheitsrat am 7. Oktober 2008 mit der Resolution 1838 (2008) ein weiteres Dokument, das sich mit der Lage in den Gewässern vor Somalia befasst. Diese Resolution ändert an den in Resolution 1816 (2008) verabschiedeten Eingriffsbefugnissen oder deren Grenzen jedoch nichts.[660] Vielmehr wurden durch sie vor dem Hintergrund der weiterhin zunehmenden Gewalt der Piraten in somalischen Gewässern die schon in Resolution 1816 (2008) eingeräumten Befugnisse nochmals bestärkt und die Staaten durch den Sicherheitsrat aufgefordert, von diesen Befugnissen in erhöhtem Maße auch Gebrauch zu machen.[661]

c) Resolution 1846 (2008)

Nachdem auf Grundlage des von Resolution 1816 (2008) geforderten Berichts des Generalsekretärs der Vereinten Nationen keine wesentliche Besserung der Situation in den Gewässern vor Somalia festzustellen war,[662] verabschiedete der UN-Sicherheitsrat am 2. Dezember 2008 die Resolution 1846 (2008). Durch diese wurden nicht nur die bereits bestehenden Eingriffsrechte in zeitlicher Hinsicht um ein Jahr verlängert,[663] sie wurden in ihrer inhaltlichen Qualität auch dahingehend erweitert, als nunmehr neben den Staaten auch Regionalorganisationen in den Geltungsbereich einbezogen wurden.[664]

---

659 SC-Res 1816 (2008), Para 12, 13.

660 *Trésoret* (Fn. 27), S. 296; *Waak* (Fn. 29), S. 190. A.A. wohl *Heinicke* (Fn. 493), S. 178 (183).

661 SC-Res 1838 (2008), Para 2 ff.; *Trésoret* (Fn. 27), S. 296.; *Waak* (Fn. 29), S. 190. *Fournier* (Fn. 42), S. 94 sieht hierin eine Abkehr von der pasiven, hin zur aktiven Pirateriebekämpfung.

662 Vgl. Report of the Secretary-General on the situation in Somalia, UN-Doc. S/2008/709, S. 11 f., 21 f.; *Trésoret* (Fn. 27), S. 296.

663 SC-Res 1846 (2008), Para 10; *Schiedmair* (Fn. 12), S. 185 (211); *Fischer-Lescano*, Zeitschrift für Öffentliches Recht in Norddeutschland 2009, S. 49 (51); *Treves* (Fn. 209), S. 399 (404 f.); *Trésoret* (Fn. 27), S. 296 m.w.N.

664 SC-Res 1846 (2008), Para 10; *Fischer-Lescano* (Fn. 663), S. 49 (51); *Trésoret* (Fn. 27), S. 296; *Waak* (Fn. 29), S. 190.

d) *Resolution 1851 (2008)*

Noch vor Ablauf der in Resolution 1846 (2008) festgelegten 12-Monats-Frist beschloss der UN-Sicherheitsrat am 16. Dezember 2008 eine weitere Resolution, die sich mit den Vorkommnissen in den Gewässern vor Somalia befasste. Hierin werden die bislang durch das Einverständnis der Übergangsregierung gewährten Eingriffsbefugnisse neuerlich und in erheblicher Weise erneut unter Bezugnahme auf die direkte Ermächtigung durch die Übergangsregierung Somalias[665] erweitert. Auf Basis dieses Einverständnisses wurde eine Ermächtigung zum landwärtigen Vorgehen gegen Piraten auf somalischem Hoheitsgebiet eingeräumt.[666] Von dem neuerlichen Einverständnis der Übergangsregierung ist nunmehr auch ein gewaltsames Vorgehen gegen Piraten an Land gedeckt. Die Tatsache, dass der UN-Sicherheitsrat diesbezüglich auch auf Teil VII der UN-Charta Bezug nimmt, steht dem vorrangig zu beachtenden Einverständnis Somalias nicht entgegen.[667] Augenfällig ist, dass die Resolution als erste in der Reihe der bis dahin verabschiedeten Resolutionen deutlich macht, dass das humanitäre Völkerrecht und die Menschenrechte als begrenzende Momente für ein Vorgehen auf Basis der Resolution 1851 (2008) dienen sollen.[668]

---

665 Schreiben vom 9. Dezember 2008, vgl. SC-Res 1851, Einleitung Abs. 6; *Fournier* (Fn. 42), S. 98; *Waak* (Fn. 29), S. 191.

666 *Dutton*, Duke Journal of Comparative & International Law 24 (2013), S. 107 (116); *Treves* (Fn. 209), S. 399 (404); *Trésoret* (Fn. 27), S. 297; *Fischer-Lescano* (Fn. 663), S. 49 (51); *Fournier* (Fn. 42), S. 98; *Waak* (Fn. 29), S. 192. Zu den sich hieraus ergebenden Fragen des humanitären Völkerrechts und der Menschenrechte vgl. *Wiesenbach*, Journal of Conflict and Security Law 19 (2014), S. 85 (86 ff.).

667 *Proelß* (Fn. 648), S. 53 (59); a.A. *Fischer-Lescano* (Fn. 663), S. 49 (51); *Trésoret* (Fn. 27), S. 298, die die Berechtigung zum gewaltsamen Vorgehen unmittelbar aus der Resolution herleiten.

668 *Fournier* (Fn. 42), S. 98. Die Frage, ob das humanitäre Völkerrecht im Rahmen der Piraterie überhaupt anwendbar ist, lässt die Resolution jedoch unbeantwortet. Dies verneinend *Waak* (Fn. 29), S. 193. *Heintschel von Heinegg*, The Impact of Law on Cotemporary Military Operations – Sacrificing Security Interests on the Altar of Political Correctness?, in: Hestermeyer/König/Matz-Lück/Röben/Seibert-Fohr/Stoll/Vöneky (Hrsg.), Coexistence, Cooperation and Solidarity, Liber Amicorum Rüdiger Wolfrum Vol. II, 2012, S. 1177 (1198) sieht die Anwendbarkeit des Kriegsvölkerrechts auf ein Vorgehen innerhalb Somalias beschränkt.

3. *Resolutionen des UN-Sicherheitsrates aus dem Jahr 2009*

Im Jahr 2009 befasste sich der UN-Sicherheitsrat in nur einer Resolution mit der Lage in den Gewässern vor Somalia. Mit der am 30. November 2009 verabschiedeten Resolution 1897 (2009) wurde vor allem der in den vorangegangenen Resolutionen 1846 (2008) und 1851 (2008) vorgesehenen zeitlichen Beschränkung der dort geregelten Eingriffsrechte Rechnung getragen und eine Verlängerung der getroffenen Maßnahmen um weitere 12 Monate beschlossen.[669] Die Neuerungen im Inhalt mögen zwar gering erscheinen,[670] die Resolution spiegelt aber dennoch einen nicht zu unterschätzenden Fortschritt wider, indem sie einen Teil der Problemschwerpunkte deutlich macht, die sich bei der Arbeit der gegen Piraten vorgehenden Truppen in Somalia stellen.[671] Während vorangegangene Resolutionen den Schwerpunkt klar auf die Einräumung von Sonderbefugnissen gelegt hatten, macht der UN-Sicherheitsrat nunmehr auch die sich hieraus ergebenden Folgeprobleme deutlich. So weist die Resolution ausdrücklich auf Unzulänglichkeiten der strafrechtlichen Verfolgung aufgebrachter Piraten hin[672] und unterbreitet mit der möglichen Unterbringung speziell auf Verhöre und Beweissicherung geschulten Personals auf den an der Pirateriebekämpfung beteiligten Schiffen zugleich einen ersten Lösungsvorschlag.[673]

Ferner fordert der UN-Sicherheitsrat vor dem Hintergrund der weiterhin hohen Anzahl von Überfällen den weiteren Ausbau der Bemühungen beim Vorgehen gegen Piraten, und zwar sowohl durch die Verstärkung der militärischen Präsenz als auch durch umfassendes Ausschöpfen der bestehenden Sonderrechte seitens der beteiligten Staaten.[674]

Eine weitere inhaltliche Neuerung ergibt sich aus der Resolution insofern, als der UN-Sicherheitsrat zum ersten Mal deutlich macht, dass entsprechende Verdachtsmomente für ein Vorgehen auf Basis der Resolution ausreichen und nicht

---

669 *Schiedmair* (Fn. 12), S. 185 (211); *Dinstein* (Fn. 45), S. 1126 (1139); *Trésoret* (Fn. 27), S. 299 f.

670 So etwa *Trésoret* (Fn. 27), S. 299 f.; *Fournier* (Fn. 42), S. 101.

671 *Trésoret* (Fn. 27), S. 299 f.; *Waak* (Fn. 29), S. 194.

672 SC-Res 1897 (2009), Einleitung Abs. 8; *Waak* (Fn. 29), S. 194.

673 Zu diesen sogenannten shipriders vgl. *United Nations Office on Drugs and Crime*, 'Ship riders': tackling Somali pirates at sea, verfügbar unter https://www.unodc.org/unodc/en/frontpage/ship-riders-tackling-somali-pirates-at-sea.html; *Trésoret* (Fn. 27), S. 300.

674 SC-Res 1897 (2009), Para 3, 8; *Trésoret* (Fn. 24), S. 300.

etwa der Tatbestand der Piraterie vollendet sein muss, um von den gewährten Eingriffsrechten Gebrauch machen zu können.[675]

4. *Resolutionen des UN-Sicherheitsrates aus dem Jahr 2010*

In seiner am 27. April 2010 gefassten Resolution 1918 (2010) machte der UN-Sicherheitsrat nochmals das Problem der fehlenden effektiven Strafverfolgung von vor Somalia aufgegriffenen Piraten deutlich und stellte die hieraus folgenden Beeinträchtigungen der Pirateriebekämpfung insgesamt heraus.[676] Als Folge forderte der UN-Sicherheitsrat die gesamte Staatengemeinschaft auf, die Strafverfolgung zu intensivieren, wobei er zugleich die Einhaltung der Menschenrechte anmahnte.[677]

Die hierauf folgende Resolution 1950 (2010) vom 23. November 2010 diente der erneuten zeitlichen Verlängerung der oben bereits dargestellten Eingriffsrechte um ein weiteres Jahr.[678] Darüber hinaus rückt hier die Arbeit internationaler Zusammenschlüsse und Organisationen in den Vordergrund, die es sich, wie etwa die Internationale Kontaktgruppe zur Piraterie vor der Küste Somalias (*Contact Group on Piracy off the Coast of Somalia – CGPCS*), zur Aufgabe gemacht haben, die staatlichen Stellen innerhalb Somalias zu stärken.[679] Diese Arbeit sieht der UN-Sicherheitsrat als wesentliches Merkmal der Pirateriebekämpfung an und fordert insoweit alle Beteiligten zu verstärkter Zusammenarbeit auf.[680]

5. *Resolutionen des UN-Sicherheitsrates aus dem Jahr 2011*

a) *Resolution 1976 (2011)*

Mit der Resolution 1976 (2011) vom 11. April 2011 verabschiedete der UN-Sicherheitsrat die erste von insgesamt drei Resolutionen, die sich in diesem Jahr mit der Piraterie vor Somalia auseinandersetzten. Während sich die Resolution wie schon ihre Vorgänger dahingehend selbst beschränkte, dass sie ihre Geltung wiederum auf die Besonderheit der Situation in Somalia zurückführte,[681] fallen

---

675 SC-Res 1897 (2009), Para 3; *Trésoret* (Fn. 27), S. 300. Zum Versuch der Piraterie vgl. oben Zweiter Teil, Kapitel 1, I., 1., b), 3).

676 SC-Res 1918 (2010), Para 1; *Fournier* (Fn. 42), S. 101 f.; *Waak* (Fn. 29), S. 195.

677 SC-Res 1918 (2010), Para 2; *Waak* (Fn. 29), S. 195.

678 SC-Res 1950 (2010), Para 7; *Dinstein* (Fn. 45), S. 1126 (1139); *Trésoret* (Fn. 27), S. 301; *Waak* (Fn. 29), S. 195.

679 Vgl. etwa SC-Res 1950 (2010), Para 5; *Trésoret* (Fn. 27), S. 301.

680 SC-Res 1950 (2010), Einleitung Absatz 10.

681 SC-Res 1976 (2011), Einleitung Absatz 9.

im Wesentlichen zwei Unterschiede zu früheren Resolutionen des UN-Sicherheitsrates ins Auge. Zum einen wurde die Problematik der zunehmenden Geiselnahmen durch Piraten angeprangert, und die Staaten wurden ausdrücklich zur Zusammenarbeit aufgefordert, um dieser Herr zu werden.[682] Zum anderen befasste sich der UN-Sicherheitsrat mit den Vorwürfen der illegalen Fischerei und der gesetzeswidrigen Müllentsorgung in den Küstengewässern Somalias durch andere Staaten oder Privatfirmen und forderte hierzu vom Generalsekretär der Vereinten Nationen einen Bericht binnen einer Frist von sechs Monaten an.[683] Dieses schon in den 1990er Jahren bekannt gewordene Problem wurde bereits mehrfach von Piraten zur Rechtfertigung von Lösegeldzahlungen herangezogen.[684]

Als Kernpunkt der Resolution kann letztlich das Vorantreiben der schon in Resolution 1950 (2010) in den Vordergrund gerückten Stärkung der somalischen Staatsstruktur gesehen werden. Hierzu machte der UN-Sicherheitsrat nunmehr weitere konkrete Vorschläge, wie etwa den Auf- und Ausbau von Rückführungsvereinbarungen im Ausland abgeurteilter somalischer Piraten[685] und den Ausbau der Kapazität somalischer Gefängnisse, um einen ordnungsgemäßen Strafvollzug zu gewährleisten.[686]

In diesem Bereich stellt sich die erstmalige Befassung des Sicherheitsrats mit der Möglichkeit der Schaffung von Sondergerichten zur Aburteilung von Piraten in Somalia als wesentliche Neuerung dar. Zu dieser Frage forderte der Sicherheitsrat ebenfalls einen gesonderten Bericht des Generalsekretärs der Vereinten Nationen an.[687]

Die Resolution ist bezüglich der Vorschläge zur Stärkung des somalischen Staatsapparates vor dem Hintergrund des Berichts des Sonderberichterstatters *Jack Lang* vom 24. Januar 2011 zu rechtlichen Fragestellungen im Zusammenhang mit der Piraterie vor der Küste Somalias[688] zu sehen. In diesem stellte der Sonderberichterstatter zunächst fest, dass die Fälle von Piraterie in den

682 SC-Res 1976 (2011), Einleitung Absatz 3; Para 3; *Waak* (Fn. 29), S. 196..

683 SC-Res 1976 (2011), Para 7; *Fournier* (Fn. 42), S. 102..

684 Vgl. etwa *Abdullahi*, „Toxic waste“ behind Somali Piracy, Aljazeera online vom 11. Oktober 2008, verfügbar unter http://web.archive.org/web/20150107081656/http://www.aljazeera.com/news/africa/2008/10/2008109174223218644.html.

685 SC-Res 1976 (2011), Para 21.

686 SC-Res 1976 (2011), Para 22; *Fournier* (Fn. 42), S. 102.

687 SC-Res 1976 (2011), Para 26. Zu den „justiz- und strafvollzugsbezogenen Themen“ ausführlich; *Waak* (Fn. 29), S. 196 f.

688 Bericht des Sonderberichterstatters Jack Lang, UN-Doc. S/2011/30.

Gewässern vor Somalia weiterhin zunähmen.[689] Im Weiteren stellte *Lang* klar, dass von den Piraten Umweltvergehen teilweise als Rechtfertigung für ihre Taten herangezogen würden, was vor allem nach dem Tsunami von 2005 wieder vermehrt aufträte.[690] Er hielt jedoch fest, dass es den Piraten letztlich allein um den finanziellen Vorteil und nicht etwa um die Erhaltung von Ressourcen gehe, weswegen der Versuch einer diesbezüglichen Rechtfertigung als haltlos bezeichnet werden müsse.[691]

Hauptziel des Berichts war die Erarbeitung verschiedener Vorschläge zur Stärkung des somalischen Staatsapparats in Bezug auf die Pirateriefrage. Diese gingen indes noch über die vom UN-Sicherheitsrat in seine Resolution aufgenommenen und oben bereits dargestellten Vorschläge hinaus. So forderte der Sonderberichterstatter etwa die Schaffung spezieller innerstaatlicher Normen des Strafprozessrechts, die den Besonderheiten der Festsetzung von Piraten auf See Rechnung trügen.[692] Darüber hinaus regte der Bericht auf legislativer Ebene die Ausarbeitung eines Jugendstrafvollzuggesetzes an.[693]

Der vom UN-Sicherheitsrat in die Resolution aufgegriffene Vorschlag des Aufbaus somalischer Sondergerichte für Pirateriévergehen ist einer der Kernpunkte des Berichts.[694] Hierfür schlug *Lang* zunächst die Schaffung eines solchen Gerichts in Puntland – einer der drei Regionen Somalias – sowie vorübergehend außerhalb des somalischen Staatsgebiets vor, welches innerhalb von acht Monaten die Universaljurisdiktion zumindest über Akte der Piraterie übernehmen solle.[695] In einem weiteren Schritt schlug der Bericht die Schaffung eines solchen Gerichts in Somaliland – einer weiteren Region auf somalischem Staatsgebiet – sowie die mittel- bis langfristige Integration des zunächst extraterritorial

689 Der Bericht des Sonderberichterstatters (Fn. 688), Einleitung Absatz 2 führt aus, dass seit dem Jahr 2008 1.900 Personen von Piraten als Geiseln genommen wurden.

690 Bericht des Sonderberichterstatters (Fn. 688), Para 12.

691 Dabei zieht er die fortschreitende seewärtige Verlagerung der Piratenangriffe als überzeugendes Indiz heran, vgl. Bericht des Sonderberichterstatters (Fn. 688), Para 13.

692 Der Bericht des Sonderberichterstatters (Fn. 688), Para 107 schlägt etwa die Einführung eines Rechts zur Vernehmung per Videokonferenz vor.

693 Bericht des Sonderberichterstatters (Fn. 688), Para 107. Dieser Vorschlag ist vor dem Hintergrund zu sehen, dass die festgesetzten Täter immer jünger werden und daher oftmals im Zuge des somalischen Jugendstrafrechts abgeurteilt werden müssen, wobei entsprechende Vorschriften zum Strafvollzug Jugendlicher fehlen, vgl. etwa SC-Res 1950 (2010), Einleitung Absatz 3.

694 Bericht des Sonderberichterstatters (Fn. 688), Para 12.

695 Bericht des Sonderberichterstatters (Fn. 688), Para 116 ff., 121.

gegründeten Gerichts in das Jurisdiktionssystem Somalias vor.[696] Für die Umsetzung dieses Vorschlags sah der Bericht die Hilfe der internationalen Staatengemeinschaft als unverzichtbar an. So müssten auf Basis der internationalen Zusammenarbeit zunächst die hierfür erforderlichen innerstaatlichen gesetzlichen Rahmenbedingungen geschaffen werden, bevor dann geeignete Richter ausgebildet würden.[697] Besondere Bedeutung kommt der zwischenstaatlichen Zusammenarbeit bei der Schaffung eines extraterritorialen Gerichts zu. So schlug der Sonderberichterstatter als dessen Standort den Internationalen Strafgerichtshof für Ruanda in Arusha, Tansania vor und gab zu erkennen, dass dessen Staatspräsident sich hiermit bereits einverstanden erklärt habe.[698] Für eine effektive Arbeit dieses Gerichts sah er dabei drei zwischenstaatliche Abkommen als erforderlich an. Zum einen müsse ein Abkommen zwischen der somalischen Regierung und dem das Gericht aufnehmenden Staat getroffen werden. Zum anderen bedürfe es einer Vereinbarung zwischen der somalischen Regierung, dem aufnehmenden Staat und den Vereinten Nationen, in der die Sicherheitsmaßnahmen bei Gericht und in den zugeordneten Gefängnissen wie auch die Aus- und Fortbildung der Richter geregelt würde. Ferner müsse ein Abkommen zur Überführung mutmaßlicher Straftäter an das Gericht geschlossen werden, und zwar zwischen den die Täter aufgreifenden Staaten, Somalia und dem Staat des Gerichtstandorts.[699] In der Umsetzung dieses Vorschlags sah der Berichterstatter ein zentrales Element der Wiederherstellung der Rechtsstaatlichkeit in Somalia.[700] Die zentrale Rolle dieses Vorschlags bei der Bekämpfung der Piraterie in diesem Gebiet wird auch daran deutlich, als er in den weiteren Resolutionen des UN-Sicherheitsrats eine hervorgehobene Stellung einnimmt.[701]

b) Resolution 2015 (2011)

Die Resolution 2015 (2011) vom 23. Oktober 2011 stellte sich als weiterer Schritt weg von der bloßen Schaffung von Eingriffsrechten für Drittstaaten bzw. deren Ausbau zum Vorgehen gegen Piraten auf somalischem Hoheitsgebiet und hin

---

696 Bericht des Sonderberichterstatters (Fn. 688), Para 129, 130 ff.

697 Bericht des Sonderberichterstatters (Fn. 688), Para 120.

698 Bericht des Sonderberichterstatters (Fn. 688), Para 122.

699 Bei letzterem wollte sich der Sonderberichterstatter an dem ähnlichen Abkommen zwischen der Europäischen Union und Kenia orientieren. Zu den aus Sicht des Sonderberichterstatters notwendigen Abkommen s. Bericht des Sonderberichterstatters (Fn. 688), Para 124.

700 Bericht des Sonderberichterstatters (Fn. 688), Para 123.

701 Hierzu sogleich unter b).

zur Gewährleistung einer nach internationalen Standards ordnungsgemäßen Aburteilung der Piraten innerhalb des somalischen Jurisdiktionssystems dar. Die Resolution hob insoweit die Wichtigkeit der Zusammenarbeit der somalischen Übergangsregierung mit den Sonderorganisationen der Vereinten Nationen hervor,[702] nahm aber auch nochmals Bezug auf den oben bereits dargestellten Bericht des Sonderberichterstatters *Jack Lang* vom 24. Januar 2011 zu rechtlichen Fragestellungen im Zusammenhang mit der Piraterie vor der Küste Somalias[703] und bezog auch den Bericht des Generalsekretärs der Vereinten Nationen zur Möglichkeit der Schaffung von Sondergerichten zur Aburteilung von Piraten in Somalia[704] mit ein. So machte der Sicherheitsrat nicht nur deutlich, dass er sein eigenes Bemühen darauf ausrichtet, den eigenständigen Umgang mit Piraten durch die somalischen Behörden voranzubringen.[705] Er forderte auch die Staatengemeinschaft, die Regionalorganisationen sowie Exil-Somalier zur verstärkten Mitwirkung bei der Umsetzung der von Sonderberichterstatter Lang und dem Generalsekretär der Vereinten Nationen erarbeiteten Vorschläge auf.[706]

Letzteren Bericht erstellte der Generalsekretär der Vereinten Nationen auf Anforderung des UN-Sicherheitsrates.[707] Der Bericht stützte sich auf den oben bereits dargestellten Bericht des Sonderberichterstatters *Lang* vom 24. Januar 2011 und ging vertiefend auf den hierin bereits erarbeiteten Vorschlag ein, innerhalb des somalischen Rechtssystems Sondergerichte zu errichten. An dieser Stelle soll lediglich darauf eingegangen werden, wie nach dem Bericht die internationale Staatengemeinschaft an diesem Prozess beteiligt werden soll. Die Erwägungen zu rein innerstaatlichen Fragen bleiben dagegen außer Betracht.[708]

Zur Frage der Einbindung der internationalen Staatengemeinschaft aber auch der UN-Sonderorganisationen, wie etwa dem Entwicklungsprogramm der Vereinten Nationen oder dem Büro für Drogen- und Verbrechensbekämpfung, stellte der Bericht zunächst fest, dass sich die internationale Hilfe bislang auf die Ausbildung somalischer Staatsbediensteter wie Richter und Staatsanwälte

702 SC-Res 2015 (2011), Para 7, 8; *Waak* (Fn. 29), S. 198..

703 SC-Res 2015 (2011), Para 1.

704 Bericht des Generalsekretärs der Vereinten Nationen, UN-Doc. S/2011/360.

705 SC-Res 2015 (2011), Para 14.

706 SC-Res 2015 (2011), Para 15.

707 SC-Res 1976 (2011), Para 26.

708 Mit Blick auf die Bindung wesentlicher, in Somalia und anderen afrikanischer Staaten ohnehin schon knapper nationaler Resourcen spricht sich *Fry*, African Journal of International and Comparative Law 22 (2014), S. 341 (353) gegen eine innerstaatliche Lösung aus.

beschränkt habe.[709] Während er es für wichtig erachtete, dass sich solche Hilfe zukünftig auch auf konkrete Verfahrensfragen beziehen müsse, machte er deutlich, dass die zuständigen Stellen in Somaliland und Puntland eine Beteiligung ausländischer Staatsbürger an Gerichtsverfahren in offiziellen Funktionen, wie etwa als Richter oder Staatsanwälte, ablehnten. Vor diesem Hintergrund stellt es sich als äußerst schwierig dar, die in dem Bericht angedachte Möglichkeit eines Sicherheitsratmandats zur Entsendung von Richtern und Staatsanwälten zur Teilnahme an entsprechenden Verfahren umzusetzen.[710]

Im Weiteren stellte der Bericht wie schon derjenige des Sonderberichterstatters *Lang* die Zusammenarbeit der somalischen Behörden mit Drittstaaten dar, wobei er zunächst feststellte, dass es zwar noch keine Abkommen zwischen Staaten, die mit ihren Seestreitkräften vor der Küste Somalias operieren, und den somalischen Behörden gäbe, einige Überführungsübereinkommen für im Ausland abgeurteilte Piraten nach Somalia aber bereits bestünden.[711]

Hinsichtlich der Gründung eines extraterritorialen Gerichts zur Aburteilung von somalischen Piraten orientierte sich der Bericht stark an dem von Sonderberichterstatter *Lang* ausgearbeiteten Vorschlag.[712] Auf Basis der dort gefundenen Ansätze wurden zur Erstellung des Berichts des Generalsekretärs, wie vom Sicherheitsrat in der Resolution 1976 (2011) gefordert, Gespräche mit den hiervon betroffenen Parteien geführt. Dabei zeigte sich, dass die zuständigen Stellen der verschiedenen Regionen Somalias die Gründung eines extraterritorialen Gerichts ablehnen und sich für die Ansiedlung des Gerichts innerhalb Somalias aussprechen, allerdings ohne sich darauf einigen zu können, in welcher Region das Gericht letztlich seinen Sitz haben soll.[713]

Demgegenüber erklärte der Außenminister Tansanias nochmals die Bereitschaft seines Landes, ein solches Gericht bei dem Internationalen Strafgerichtshof

---

709 Bericht des Generalsekretärs der Vereinten Nationen (Fn. 704), Para 21.

710 Der Bericht zieht in Para 25, Fn. 14 insoweit eine Parallele zu den Außerordentlichen Kammern an den Gerichten von Kambodscha, die unter unmittelbarer Mitwirkung von Personal der Vereinten Nationen für die juristische Aufarbeitung der Verbrechen der Roten Khmer zuständig sind. Die sich im Zusammenhang mit diesen Gerichten ergebenden Risiken ausführlich darstellend *Klein*, Northwestern University Journal of International Human Rights 4 (2006), S. 549 ff.

711 Beispielhaft wird das zwischen den Seychellen und der Übergangsregierung Somalias getroffene Abkommen dargestellt, Bericht des Generalsekretärs der Vereinten Nationen (Fn. 704), Para 33.

712 Vgl. hierzu oben unter a).

713 Bericht des Generalsekretärs der Vereinten Nationen (Fn. 704), Para 33.

für Ruanda in Arusha anzusiedeln.[714] Während sich Tansania für einen international besetzten Gerichtshof aussprach, zeigten andere Staaten der Region zwar ihre grundsätzliche Bereitschaft zur Bekämpfung der Piraterie, meldeten aber erhebliche Bedenken gegen ein extraterritoriales Gericht an.[715]

Nachdem sich der Bericht mit den schon von Sonderberichterstatter Lang deutlich gemachten erforderlichen zwischenstaatlichen Vereinbarungen zur Gründung eines extraterritorialen Gerichts auseinandersetzte,[716] stellte er die Frage nach der Möglichkeit der Ansiedlung des Gerichts am Internationalen Strafgerichtshof für Ruanda. Dessen ausführliche Äußerungen lassen letztlich deutlich werden, dass eine solche nicht ohne weiteres möglich ist.[717]

Was die Besetzung der für das Gericht erforderlichen Positionen wie etwa Richter, Staatsanwälte und Verteidiger anbelangt, sprach sich der Bericht gegen eine unmittelbare Beteiligung ausländischer Staatsangehöriger an den Verfahren aus.[718]

Auf einen Zeitrahmen für die Errichtung des Gerichts wollte sich der Bericht letztlich nicht festlegen.[719] Dagegen ging der Bericht davon aus, dass die Verfahren gegen Piraten innerhalb des somalischen Gerichtssystems nach Ablauf von drei Jahren die internationalen Standards erfüllen und es so möglich würde, Überführungsabkommen abzuschließen, um die in den Gewässern vor Somalia aufgegriffenen Piraten direkt an die somalischen Behörden zu ihrer Aburteilung überstellen zu können.[720]

Auch die Resolution 2015 (2011) mit dem hinter ihr stehenden Bericht des Generalsekretärs der Vereinten Nationen legte den Schwerpunkt deutlich auf eine Lösung des Pirateriеproblems in den Gewässern vor Somalia im

714 Vgl. hierzu schon oben unter a).

715 So gaben laut des Berichts des Generalsekretärs der Vereinten Nationen etwa die Seychellen und Mauritius an, sich vorrangig auf die Aburteilung von Piraten vor ihren Gerichten konzentrieren zu wollen, vgl. Bericht des Generalsekretärs der Vereinten Nationen (Fn. 704), Para 58 f.

716 Bericht des Generalsekretärs der Vereinten Nationen (Fn. 704), Para 66 ff.

717 Der Internationale Strafgerichtshof für Ruanda verwies laut dem Bericht des Generalsekretärs der Vereinten Nationen unter anderem darauf, dass sich seine Fallzahl nicht mit Sicherheit vorhersagen und damit der eigene Bedarf an Büroräumen und Gerichtssälen nur schwer kalkulieren lasse, vgl. Bericht des Generalsekretärs der Vereinten Nationen (Fn. 704), Para 74 ff.

718 Bericht des Generalsekretärs der Vereinten Nationen (Fn. 704), Para 80.

719 Bericht des Generalsekretärs der Vereinten Nationen (Fn. 704), Para 90, 95.

720 Bericht des Generalsekretärs der Vereinten Nationen (Fn. 704), Para 94.

innerstaatlichen Rahmen mit internationaler Unterstützung. Eine Erweiterung der bereits geschaffenen Eingriffsrechte blieb dagegen aus.

c) Resolution 2020 (2011)

Am 22. November 2011 verabschiedete der UN-Sicherheitsrat einstimmig die Resolution 2020 (2011). Diese bereits dritte Befassung mit der Situation in den Gewässern vor Somalia innerhalb eines Jahres ging im Wesentlichen auf die erneut notwendige zeitliche Verlängerung der in den Resolutionen 1846 (2008), 1851 (2008) sowie 1897 (2009) und 1950 (2010) gewährten Eingriffsrechte zurück. Diese wurden erneut auf Bitten der somalischen Übergangsregierung um weitere 12 Monate verlängert.[721]

Daneben machte die Resolution wieder deutlich, dass es für eine effektive Bekämpfung der Piraterie erforderlich sei, nicht nur Maßnahmen gegen die Piraten selbst zu ergreifen, sondern auch gegen die Hintermänner vorzugehen, die Piraten finanzierten, ihre Taten planten und koordinierten oder in irgendeiner Weise von solchen Taten profitierten.[722] Hierzu forderte sie sowohl die Staatengemeinschaft als auch die betroffenen internationalen Organisationen wie etwa INTERPOL und Europol zur verstärkten Zusammenarbeit auf.[723]

Vor diesem Hintergrund ist es auch zu sehen, wenn der Sicherheitsrat in der vorliegenden Resolution zum wiederholten Mal und an mehreren Stellen die zunehmende Praxis der Geiselnahme und Lösegelderpressung verurteilte und den Zusammenhang von solchen Zahlungen und der fortschreitenden technischen Aufrüstung der Piraten herausstellte.[724] Die hierauf folgende Aufforderung an die Staatengemeinschaft, diesem Phänomen durch verstärkte Zusammenarbeit Herr zu werden, wurde begleitet durch den ausdrücklichen Hinweis auf die Hostage Convention 1979.[725]

Während die Resolution, wie schon ihre Vorgänger, das Seerechtsübereinkommen als grundlegenden Rechtsrahmen heranzog, fällt der nunmehr erstmalig zu findende Verweis auf die SUA-Konvention, verbunden mit der Aufforderung an die Staaten, von den hierin vorgesehenen Möglichkeiten durch die Anpassung ihrer nationalen Rechtsordnungen Gebrauch zu machen, auf.[726]

---

721 SC-Res 2020 (2011), Einleitung Absatz 9, Para 9; *Waak* (Fn. 29), S. 199..

722 SC-Res 2020 (2011), Einleitung Absatz 5, Para 4.

723 SC-Res 2020 (2011), Para 18, 20.

724 SC-Res 2020 (2011), Einleitung Absatz 16 f.

725 SC-Res 2020 (2011), Einleitung Absatz 17. Näher hierzu oben IV. 3.

726 SC-Res 2020 (2011), Einleitung Absatz 13. Zu den in der Konvention vorgesehenen Eingriffsrechten vgl. unten Kapitel 2 I. 1.

Nicht zuletzt nahm auch diese Resolution wieder die Stärkung des somalischen Gerichtssystems in den Blick, insbesondere durch die Schaffung von Sondergerichten zur Aburteilung von Piraterie in Somalia.[727]

6. *Resolutionen des UN-Sicherheitsrates aus dem Jahr 2012*

a) *Resolution 2067 (2012)*

Im Jahr 2012 zeigten die Bemühungen der internationalen Staatengemeinschaft um die Reduzierung der Piratenangriffe zum ersten Mal dergestalt Erfolg, als die Zahl der Angriffe, die somalischen Piraten zugerechnet wurden, signifikant zurückging. Während das International Maritime Bureau 2011 noch 275 solcher Angriffe registrierte,[728] fiel die Zahl in den ersten neun Monaten des Jahres 2012 auf 70.[729] Diesen eklatanten Rückgang würdigte der Sicherheitsrat der Vereinten Nationen in seiner Resolution 2067 (2012), warnte aber zugleich davor, hierin einen dauerhaften Erfolg zu sehen, und machte den weiterhin fortbestehenden erheblichen negativen Einfluss der Piraterie auf die Stabilität in der Region deutlich.[730]

b) *Resolution 2077 (2012)*

Etwas ausführlicher befasste sich der Sicherheitsrat mit der somalischen Piraterie in der Resolution 2077 (2012). Trotz des massiven Rückgangs der Angriffe somalischer Piraten wurden die seit 2008 bestehenden Eingriffsrechte um ein weiteres Jahr verlängert.[731] Auch änderte der Rückgang der Angriffe nichts an der Forderung nach einem Sondergericht.[732] Hinsichtlich der Eingriffsrechte ergab sich keine weitere Veränderung.

---

727 SC-Res 2020 (2011), Para 16.

728 International Maritime Bureau, Piracy and Armed Robbery against ships, Report for the Period 1 January 2011 – 31 December 2011, Tabelle 1; *Crippa*, International Maritime Bureau 2011 Global Piracy Report: Successful Piracy Attacks Decreasing, verfügbar https://piracy-law.com/2012/01/24/international-maritime-bureau-2011-global-piracy-report-successful-piracy-attacks-decreasing/.

729 Pressemitteilung der ICC vom 22. Oktober 2012, verfügbar unter http://web.archive.org/web/20121024172454/http://www.icc-ccs.org/news/811-imb-reports-drop-in-somali-piracy-but-warns-against-complacency.

730 SC-Res 2067 (2012), Einleitung Absatz 13; *Waak* (Fn. 29), S. 199 f.

731 SC-Res 2077 (2012), Para 12; *Waak* (Fn. 29), S. 200..

732 SC-Res 2077 (2012), Para 19; *Piquet*, Columbia Journal of Transnational Law 52 (2013–2014), S. 238 (266).

10. Resolutionen des UN-Sicherheitsrates aus dem Jahr 2016

Im Jahr 2016 befasste sich der Sicherheitsrat in seiner Resolution 2316 (2016), in Kraft getreten am 9. November 2016, mit der Piraterie in den Gewässern vor Somalia. Nach der Bezugnahme auf die territoriale Integrität und Souveränität Somalias[749] zeigte sich der Sicherheitsrat einerseits zufrieden mit dem weiteren Rückgang der Vorfälle, äußerte sich aber zugleich weiterhin besorgt über die Destabilisierung Somalias durch Piraterie.[750] Auf Bitten und mit Einverständnis der somalischen Regierung erfolgte neuerlich eine Verlängerung der gewährten Eingriffsrechte um weitere zwölf Monate.[751] Änderungen im Umfang der Eingriffsrechte ergaben sich nicht.

11. Resolutionen des UN-Sicherheitsrates aus dem Jahr 2017

Im Jahr 2017 befasste sich der UN-Sicherheitsrat in seiner Resolution 2383 (2017) mit der Situation in den Gewässern vor Somalia. Diese Resolution, in Kraft getreten am 7. November 2017 bringt inhaltlich keine Neuerungen. Auf Bitten der somalischen Regierung erfolgte die Verlängerung der Eingriffsrechte um zwölf Monate.[752] Was die Resolution jedoch deutlich macht ist, dass die Bekämpfung der Piraterie durch die Unterstützung der internationalen Gemeinschaft im Bereich der Legislative Somalias immer fester verwurzelt wird. So verweist der Sicherheitsrat in der Resolution ausdrücklich auf den Fortschritt Somalias beim Aufbau einer Küstenwache und dem in diesem Zusammenhang erarbeiteten Gesetzentwurf.[753] Diese Fortschritte können jedoch nicht darüber hinweg täuschen, dass die Piraterie vor Somalia auch weiterhin eine ernstzunehmende Bedrohungslage darstellt, die der weiteren Aufmerksamkeit der Weltgemeinschaft bedarf.[754]

12. Resolutionen des UN-Sicherheitsrates aus dem Jahr 2018

Mit dem Jahr 2018 gehen die Befassung des UN-Sicherheitsrates mit der Situation vor der Küste Somalias und die daraus resultierenden Maßnahmen bereits in das

---

749 SC-Res 2316 (2016), Einleitung Absatz 3.

750 SC-Res 2316 (2016), Einleitung Absatz 4.

751 SC-Res 2316 (2016), Para 14.

752 SC-Res. 2383 (2017), Para 14.

753 SC-Res. 2383 (2017), Einleitung Absatz 16, Para 4.

754 So verweist SC-Res. 2383 (2017), Einleitung Absatz 4 ausdrücklich auf die im Jahr 2017 trotz des erheblichen Engagements der Staatengemeinschaft stattgefundenen Angriffe auf Schiffe in den Gewässern vor Somalia.

zehnte Jahr. Vor diesem Hintergrund kommt der Resolution 2442 (2018) gewisse Bedeutung zu, wobei sich inhaltlich kaum Neuerungen ergeben. Betrachtet man die Ausführungen des UN-Sicherheitsrates, wird deutlich, dass man einerseits die Bedrohungslage durch erhebliche militärische Präsenz im Griff hat und der Auf- und Ausbau staatlicher Institutionen und ihrer Tätigkeiten in Zusammenhang mit der Bekämpfung von Piraterie weiter voranschreitet. So stellt der Sicherheitsrat fest, dass es seit März 2017 keine erfolgreiche Entführung eines Schiffes vor der Küste Somalias gegeben hat.[755] Darüber hinaus hebt der Sicherheitsrat die positive Entwicklung der staatsbildenden Maßnahmen in Somalia ausdrücklich hervor.[756] Andererseits machen die Ausführungen des Sicherheitsrates deutlich, dass die Bedrohungslage weiterhin fortbesteht und weiterhin das Engagement der internationalen Staatengemeinschaft zur Bekämpfung der Piraterie im Küstenbereich vor Somalia sowie bei der Unterstützung der somalischen staatlichen Institutionen weiterhin erforderlich ist. Wie bereits in vorangegangenen Resolutionen werden diesbezüglich die weiterhin bestehenden Unzulänglichkeiten in der Rechtsdurchsetzung gegenüber Piraten in Somalia hervorgehoben[757] und die weiterhin bestehende Bedrohungslage durch Piratenangriffe explizit betont.[758] Vor diesem Hintergrund ist auch die erneute Verlängerung der Eingriffsrechte um weitere 13 Monate zu sehen.[759]

13. Resolutionen des UN-Sicherheitsrates aus dem Jahr 2019

Die im am 4. Dezember 2019 vom UN-Sicherheitsrat verabschiedete Resolution 2500 (2019) zeigt den fortschreitenden Erfolg der Staatengemeinschaft bei der Bekämpfung der Piraterie in den Gewässern vor Somalia. Aufgrund der militärischen Präsenz kam weiterhin zu keinen weiteren erfolgreichen Entführungen von Schiffen.[760] Die Besorgnis des Sicherheitsrates vor der weiterhin fortbestehenden Bedrohung durch Piraten in den Gewässern vor Somalia bleibt dennoch weiterhin bestehen.[761] Die bereits in den Jahren zuvor gewährten Eingriffsrechte der beteiligten Staaten werden daher auf Bitten der somalischen Regierung um

755 SC-Res. 2442 (2018), Einleitung Absatz 4.
756 SC-Res. 2442 (2018), Einleitung Absätze 10, 12, Para 2.
757 SC-Res. 2442 (2018), Einleitung Absatz
758 SC-Res. 2242 (2018), Para 2.
759 SC-Res. 2242 (2018), Para 14.
760 SC-Res. 2500 (2019), Einleitung Absatz 4.
761 SC-Res. 2442 (2018), Einleitung Absatz 4.

weitere 12 Monate verlängert.[762] Inhaltliche Änderungen treten dabei indes nicht zutage.

14. *Einordnung der Resolutionen in das System der Eingriffskompetenzen des SRÜ*

a) *Ausweitung der im Seerechtsübereinkommen vorgesehenen Eingriffsrechte*

Sämtliche Resolutionen des UN-Sicherheitsrats weiten Eingriffsrechte zur Bekämpfung der Piraterie auf die Küstengewässer und sogar auf die Landmasse Somalias aus.[763] Abgesehen von der geographischen Erweiterung der Eingriffsbefugnisse wurden diese aber durch die Resolutionen auch anderweitig ausgeweitet. Es stellt sich damit die Frage, inwieweit diese Erweiterung Auswirkungen auf die im Seerechtsübereinkommen vorgesehenen Eingriffsrechte hat. Wie oben bereits dargelegt ist nach Art. 31 Abs. 3 (b) WÜV bei der Auslegung völkerrechtlicher Verträgen neben deren Wortlaut auch die dem Vertragsschluss nachfolgende Staatenpraxis der jeweiligen Mitgliedsstaaten zu berücksichtigen. Diese Staatenpraxis kommt unter anderem durch das Abstimmungsverhalten von Staaten in Bezug auf Resolutionen zum Ausdruck.[764] Auf diese Weise haben auch die Resolutionen des UN-Sicherheitsrates Einfluss auf die Auslegung des Seerechtsübereinkommens.

1) *Verzicht auf das Zwei-Schiffe-Erfordernis*

Wie oben dargestellt setzt die Definition des Art. 101 SRÜ die Beteiligung zweier Schiffe an einem Überfall auf See voraus, um als Piraterie qualifiziert zu werden.[765] Nur dann kann von den im Seerechtsübereinkommen festgeschriebenen Eingriffsrechten Gebrauch gemacht werden. Bezüglich der durch die Resolutionen des UN-Sicherheitsrates gewährten Eingriffsbefugnisse stellt sich die Frage, ob die stetige Verwendung des Begriffs der *armed robbery at sea* neben dem der Piraterie eine Ausweitung dieser Rechte dergestalt nach sich zieht, dass auf Basis der Resolutionen auch dann vorgegangen werden darf, wenn an einem Angriff nur ein Schiff beteiligt ist. Diesbezüglich vertritt *Treves* die äußerst weitreichende Ansicht, die unterschiedslose Verwendung der Begriffe Piraterie und *armed robbery* in den Resolutionen des UN-Sicherheitsrats zur Lage in den Gewässern vor

---

762 SC-Res. 2442 (2018), Einleitung Absatz 4, Para 14.

763 Auf Basis des Einverständnisses der Übergangs- und später der gewählten Regierung Somalias, vgl. hierzu oben 2., a).

764 *Dörr* (Fn. 216), S. 597, Rn. 79.

765 Hierzu ausführlich oben Zweiter Teil, Kapitel 1, I., 1. c).

Somalia rechtfertige ein Vorgehen gegen jede Art von Gewalt gegen ein Schiff, auch wenn kein zweites Schiff beteiligt sei, und zwar auch im Bereich der Hohen See.[766] Betrachtet man indes die Resolutionen im Lichte von Art. 101 SRÜ und der Tatsache, dass sie vor allem vor dem Hintergrund beschlossen wurden, dass Somalia selbst zu einem wirksamen Vorgehen gegen Überfälle auf Schiffe innerhalb seiner Küstengewässer nicht in der Lage war, muss man zu dem Schluss kommen, dass die Resolutionen des UN-Sicherheitsrates ein Vorgehen nur gegen solche Gewalttaten ermöglichen, an denen zwar nur ein Schiff beteiligt sein muss, die aber innerhalb der Küstengewässer Somalias auftreten.[767]

2) *Ausweitung des geographischen Anwendungsbereichs auf an Land befindliche Täter*

Ausgehend von Resolution 2015 (2011) hat sich der UN-Sicherheitsrat auch mit der Ausweitung der Eingriffsrechte gegenüber an Land befindlichen Tätern auseinandergesetzt. So führte er in dieser Resolution etwa aus, dass sich die Gerichtsbarkeit von zu schaffenden Gerichten nicht nur auf zur See gefasste Täter erstrecken solle.[768] Ebenso hat der Sicherheitsrat in der Resolution 2020 (2011) unter Bezugnahme auf die Arbeit der Kontaktgruppe zur Piraterie vor der Küste Somalias einen Zusammenhang zu an Land befindlichen Tätern hergestellt.[769] Hieraus kann jedoch nicht der Schluss gezogen werden, dass der Sicherheitsrat den geographischen Anwendungsbereich der Definition des Art. 101 SRÜ in allgemeingültiger Weise erweitern wollte.[770] Eine solche Lesart widerspräche dem eindeutigen Willen des Sicherheitsrates, der auch den Anwendungsbereich der Resolutionen 2015 (2011) und 2020 (2011) auf den Sonderfall in den Gewässern vor Somalia beschränkt wissen wollte.[771]

Des Weiteren kann über die landwärtige Erweiterung der Befugnisse und Zuständigkeiten auf das Staatsgebiet Somalias in dem Verweis auf an Land befindliche Täter allenfalls die Einbeziehung von Teilnehmern i.S.d. Art. 101 c) SRÜ gesehen werden. Diese unterfallen nämlich auch dann der Pirateriedefinition,

---

766 *Treves* (Fn. 108), S. 23 (33).

767 Ebenso *Geiß/Petrig* (Fn. 192), S. 74 f. Zur Verwendung des Begriffs, bezogen auf die Resolution 1816 (2008); *Waak* (Fn. 29), S. 189.

768 SC-Res 2015 (2011), Para 17.

769 SC-Res 2020 (2011), Einleitung Absatz 21.

770 So wohl im Ergebnis *Gottlieb* (Fn. 52), S. 1 (42).

771 Vgl. SC-Res 2015 (2011), Einleitung Absatz 7 und SC-Res 2020 (2011), Para 10. Im Ergebnis die Erweiterung des geographischen Anwendungsbereichs ebenfalls ablehnend *Treves* (Fn. 209), S. 399 (405).

wenn ihre Teilnahmehandlung nicht im Bereich der Hohen See stattgefunden hat.[772]

3) *Klarstellung der Jurisdiktionsregel des Art. 105 S. 2 SRÜ*

Wie oben bereits dargestellt beinhaltet Art. 105 S. 2 SRÜ das Recht des ein Piratenschiff aufgreifenden Staates zur Aburteilung der Piraten, gewährt aber zugleich die Möglichkeit, die Piraten an andere Staaten zu überstellen.[773] Diese nicht ganz unumstrittene Sicht[774] wird durch die Resolutionen des UN-Sicherheitsrats bestätigt. So wurde etwa mit Kenia ein Übereinkommen zur Übernahme von Piraten zu deren Aburteilung getroffen, und der UN-Sicherheitsrat hieß die Aburteilung dort wie auch in anderen Drittstaaten ausdrücklich gut.[775]

4) *Klarstellung der Regelung des Art. 100 SRÜ*

Auch hinsichtlich des Streits, wie die Regelung des Art. 100 SRÜ in ihrer Regelungsintensität zu interpretieren ist, bietet der Wortlaut der Resolutionen des UN-Sicherheitsrats einen Ansatz.[776] Zwar nimmt der Sicherheitsrat bezüglich der den Mitgliedsstaaten in den Gewässern vor Somalia erlaubten Maßnahmen mehrfach auf Art. 100 SRÜ Bezug, fordert letztlich aber nur dazu auf, von diesen Maßnahmen Gebrauch zu machen, ohne jedoch eine völkerrechtlich verbindliche Verpflichtung zu statuieren.[777]

b) *Abschließende Stellungnahme*

Betrachtet man die Reaktionen auf die verschiedenen Resolutionen des Sicherheitsrates, so reichen sie von großem Lob[778] bis zu massiver Kritik.[779] Letztere

---

772 Vgl. hierzu oben Zweiter Teil, Kapitel 1, I., 7., c), 4), (c), iii.

773 Vgl. hierzu oben IV., 2., c), 3). Zu den insoweit bestehenden Grenzen der Überstellung siehe dort.

774 Zum Streit, wie die Regel des Art. 105 SRÜ einzuordnen ist, ausführlich *Geiß/Petrig* (Fn. 192), S. 148 ff.

775 Vgl. etwa SC-Res 2125 (2013), Einleitung Abs. 23. *Treves* (Fn. 108), S. 23 (35) zieht hieraus denselben Schluss.

776 Zu den bzgl. der Regelungsintensität des Art. 100 SRÜ vertretenen Meinungen vgl. oben IV., 2., a).

777 Vgl. etwa SC-Res 2125 (2013), Para 16. Ebenso *Treves* (Fn. 108), S. 23 (35 f.).

778 So etwa bzgl. der SC-Res 1816 (2008) *Schiedmair* (Fn. 12), S. 185 (210).

779 Vgl. *Trésoret* (Fn. 27), S. 290 f. der die SC-Res 1816 (2008) gar als hinderlich für die Fortentwicklung der Piraterieschutzvorschriften des Seerechtsübereinkommens ansieht.

richtet sich nicht nur gegen die strenge Beschränkung sämtlicher durch die Resolutionen festgelegter Eingriffsrechte auf die Gewässer Somalias und kritisiert zu Recht, dass so nur eine Verlagerung des Problems in die Küstengewässer der Nachbarstaaten erreicht werde.[780] Ferner wird bemängelt, dass durch die Resolutionen der für das Völkerrecht wesentliche Pfeiler der Souveränität ausgehöhlt werde.[781] Auch inhaltlich bieten die Resolutionen Angriffspunkte. So wird im Schrifttum etwa gerügt, dass die Grenzen der nach und nach immer stärker erweiterten Eingriffsrechte nicht hinreichend klar gesetzt seien.[782]

Betrachtet man die Resolutionen des UN-Sicherheitsrates hinsichtlich ihres Erfolgs, ergibt sich letztlich ein zweigeteiltes Bild. Die konkrete Situation in den Gewässern Somalias hat sich merklich gebessert, wie der erhebliche Rückgang von Angriffen auf Schiffe in diesem Bereich belegt.[783] Dieser Erfolg lässt sich jedoch nur dann nachhaltig sichern, wenn es gelingt, die innerstaatliche Struktur mit ihren Organen zu stärken und die Lebensverhältnisse der Menschen in Somalia insgesamt zu verbessern. Ziel muss es letzten Endes sein, der Bevölkerung Perspektiven zu bieten, welche die Piraterie als Einkommensquelle unattraktiv machten, denn eine dauerhafte Militärpräsenz, wie sie im Moment etwa durch die Operationen der EU und der NATO garantiert ist, kann dauerhaft schon in finanzieller Hinsicht nicht gewährleistet werden.[784] Auch lässt sich nur so die bloße geographische Verlagerung des Piraterieproblems in Gewässer von angrenzenden Staaten verhindern. Insoweit ist die mit SC-Res 1950 (2010) eingeleitete Abkehr von bloßer Militärstrategie zur Bekämpfung der Piraterie in den Gewässern vor Somalia hin zur Unterstützung bei Auf- und Ausbau der innerstaatlichen Ordnung des Staates zu begrüßen. Dieses Umdenken innerhalb der Staatengemeinschaft insgesamt und im Sicherheitsrat der Vereinten Nationen

780 *Geiß/Petrig*, Vereinte Nationen 58 (2010), S. 3 (3); *Trésoret* (Fn. 27), S. 291 bzgl. der SC-Res 1816 (2008).

781 So etwa bzgl. der SC-Res 1816 (2008) *Houghton* (Fn. 177), S. 253 (279).

782 *Trésoret* (Fn. 27), S. 299 bzgl. der SC-Res 1851 (2008).

783 Vgl. hierzu SC-Res 2500 (2019), Einleitung Abs. 4.

784 *Geiß/Petrig* (Fn. 780), S. 3 (3); *Houghton* (Fn. 177), S. 253 (282). Dass genau diese Militärpräsenz jedoch nach wie vor erforderlich ist, macht der auf Verlangen des UN-Sicherheitsrats erstattete Bericht des Generalsekretärs der Vereinten Nationen vom 8. November 2019 deutlich. Demnach kam es zwischen Oktober 2018 und Mai 2019 zu zwei bewaffneten Angriffen auf Schiffe, welche durch den Einsatz bewaffneten Personals an Bord der angegriffenen Schiffe abgewehrt werden konnten, sowie eine kurzzeitige Entführung eines jeminitschen Fischerboots, welches durch den Einsatz eines Kriegsschiffes der EU NAVFOR kurze Zeit später wieder befreit werden konnte. Zum Ganzen vgl. S/2019/867, Para 6.

im Speziellen zeigt sich beispielsweise an der Absicht, beim Aufbau von Sondergerichten für Pirateriervergehen besonders behilflich zu sein.[785] An diesem Beispiel zeichnet sich aber auch ab, dass Bemühungen dieser Art noch einige Zeit in Anspruch nehmen werden. Denn eine Schaffung eines Sondergerichts – zunächst außerhalb Somalias – und dessen schrittweise Überführung in das Staatsgefüge fordert sowohl auf somalischer Seite aber auch auf Seiten der Weltgemeinschaft einige Geduld wie auch die Aufwendung erheblicher finanzieller Ressourcen. Auch wenn die auf Grundlage der Resolutionen des Sicherheitsrates ergriffenen Maßnahmen zu einer stetigen Abnahme der gemeldeten Piratenangriffe in den Gewässern vor Somalia geführt haben, zeigt ein deutlicher Anstieg der Entführungen zum Erpressen von Lösegeld im Jahr 2016, dass zumindest mittelfristig auf die militärische Präsenz in diesem Bereich noch nicht verzichtet werden kann.[786]

Betrachtet man die Resolutionen des UN-Sicherheitsrats im Lichte ihres Beitrags zur Weiterentwicklung des völkerrechtlichen Piraterieregimes, sind sie als weitaus weniger erfolgreich einzustufen. Der Sicherheitsrat hat bei der Formulierung sämtlicher Resolutionen stets deutlich gemacht, dass etwaige Änderungen der bestehenden Rechtslage in Bezug auf allgemeine Fragen des völkerrechtlichen Piraterieregimes durch die Resolutionen nicht entstehen sollen. Dies folgt, neben der oben bereits angeführten strengen Beschränkung ihres Geltungsbereichs auf die Gewässer vor Somalia, vor allem aus der stetigen Betonung, dass durch die Resolutionen keine völkervertrags- oder völkergewohnheitsrechtlichen Änderungen eintreten sollen.[787] Zwar sind Situationen denkbar, in denen – entgegen des ausdrücklichen Wortlauts der Resolutionen – Änderungen auf völkergewohnheitsrechtlicher Ebene eintreten.[788]

785 Zu weiteren möglichen Unterstützungsmaßnahmen vgl. *von Arnauld* (Fn. 108), S. 219 (233).

786 Während 2015 im Bereich Westafrika und Asien 13 Vorfälle gemeldet wurden stieg die Zahl im Jahr 2016 auf 39, vgl. Oceans Beyond Piracy (Hrsg.), The State of Maritime Piracy 2016 – Assessing the Human Cost Executive Summary, verfügbar unter https://web.archive.org/web/20170511065937/http://oceansbeyondpiracy.org/reports/sop/summary.

787 So etwa in SC-Res 2125 (2013), Para 13.

788 *Treves* (Fn. 108), S. 23 (25) weist etwa auf den Fall hin, dass die wiederholte Schaffung ähnlicher Eingriffsrechte in anderen Situationen – etwa in den Gewässern anderer Staaten – zu einer völkergewohnheitsrechtlichen Ausweitung von Eingriffsrechten führen würde, trotz des eindeutigen Wortlauts der Resolutionen bzgl. Somalia. Gegen eine Ausweitung der Eingriffsrechte aber *Guilfoyle* (Fn. 563), S. 1057 (1060).

Eine solche Fortentwicklung ließe sich jedoch wesentlich einfacher dadurch erreichen, dass die dahingehenden Beschränkungen in künftigen Resolutionen aufgehoben und dem Völkerrecht so die Möglichkeit geboten wird, sich der tatsächlichen Lage anzupassen.

Kapitel 2. Umfang der Kontrollbefugnis im Rahmen der Bekämpfung terroristischer Akte

I. Vertragliche Eingriffsrechte

1. Übereinkommen zur Bekämpfung widerrechtlicher Handlungen gegen die Sicherheit der Seeschifffahrt

Das Übereinkommen zur Bekämpfung widerrechtlicher Handlungen gegen die Sicherheit der Seeschifffahrt (SUA-Übereinkommen) stellt ein zentrales Element bei der Bekämpfung von terroristischen Akten auf See dar. Die Bestimmungen der Konvention sind vor dem Hintergrund des Zwischenfalls auf der *Achille Lauro* im Jahr 1985 zu sehen, der den Anstoß zur Erarbeitung der Konvention gab.[789] Ausgangspunkt hierfür war die Resolution GA/Res 40/61 der Generalversammlung der Vereinten Nationen vom 9. Dezember 1985. Hierin regte die Generalversammlung die Erarbeitung einer Konvention zur Bekämpfung des maritimen Terrorismus auf Ebene der Mitgliedsstaaten und durch internationale Organisationen an.[790] Diese Anregung nahmen Italien, Ägypten und Österreich zum Anlass, vor der Internationalen Seeschifffahrtsbehörde eine entsprechende gemeinsame Initiative einzubringen, welche daraufhin einen Vorschlag für ein solches Abkommen erstellte, der eine deutlich erkennbare Ähnlichkeit mit den zu diesem Zeitpunkt schon in Kraft befindlichen Übereinkommen zur Vermeidung von Flugzeugentführungen aufwies.[791] Auf Basis dieses Entwurfs wurde das SUA-Übereinkommen erarbeitet. Nachdem es durch 15 Staaten ratifiziert worden war, trat es am 1. März 1992 in Kraft.

---

789 *Guilfoyle* (Fn. 21), S. 33 (45); *Geiß/Tams* (Fn.134), S. 19 (43); *Heintze* (Fn. 414), S. 217 (235); *Trésoret* (Fn. 27), S. 303 m.w.N.; *Fournier* (Fn. 42), S. 43. Zum Fall der *Achille Lauro* siehe ausführlich oben Zweiter Teil, Kapitel 1, I., 7., b).

790 GA/Res 40/61, Para 13. Vgl. hierzu *Fournier* (Fn. 42), S. 43.

791 *Halberstam* (Fn. 153), S. 269 (291); *Plant*, International and Comparative Law Quarterly 39 (1990), S. 27 (30).

a) Zugrundeliegendes Delikt

Bevor die im SUA-Übereinkommen festgelegten Eingriffsbefugnisse im Einzelnen dargestellt werden können, muss zunächst die Frage beantwortet werden, für welche Art von Delikten diese Geltung haben sollen. Ausgangspunkt ist insoweit Art. 3 des SUA-Übereinkommens, der den tatbestandlichen Anwendungsbereich des Übereinkommens festlegt. Der recht weit gefasste Tatbestand lautet:

> „1. Any person commits an offence if that person unlawfully and intentionally
> (a) seizes or exercises control over a ship by force or threat thereof or any other form of intimidation; or
> (b) performs an act of violence against a person on board a ship if that act is likely to endanger the safe navigation of that ship; or
> (c) destroys a ship or causes damage to a ship or to its cargo which is likely to endanger the safe navigation of that ship; or
> (d) places or causes to be placed on a ship, by any means whatsoever, a device or substance which is likely to destroy the ship, or cause damage to the ship or its cargo which endangers or is likely to endanger the safe navigation of that ship; or
> (e) destroys or seriously damages maritime navigational facilities or seriously interferes with their operation, if any such act is likely to endanger the safe navigation of a ship; or
> (f) communicates information which he knows to be false, thereby endangering the safe navigation of a ship; or
> (g) injures or kills any person, in connection with the commission or the attempted commission of any of the offences set forth in subparagraphs (a) to (f).“

Betrachtet man diesen Tatbestand genauer, so fällt zunächst auf, dass der Begriff des Terrorismus hierin keinen Eingang gefunden hat. Auch wenn der Hintergrund der Entstehung des Übereinkommens etwas Anderes nahelegt, lassen sich durchaus auch Akte der Piraterie unter das Übereinkommen fassen.[792]

Inhaltlich ist nach dem Wortlaut des Art. 3 Abs. 2 das der tatbestandlichen Begehung von Delikten des Abs. 1 zeitlich vorgelagerte Versuchsstadium ausdrücklich umfasst. Selbiges gilt für die Begehung als Tatbeteiligter sowie bei bloßer Androhung der Verübung eines Delikts nach Abs. 1 (b) (c) oder (e), sofern bereits die Androhung geeignet ist, die Sicherheit eines Schiffs zu gefährden.[793]

Auf tatbestandlicher Ebene ist die Vorschrift des Art. 3 dahingehend wesentlich weiter als die Pirateriedefinition des Seerechtsübereinkommens, da bewusst

---

792 *Murphy* (Fn. 101) S. 155 (164); *Kontorovich* (Fn. 98) S. 734 (735); *Ngochua* (Fn. 155) S. 1161 (1191); *Trésoret* (Fn. 27) S. 305 m.w.N. Zu dieser Frage ausführlich auch *Guilfoyle* (Fn. 21), S. 33 (46 ff.).

793 *Trésoret* (Fn. 27), S. 306; *Lagoni* (Fn. 29), S. 501 (526).

auf das Erfordernis der Beteiligung zweier Schiffe verzichtet wurde.[794] Auch stellt sich die Problematik der Definition des Schiffs innerhalb der Konvention nicht, da dieser Begriff in Art. 1 legaldefiniert ist.[795]

Die recht weite Fassung des Tatbestandes findet auch darin ihren Ausdruck, dass Art. 3 auf Seiten das Täters keine bestimmte Zwecksetzung voraussetzt. Die Konvention greift damit sowohl bei privat als auch bei politisch bzw. öffentlich motivierten Taten und erfasst auch solche, die einen Mischzweck verfolgen.

Letztlich ist der geographische Anwendungsbereich der Konvention ebenfalls weit. Er umfasst nicht nur Taten, die auf Hoher See begangen werden, sondern auch solche innerhalb der Küstengewässer eines Staates.[796] Einschränkend nimmt Art. 4 Abs. 1 solche Delikte vom Anwendungsbereich der Konvention aus, die Schiffe betreffen, die nur innerhalb der Gewässer eines Staates verkehren.[797]

b) *Einzelne Befugnisse*

Basierend auf dem Tatbestand des Art. 3 postuliert das Übereinkommen verschiedene Rechte und Pflichten der Vertragsstaaten zur Bekämpfung bzw. Verhinderung der in Art. 3 festgelegten Delikte.

1) *Festnahmerecht (Art. 7 Abs. 1)*

Art. 7 Abs. 1 des Übereinkommens bestimmt, dass

> „... any State Party in the territory of which the offender... is present shall, in accordance with its law, take him into custody..."

Wie sich schon aus dem Wortlaut der Vorschrift ergibt, enthält die Vorschrift kein eigenständiges Eingriffsrecht, aufgrund dessen Täter eines Delikts nach

---

794 *Trésoret* (Fn. 27), S. 307; *Lagoni* (Fn. 29), S. 501 (526 f.); *Dahlvang* (Fn. 183), S. 17 (28); *Fournier* (Fn. 42), S. 43. Dies ist wiederum nicht verwunderlich, macht man sich bewusst, dass die Vorfälle auf der Achille Lauro – an denen ja gerade kein zweites Schiff beteiligt war – gleichsam als Modelldelikt beim Entwurf der Konvention gedient haben.

795 Hierzu im Rahmen der Definition des Art. 101 SRÜ ausführlich oben Zweiter Teil, Kapitel 1, I., 1. c) 1). Zur Legaldefinition des Art. 1 vgl. *Plant* (Fn. 791), S. 27 (35 f.).

796 *Murphy* (Fn. 101), S. 155 (164 f.); *Trésoret* (Fn. 27), S. 307; *Lagoni* (Fn. 29), S. 501 (527). So wohl auch *Fournier* (Fn. 42), S. 42

797 *Beckman*, The 1988 SUA Convention and 2005 SUA Protocol: Tools to Combat Piracy, Armed Robbery, and Maritime Terrorism, in: Herbert-Burns/Bateman/Lehr (Hrsg.), Lloyd's MIU Handbook of Maritime Security, 2009, S. 187 (189); *Lagoni* (Fn. 29), S. 501 (527); *Plant* (Fn.791), S. 27 (37); *Trésoret* (Fn. 27), S. 307 f.

Art. 3 festgehalten werden dürften. Vielmehr richtet sich die Festnahme nach innerstaatlichem Recht. Art. 7 ist demnach als Ausprägung des Rechts eines Küstenstaats, die friedliche Durchfahrt einzuschränken, zu sehen.[798]

2) *Untersuchungsrecht (Art. 7 Abs. 2)*

Ähnlich wie mit dem Festnahmerecht nach Art. 7 Abs. 1 verhält es sich auch mit dem Recht eigene Untersuchungen durchzuführen. Dieses Recht steht im Zusammenhang mit dem nach innerstaatlichem Recht durchzuführenden Strafverfahren. So bestimmt Art. 7 Abs. 2 ausdrücklich, dass, sofern ein Vertragsstaat Untersuchungen durchführt, diese

> „… in accordance with its own legislation"

stattzufinden haben. Da sich das Untersuchungsrecht auf den Fall bezieht, dass der Täter im Hoheitsbereich eines der Vertragsstaaten angetroffen wird, kann diesbezüglich also kein eigenständiges Eingriffsrecht auf der Basis des SUA-Übereinkommens hergeleitet werden.[799]

3) *Gerichtliche Zuständigkeiten*

Zentral innerhalb des SUA-Übereinkommens ist die Festlegung bestimmter Jurisdiktionsregeln. Diese sind in Art. 6 Abs. 1 und Abs. 2 festgelegt. So legt Art. 6 Abs. 1 (a) fest, dass die Zuständigkeit immer dann begründet wird, wenn ein Schiff, das unter der Flagge eines Vertragsstaates fährt, von einer Tat nach Art. 3 betroffen ist. Daneben ist die gerichtliche Zuständigkeit nach Art. 6 Abs. 1 (b) nach dem Territorialitätsprinzip und nach Art. 6 Abs. 1 (c) nach dem aktiven Personalitätsprinzip begründet.[800] Darüber hinaus ordnet Art. 6 Abs. 2 die gerichtliche Zuständigkeit über staatenlose Täter für den Fall an, dass sie entweder ihren gewöhnlichen Aufenthaltsort innerhalb des Hoheitsgebiets eines Vertragsstaates haben (Art. 6 Abs. 2 (a)) oder von der Tat eines Staatenlosen ein Staatsangehöriger des Vertragsstaates betroffen ist (Art. 6 Abs. 2 (b)). Art. 6 Abs. 2 (c) sieht die gerichtliche Zuständigkeit schließlich dann vor, wenn sich die Tat gegen den Staat als solchen oder dessen Interessen richtet.[801]

---

798 *Trésoret* (Fn. 27), S. 311.

799 *Stehr* (Fn. 114), S. 95; *Trésoret* (Fn. 27), S. 312.

800 *Trésoret* (Fn. 27), S. 310.

801 *Lagoni* (Fn. 29), S. 501 (527); *Münchau* (Fn. 45), S. 195 ff.; *Trésoret* (Fn. 27), S. 310; *Kontorovich*, University of Illinois Law Review 2008, S. 389 (393 f.).

4) *Sonstige Rechte und Plichten*

Neben den oben dargestellten Eingriffsrechten und Jurisdiktionsregeln enthält das Übereinkommen auch eine ganze Reihe allgemeiner Pflichten der Vertragsstaaten. So bestimmt etwa Art. 5 des Übereinkommens, dass Vertragsstaaten verpflichtet sind, die in Art. 3 aufgeführten Taten nach innerstaatlichem Recht unter Strafe zu stellen. Art. 12 statuiert die gegenseitige Pflicht zur Rechtshilfe in Verfahren gegen festgenommene Täter, während Art. 13 die Pflicht zur Zusammenarbeit bei der Verhinderung von Taten i.S.d. Art. 3 festschreibt. Darüber hinaus sieht Art. 14 schon im Vorfeld einer Tat eine Informationspflicht der Vertragsstaaten vor, sofern Tatsachen zu ihrer Erkenntnis gelangen, die das Bevorstehen einer Tat nach Art. 3 befürchten lassen. In solchen Fällen sind Vertragsstaaten, deren Gerichte im Falle der Ausführung der Tat nach Art. 6 zuständig wären, unmittelbar zu unterrichten. Ist die Tat bereits zur Ausführung gelangt und der Täter gefasst, beinhaltet Art. 15 die Pflicht der Vertragsstaaten, den Generalsekretär der internationalen Seeschifffahrtsbehörde über die Umstände der Tat und über bestimmte ergriffene Maßnahmen gegen den oder die Täter sowie über den Ausgang des eingeleiteten Verfahrens zu informieren, damit der Generalsekretär wiederum die anderen Vertragsstaaten hierüber in Kenntnis setzen kann.[802]

c) *Stellungnahme*

Als Instrument der Terrorismusbekämpfung auf See geschaffen, umfasst das SUA-Übereinkommen mit dem recht allgemein gehaltenen Delikt und seinem weiten Anwendungsbereich auch solche Taten, die – da sie außerhalb des geographischen Anwendungsbereichs der Art. 101 ff. SRÜ stattfinden – nicht als Piraterie i.S.d. Seerechtsübereinkommens zu werten sind.[803] Anders als das Seerechtsübereinkommen für den Fall der „klassischen" Piraterie enthält das SUA-Übereinkommen, wie soeben dargestellt, nur eine beschränkte Zahl von Eingriffsrechten. Ausgehend von der dem SUA-Übereinkommen zugrundeliegenden Konzeption, dass ein Täter von einem der Vertragsstaaten innerhalb des Hoheitsbereichs eines Staates angetroffen oder seitens des Flaggenstaats eines betroffenen Schiffs festgesetzt wird, wird deutlich, dass sich die Eingriffsrechte des SUA-Übereinkommens im Wesentlichen auf die Frage der justiziellen

---

802 Zu diesen allgemeinen Pflichten vgl. *Plant* (Fn.791), S. 27 (51); *Trésoret* (Fn. 27), S. 309 m.w.N. Zu den Pflichten aus Art. 12 und 14 siehe auch *Halberstam* (Fn. 153), S. 269 (305).

803 Vgl. insoweit schon oben unter a) mit Fn. 792.

Zuständigkeit beziehen.[804] Dieses Grundverständnis führt auch dazu, dass die gerichtlichen Zuständigkeiten des SUA-Übereinkommens im Bereich der Hohen See nicht zur Geltung kommen. Während terroristische Angriffe im küstennahen Bereich also von den Vorschriften des SUA-Übereinkommens erfasst sind, fallen etwaige terroristische Akte im Bereich der Hohen See nicht in den Anwendungsbereich des Übereinkommens.[805] Diese Lücke ist zugunsten der Freiheit der Hohen See hinzunehmen, solange die Definition der Piraterie in ihrer bisherigen Form, nämlich mit dem Bezug zur privaten Zwecksetzung, fortbesteht. Wollte man die Vorschriften des SUA-Übereinkommens im Bereich der Hohen See zur Anwendung bringen,[806] würde der seit Jahrhunderten bestehende Grundsatz der Freiheit der Hohen See insoweit Makulatur, als – im Gegensatz zum bisherigen Verständnis – im Bereich der Hohen See schon bei Verdacht einer Tat nach Art. 3 grundsätzlich die gerichtliche Zuständigkeit im Rahmen des SUA-Übereinkommens begründet wäre, die Freiheit der Hohen See also de facto aufgehoben würde.[807]

2. Das Protokoll zur Bekämpfung widerrechtlicher Handlungen gegen die Sicherheit fester Plattformen, die sich auf dem Festlandsockel befinden

Durch das Protokoll zur Bekämpfung widerrechtlicher Handlungen gegen die Sicherheit fester Plattformen, die sich auf dem Festlandsockel befinden,[808] wurde der Schutzbereich des SUA-Übereinkommens auf solche festen Plattformen ausgeweitet. Das am 10. März 1988 verabschiedete und am 1. März 1992 in Kraft getretene Protokoll stellt in seinem Art. 1 einen unmittelbaren Bezug zum SUA-Übereinkommen her, indem es dessen Art. 5 und 7 sowie die Art. 10 bis 16 auf die in Art. 2 des Protokolls definierten Taten für anwendbar erklärt. Die Definition des Delikts, wie sie Art. 2 des Protokolls festlegt, orientiert sich an derjenigen des Art. 3 des SUA-Übereinkommens, sofern das Delikt gegen eine Plattform gerichtet ist oder auf einer solchen verübt wird.[809] Die gerichtlichen

---

804 Dies gilt neben den Regelungen des Art. 6 auch für das Festnahme- und Untersuchungsrecht nach Art. 7 und die sonstigen Pflichten, stehen doch alle im Zusammenhang mit dem gegen die Täter zu führenden Verfahren. *Trésoret* (Fn. 27), S. 314 unterscheidet insoweit zwischen repressiven und präventiven Eingriffsbefugnissen.

805 So auch *Trésoret* (Fn. 27), S. 312.

806 So etwa *Stehr* (Fn. 114), S. 96; *Wolfrum* (Fn.99), S. 287 (313 f.)

807 Ähnlich *Trésoret* (Fn. 27), S. 313.

808 BGBl. II 1990, S. 508.

809 Zu dem im SUA-Übereinkommen definierten Delikt vgl. oben 1., a).

Zuständigkeiten regelt das Protokoll in Art. 3. Dieser ist wiederum nahezu wortgleich mit Art. 6 des SUA-Übereinkommens.[810] Ein Unterschied zwischen den Jurisdiktionsregeln besteht insofern, als Art. 3 des Protokolls die Verortung der Plattform im Bereich des Festlandsockels eines Vertragsstaates ausreichen lässt, wogegen Art. 6 des SUA-Übereinkommens auf den Staat abstellt, in welchem ein Schiff registriert ist oder in dessen Hoheitsbereich es sich zum Zeitpunkt der Tatbegehung befindet.[811]

Wie das SUA-Übereinkommen selbst beschränkt sich das Protokoll hauptsächlich auf die Festlegung von Jurisdiktionsregeln und statuiert daneben Verpflichtungen zur Zusammenarbeit im Rahmen des gegen die Täter zu führenden Verfahrens.[812]

3. *Das SUA-Protokoll von 2005*

a) *Einleitung*

Nach den Anschlägen vom 11. September 2001 wurden die Unzulänglichkeiten der zur Verfügung stehenden Regelungsinstrumente zur Bekämpfung des maritimen Terrorismus deutlich. Aus diesem Grund beschloss die Generalversammlung der internationalen Seeschifffahrtsorganisation mit Resolution vom 20. November 2001, die bestehenden rechtlichen Rahmenbedingungen einer gründlichen Überprüfung zu unterziehen und sie gegebenenfalls den veränderten Rahmenbedingungen anzupassen.[813] Basierend hierauf wurde im April 2002 vom Rechtsausschuss der Organisation eine Arbeitsgruppe unter Führung der Delegation der Vereinigten Staaten eingesetzt, die in einem ersten Schritt bis Oktober 2003 ein Arbeitspapier zu möglichen Änderungen und später konkrete Änderungsvorschläge erarbeiten sollte.[814] Aufgrund dieses Auftrages setzte sich die Arbeitsgruppe unter anderem mit möglichen Änderungen des SUA-Übereinkommens auseinander. Hierzu entwarf die Delegation der Vereinigten Staaten ein Dokument mit Änderungsvorschlägen, in dem etwa vorgeschlagen wurde, die Definition des Art. 3 des SUA-Übereinkommens um sieben Fallgruppen zu

---

810 Zu den Jurisdiktionsregeln des Art. 6 SUA-Übereinkommen vgl. oben 1., b), 3).

811 Zu den Parallelen und Unterschieden zwischen Protokoll und Übereinkommen vgl. *Plant* (Fn. 791), S. 27 (52).

812 Vgl. hierzu schon oben 1. c).

813 Resolution der Generalversammlung der internationalen Seeschifffahrtsorganisation A.924 (22), Para 1.

814 *Beckman* (Fn. 797), S. 187 (191).

erweitern.[815] Im weiteren Verlauf der Verhandlungen in der Arbeitsgruppe wurde der Vorschlag erarbeitet, ein Recht zum Betreten verdächtiger Schiffe, die sich außerhalb der Hoheitsgewässer eines Staates befinden, in das SUA-Übereinkommen aufzunehmen.[816] Nach weiteren drei Jahren brachte der Rechtsausschuss seine Arbeit an der Überarbeitung des SUA-Übereinkommens schließlich im April 2005 zu Ende.[817] Auf einer Konferenz der SUA-Mitgliedsstaaten im Oktober 2005 wurde das SUA-Protokoll 2005 beschlossen. Es trat am 28. Juli 2010 in Kraft. Bis heute haben 44 Staaten das Protokoll ratifiziert.[818]

b) Änderungen

Nachfolgend werden die durch das SUA-Protokoll 2005 vorgenommenen Änderungen näher dargestellt, soweit sie für die vorliegende Betrachtung wesentlich sind.

1) *Das zugrundeliegende Delikt*

Das SUA-Übereinkommen von 1988 wies insoweit eine erhebliche Lücke auf, als Fälle, in denen ein Schiff als Tatmittel zur Begehung eines Angriffs entweder auf ein anderes Schiff oder auf küstennahe Einrichtungen wie Häfen eingesetzt wird, nicht erfasst waren. Um diese Lücke zu schließen, wurde die Definition des Delikts um drei Kategorien erweitert. Art. 3bis unterstellt unter (a) nunmehr folgende Fälle dem Übereinkommen:

---

815 IMO (Hrsg.), Review of the Convention for the Suppression of Unlawful Acts Against the Safety of Maritime Navigation, 1988, and It Protocol of 1988 Relating to Fixed Platforms Located on the Continental Shelf (SUA Convention and Protocol), LEG 84/6/1, Para 6; *Klein*, Denver Journal of International Law and Policy 35 (2006–2007), S. 287 (288).

816 IMO (Hrsg.), Review of the Convention for the Suppression of Unlawful Acts Against the Safety of Maritime Navigation, 1988, and Its Protocol of 1988 Relating to Fixed Platforms Located on the Continental Shelf (SUA Convention and Protocol) – Draft amendments to the SUA Convention and SUA Protocol, LEG 85/4, Para 10 ff.; *Klein* (Fn. 815), S. 287 (288). Die neben diesen Vorschlägen ebenfalls eingebrachte Veränderung des SUA-Übereinkommens hinsichtlich des Verbots der Verbreitung von Massenvernichtungswaffen spielt für die vorliegende Betrachtung eine untergeordnete Rolle, vgl. hierzu LEG 84/6/1 (Fn. 815), Para 9.

817 IMO (Hrsg.), Report of the Legal Committee on the Work of Its Ninetieth Session, LEG 90/15, Para 29; *Beckman* (Fn. 797), S. 187 (192).

818 Stand 18. Mai 2020.

„(i) uses against or on a ship or discharges from a ship any explosive, radioactive material or BCN weapon[819] in a manner that causes or is likely to cause death or serious injury or damage; or
(ii) discharges, from a ship, oil, liquefied natural gas, or other hazardous or noxious substance, which is not covered by subparagraph (a)(i), in such quantity or concentration that causes or is likely to cause death or serious injury or damage; or
(iii) uses a ship in a manner that causes death or serious injury or damage; or
(iv) threatens, with or without a condition, as is provided for under national law, to commit an offence set forth in subparagraph (a)(i), (ii) or (iii)“

Diese Kategorie der neuen Delikte soll auf objektiver Seite den Einsatz eines Schiffs als Tatmittel sowie den Einsatz von giftigen Stoffen bei der Tatausführung verhindern. Auf subjektiver Seite erfordert die Tatbegehung den Vorsatz, durch die Tat die Bevölkerung einzuschüchtern oder die Regierung eines Staates zu einem bestimmten Tun oder Unterlassen zu bewegen.[820]

In einer zweiten Kategorie wird sodann in Art. 3ter eine spezielle Form der Tatbeteiligung in die Definition des Delikts eingeführt. Dort heißt es:

„Any person commits an offence within the meaning of this Convention if that person unlawfully and intentionally transports another person on board a ship knowing that the person has committed an act that constitutes an offence set forth in article 3, 3bis or 3quater or an offence set forth in any treaty listed in the Annex, and intending to assist that person to evade criminal prosecution.“

Der hier unter das Übereinkommen gefasste Transport von Personen, die eines der benannten Delikte begangen haben, ist eine Form der Beihilfe. Die Vorschrift ist im Zusammenhang mit den im Anhang aufgeführten Konventionen zu sehen.[821] Die in diesen Konventionen aufgeführten Delikte haben sämtlich als Haupttat i.S.d. Art. 3ter zu gelten. Da die im Anhang aufgeführte Liste um weitere Konventionen erweitert werden kann, sind die in Frage kommenden Haupttaten nicht abschließend festgelegt.[822] Auf subjektiver Seite erfordert Art. 3ter wissentliches und willentliches Handeln des Teilnehmers, wobei sich das Wissen

819 BCN weapon = Massenvernichtungswaffe
820 *Beckman* (Fn. 797), S. 187 (192) bezeichnet dies als „terroristisches Motiv“. Ähnlich auch *Trésoret* (Fn. 27), S. 314, der die Begehung zu privaten Zwecken aber nicht gänzlich ausschließen will. Zum Erfordernis der Erregung von Furcht als Definitionsmerkmal des (maritimen) Terrorismus vgl. oben Zweiter Teil, Kapitel 2, II., 2., d).
821 IMO (Hrsg.), Adoption of the Final Act and any Instruments, Recommendations and Resolutions for the Work of the Conference – Protocol of 2005 to the Convention for the Suppression of Unlawful Acts Against the Safety of Maritime Navigation, Art. 7.
822 IMO (Hrsg.) (Fn. 821), Art. 22; *Beckman* (Fn. 797), S. 187 (193).

und Wollen nicht nur auf die Teilnahmehandlung des Transportierens, sondern auch und gerade auf die Haupttat erstrecken muss.[823]

Die dritte wesentliche Erweiterung des dem Übereinkommen zugrundliegenden Delikts findet sich in Art. 3quarter. Dieser lautet:

> „Any person also commits an offence within the meaning of this Convention if that person: (a) unlawfully and intentionally injures or kills any person in connection with the commission of any of the offences set forth in article 3, paragraph 1, article 3bis, or article 3ter; or (b) attempts to commit an offence set forth in article 3, paragraph 1, article 3bis, paragraph 1(a)(i), (ii) or (iii), or subparagraph (a) of this article; or (c) participates as an accomplice in an offence set forth in article 3, article 3bis, article 3ter, or subparagraph (a) or (b) of this article; or (d) organizes or directs others to commit an offence set forth in article 3, article 3bis, article 3ter, or sub-paragraph (a) or (b) of this article; or (e) contributes to the commission of one or more offences set forth in article 3, article 3bis, article 3ter or subparagraph (a) or (b) of this article, by a group of persons acting with a common purpose, intentionally and either: (i) with the aim of furthering the criminal activity or criminal purpose of the group, where such activity or purpose involves the commission of an offence set forth in article 3, 3*bis* or 3*ter*; or (ii) in the knowledge of the intention of the group to commit an offence set forth in article 3, 3*bis* or 3*ter*.

Durch diese Vorschrift wird nunmehr die Tötung eines Menschen bei einem der Delikte sowie die versuchte Tatbegehung und alle Arten der Tatbeteiligung von dem Übereinkommen abgedeckt.[824]

2) *Einzelne Befugnisse*

Im Rahmen der Eingriffsbefugnisse nimmt das Protokoll ebenfalls eine umfassende Erweiterung vor. Während die Regelung zu den gerichtlichen Zuständigkeiten (Art. 6) lediglich redaktionellen Änderungen unterworfen, inhaltlich aber kaum verändert wurde, führt das Protokoll mit Art. 8bis ein Recht zum Betreten von Schiffen, die eines Delikts verdächtig sind, ein. Kernpunkt dieses Rechts ist Art. 8bis Absatz 5. Dieser legt fest:

> „Whenever law enforcement or other authorized officials of a State Party ("the requesting Party") encounter a ship flying the flag or displaying marks of registry of another State Party ("the first Party") located seaward of any State's territorial sea, and the requesting Party has reasonable grounds to suspect that the ship or a person on board the ship has been, is or is about to be involved in the commission of an offence set forth in article 3, 3bis, 3ter or 3quater, and the requesting Party desires to board, any person

823 *Beckman* (Fn. 797), S. 187 (193).

824 *Trésoret* (Fn. 27), S. 317.

also commits an offence within (a) it shall request, in accordance with paragraphs 1 and 2 that the first Party confirm the claim of nationality, and (b) if nationality is confirmed, the requesting Party shall ask the first Party (hereinafter referred to as "the flag State") for authorization to board and to take appropriate measures with regard to that ship which may include stopping, boarding and searching the ship, its cargo and persons on board, and questioning the persons on board in order to determine if an offence set forth in article 3, 3bis, 3ter or 3quater has been, is being or is about to be committed, and (c) the flag State shall either: (i) authorize the requesting Party to board and to take appropriate measures set out in subparagraph (b), subject to any conditions it may impose in accordance with paragraph 7; or (ii) conduct the boarding and search with its own law enforcement or other officials; or (iii) conduct the boarding and search together with the requesting Party, subject to any conditions it may impose in accordance with paragraph 7; or (iv) decline to authorize a boarding and search The requesting Party shall not board the ship or take measures set out in subparagraph (b) without the express authorization of the flag State. (d) Upon or after depositing its instrument of ratification, acceptance, approval or accession, a State Party may notify the Secretary-General that, with respect to ships flying its flag or displaying its mark of registry, the requesting Party is granted authorization to board and search the ship, its cargo and persons on board, and to question the persons on board in order to locate and examine documentation of its nationality and determine if an offence set forth in article 3, 3bis, 3ter or 3quater has been, is being or is about to be committed, if there is no response from the first Party within four hours of acknowledgement of receipt of a request to confirm nationality (e) Upon or after depositing its instrument of ratification, acceptance, approval or accession, a State Party may notify the Secretary-General that, with respect to ships flying its flag or displaying its mark of registry, the requesting Party is authorized to board and search a ship, its cargo and persons on board, and to question the persons on board in order to determine if an offence set forth in article 3, 3bis, 3ter or 3quater has been, is being or is about to be committed. The notifications made pursuant to this paragraph can be withdrawn at any time."

Das unbedingte Zustimmungserfordernis des Flaggenstaats hebt die Wichtigkeit des Grundsatzes der Flaggenstaatsjurisdiktion hervor. Die Zustimmung des Flaggenstaates zum Betreten des Schiffs kann dabei in unterschiedlicher Weise erfolgen. Es besteht die Möglichkeit, dass der Flaggenstaat von Fall zu Fall über die Zustimmung entscheidet und eine solche immer nur für den Einzelfall erteilt. Eine vorherige Zustimmung des Flaggenstaates ist ebenfalls möglich und zwar auf zweierlei Weise: Zum einen ist von stillschweigendem Einverständnis des Flaggenstaats mit dem Betreten auszugehen, wenn eine entsprechende Erklärung beim Generalsekretär der Internationalen Seeschifffahrtsorganisation hinterlegt wurde und auf die Anfrage zum Betreten des Schiffes nicht innerhalb von vier Stunden reagiert wird.[825] Zum anderen ist es dem Flaggenstaat aber auch möglich, eine vorherige Zustimmung zum Betreten dergestalt abzugeben, dass mit der Ratifizierungsurkunde zugleich eine Erklärung beim Generalsekretär der Internationalen Seeschifffahrtsorganisation hinterlegt wird, die es jedem Mitgliedsstaat erlaubt, ein Schiff des betroffenen Flaggenstaates zu betreten, wenn der Verdacht der Begehung eines Delikts nach Art. 3 besteht.[826] Im letzteren Fall ist eine vorherige Anfrage bei den zuständigen Stellen des Flaggenstaates zwar nicht erforderlich, dennoch muss zuvor der Generalsekretär der Internationalen Seeschifffahrtsbehörde über das Vorgehen informiert werden. Bei der Erarbeitung des Protokolls kam es den Mitgliedsstaaten entscheidend darauf an, dass die ausdrückliche Zustimmung des Flaggenstaats in jedem Fall erforderlich und die vorherige Zustimmung – gleich ob mit oder ohne Zustimmungsvorbehalt – fakultativ ist.[827]

Inhaltlich muss die Anfrage, die vor dem Betreten an den Flaggenstaat zu richten ist, lediglich darlegen, *dass* zumindest der Verdacht der Begehung eines der im Übereinkommen festgelegten Delikte besteht. Die genauen Umstände müssen dagegen nicht erläutert werden.

Sofern keine entsprechende Erklärung beim Generalsekretär der Internationalen Seeschifffahrtsbehörde hinterlegt ist, hat ein Flaggenstaat auf eine Anfrage zum Betreten eines seiner Schiffe so schnell wie möglich zu reagieren.[828] Eine feste Zeitvorgabe besteht dahingehend nicht.[829] Nach Art. 8bis Abs. 5 (c) hat der Flaggenstaat unterschiedliche Möglichkeiten, der Anfrage nachzukommen. Er kann den anfragenden Staat zum Betreten des Schiffs ermächtigen[830] oder die entsprechenden Maßnahmen selbst vornehmen.[831]

Wenn die Genehmigung des Flaggenstaats zum Betreten vorliegt, hat der ausführende Staat weitere Vorgaben zu beachten. So legt Art. 8bis Abs. 10 unter anderem fest, dass beim Betreten des Schiffs die Sicherheit und das Leben der

---

825 Art. 8bis Abs. 5 (d).

826 Art. 8bis Abs. 5 (e).

827 So hat etwa das mit der Erarbeitung der Formulierungsvorschläge betraute Legal Committee einem entsprechenden Vorschlag Chinas zugestimmt. Vgl. IMO (Hrsg.), Report of the Legal Committee on the Work of Its Eighty-Ninth Session, LEG 89/16, Para 51; *Klein*, Melbourne Journal of International Law 7 (2006), S. 306 (326).

828 Dieses relativ unbestimmte Erfordernis folgt aus der in Art. 8bis Abs. 1 festgelegten allgemeinen Pflicht zur Zusammenarbeit.

829 Hierzu sogleich unter c), 2).

830 Art. 8bis Abs. 5 (c) (i).

831 Art. 8bis Abs. 5 (c) (ii).

betroffenen Personen,[832] die Unversehrtheit des Schiffes und seiner Ladung[833] sowie die Interessen des Flaggenstaates[834] sicherzustellen sind.

Der Vorrang der Flaggenstaatsjurisdiktion wird auch im weiteren Vorgehen deutlich. Erhärtet sich nämlich nach Betreten des Schiffs durch Vollzugsbeamte eines anderen Vertragsstaats der Verdacht der Begehung eines Delikts im Sinne des Übereinkommens, muss der Flaggenstaat hierüber nicht nur umgehend informiert werden.[835] Ihm verbleibt auch die vorrangige gerichtliche Zuständigkeit über die so aufgegriffenen Täter.[836]

c) *Stellungnahme*

1) *Das zugrundeliegende Delikt*

Die durch das Protokoll in Art. 3bis, 3ter und 3quarter vorgenommenen Erweiterungen des Anwendungsbereichs des Übereinkommens haben wichtige Lücken geschlossen.[837] Die hier vorgenommenen Änderungen waren vor dem Hintergrund der Gefahr für küstennahe Ziele und der durchaus begründeten Befürchtung, dass Terroristen bestimmte Schiffe als Waffe gegen solche Einrichtungen oder auch andere Schiffe einsetzen könnten, dringend erforderlich. Andererseits hat man bei der Ausarbeitung der Änderungen darauf geachtet, Schiffsführer und Besatzungsmitglieder, die in rechtmäßiger Weise ihrer Arbeit nachgehen, nicht unnötig zu kriminalisieren. Zu diesem Zweck wurde das Delikt unter den Vorbehalt des Wissens und Wollens auf Täterseite gestellt.[838] Das Abstellen auf ein solches subjektives Element erschwert die Bekämpfung des Delikts insoweit, als innere Tatsachen der Beurteilung durch Dritte nur schwer zugänglich sind. Für Besatzungsmitglieder, die ein Schiff aufbringen dessen Besatzung in Verdacht steht, ein Delikt im Sinne des Übereinkommens begangen zu haben, wird es – sofern es an objektiven Anhaltspunkten für das Wissen und Wollen fehlt – schwierig sein, die innere Willensrichtung des Schiffführers, der Besatzung oder sonstiger an Bord befindlicher Personen festlegen zu können.

---

832 Art. 8bis Abs. 10 (a) (i).

833 Art. 8bis Abs. 10 (a) (iv).

834 Art. 8bis Abs. 10 (a) (v).

835 Art. 8bis Abs. 6.

836 Art. 8bis Abs. 6 sieht daneben aber auch die Möglichkeit vor, dass der Flaggenstaat seine gerichtliche Zuständigkeit auf den die Untersuchung durchführenden oder einen dritten Staat überträgt.

837 Vgl. näher zu den Erweiterungen oben b), 1).

838 *Beckman* (Fn. 797), S. 187 (193).

Neben dieser Problematik stellt sich auf Ebene des zugrundeliegenden Delikts vor allem das Verhältnis der Bestimmung des Protokolls über den Transport von radioaktivem Material zu Verträgen über die Nichtverbreitung radioaktiven Materials oder sonstiger gefährlicher Stoffe als kompliziert dar.[839] Zwar wurde mit Art. 3bis Abs. 2 eine Regelung eingeführt, die das Handeln von Schiffsbesatzungen aus Mitgliedsstaaten, die nach den entsprechenden Verträgen zum Transport von radioaktivem Material oder sonstigen gefährlichen Stoffen berechtigt sind, aus dem Anwendungsbereich des Protokolls ausnimmt. Wie sich aus den Unterlagen zu den Beratungen über die Vorschriften des Protokolls ergibt, ist hiermit jedoch nichts über den Handel mit radioaktiven Stoffen zwischen Staaten gesagt, die beispielsweise dem Vertrag über die Nichtverbreitung von Kernwaffen nicht beigetreten sind.[840] Zwar ist festzuhalten, dass die Vorschrift des Art. 3bis Abs. 2 schon dann gilt, wenn eine der am Handel beteiligten Parteien aus einem Staat stammt, der den entsprechenden Vertrag unterzeichnet hat, und zwar auch für diejenige Partei, deren Heimatstaat den Vertrag nicht ratifiziert hat.[841] Dies ändert aber nichts daran, dass diejenigen Staaten – und seien es auch verhältnismäßig wenige die beispielsweise dem Vertrag über die Nichtverbreitung von Kernwaffen nicht beigetreten sind und legalen Handel mit nuklearen oder sonstigen gefährlichen Stoffen mit Staaten treiben, die das SUA-Protokoll ebenfalls nicht unterzeichnet haben, im Verhältnis zu den Mitgliedsstaaten schlechter gestellt sind, da ihr Verhalten grundsätzlich den Tatbestand des Art. 3bis erfüllt.[842]

2) *Einzelne Befugnisse*

Ebenso streitbar sind die Änderungen bezüglich der im Übereinkommen vorgesehenen Eingriffsrechte. Näherer Betrachtung bedarf hierbei insbesondere das Recht zum Betreten eines Schiffes (Art. 8bis). Dieses wurde teilweise als großer Fortschritt bei der Bekämpfung des maritimen Terrorismus gefeiert.[843] Die

---

839 Beispielhaft seien etwa der Vertrag über die Nichtverbreitung von Kernwaffen, BGBl. 1974 II, S. 784, und das Übereinkommen über das Verbot der Entwicklung, Herstellung, Lagerung und des Einsatzes chemischer Waffen und über die Vernichtung solcher Waffen, BGBl. 1994 II, S. 806, genannt.

840 Entsprechende Bedenken meldete etwa Indien an, LEG/CONF.15/12.

841 So etwa eine Stellungnahme der Vereinigten Staaten zu den bei den Verhandlungen aufkommenden Bedenken Indiens, Südafrikas und Pakistans, LEG/CONF.15/15.

842 So etwa die Stellungnahme Indiens LEG/CONF.15/19 und Pakistans LEG/CONF.15/20.

843 Vgl. *Trésoret* (Fn. 27), S. 320.

Schaffung eines solchen Rechts ist für sich betrachtet durchaus zu begrüßen, wurde das SUA-Übereinkommen so in seiner Durchsetzung doch erheblich gestärkt. Allerdings ist Art. 8bis, so wie er von den Vertragsparteien ausgestaltet wurde, in mehrfacher Hinsicht kritisch zu betrachten. Zum einen stellt sich die Frage, ob Art. 8bis in der AWZ Anwendung findet. Das Protokoll trifft keine unmittelbare Unterscheidung zwischen dem Bereich der Hohen See und der AWZ. Jedoch legt Art. 8bis Abs. 10 (c) (ii) fest, dass beim Betreten eines Schiffs wie auch bei anderen Maßnahmen auf Grundlage des Protokolls die Rechte und Pflichten des Küstenstaates und die Ausübung seiner Jurisdiktion, wie sie im Rahmen des Völkerrechts festgelegt sind, nicht beeinträchtigt werden dürfen. Dies lässt den Schluss zu, dass das Betreten eines Schiffs nach Art. 8bis zwar auch innerhalb der AWZ möglich ist, die dort für den Küstenstaat bestehenden Rechte aber beachtet werden müssen.[844] Zum anderen stellt sich das umfassende Zustimmungserfordernis des Flaggenstaats, das dem Betreten vorgeschaltet ist, als wesentliches Hemmnis bei der Umsetzung des Rechts zum Betreten eines Schiffes dar. Gedacht zum Schutz der Hoheitsgewalt des Flaggenstaates, sind einem Mitgliedsstaat die Hände gebunden, wenn ein Delikt im Sinne des Protokolls verübt wurde oder die Tatbegehung kurz bevorsteht, der betroffene Flaggenstaat aber dem Betreten des unter seiner Flagge fahrenden Schiffs nicht zustimmt. Dies ist zumindest dann hinzunehmen, wenn der Flaggenstaat die Zustimmung verweigert, um von seiner Jurisdiktion Gebrauch zu machen. Problematisch sind indes Fälle, in denen Flaggenstaaten nicht willens sind, gegen die Verübung von Delikten im Sinne des Protokolls vorzugehen oder, etwa wegen Lücken im Verwaltungsapparat, außerstande sind, auf die Anfrage eines Mitgliedsstaates rechtzeitig zu reagieren. Zwar besteht im letzteren Fall die Möglichkeit der vorherigen Zustimmung.[845] Ist eine solche jedoch nicht erteilt worden, besteht die Gefahr, dass Täter unbehelligt bleiben, weil die Zustimmung des Flaggenstaates entweder gar nicht oder zu spät erfolgt. Um diese Lücke zu schließen, hat die Delegation der Vereinigten Staaten bei den Verhandlungen über den Wortlaut des Protokolls den Vorschlag eingebracht, eine Bestimmung einzufügen, die es dem anfragenden Mitgliedsstaat erlaubt, das verdächtige Schiff zu betreten, sofern sich die zuständigen Stellen des Flaggenstaats nicht innerhalb von vier Stunden zu der Anfrage äußern.[846] Dieser Vorschlag scheiterte jedoch an erheblichem Widerstand der anderen Delegationen, die hierin

844 So auch *Klein* (Fn. 815), S. 287 (320).

845 Vgl. zu den Möglichkeiten der Zustimmung oben b), 2).

846 LEG 88/3, Annex I.

eine nicht hinnehmbare Aushöhlung des Primats der Flaggenstaatsjurisdikton sahen.[847] Zudem wurde ins Feld geführt, ein Vier-Stunden-Zeitfenster sei wegen der Zeitverschiebung zwischen den verschiedenen Mitgliedsstaaten und unterschiedlichen Feiertagsregelungen nicht praktikabel.[848] An dieser Stelle zeigt sich die Wichtigkeit des Vorrangs der Flaggenstaatsjurisdiktion. In ihrer Absolutheit, wie sie das Protokoll statuiert, ist sie dem Vorgehen gegen terroristische Taten jedoch abträglich, zumindest in den oben genannten Konstellationen. Um zu verhindern, dass ein Flaggenstaat seine Schiffe der Durchsetzung des Protokolls faktisch entzieht, indem er die Zustimmung zum Vorgehen nach Art. 8bis stets verweigert, zugleich aber die Rechte der Flaggenstaaten zu wahren, bedarf es einer vermittelnden Lösung. Ein Zeitfenster, wie es von der Delegation der Vereinigten Staaten vorgeschlagen wurde, erscheint dabei als die sinnvollste Lösung. Um ein solches gerade mit Blick auf die Zeitverschiebung und unterschiedliche Reaktionszeiten in den verschiedenen Mitgliedsstaaten jedoch praktisch sinnvoll nutzen zu können, müsste es ausreichend großzügig bemessen sein.

Ein weiteres Problem beim Betreten eines Schiffs durch die Seestreitkräfte eines Mitgliedsstaats ist die Frage, inwieweit der Flaggenstaat über die Umstände des jeweiligen Falles informiert werden muss. Art. 8bis Abs. 2 legt fest, dass die Anfrage, die dem Betreten vorgeschaltet ist, möglichst

> „…the name of the suspect ship, the IMO ship identification number, the port of registry, the ports of origin and destination, and any other relevant information…“

enthalten soll. Hieraus ist zu schließen, dass die Gründe für ein Betreten des Schiffes gerade nicht mitgeteilt werden müssen.[849] Diese Informationen sind nach dem Willen der Vertragsparteien auch nicht als sonstige relevante Informationen i.S.d. Art. 8bis Abs. 2 mitteilungspflichtig. Ein Vorschlag Frankreichs, den beantragenden Staat zur Mitteilung der die Anfrage begründenden Verdachtsmomente zu verpflichten, wurde während der Verhandlungen abgelehnt.[850] Insoweit besteht indes nicht die Gefahr, dass ein Flaggenstaat dem Betreten eines seiner Schiffe zustimmt, ohne ausreichend über die Hintergründe informiert zu sein, denn nach Art. 8bis Abs. 7 kann der Flaggenstaat seine Zustimmung zum Betreten des Schiffs mit der Übermittlung weiterer Informationen bedingen. So

847 *Beckman* (Fn. 797), S. 187 (195).

848 LEG 88/13, Para 13.

849 *Klein* (Fn. 827), S. 306 (327); *ders.* (Fn. 815), S. 287 (321).

850 LEG/SUA/WG.1/2/I, Art. 8bis Para 2, zitiert nach *Klein*, Maritime Security and the Law of the Sea, 2011, S. 177 Fn. 177.

kann verhindert werden, dass ein Flaggenstaat seine Zustimmung gleichsam „ins Blaue hinein“ erteilt.

4. *International Ship and Port Facility Security Code*

a) *Einleitung*

Ein weiteres wichtiges Instrument zur Terrorismusbekämpfung ist der ebenfalls von der IMO ausgearbeitete *International Ship and Port Facility Security Code* (ISPS-Code). Dieser hat wie auch das SUA-Protokoll 2005 seinen Ursprung in den Anschlägen vom 11. September 2001. Ebenso wie das SUA-Protokoll wurde der ISPS-Code infolge der Resolution der Generalversammlung der internationalen Seeschifffahrtsorganisation A.924 (22) vom 20. November 2001 zur Überprüfung und Überarbeitung der rechtlichen Rahmenbedingungen entwickelt.[851] Der ISPS-Code wurde als eine von mehreren Erweiterungen in das *Internationale Übereinkommen von 1974 zum Schutz des menschlichen Lebens auf See*[852] eingefügt und gilt als die weitreichendste Ergänzung des Übereinkommens, die im Zuge der terroristischen Anschläge von 2001 vorgenommen wurde.[853] Er ist in zwei Teile gegliedert. Während der erste Teil (A) verbindliche Vorschriften zur Erhöhung der Sicherheit durch die Regierungen der Mitgliedsstaaten, Hafenämter und Reedereien enthält, umfasst der zweite Teil (B) unverbindliche Vorschläge zur Umsetzung der in Teil A genannten Vorschriften.

b) *Anwendungsbereich*

Anwendbar sind die Vorschriften des ISPS-Codes auf alle Passagierschiffe und mobilen Bohreinheiten sowie auf Frachtschiffe mit einer Bruttotonnage von 500 BRT oder mehr, sofern sie im internationalen Verkehr eingesetzt werden, und Häfen, die solche Schiffe abfertigen.[854] Keine Anwendung findet der ISPS-Code dagegen auf Kriegsschiffe, sonstige von staatlicher Seite außerhalb des Handelsverkehrs betriebene Schiffe, Fischereifahrzeuge gleich welcher Größe oder Schiffe, die nur im Verkehr innerhalb der Gewässer eines Staates eingesetzt werden.[855]

---

851 Vgl. schon oben 3. a).

852 BGBl. 1979 II, S. 141.

853 *Hesse*, International Journal of Marine and Costal Law 18 (2003), S. 327 (330).

854 Amendments to the Annex to the International Convention for the Safety of Life at Sea (SOLAS), 1974, Chap. XI-2, Regulation 2, Para 1.

855 Amendments to the Annex to the International Convention for the Safety of Life at Sea (SOLAS), 1974, Chap. XI-2, Regulation 2, Para 3; *Hale*, Journal of the Australian Naval Institute 116 (2005), S. 13 (14); *Klein* (Fn. 827), S. 306 (319).

Innerhalb des Anwendungsbereichs ist eine Abstufung danach vorzunehmen, welche Art von Schiff betroffen ist, welche Ladung bzw. wie viele Passagiere es an Bord hat, welchem Einsatzmuster es folgt und welche Häfen es anläuft.[856]

c) *Einzelne Befugnisse*

Die in Teil A des ISPS-Codes verbindlich festgelegten Regelungen dienen wesentlich dazu, die Zusammenarbeit zwischen den Regierungen der Mitgliedsstaaten, Behörden auf nationaler und regionaler Ebene sowie Reedereien und Hafenämtern zu fördern und so Risiken für den Schiffsverkehr frühzeitig erkennbar zu machen und sie zu beseitigen.[857] Vor diesem Hintergrund legt Regulation 2, Para 9 drei Sicherheitsstufen fest, von 1 für die Sicherheitsmaßnahmen, die zu jeder Zeit aufrecht zu erhalten sind, über 2 für zusätzliche Maßnahmen, wenn ein erhöhtes Risiko für die Sicherheit der erfassten Einrichtungen besteht, bis hin zu 3 für weitere Maßnahmen, die zu ergreifen sind, wenn ein sicherheitsrelevantes Ereignis unmittelbar bevorsteht oder zumindest wahrscheinlich ist.[858] Damit die zuständigen Stellen in den Mitgliedsstaaten die jeweilige Sicherheitsstufe festlegen können, sind Schiffe, die in den Hafen eines Mitgliedsstaates einlaufen wollen, verpflichtet, entsprechende Informationen zur Verfügung zu stellen. So soll etwa mitgeteilt werden, welche Sicherheitsstufe ein Schiff im Moment führt und während der letzten zehn Anlandungen in einem Hafen führte und welche Sicherheitsmaßnahmen während der letzten zehn Anlandungen getroffen wurden, zugleich können andere sicherheitsrelevante Informationen übermittelt werden, wie etwa die Crew- und/oder die Passagierliste oder eine Beschreibung der mitgeführten Ladung.[859] Führt diese Mitteilung zu der Einstufung in einer der beiden erhöhten Sicherheitsstufen (Stufe 2 oder 3) oder sind die Informationen unvollständig oder werden gar nicht zur Verfügung gestellt, hat ein Mitgliedsstaat verschiedene Möglichkeiten. Er kann entweder dem Schiff die Einfahrt in einen Hafen zunächst verweigern und dem Schiffsführer aufgeben, sein Schiff stattdessen an einen bestimmten Ort innerhalb der Küstengewässer zu steuern, um das Schiff innerhalb seiner Küstengewässer zu durchsuchen, bevor es einen Hafen anlaufen darf, oder ihm die Einfahrt in einen Hafen gänzlich

---

856 *Hesse* (Fn. 853), S. 327 (331); *Klein* (Fn. 827), S. 306 (318).

857 *Hale* (Fn. 855), S. 13 (14).

858 Amendments to the Annex to the International Convention for the Safety of Life at Sea (SOLAS), 1974, Chap. XI-2, Regulation 2, Para 9.9 bis 9.11.

859 IMO Maritime Safety Committee (Hrsg.), Guidance Relating to the Implementation of SOLAS Chapter XI-2 and the ISPS-Code, MSC/Circ. 111, Annex 2, Para 3.1.

untersagen.[860] Ein Recht eines anderen als des Flaggenstaates zum Betreten des Schiffes oder einer Bohreinrichtung oder zur Vornahme anderer Maßnahmen gegen ein Objekt, das zu einer Gefahr für sich oder andere vom ISPS-Code erfassten Objekte oder Einrichtungen werden könnte, bestehen außerhalb der Küstengewässer eines Mitgliedsstaates dagegen nicht.[861]

d) *Stellungnahme*

Obwohl sich der ISPS-Code schon über zehn Jahre in der Praxis bewähren konnte, ergibt sich bei seiner Beurteilung ein gemischtes Bild. Schon der Blick auf den Anwendungsbereich offenbart erste Schwächen. So ist es beispielsweise nicht nachvollziehbar, warum große Yachten (mit einer Bruttotonnage von 500 BRT oder mehr), die im internationalen Charterverkehr eingesetzt sind, von den Vorschriften des ISPS-Codes erfasst werden, Fischereifahrzeuge gleicher Größe aber nicht. Will man davon ausgehen, dass erst Schiffe von gewisser Größe eine Gefährdung im Sinne des ISPS-Codes darstellen, ist zumindest nicht ersichtlich, warum aus risikospezifischer Sicht Fischereifahrzeuge besser zu stellen sind als etwa gecharterte Yachten.[862] Darüber hinaus ist der Mehrwert des ISPS-Codes hinsichtlich des Schutzes von Schiffen, Bohreinrichtungen und Hafenanlagen als eher gering einzustufen. Die Tatsache, dass ein Küstenstaat, der sich durch ein vom ISPS-Code erfasstes Objekt in seiner maritimen Sicherheit bedroht sieht, nach diesem Instrument frühestens dann aktiv vorgehen kann, wenn sich das Objekt in seinen Hoheitsgewässern befindet, und so gezwungen ist, die Bedrohung verhältnismäßig nahe an sich heranrücken zu lassen, ist der Effektivität der im ISPS-Code vorgesehenen Regelungen abträglich.[863] Auch erscheint die Umsetzung derjenigen Vorgaben, die der ISPS-Code für Reedereien macht bzw. die an Bord von Schiffen einzuhalten sind, die unter der Flagge eines Mitgliedsstaates fahren, unter dem Aspekt der Billigflaggen problematisch. Staaten, deren Verwaltungsapparat lückenhaft organisiert ist oder die allein das Ziel verfolgen,

---

860 Amendments to the Annex to the International Convention for the Safety of Life at Sea (SOLAS), 1974, Chap. XI-2, Regulation 9, Para 2.5; IMO Maritime Safety Committee (Hrsg.) (Fn. 859), Para 3.5.

861 *Kaye*, Interdiction and Boarding of Vessels at Sea: New Developments and Old Problems, in: Herbert-Burns/Bateman/Lehr (Hrsg.) (Fn. 797), S. 201 (206).

862 In Zeiten, in welchen hochexplosive bzw. hochgiftige Stoffe auch in kleineren Dosen erhebliche Schäden verursachen können, erscheint es jedoch zweifelhaft, das von einem Schiff ausgehende Risiko an seiner Größe festzumachen. Aus ökonomischer Sicht ist einer Größenbeschränkung aber grundsätzlich zuzustimmen.

863 Ebenso *Klein* (Fn. 827), S. 306 (321).

möglichst viele Schiffe unter ihrer Flagge zu vereinen, um so ein Maximum an Einnahmen zu generieren, könnten nicht in der Lage oder auch nicht daran interessiert sein, die Einhaltung der Vorschriften des ISPS-Codes in ausreichendem Maße zu überwachen.[864] Ebenso stellen sich auf der Seite der Schiffsbesatzungen mehrere Fragen, die der effektiven Umsetzung des ISPS-Codes im Wege stehen könnten. Zum einen ist zu bedenken, dass die Umsetzung der Vorgaben des ISPS-Codes an Bord eines Schiffes von der Besatzung zusätzlich zu der teilweise bereits hohen Arbeitsbelastung übernommen werden muss, sodass sich schon hier die Frage stellt, ob den Pflichten in ausreichendem Maße nachgekommen werden kann.[865] Zum anderen weisen die Vorschriften des ISPS-Codes dort eine Lücke auf, wo falsche Informationen an die zuständigen Stellen des Küstenstaates weitergegeben werden, etwa weil ein Schiff von der Crew übernommen wurde und/oder diese von Dritten zu Falschinformationen gezwungen wird. In diesem Fall kann die Risikoeinstufung nicht korrekt vorgenommen und eine eventuell bestehende Gefahr daher nicht rechtzeitig erkannt werden, um entsprechende Maßnahmen einzuleiten.

In den Jahren seiner Geltung hat der ISPS-Code nahezu weltweite Akzeptanz erfahren.[866] Vor diesem Hintergrund ist in jedem Fall positiv zu werten, dass in Fragen der weltweit allgemeingültigen Standards bei der Beurteilung der Sicherheitslage im internationalen Schifffahrtsverkehr erhebliche Fortschritte erzielt wurden. Auch ist davon auszugehen, dass gerade durch die Schaffung solcher weitverbreiteter Standards, aber auch aufgrund der Einrichtung zentraler zuständiger Stellen in den Mitgliedsstaaten die Reaktionszeiten auf einschlägige Gefahrenlagen erheblich reduziert wurde.

II. Eingriffsrechte nach allgemeinem Völkerrecht

1. Selbstverteidigung (Art. 51 UN-Charta)

a) Einleitung

Im Nachgang zu den Anschlägen vom 11. September 2001 trat Art. 51 UN-Charta als Grundlage für ein Vorgehen gegen Terroristen verstärkt in den Vordergrund. Am 7. Oktober 2001 griffen Einheiten der US-Armee zusammen mit britischen

864 *Hale* (Fn. 855), S. 13 (15). A.A.: *Klein* (Fn. 827), S. 306 (321 f.).

865 *Hale* (Fn. 855), S. 13 (15).

866 Die Internationale Seeschifffahrtsbehörde geht davon aus, dass 98 % des weltweiten Schiffsverkehrs den Vorschriften des ISPS-Codes unterfallen, vgl. *Klein* (Fn. 827), S. 306 (319).

Streitkräften im Rahmen der Operation *Enduring Freedom* Ziele in Afghanistan an.[867] Dieses Vorgehen wurde von amerikanischer Seite als Selbstverteidigung i.S.d. Art. 51 UN-Charta gerechtfertigt.[868] Die Anwendung von Art. 51 UN-Charta auf das Vorgehen gegen Terroristen wirft nicht nur im Zusammenhang mit dem militärischen Eingreifen der Vereinigten Staaten und ihrer Bündnispartner in Afghanistan zahlreiche Fragen auf. Ganz allgemein bedarf die Geltendmachung von Art. 51 UN-Charta beim Vorgehen gegen Terroristen – und damit auch hinsichtlich des hier allein interessierenden maritimen Terrorismus – sowohl auf tatbestandlicher Ebene als auch auf der Rechtsfolgenseite der Vorschrift näherer Betrachtung.

b) *Tatbestand*

1) *Vorliegen eines bewaffneten Angriffs*

Um sich beim Vorgehen gegen Terroristen auf Art. 51 UN-Charta berufen zu können, ist zunächst das Vorliegen eines bewaffneten Angriffs Voraussetzung. Ob ein solcher bei terroristischen Angriffen vorliegt, ist in mehrfacher Hinsicht problematisch.

(a) *Definition*

Der Begriff des bewaffneten Angriffs wird in der UN-Charta nicht definiert.[869] Sowohl im völkerrechtlichen Schrifttum[870] als auch in der Rechtsprechung des IGH bedient man sich zur Definition dieses Tatbestandsmerkmals der von der Generalversammlung der Vereinten Nationen im Rahmen des Art. 39 UN-Charta mit der Resolution 3314 (XXIX) vom 14. Dezember 1974 festgelegten

---

867 CNN, Operation Enduring Freedom Fast Facts, verfügbar unter http://edition.cnn.com/2013/10/28/world/operation-enduring-freedom-fast-facts/.

868 So etwa in einem Brief des Ständigen Vertreters der Vereinigten Staaten bei den Vereinten Nationen vom 7. Oktober 2001 an den Präsidenten des Sicherheitsrates der Vereinten Nationen, UN Doc. S/2001/946. Inwieweit das Ausrufen des Bündnisfalles durch die NATO nach Art. 5 des Nordatlantikvertrages oder die Erklärung der Organisation Amerikanischer Staaten für das Vorliegen einer Selbstverteidigungssituation sprechen, ist beim Tatbestandsmerkmal des bewaffneten Angriffs näher zu beleuchten.

869 *Greenwood*, Self-Defence, in: Wolfrum (Hrsg.) (Fn.108), 2011, Rn 10; *Krajewski*, Archiv des Völkerrechts 40 (2002), S. 183 (187); *Waak* (Fn. 29), S. 115.

870 So etwa *Krajewski*, Kritische Justiz 34 (2001), S. 363 (374); *ders.* (Fn. 869), S. 183 (188) m.w.N. Zum Zusammenspiel von bewaffnetem Angriff und Aggressionsdefinition ausführlich *Waak* (Fn. 29), S. 115 ff.

Aggressionsdefinition.[871] In deren Art. 3 wird die Angriffshandlung beispielhaft definiert. So gilt als Angriffshandlung

> „a) die Invasion oder der Angriff der Streitkräfte eines Staates auf das Hoheitsgebiet eines anderen Staates oder jede, wenn auch vorübergehende, militärische Besetzung, die sich aus einer solchen Invasion oder einem solchen Angriff ergibt, oder jede gewaltsame Annexion des Hoheitsgebiets eines anderen Staates oder eines Teiles desselben;
> b) die Beschießung oder Bombardierung des Hoheitsgebietes eines Staates durch die Streitkräfte eines anderen Staates oder der Einsatz von Waffen jeder Art durch einen Staat gegen das Hoheitsgebiet eines anderen Staates;
> c) die Blockade der Häfen oder Küsten eines Staates durch die Streitkräfte eines anderen Staates;
> d) der Angriff der Streitkräfte eines Staates auf die Land-, See- oder Luftstreitkräfte oder auf die See- und Luftflotte eines anderen Staates;
> e) der Einsatz von Streitkräften eines Staates, die sich mit Zustimmung eines anderen Staates auf dessen Hoheitsgebiet befinden, unter Verstoß gegen die in dem entsprechenden Abkommen vorgesehenen Bedingungen oder jede Verlängerung ihrer Anwesenheit in diesem Gebiet über den Ablauf des Abkommens hinaus;
> f) die Tatsache, dass ein Staat, der sein Hoheitsgebiet einem anderen Staat zur Verfügung gestellt hat, zulässt, dass dieses Hoheitsgebiet von dem anderen Staat dazu benutzt wird, eine Angriffshandlung gegen einen dritten Staat zu begehen;
> g) das Entsenden bewaffneter Banden, Gruppen, Freischärler oder Söldner durch einen Staat oder in seinem Namen, wenn diese mit Waffengewalt Handlungen gegen einen anderen Staat ausführen, die auf Grund ihrer Schwere den oben aufgeführten Handlungen gleichkommen, oder die wesentliche Beteiligung daran.“[872]

Der IGH hat im *Nicaragua*-Fall bei der Frage des Vorliegens eines Angriffs innerhalb des Tatbestandes von Art. 51 UN-Charta unmittelbar auf Art. 3 g) der Resolution Bezug genommen.[873] Selbiges wiederholte er in seiner Entscheidung zu den bewaffneten Angriffen auf dem Staatsgebiet des Kongo vom 19. Dezember 2005.[874] In ersterer Entscheidung stellte der IGH jedoch auch klar, dass nicht jede Art der Anwendung von Gewalt i.S.d. Art. 2 Abs. 4 UN-Charta zugleich auch einen Angriff i.S.d. Art. 51 UN-Charta darstellt.[875] Wo die Grenze zwischen

---

871 UN Doc. A/RES/3314 (XXIX).

872 Diese Aufzählung ist nach Art. 4 der Resolution nicht abschließend und kann durch den Sicherheitsrat jederzeit um weitere Handlungen erweitert werden.

873 IGH *Military and Paramilitary Activities in and against Nicaragua* (Nicaragua v. United States of America), ICJ Reports 1986, S. 14 (93).

874 IGH *Armed Activities on the Territory of the Congo* (Democratic Republic of the Congo v. Uganda), ICJ Reports 2005, S. 168 (222 f.).

875 IGH *Military and Paramilitary Activities in and against Nicaragua* (Nicaragua v. United States of America), ICJ Reports 1986, S. 14 (93) spricht insoweit davon, dass es

Gewalt und bewaffnetem Angriff zu ziehen ist bzw. welche Maßstäbe bei der Abgrenzung heranzuziehen sind, führt die Entscheidung nicht aus. Ob überhaupt eine Unterscheidung zwischen Gewalt i.S.d. Art. 2 Abs. 4 UN-Charta und dem bewaffneten Angriff i.S.d Art. 51 UN-Charta getroffen werden kann, ist durchaus umstritten. Dagegen wird ins Feld geführt, dass kein nachvollziehbarer Grund bestünde, warum manche Angriffe vom Selbstverteidigungsrecht umfasst würden und andere hingegen wegen der Heranziehung einer künstlich aufgebauten, nicht näher konkretisierten Schwelle zwischen Gewalt und bewaffnetem Angriff nicht.[876] Diese Ansicht verkennt indes zweierlei: Zum einen würde die Unterscheidung im Wortlaut des Art. 51 UN-Charta, der von einem bewaffneten Angriff und gerade nicht, wie Art. 2 Abs. 4 UN-Charta, von Gewalt spricht, keinen Sinn machen, wollte man jede Art von Gewalt für die Selbstverteidigung ausreichen lassen. Zum anderen muss man sich bewusst machen, dass Art. 51 UN-Charta eine Ausnahmevorschrift im System der UN-Charta darstellt, der gerade das Vermeiden von Angriffen und Gewalttaten zugrunde liegt. Um diesen Ausnahmecharakter zu wahren und ein Ausufern von über Art. 51 UN-Charta gerechtfertigten Maßnahmen zu verhindern, ist der Begriff des bewaffneten Angriffs dahingehend einzuschränken, als die das Selbstverteidigungsrecht auslösende Handlung in ihren Auswirkungen eine gewisse Schwere aufweisen muss.[877]

In diesem Zusammenhang ist auch das Problem der sogenannten Nadelstich-Theorie zu erörtern. Hierunter versteht man den Ansatz, wonach mehrere grenzüberschreitende terroristische Akte, die jeweils für sich genommen nicht die Schwelle des bewaffneten Angriffs überschreiten, durch das ständige Auftreten vieler „kleiner" Angriffe im Lichte einer Gesamtbetrachtung aber letztlich doch einen das Selbstverteidigungsrecht nach Art. 51 UN-Charta auslösenden Angriff verkörpern sollen.[878] Die schwerwiegenden Auswirkungen, welche sich

---

sich nicht um einen einfachen Grenzzwischenfall ("mere frontier incident") handeln dürfe.

876 So etwa *Greenwood* (Fn. 869), Rn. 12, der das Korrektiv der Notwendigkeit und Verhältnismäßigkeit für ausreichend erachtet. Gegen das Erfordernis einer gewissen Schwere des Angriffs auch *Franzke* (Fn. 610), S. 128 (146).

877 Vgl. *Bruha/Bortfeld*, Vereinte Nationen 49 (2001), S. 161 (162); *Cassese*, International and Comparative Law Quarterly 38 (1989), S. 589 (596). A.A. *Kittrich*, The Right of Individual Self-Defense in Public International Law, 2008, S. 92.

878 *Kaczorowska-Ireland* (Fn. 276), S. 701 f.; *Kattan*, The Use and Abuse of Self-Defence in International Law: The Israel-Hezbollah Conflict as a Case Study, 2007, S. 13, verfügbar unter https://papers.ssrn.com/sol3/papers.cfm?abstract_id=994282.

bei einem Befürworten dieser Theorie ergeben können, zeigt der Konflikt im Nahen Osten deutlich. Wollte man Israel das Selbstverteidigungsrecht nach Art. 51 UN-Charta mit Blick auf die fortdauernden Angriffe der Hisbollah zubilligen, könnte der Libanon gegen Israel hinsichtlich immer wieder stattfindender Grenzverletzungen durch israelische Streitkräfte dieses Recht ebenfalls geltend machen.[879] Die Anwendung dieser Theorie würde damit das Eskalieren verschiedener „kleiner" Angriffe hin zu einem weitreichenden Konflikt fördern und ist aus diesem Grund abzulehnen.[880]

Eng verbunden mit der Frage nach dem Angriff im Allgemeinen ist auch die definitorische Problematik des *bewaffneten* Angriffs im Besonderen. Macht man sich die Grundkonzeption der UN-Charta und insbesondere die des Art. 51 UN-Charta bewusst, hatten die Schöpfer der UN-Charta vor allem das zwischenstaatliche militärische Vorgehen im Auge.[881] Dieser konzeptionelle Ansatz des Angriffs mit militärischen Mitteln lässt keinen Zweifel, wann von einem bewaffneten Angriff auszugehen ist. Betrachtet man jedoch die modernen Mittel der Kriegsführung, ist keineswegs mehr klar, wann ein Angriff mittels einer Waffe ausgeführt wird. In Zeiten vermehrt auftretender Cyber-Angriffe hilft das klassische Verständnis des Waffenbegriffs nicht mehr weiter.[882] Wann ein Angriff als bewaffnet zu gelten hat, ist vielmehr an den Umständen des Einzelfalls zu messen, wobei es nicht darauf ankommt, dass ein für den Angriff verwendeter Gegenstand nach allgemeiner Betrachtung oder nach seinem bestimmungsgemäßen Gebrauch als Waffe gilt, sondern von entscheidender Bedeutung ist, ob

879 *Kattan* (Fn. 878), S. 14; *Shiryaev*, Acta Societatis Martensis 3 (2007/2008), S. 80 (95). Ähnliches drohte die libanesische Regierung in einem Schreiben an den Generalsekretär der Vereinten Nationen bereits im Jahr 2003 an, vgl. das Schreiben des libanesischen Ständigen Vertreters bei den Vereinten Nationen vom 4. Februar 2003, UN Doc. A/57/722.

880 So in Bezug auf den Nahostkonflikt auch *Kattan* (Fn. 878), S. 14; *Shiryaev* (Fn. 879), S. 80 (95). A.A. *Kaczorowska-Ireland* (Fn. 276), S. 701 f.; *Tams* European Journal of International Law 20 (2009), S. 359 (388).

881 *Zemanek*, Armed Attack, in: Wolfrum (Hrsg.) (Fn. 108), 2013, Rn. 5, 11. *Dahm* (Fn. 621), S. 48 (51) spricht etwa von einem „[offenen] militärische[n] Angriff großen Stils…". Dazu sogleich ausführlich. Zum Konzept der Selbstverteidigung im Allgemeinen vgl. *Brownlie*, International Law and the Use of Force by States, 1968, S. 251 ff.

882 Zum Begriff des Cyber-Krieges ausführlich *Woltag*, Cyber Warfare, in: Wolfrum (Hrsg.) (Fn. 108), 2015, Rn. 2 ff.

der Täter einen Gegenstand bewusst als Waffe einsetzt und ob die Schwere der Auswirkungen der Verwendung dieses Gegenstands mit dem Einsatz militärischer Mittel gleichzusetzen ist.[883]

(b) *Terroristische Organisationen als Täter des bewaffneten Angriffs*

Nach den Anschlägen vom 11. September 2001 und dem daraus resultierenden auf Art. 51 UN-Charta gestützten Vorgehen der amerikanischen Streitkräfte und ihrer Bündnispartner gegen die Terrororganisation Al-Qaida stellt sich die Frage, ob (nichtstaatliche) terroristische Organisationen überhaupt Täter eines bewaffneten Angriffs i.S.d. Art. 51 UN-Charta sein können. Für die Beantwortung dieser Frage ist wiederum das Grundverständnis des Art. 51 UN-Charta von entscheidender Bedeutung. Das gesamte Gefüge der UN-Charta – und damit auch Art. 51 UN-Charta – folgt dem Leitbild des Völkerrechts an sich und ist auf die Lösung zwischenstaatlicher Streitigkeiten ausgerichtet.[884] Nach den Anschlägen vom 11. September 2001 wurden im völkerrechtlichen Schrifttum Stimmen laut, die mit verschiedenen Argumenten die Möglichkeit der Urheberschaft eines bewaffneten Angriffs i.S.d. Art. 51 UN-Charta durch terroristische Gruppen, die unabhängig von Staaten agieren, bejahten. So wird zum Beispiel ins Feld geführt, dass der UN-Sicherheitsrat in seinen Resolutionen 1368 (2001) und 1373 (2001) im Zusammenhang mit den Anschlägen vom 11. September 2001 explizit auf das Recht zur Selbstverteidigung nach Art. 51 UN-Charta verwiesen habe.[885] Dieses Argument vermag bei genauerer Betrachtung der Resolutionen 1368 (2001) und 1373 (2001) eine Erweiterung von Art. 51 UN-Charta auf

---

883 *Zemanek* (Fn. 881), Rn. 2; *Tomuschat*, Rechtspolitisches Forum 05 (2002), S. 17 f, verfügbar unter https://ubt.opus.hbz-nrw.de/opus45-ubtr/frontdoor/deliver/index/docId/497/file/05_Tomuschat_EBook.pdf; *Greenwood* (Fn.869), Rn. 14; *Joyner/Lotrionte*, European Journal of International Law 12 (2001), S. 825 (855), die Cyberangriffe als bewaffneten Angriff werten, wenn hierdurch beispielsweise das Flugverkehrskontrollsystem eines Staates außer Kraft gesetzt wird. Ähnlich *Thümmel*, Computernetzwerkoperationen innerhalb internationaler bewaffneter Konflikte, 2013, S. 93. A.A. *Woltag* (Fn. 882), Rn. 3; *Kaczorowska* (Fn. 276), S. 702.

884 *Trapp*, Can Non-State Actors Mount an Armed Attack?, in: Weller (Hrsg.) (Fn. 556), S. 679 (679 f.); *Hofmeister*, Zeitschrift für öffentliches Recht 62 (2007), S. 475 (476); *Zemanek* (Fn. 881), Rn. 5; *Bruha/Bortfeld* (Fn. 877), S. 161 (161); *Brownlie* (Fn. 881), S. 278; *ders.*, British Yearbook of International Law 37 (1961), S. 183 (245)..

885 *Stahn*, Zeitschrift für ausländisches öffentliches Recht und Völkerrecht 2002, S. 183 (214); *Krajewski* (Fn. 870), S. 363 (375). Die Resolution wohl auch in diese Richtung auslegend: *Wood*, Terrorism and the international law on the use of force, in: Saul (Hrsg.) (Fn. 414), S. 180 (184).

terroristische Gruppen als Täter nicht zu tragen. So sind die Resolutionen diesbezüglich schon deshalb widersprüchlich, als sie das Recht zur Selbstverteidigung zwar erwähnen, zugleich aber die Anschläge als Friedensbedrohung – und gerade nicht als bewaffneten Angriff – einordnen.[886] Darüber hinaus nehmen die Resolutionen nur in ihren Präambeln, nicht aber im operativen Teil Bezug auf das Selbstverteidigungsrecht nach Art. 51 UN-Charta.[887]

Überzeugender ist hingegen der Wortlaut des Art. 51 UN-Charta selbst. Die Vorschrift spricht nämlich nur von einem bewaffneten Angriff, lässt aber offen, von wem dieser ausgehen muss. Hieraus ist der Schluss zu ziehen, dass sowohl staatliche als auch nicht-staatliche Angriffe unter die Norm gefasst werden können.[888]

Als weiteres Argument für die Ausweitung des Täterkreises auf terroristische Organisationen werden die Reaktionen der NATO und der Gemeinschaft amerikanischer Staaten auf die Anschläge vom 11. September 2001 gewertet. So stellte der Nordatlantikrat am 12. September 2001 die Erklärung des Bündnisfalles nach Art. 5 des Washingtoner Vertrages in Aussicht,[889] welche dann am 2. Oktober 2001 erfolgte.[890] Art. 5 des Washingtoner Vertrages lautet:

> „The Parties agree that an **armed attack** against one or more of them in Europe or North America shall be considered an attack against them all and consequently they agree that, if such an armed attack occurs, each of them, in exercise of the right of individual or collective self-defence recognised by **Article 51 of the Charter of the United Nations**, will assist the Party or Parties so attacked by taking forthwith, individually and in concert with the other Parties…“[891]

---

886 SC-Res 1368 (2001), Einleitung Absatz 3; SC-Res 1373 (2001), Einleitung Absatz 4. Ebenso *Hofmeister* (Fn. 884), S. 475 (483); *Bruha/Bortfeld* (Fn. 877), S. 161 (164). *Cassese*, European Journal of International Law 12 (2001), S. 993 (996) bezeichnet die Resolution 1368 deshalb als „ambiguous and contradictory“.

887 *Hofmeister* (Fn. 884), S. 475 (483); *Bruha/Bortfeld* (Fn. 877), S. 161 (164).

888 *Trapp* (Fn. 884), S. 679 (684); *Khayre*, African Journal of International and Comparative Law 22 (2014), S. 208 (212); *Stahn*, Fletcher Forum of World Affaires 27 (2003), S. 35 (36); *Bruha/Bortfeld* (Fn. 877), S. 161 (165); *Zemanek* (Fn.881), Rn. 16.

889 Pressemitteilung der NATO No. 124 vom 12. September 2001, verfügbar unter http://www.nato.int/docu/pr/2001/p01-124e.htm.

890 Erklärung des NATO-Generalsekretärs vom 2. Oktober 2001, verfügbar unter http://www.nato.int/cps/en/natohq/opinions_19011.htm?selectedLocale=en.

891 Art. 5 North Atlantic Treaty vom 4. April 1949, 34 UNTS 243. Hervorhebungen durch den Verfasser.

Die Verwendung des Begriffs des bewaffneten Angriffs und der unmittelbare Verweis auf Art. 51 UN-Charta lassen durchaus den Schluss zu, dass die Mitgliedsstaaten der NATO davon ausgingen, dass ein bewaffneter Angriff auch von terroristischen Gruppen ausgeführt werden kann.[892] Selbiges gilt für die Erklärung des Bündnisfalls durch die Mitgliedstaaten der Gemeinschaft amerikanischer Staaten nach Art. 3 des *Inter-American Treaty of Reciprocal Assistance* (Rio-Vertrag).[893] Dieser lautet:

> „The High Contracting Parties agree that an **armed attack** by any State against an American State shall be considered as an attack against all the American States and, consequently, each one of the said Contracting Parties undertakes to assist in meeting the attack in the exercise of the inherent right of individual or collective self-defense recognized by **Article 51 of the Charter of the United Nations**."[894]

Aus denselben Gründen wie zuvor die Erklärung der NATO kann die Erklärung des Bündnisfalls durch die Mitgliedsstaaten der Gemeinschaft amerikanischer Staaten vom 19. September 2001[895] dahin gedeutet werden, dass auch die Mitgliedsstaaten des Rio-Vertrages innerhalb des Art. 51 UN-Charta von der Möglichkeit der Täterschaft einer terroristischen Organisation ausgehen.[896]

Mit den Reaktionen auf die Anschläge von Paris am 13. November 2015 bietet sich innerhalb der Europäischen Union ein ähnliches Bild. Als unmittelbare Folge der Anschläge durch die Organisation Islamischer Staat, bei denen 130 Menschen ums Leben kamen, hat Frankreichs Verteidigungsminister den Bündnisfall nach Art. 42 Abs. 7 EU-Vertrag erklärt.[897] Die 2009 durch den Vertrag von Lissabon eingeführte Vorschrift lautet:

> „Im Falle eines bewaffneten Angriffs auf das Hoheitsgebiet eines Mitgliedstaats schulden die anderen Mitgliedstaaten ihm alle in ihrer Macht stehende Hilfe und Unterstützung, **im Einklang mit Artikel 51 der Charta der Vereinten Nationen**."[898]

---

892 *Stahn* (Fn. 885), S. 183 (214); *Wood* (Fn. 885), S. 180 (185). Diesen Ansatz ebenfalls ansprechend, im Ergebnis aber ablehnend *Hofmeister* (Fn. 884), S. 475 (478, 484).

893 Art. 3 Inter-American Treaty of Reciprocal Assistance vom 2. September 1947, 21 UNTS 324.

894 Hervorhebungen durch den Verfasser.

895 OEA/Ser.G CP/RES 796 (1293/01).

896 *Stahn* (Fn. 885), S. 183 (214); *Krajewski* (Fn. 870), S. 363 (376); *Wood* (Fn. 885), S. 180 (185). Diesen Ansatz ebenfalls ansprechend *Hofmeister* (Fn. 884), S. 475 (478 f.).

897 *Vaudano*, Maxime, La France peut-elle contraindre les pays européens à lui porter assistance?, Le Monde 16. November 2015, verfügbar unter http://www.lemonde.fr/les-decodeurs/article/2015/11/16/francois-hollande-peut-il-contraindre-les-autres-pays-europeens-a-porter-assistance-a-la-france_4811308_4355770.html.

898 Hervorhebung durch den Verfasser.

Der klare Verweis der Vorschrift auf Art. 51 UN-Charta lässt insoweit, als Frankreich in Reaktion auf die von einer nichtstaatlichen Organisation geplanten und ausgeführten Anschläge den Bündnisfall bemüht hat, den Schluss zu, dass von französischer Seite davon ausgegangen wird, dass die Anschläge als bewaffneter Angriff i.S.d. Art. 51 UN-Charta zu werten sind.[899] Der Bündnisfall des Art. 42 Abs. 7 EUV ist indes nicht nur in seiner Reichweite problematisch.[900] In diesem Zusammenhang stellt sich auch die Frage, wie die Vorschrift des Art. 42 Abs. 7 EUV im Verhältnis zu Art. 222 AEUV steht. Dieser lautet:

> „Die Union und ihre Mitgliedstaaten handeln gemeinsam im Geiste der Solidarität, wenn ein Mitgliedstaat von einem Terroranschlag, einer Naturkatastrophe oder einer vom Menschen verursachten Katastrophe betroffen ist. Die Union mobilisiert alle ihr zur Verfügung stehenden Mittel, einschließlich der ihr von den Mitgliedstaaten bereitgestellten militärischen Mittel, um
> a) terroristische Bedrohungen im Hoheitsgebiet von Mitgliedstaaten abzuwenden…“

Im Unterschied zum NATO-Vertrag wie auch dem Rio-Vertrag bietet sich also mit Art. 222 AEUV eine Rechtsgrundlage, die konkret auf terroristische Bedrohungen angelegt ist, sodass es eines Rückgriffs auf Art. 42 EUV mit dessen Verweis auf Art. 51 UN-Charta eigentlich nicht bedürfte. Würde man der Ansicht folgen, dass die Angriffe von Paris als bewaffnete Angriffe i.S.d. Art. 42 Abs. 7 EUV zu gelten haben, liefe die oben ausgeführte Tatbestandsalternative des Art. 222 AEUV leer.[901] Obwohl die französische Einordnung der Vorkommnisse innerhalb der EU Zustimmung gefunden hat,[902] stützen die Ereignisse die Sicht

899 Ähnlich *Zeitzmann*, Die Terrorakte von Paris: Anwendung des Art. 42 Abs. 7 EUV gerechtfertigt?, verfügbar unter http://jean-monnet-saar.eu/?p=1043#tc-comment-title.

900 Hierzu *Kaufmann-Bühler*, Art. 42 Allgemeine Bestimmungen über die GSVP in: Grabitz/Hilf/Nettesheim (Hrsg.), Das Recht der Europäischen Union, 68. Ergänzungslieferung 2019, Rn. 68; *Marquardt/Gaedtke*, EUV Artikel 42 (ex Artikel 17 EUV), in: von der Groeben/Schwarze/Hatje (Hrsg.), Europäisches Unionsrecht, 7. Auflage 2015, Rn. 16.

901 *Zeitzmann* (Fn. 899).

902 So erklärten die Verteidigungsminister der Europäischen Union auf ihrer Sitzung am 17. November 2015 als unmittelbare Reaktion auf die Erklärung des Bündnisfalles ihre uneingeschränkte Unterstützung dieser Anfrage, siehe die gemeinsame Erklärung der Hohen Vertreterin für Außen- und Sicherheitspolitik und des französichen Verteidigungsministers verfügbar unter http://eeas.europa.eu/statements-eeas/2015/151117_01_fr.htm.

letztlich nicht, dass ein bewaffneter Angriff i.S.d. Art. 51 UN-Charta auch durch nichtstaatliche terroristische Gruppen begangen werden kann.[903]

Betrachtet man die Rechtsprechung des Internationalen Gerichtshofs zu dieser Frage, ist davon auszugehen, dass der Gerichtshof einen staatlichen Angriff voraussetzt. Im Teheraner Geiselfall hat der Gerichtshof zwar die Angriffe iranischer Studenten auf die amerikanische Botschaft als bewaffneten Angriff bezeichnet, diese in der Folge aber dem iranischen Staat zugerechnet.[904] In seinem Gutachten zum israelischen Grenzzaun und im Fall *Armed Activities on the Territory of the Congo* machte der Gerichtshof deutlich, dass aus seiner Sicht Art. 51 gerade einen *staatlichen* Angriff erfordere.[905]

Für eine Aufnahme terroristischer Organisationen in den Täterkreis des Art. 51 UN-Charta streitet vor allem der Sinn und Zweck der UN-Charta allgemein und der Vorschrift des Art. 51 UN-Charta im Besonderen. Wie schon Art. 1 (1) UN-Charta deutlich macht, ist die Erhaltung des Friedens Kernpunkt des Wirkens der UN.[906] Diese Aufgabe kann sie nur dann effektiv wahrnehmen, wenn sie ihre Arbeit den tatsächlichen Gegebenheiten immer wieder anpasst. Gerade die Anschläge vom 11. September 2001 machen deutlich, dass terroristische Anschläge – ob zu Land oder zu Wasser – eine erhebliche Gefahr für die Sicherheit der Weltbevölkerung darstellen, welche in ihren Auswirkungen mit zwischenstaatlichen Konflikten durchaus gleichzustellen sind.[907] Um die Sicherheit auch weiterhin zu gewährleisten und mit den Entwicklungen der Rechtswirklichkeit Schritt halten zu können, ist die Einbeziehung terroristischer Gruppen in den Täterkreis des Art. 51 UN-Charta unabdingbar.[908] Darüber hinaus erscheint dies bezogen auf Art. 51 UN-Charta selbst ebenso sinnvoll. Betrachtet man nämlich den bewaffneten Angriff von der Wirkungsseite und

---

903 Im Ergebnis ebenso *Zeitzmann* (Fn. 899).

904 IGH *United States Diplomatic and Consular Staff in Teheran* (United States of America v. Islamic Republic of Iran), ICJ Reports 1980, S. 3 (42).

905 IGH *Legal Consequences of the Construction of a Wall in the Occupied Palestine Territory, Advisory Opinion*, ICJ Reports 2004, S. 136 (194); IGH *Armed Activities on the Territory of the Congo* (Democratic Republic of Congo v. Uganda), ICJ Reports 2005, S. 168 (222). Eine umfassende Darstellung der Rechtsprechung des Internationalen Gerichtshofs zu dieser Frage findet sich bei *Trapp* (Fn. 884), S. 679 (685 ff.) und bei *Kreß*, The International Court of Justice and the 'Principle of Non-Use of Force', in: Weller (Hrsg.) (Fn. 556), S. 561 (585 f.).

906 *Hofmeister* (Fn. 884), S. 475 (480).

907 So schon *Travalio*, Wisconsin International Law Journal 18 (2000), S. 145 (155); *Hofmeister* (Fn. 884), S. 475 (480).

908 Ebenso *Hofmeister* (Fn. 884), S. 475 (480); *Krajewski* (Fn. 869), S. 183 (198).

damit unabhängig vom Urheber, verhindert man, unabhängig von einem Staat operierenden Gruppen ungewollten Spielraum zur Durchführung ihrer Angriffe zu lassen.[909]

Zuletzt kann auch die Entstehungsgeschichte des Art. 51 UN-Charta für eine erweiterte Auslegung des Täterkreises fruchtbar gemacht werden. Der von amerikanischer Seite in die Diskussion eingebrachte Entwurf sprach insoweit einschränkend von

„...attack **by any state** against any member state..."[910]

Dieser Vorschlag traf jedoch sowohl bei der französischen Delegation als auch bei der britischen auf Widerstand und wurde daraufhin fallengelassen.[911] Auch wenn der Grund hierfür nicht etwa die Ausweitung des Anwendungsbereichs von Art. 51 UN-Charta auf nichtstaatliche Gruppen war, so zeigt dies doch, dass beim Entwurf der Vorschrift deren Anwendungsbereich möglichst breit gefasst werden sollte.[912]

Nach alldem sprechen überwiegende Gründe dafür, Angriffe nichtstaatlicher Terrorgruppen in den Anwendungsbereich von Art. 51 UN-Charta aufzunehmen, sofern sie in ihren Auswirkungen ein Maß erreichen, das staatlichen Angriffen gleichkommt.[913]

(c) *Zielrichtung des bewaffneten Angriffs*

Weiter soll näher beleuchtet werden, welche Einschnitte der bewaffnete Angriff einer terroristischen Gruppe mit sich bringen muss, damit sich ein Staat auf das Recht zur Selbstverteidigung nach Art. 51 UN-Charta berufen kann. Hierbei ist allgemein festzustellen, wie bereits zuvor ausgeführt, dass der Angriff von

909 *Wolfrum*, Max Planck Yearbook of United Nations Law 7 (2003), S. 1 (36); *Tomuschat* (Fn. 883), S. 14; *Hofmeister* (Fn. 884), S. 475 (481 f.).

910 Department of State (Hrsg.), Foreign Relations of the United States: Diplomatic Papers 1945 Vol. I, S. 674. Hervorhebung durch den Verfasser.

911 *Trapp* (Fn. 884), S. 679 (685); *Hofmeister* (Fn. 884), S. 475 (482); *Murphy*, American Journal of International Law 99 (2005), S. 62 (70).

912 *Murphy* (Fn. 911), S. 62 (70). Ähnlich *Trapp* (Fn. 884), S. 679 (685), die in Ermangelung einer Erklärung für die Ablehnung des Vorschlags keine ausreichende Basis für eine (ergänzende) Wortlautauslegung sieht.

913 *Paust*, Journal of Transnational Law & Policy 19 (2010), S. 237 (238) m.w.N. Im Ergebnis auch zustimmend *Deeks*, Taming the Doctrine of Pre-Emption, in: Weller (Hrsg.) (Fn. 556), S. 661 (672). In Bezug auf Piraten im Ergebnis die Täterschaft Privater bejahend *Waak* (Fn. 29), S. 122 ff. Zum Vorgehen gegen Private auf Basis des Art. 51 UN-Charta siehe auch *Brownlie* (Fn. 884), S. 183 (261 f.).

gewisser Intensität sein muss, damit die Schwelle des Art. 51 UN-Charta überschritten wird.[914] Ferner ist davon auszugehen, dass ein Staat dann Maßnahmen zur Selbstverteidigung ergreifen darf, wenn der Angriff sich gegen sein Staatsgebiet oder gegen Organe des Staates richtet, gleich ob sie sich innerhalb des Hoheitsbereichs des Staates oder im Ausland befinden.[915] In Bezug auf maritimen Terrorismus ist insbesondere die Frage von Belang, wann ein Angriff auf Schiffe eines Staates das Selbstverteidigungsrecht auslöst. Dabei muss zwischen Schiffen der staatlichen Marine und Handelsschiffen unterschieden werden. Da erstere, auch sofern sie auf Hoher See operieren, dem Militär eines Staates – und damit dem Staat selbst – zuzuordnen sind, ist ein Angriff auf solche Schiffe als Angriff i.S.d. Art. 51 UN-Charta zu werten.[916] Problematischer stellt sich dies im Hinblick auf Handelsschiffe dar. Werden diese angegriffen, wäre der Flaggenstaat derjenige, der die individuelle Selbstverteidigung geltend machen müsste.[917] Indes sind Handelsschiffe weder zu der Gruppe der Staatsorgane zu rechnen oder stehen diesen nahe noch bilden sie einen Teil des Staatsgebiets des Flaggenstaates.[918] Wie der *Oil Platforms* Fall des IGH[919] deutlich macht, kann ein Angriff auf ein Handelsschiff grundsätzlich das Selbstverteidigungsrecht dessen Flaggenstaates nach Art. 51 UN-Charta auslösen.[920] In diesem Fall machten die Vereinigten Staaten geltend, nach Art. 51 UN-Charta vorgehen zu dürfen, da das unter amerikanischer Flagge fahrende Schiff *Sea Isle City* angegriffen worden sei.[921] Während der Gerichtshof dies wegen des fehlenden Zurechnungszusammenhangs zum Staat Iran letztlich ablehnte, kann aus seinen Ausführungen aber geschlossen werden, dass der Angriff auf ein Handelsschiff grundsätzlich geeignet ist, das Selbstverteidigungsrecht nach Art. 51 UN-Charta auszulösen.[922]

---

914 Hierzu schon oben (b).

915 *Greenwood* (Fn. 869), Rn. 20 f.

916 *Bothe*, Friedenssicherung und Kriegsrecht, in: Graf Vitzthum/Proelß (Hrsg.) (Fn. 78), Rn. 12; *Lowe*, Self-Defence At Sea, in: Butler (Hrsg.), The Non-Use of Force in International Law, 1989, S. 185 (188); *Greenwood* (Fn. 869), Rn. 22.

917 Zur kollektiven Selbstverteidigung unten c), 1).

918 So schon oben Kapitel 1, II., 1.

919 IGH *Oil Platforms* (Islamic Republic of Iran v. United States of America), ICJ Reports 2003, S. 161.

920 *Dinstein*, War, Aggression and Self-Defence, 2011, S. 217; *Greenwood* (Fn. 869), Rn. 23; *Kreß* (Fn. 905), S. 561 (582).

921 IGH *Oil Platforms* (Islamic Republic of Iran v. United States of America), ICJ Reports 2003, S. 161(193).

922 IGH *Oil Platforms* (Islamic Republic of Iran v. United States of America), ICJ Reports 2003, S. 161(191). Ebenso *Greenwood* (Fn. 869), Rn. 23.

Hierfür spricht auch die Kodifikationsgeschichte der Aggressionsdefinition, welche der Definition des bewaffneten Angriffs zugrunde liegt.[923] So hat beispielsweise die japanische Delegation mit Blick auf ihre wesentlichen Interessen in Bezug auf die Fischerei unter Zustimmung der USA und der UdSSR die Aufnahme von Angriffen auf Schiffe in die Aggressionsdefinition durchgesetzt.[924] Der grundsätzlichen Bejahung eines bewaffneten Angriffs auf ein Schiff nachgeordnet ist die Frage, ob der Angriff auf ein einzelnes Schiff zur Annahme einer Selbstverteidigungssituation ausreicht. Dagegen spricht zum einen der Wortlaut der Aggressionsdefinition, die nach Art. 3 (d) nur Angriffe

> „...auf die See- und Luft**flotte** eines anderen Staates..."[925]

erfasst, nicht hingegen den Angriff auf ein einzelnes Schiff.[926] Ferner könnte man eine Parallele zum *Nicaragua*-Fall des IGH ziehen. Wenn nämlich einzelne Grenzübertritte keinen bewaffneten Angriff darstellen, könnte dies ebenso für Angriffe auf einzelne Schiffe gelten. Für eine Qualifikation eines Angriffs auf ein einzelnes Schiff als bewaffneten Angriff i.S.d. Art. 51 UN-Charta wird dagegen darauf abgestellt, dass bei einer Bedrohung von erheblichem Ausmaß die Geltendmachung des Rechts zur Selbstverteidigung schon dann möglich sein müsse, wenn die Bedrohungsschwelle des Art. 51 UN-Charta bereits überschritten wird, wenn nur ein einzelnes Schiff Ziel eines Angriffs ist.[927] Einen bewaffneten Angriff immer erst dann anzunehmen, wenn ein terroristischer Angriff gegen mehrere Schiffe eines Staates geführt wird, geht zudem an der Wirklichkeit vorbei, da die meisten Handelsschiffe allein und gerade nicht im Flottenverband unterwegs sind.[928] Macht man sich klar, welche Auswirkungen ein terroristischer Angriff auf oder auch durch ein Schiff haben kann, wird besonders deutlich, warum

---

923 Zum Zusammenhang zwischen Aggressionsdefinition und dem Begriff des bewaffneten Angriffs schon zuvor unter (a).

924 UN Doc. A/AC.134/SR.106, 30. Andere Staaten waren gegen eine solche Erweiterung, sodass man den Kompromiss einging, eine Aggression nach Art. 3 (d) bei einem Angriff auf die Schiffsflotte eines Staates anzunehmen. Dazu sogleich.

925 Hervorhebung durch den Verfasser.

926 *Dinstein* (Fn. 920), S. 217.

927 So hat sich die Regierung der Vereinigten Staaten, als ein kambodschanisches Handelsschiff im Jahr 1975 innerhalb kambodschanischer Hoheitsgewässer von amerikanischen Streitkräften festgesetzt wurde, auf Art. 51 UN-Charta berufen und argumentiert, dass der Einsatz von Gewalt notwendig gewesen sei, da das Leben amerikanischer Staatsbürger auf dem Spiel stand. Vgl. zu diesem Vorfall umfassend *Paust*, Yale Law Journal 85 (1976), S. 774 ff.

928 *Walker*, The Tanker War, 1980–1988: Law and Policy, 2000, S. 118.

auch ein Angriff auf ein einzelnes Schiff letztlich als ein solcher i.S.d. Art. 51 UN-Charta gewertet werden muss. Zwar nimmt im Bereich der Handelsschifffahrt die Zahl der Besatzungsmitglieder stetig ab, sodass bei Angriffen auf einzelne Handelsschiffe verhältnismäßig wenige Personen betroffen sind. Indes werden heute nicht nur Güter von außerordentlichem Wert verschifft, deren Verlust für die betroffenen Eigentümer einschneidende Auswirkungen haben kann. Zudem ist bei der Frage, wie sich ein Angriff auf ein einzelnes Schiff auswirken kann, auch in Betracht zu ziehen, dass zahlreiche Schiffe mit gefährlichen Gütern beladen sind. Würde etwa radioaktives Material in die Hände von Terroristen gelangen, wären die Folgen nicht absehbar. Überträgt man die Vorkommnisse auf der *Achille Lauro* in die heutige Zeit, werden die Auswirkungen, die von einem terroristischen Angriff auf ein einzelnes Kreuzfahrtschiff ausgehen können, besonders deutlich. Vor dem Hintergrund der immer größer werdenden Kreuzfahrtschiffe hätte ein Angriff auf ein solches Schiff schnell mehr Todesopfer zur Folge als die Anschläge vom 11. September 2001 in New York. Nach alledem ist festzuhalten, dass ein terroristischer Angriff auf ein einzelnes Handelsschiff als bewaffneter Angriff i.S.d. Art. 51 UN-Charta zu gelten hat, sofern dieser Angriff weitreichende Auswirkungen nach sich zieht.[929]

(d) *Subjektives Element*

Ob zur Bejahung eines bewaffneten Angriffs i.S.d. Art. 51 UN-Charta auf Seiten des Angreifers ein subjektives Element vonnöten ist und, wenn ja, wie dieses ausgestaltet sein soll, ist unklar.[930] Während sich einerseits daran denken ließe, als einschränkendes Element des Selbstverteidigungsrechts Wissen und Wollen des Angreifenden über den bewaffneten Angriff zu fordern, muss letztlich jedoch festgestellt werden, dass in Fällen, in denen ein Terroranschlag in seinen Auswirkungen die Schwelle zum bewaffneten Angriff i.S.d. Art. 51 UN-Charta überschreitet, schon wegen der weitreichenden Folgen eines solchen terroristischen Anschlags von der subjektiven Willentlichkeit auf Seiten der Angreifer auszugehen ist. Der expliziten Feststellung eines subjektiven Elements bedarf es aus diesem Grunde nicht.

---

929 *Walker* (Fn. 928), S. 118. A.A. *Shaw* (Fn. 52), S. 862 f.

930 Zur Rechtsprechung des Internationalen Gerichtshofs zu dieser Frage vgl. *Kreß* (Fn. 905), S. 561 (583).

Beginns eines Angriffs wird neben dem Wortlaut von Art. 51 UN-Charta gegen die Möglichkeit, sich schon dann auf das Selbstverteidigungsrecht zu berufen, wenn der Angriff noch nicht stattgefunden hat, auch ins Feld geführt, dass eine solche präventive Selbstverteidigung den Ausnahmecharakter von Art. 51 UN-Charta aufweichen und zudem dem Missbrauch der Norm zur Rechtfertigung einseitiger Gewaltakte Tor und Tür öffnen würde.[941] Ferner wird argumentiert, Art. 51 UN-Charta verlöre, wollte man präventive Selbstverteidigung zulassen, seinen grundlegenden defensiven Charakter.[942]

Letztlich sprechen demnach die besseren Argumente gegen die generelle Ausdehnung des Selbstverteidigungsrechts als Rechtfertigungsgrund für präventive Gewaltanwendung. Die Grenze zur zulässigen vorgreifenden Selbstverteidigung ist nach hier vertretener Ansicht – vor allem mit Blick auf die fortschreitende Technologisierung von terroristischen Gruppen – dann erreicht, wenn sich die drohende Gefahr in so hinreichender Weise manifestiert hat, dass dem betroffenen Staat weiteres Zuwarten nicht zugemutet werden kann.

c) *Rechtsfolgen*

Wenn auf Tatbestandsseite alle Voraussetzungen des Art. 51 UN-Charta erfüllt sind, ist weiter zu fragen, wer die Selbstverteidigungsmaßnahmen gegen einen terroristischen Angriff ergreifen darf, und gegen wen diese Maßnahmen gerichtet sein müssen.

1) *Individuelle und kollektive Selbstverteidigung*

Bei der Frage, wer, unabhängig von ihrer Ausgestaltung,[943] die konkreten Gegenmaßnahmen nach Art. 51 UN-Charta ergreifen darf, ist zwischen individueller und kollektiver Selbstverteidigung zu unterscheiden. Erstere bildet insoweit den Standardfall, als der von dem Angriff unmittelbar betroffene Staat selbst die Selbstverteidigungsmaßnahmen ergreift und durchführt. Weitaus problematischer stellt sich aber die Konstellation dar, in der nicht der unmittelbar betroffene Staat das Selbstverteidigungsrecht ausübt, sondern dieses durch andere

---

4. Aufl. 2018, S. 135, Fn 64 f. In Bezug auf den Einsatz von Massenvernichtungswaffen zweifelnd *Zemanek* (Fn. 881), Rn. 12.

941 Dargestellt bei *Randelzhofer/Nolte* (Fn. 936), Rn. 50, ebenso *Bruha/Bortfeld* (Fn. 877), S. 161 (165); *Stahn* (Fn. 885), S. 183 (233); *Gazzini*, Journal of Conflict & Security Law 13 (2008), S. 25 (30).

942 *Gazzini* (Fn. 941), S. 25 (30).

943 Hierzu näher unter d).

Staaten wahrgenommen wird. Die Rechtsfigur der kollektiven Selbstverteidigung hat ihre Wurzeln schon vor der Schaffung von Art. 51 UN-Charta, wohnt diesem aber ebenfalls inne.[944] Unter welchen Voraussetzungen die Selbstverteidigung kollektiv ausgeübt werden darf, hat der Internationale Gerichtshof in seiner Entscheidung zum *Nicaragua*-Fall herausgearbeitet.[945] Zunächst stellte der Gerichtshof fest, dass

> „…there is no rule permitting the exercise of collective self-defence in the absence of a request by the State which regards itself as the victim of an armed attack."[946]

Im Weiteren stellte das Gericht folgerichtig fest:

> „The exercise of the right of collective self-defence presupposes that an armed attack has occurred."[947]

Die vom Gerichtshof aufgestellte Voraussetzung des Vorliegens eines bewaffneten Angriffs, die Erklärung eines Staates, Opfer eines solchen Angriffs geworden zu sein, und die Anforderung von Hilfe durch den angegriffenen Staat wurden äußerst kritisch beleuchtet.[948] Während die im *Nicaragua*-Fall aufgestellten Voraussetzungen im Wege der Auslegung an die Erfordernisse des jeweiligen Einzelfalls angepasst werden können, ist ferner zu fragen, inwieweit die Ausübung kollektiver Selbstverteidigung an weitere Voraussetzungen zu knüpfen ist. Zu denken ist etwa an das Erfordernis, dass der die kollektive Selbstverteidigung auslösende Angriff auch eine Bedrohung für diejenigen Staaten darstellen muss,

944 *Wood*, Self-Defence and Collective Security: Key Distinctions, in: Weller (Hrsg.) (Fn. 556), S. 649 (653); *Dahm* (Fn. 621), S. 48 (51); *Randelzhofer/Nolte* (Fn. 936), Rn. 47 f.; *Bothe* (Fn. 916), Rn. 19; *Stein/v. Buttlar/Kotzur* (Fn. 536), S. 291; *Gray* (Fn. 940), S. 179; *Crawfod* (Fn. 276), S. 749 m.w.N.

945 Auch wenn sich die Entscheidung nicht auf Art. 51 UN-Charta, sondern auf die völkergewohnheitsrechtliche Ausformung des Selbstverteidigungsrechts bezieht, gilt die Entscheidung als grundlegender Maßstab für die Auslegung der Rechtsfigur der kollektiven Selbstverteidigung.

946 IGH *Nicaragua Case* (Nicaragua v. United States of America), ICJ Reports 1986, S. 14 (95).

947 IGH *Nicaragua Case* (Nicaragua v. United States of America), ICJ Reports 1986, S. 14 (110).

948 In seiner Dissenting Opinion wirft Richter Schwebel etwa die Frage auf, warum es einer ausdrücklichen Anforderung von Hilfe bedürfe und ob nicht informelle Anfragen nach Unterstützung ausreichen müssten, siehe Dissenting Opinion, ICJ Reports 1986, S. 259 (356). Diese Voraussetzungen bejahend *Wood* (Fn. 944), S. 649 (654).

welche die kollektive Selbstverteidigung ausüben.[949] Wollte man die kollektive Selbstverteidigung jedoch auf Fälle beschränken, in denen der um Hilfe gebetene Drittstaat durch den Angriff in eigenen Interessen beschnitten wird, würde in Fällen, in denen diese Voraussetzung nicht erfüllt ist, ein völkerrechtswidriger Zustand, nämlich der bewaffnete Angriff, für den verletzenden Staat folgenlos bleiben, die Völkerrechtsordnung auf Dauer geschädigt und die internationale Staatengemeinschaft geschwächt werden. Dass es auf ein solches Erfordernis nicht ankommen kann, ergibt sich auch aus der seit 1945 herrschenden Staatenpraxis. Bislang wurde gegen Maßnahmen der kollektiven Selbstverteidigung noch nie das Argument vorgebracht, der oder die ausführenden Staaten seien durch den Angriff nicht selbst gefährdet.[950]

Neben den vom Gerichtshof aufgestellten Voraussetzungen stellt Art. 51 Satz 2 UN-Charta mit dem Erfordernis der unverzüglichen Unterrichtung des UN-Sicherheitsrates über die ergriffenen Maßnahmen eine weitere Voraussetzung für die kollektive Selbstverteidigung auf.[951]

Gegen terroristische Angriffe, die als bewaffnete Angriffe i.S.d. Art. 51 UN-Charta einzustufen sind, kann damit jeder Staat Selbstverteidigungsmaßnahmen ergreifen, sofern der unmittelbar von dem Angriff betroffene Staat erklärt, Opfer eines Angriffs nach Art. 51 UN-Charta geworden zu sein und Hilfe von dritter Seite anfordert.

2) *Gegner der Selbstverteidigungsmaßnahme*

Sodann ist zu fragen, gegen wen sich Selbstverteidigungsmaßnahmen nach Art. 51 UN-Charta richten können, gleich ob sie individuell oder kollektiv ergriffen werden. Vertritt man – wie diese Arbeit – die Ansicht, dass terroristische Organisationen Urheber bewaffneter Angriffe i.S.d. Art. 51 UN-Charta sein können, sind Selbstverteidigungsmaßnahmen, die als Reaktion auf terroristische Anschläge erfolgen, gegen die Gruppe zu richten, die den konkreten Angriff durchführt.[952] Für die innerhalb dieser Arbeit im Mittelpunkt stehende Form des Terrorismus mit maritimem Bezug ist diese Überlegung von besonderer Bedeutung, da so deutlich wird, dass gewaltsames Vorgehen gegen terroristische

---

949 Dissenting Opinion Judge Jennings, ICJ Reports 1986, S. 528 (545); *Macdonald*, Canadian Yearbook of International Law 24 (1986), S. 127 (151).

950 *Gray* (Fn. 940), S. 188.

951 Vgl. hierzu näher *Gray* (Fn. 940), S. 189 f.

952 *O'Connell*, American Journal of International Law 107 (2013), S. 380 (383); *Bruha/Bortfeld* (Fn. 877), S. 161 (166); *Krajewski* (Fn. 870), S. 363 (380).

Gruppen in Räumen außerhalb der Hoheitsgewalt eines Staates, insbesondere im Bereich der Hohen See, ohne weitere Zurechnungselemente über Art. 51 UN-Charta gerechtfertigt sein kann.[953] Des klassischen Ansatzes der staatlichen Zurechnung bedarf es, verzichtet man auf das Erfordernis eines staatlichen Angriffs, aber auch dann nicht, wenn gegen die als Angreifer i.S..d. Art. 51 UN-Charta zu qualifizierende private Gruppe im Hoheitsbereich eines anderen Staates vorgegangen werden soll. Jedoch ist in derartigen Konstellationen auch die Souveränität des Staates betroffen, auf dessen Staatsgebiet sich die Mitglieder der terroristischen Gruppe im Zeitpunkt einer auf Art. 51 UN-Charta gestützten Verteidigungshandlung befinden.[954] Dies gilt selbst dann, wenn sich in einem solchen Fall die Selbstverteidigungsmaßnahmen auf einen lokal eng umrissenen Bereich des Staatsgebiets beschränken und von den Maßnahmen unmittelbar nur Mitglieder der fraglichen Gruppe betroffen sind, etwa weil der sich selbst verteidigende Staat den Rückzugsort der Terroristen kennt oder gezielt Mitglieder der Gruppe ausschaltet.[955] Allerdings ist es für Staaten, die sich einem von Terroristen durchgeführten Angriff i.S.d. Art. 51 UN-Charta ausgesetzt sehen, nicht in jedem Fall hinnehmbar, mit Blick auf den Souveränitätsgedanken Selbstverteidigungsmaßnahmen gegen die Angreifer im Hoheitsbereich eines anderen Staates zu unterlassen. Zu unterscheiden sind hierbei drei Kategorien: Einerseits sind Fälle denkbar, in denen einem Staat bewusst ist, dass sich die Angreifer auf seinem Staatsgebiet befinden, er aber nicht willens ist, gegen diese vorzugehen. Hiervon zu unterscheiden sind andererseits Fälle, in denen der betroffene Staat entweder nicht weiß – und auch nicht wissen kann – dass sich Angreifer i.S.d. Art. 51 UN-Charta auf seinem Staatsgebiet befinden. In einer dritten Fallkonstellation ist die Kenntnis des Staates vom Aufenthalt der Angreifer zwar gegeben, aber er ist nicht in der Lage, effektiv gegen diese vorzugehen.

In Fällen der ersten Kategorie hat der Staat, in dessen Souveränität durch die Selbstverteidigungsmaßnahme eingegriffen wird, aufgrund der Verpflichtung jedes Staates zu verhindern, dass von seinem Hoheitsgebiet andere Staaten schädigendes Verhalten ausgeht (sic utre tu out alienum non laedas), diesen Eingriff hinzunehmen.[956] Weiß ein Staat von den Aktivitäten der Angreifer in seinem

953 *Bruha/Bortfeld* (Fn. 877), S. 161 (166).

954 *Starski*, Zeitschrift für ausländisches öffentliches Recht und Völkerrecht 2015, S. 455 (460); *O'Connell* (Fn. 952), S. 380 (383); *Bruha/Bortfeld* (Fn. 877), S. 161 (166).

955 *Starski* (Fn. 954), S. 455 (460); *O'Connell* (Fn. 952), S. 380 (383); *Bruha/Bortfeld* (Fn. 877), S. 161 (166).

956 *Starski* (Fn. 954), S. 455 (479 f.).

Hoheitsgebiet, entscheidet sich aber aktiv zur Inaktivität, hat er die Konsequenzen für deren Verhalten auch zu tragen.[957]

Anders stellt sich die Sachlage allerdings dann dar, wenn ein Staat von der Anwesenheit der Angreifer auf seinem Staatsgebiet nichts weiß und auch nichts wissen kann. So lange, bis die zuständigen Stellen nicht – etwa durch Mitteilung des angegriffenen Staats – in Kenntnis der Anwesenheit der Angreifer sind, fehlt es an jedem Ansatz, nach dem der Staat, auf dessen Staatsgebiet die Selbstverteidigungsmaßnahmen durchgeführt werden sollen, einen Eingriff in seine Souveränität hinzunehmen hätte. Ein Vorgehen innerhalb des Hoheitsbereichs des betroffenen Staates kommt für den angegriffenen Staat auf Basis des Art. 51 UN-Charta in solchen Fällen daher nicht in Betracht.

Wesentlich problematischer stellen sich Fälle der dritten Kategorie dar, in denen ein Staat durchaus willens ist, gegen auf seinem Staatsgebiet befindliche Angreifer vorzugehen, hierzu aber aus faktischen Gründen nicht effektiv in der Lage ist. Schon der Internationale Gerichtshof machte in seiner Entscheidung *Armed Activities on the Territory of the Congo* deutlich, dass zwischen der willentlichen Inaktivität und der Inaktivität aufgrund tatsächlichen Unvermögens ein Unterschied zu machen ist, indem er ausführte

> „... the Court cannot conclude that the absence of action by Zaire's Government against the rebel groups in the border area is tantamount to "tolerating" or "acquiescing"...“[958]

Grundsätzlich gilt, dass aus dem Unvermögen eines Staates nicht auf seine Pflicht, einen Angriff hinzunehmen, geschlossen werden kann.[959] Ob dies indes in letzter Konsequenz dazu führt, dass das Unvermögen des betreffenden Staates den angegriffenen Staat im konkreten Fall und die Staatengemeinschaft als Ganzes dauerhaft, sofern nämlich die Gefahr besteht, dass von den Angreifern neuerliche Angriffe ausgehen, zur Untätigkeit verurteilt, erscheint zweifelhaft. Zur Lösung dieser Frage bieten sich verschiedene Ansätze. Beispielsweise ließe sich darüber nachdenken, in den Fällen von Unvermögen dem angegriffenen Staat ein Recht zum Eingriff in die Souveränität eines anderen Staates vor dem Hintergrund einer strengen Erfolgshaftung zu gewähren.[960] Im Rahmen des

---

957 Zu den sich für den angegriffenen Staat ergebenden Beweisproblemen hinsichtlich des Wissens des betroffenen Staates *Starski* (Fn. 954), S. 455 (479 f.); *Christenson*, Michigan Journal of International Law 12 (1990–1991), S. 312 (328).

958 IGH *Armed Activities on the Territory of the Congo* (Democratic Republic of Congo v. Uganda), ICJ Reports 2005, S. 168 (268).

959 *Kunz*, American Journal of International Law 54 (1960), S. 324 (331 f.); *Starski* (Fn. 954), S. 455 (481) m.w.N.

960 Dargestellt bei *Dixon*, Textbook on International Law, 7. Aufl. 2013, S. 255 f.

Unvermögens wird auch darüber nachgedacht, die Souveränitätsschwelle, die dem Vorgehen nach Art. 51 UN-Charta entgegensteht, abzusenken.[961]

Gleich welchem Ansatz man folgt, ist es für die effektive Bekämpfung des Terrorismus aber auch zur Wahrung der staatlichen Souveränität des angegriffenen Staates bzw. zur Wiederherstellung derselben auf Seiten des unvermögenden Staates notwendig, das Vorgehen gegen Angreifer im Hoheitsbereich eines Staates, der zur effektiven Bekämpfung der Angreifer selbst nicht in der Lage ist, zu ermöglichen. Den hiergegen ins Feld geführten Bedenken der möglichen Aushöhlung des Ausnahmecharakters von Art. 51 UN-Charta ist auf der Ebene der Verhältnismäßigkeit und der Erforderlichkeit der ergriffenen Maßnahmen zu begegnen.

Geht man entgegen der hier vertretenen Ansicht davon aus, dass eine auf Art. 51 UN-Charta gestützte Selbstverteidigung nur gegen staatliche Angriffe in Betracht kommt, bedarf es bei einem Vorgehen gegen eine terroristische Gruppe stets eines Zurechnungselements an einen Staat. Dies gilt dann unabhängig davon, ob gegen die Gruppe im Bereich der Hohen See oder einem anderen außerhalb der Hoheitsgewalt eines Staates stehenden Bereich vorgegangen werden soll, oder ob sich die Selbstverteidigungsmaßnahmen gegen eine Gruppe richten, die sich auf dem Hoheitsgebiet eines anderen Staates befindet. Für diese Zurechnung bieten sich verschiedene Ansätze.

(a) *Effektive Kontrolle*

Zunächst lohnt diesbezüglich wiederum eine genauere Betrachtung des Urteils des Internationalen Gerichtshofs im *Nicaragua*-Fall. Dieser führte hinsichtlich der Zurechnung der von den Contras ausgeführten Taten aus,

> „… to give rise to legal responsibility of the United States, it would in principle have to be proved that that State had effective control of the military or paramilitary operations in the course of which the alleged violations were committed."[962]

Diese Art der Zurechnung aufgrund effektiver Kontrolle hat auch Eingang in Art. 8 der ILC Articles on the Responsibility of States for Internationally

961 So beispielsweise *Reinhold*, American Journal of International Law 105 (2011), S. 244 (284). Ähnlich auch *Moir*, Action Against Host States of Terrorist Groups, in: Weller (Hrsg.) (Fn. 556), S. 720 (731). Zu verschiedenen ähnlichen Ansätzen *Starski* (Fn. 954), S. 455 (494 f.).

962 IGH *Nicaragua Case* (Nicaragua v. United States of America), ICJ Reports 1986, S. 14 (65).

Wrongful Acts[963] gefunden, welcher bestimmt, dass ein Verhalten einer Person einem Staat zugerechnet werden kann, wenn

> „... the person is acting... under the direction or control of the state..."[964]

Im Zusammenhang mit terroristischen Anschlägen ist eine solche Zurechnung indes wenig praktikabel, stellt sie den das Selbstverteidigungsrecht ausübenden Staat doch vor erhebliche Beweisprobleme, da dieser den Nachweis führen muss, dass gerade der konkret in Frage stehende Angriff von dem Staat, in dessen Hoheitsbereich die Selbstverteidigungsmaßnahmen durchgeführt wurden, in Auftrag gegeben wurde.[965]

(b) *Anerkennung*

Denkbar ist auch, einem in seiner staatlichen Souveränität durch Selbstverteidigungsmaßnahmen betroffenen Staat terroristisches Handeln zuzurechnen, sofern dieser das Verhalten der terroristischen Gruppe als sein eigenes anerkennt.[966] Dieses Zurechnungselement hat sowohl in der Rechtsprechung des Internationalen Gerichtshofs als auch in der Arbeit der International Law Commission Niederschlag gefunden. So führte der Internationale Gerichtshof im *Teheraner-Geisel*-Fall aus,

> „The approval given to these facts by the... Iranian State, and the decision to perpetuate them, translated continuing occupation of the Embassy and detention of the hostages into acts of that State."[967]

Art. 11 der ILC Articles on the Responsibility of States for Internationally Wrongful Acts, der eben dieses Zurechnungselement normiert, erklärt das Verhalten Privater als dem Staat zurechenbar,

---

963 Yearbook Int. Law Commission 2001 Vol. II Part 2, S. 1 (26 ff.). Zur Anwendbarkeit der Prinzipien der Zurechenbarkeit innerhalb des Art. 51 UN-Charta ausführlich *Starski* (Fn. 954), S. 455 (466 ff.).

964 Yearbook Int. Law Commission 2001 Vol. II Part 2, S. 1 (26).

965 Yearbook Int. Law Commission 2001 Vol. II Part 2, S. 1 (47); *Starski* (Fn. (Fn. 954), S. 455 (472); *Hofmeister* (Fn. 884), S. 475 (489); Hierzu auch *Moir* (Fn. 961), S. 720 (724). Ausführlich zu den Problematiken einer Zurechnung über Art. 8 der ILC Articles on the Responsibility of States for Internationally Wrongful Acts vgl. *Trapp*, Terrorism and the international law of state responsibility, in: Saul (Hrsg.) (Fn. 414), S. 31 (39 ff.)

966 *Hofmeister* (Fn. 884), S. 475 (489 f.).

967 IGH *United States Diplomatic and Consular Staff in Teheran Case* (United States of America v. Iran), ICJ Reports 1980, S. 3 (35).

„... if and to the extent that the state acknowledges and adopts the conduct in question as its own."[968]

Für eine derartige Zurechnung reicht es nicht aus, dass sich ein Staat zur faktischen Lage äußert oder den Angriff einer terroristischen Gruppe gut heißt; vielmehr ist erforderlich, dass er sich das in Rede stehende Verhalten zu eigen macht.[969] Nach den Angriffen vom 11. September 2001 und den hieraus folgenden Konsequenzen für das Taliban-Regime dürften sich die meisten Regierungen indes über die Folgen eines solch klaren Bekenntnisses im Klaren sein, sodass staatsseitige Erklärungen, welche die Schwelle des Anerkenntnisses erreichen, kaum mehr zu erwarten sind.[970]

(c) *Harbouring of Terrorists*

Infolge der Anschläge des 11. September 2001 hat sich als weiteres Zurechnungsinstrument der Ansatz des sogenannten Harbouring of Terrorists herausgebildet.[971] Unter diesem Begriff sind Fälle zu verstehen, in denen ein Staat Terroristen auf eigenem Staatsgebiet bewusst sicheren Aufenthalt gewährt.[972] Während diese Rechtsfigur vor allem nach den Anschlägen vom 11. September 2001, aber auch während des Vorgehens Israels gegen die Hisbollah im Jahr 2006 in der Staatenpraxis vielfach Unterstützung erfahren hat,[973] stellt sich eine Zurechnung dieser Art als äußerst schwierig dar. Schon das uneinheitliche Verständnis des Begriffs *harbouring* in der Literatur und Staatenpraxis lässt die mangelnde Klarheit des Begriffs und hieraus folgend Unsicherheit bei seiner Anwendung erkennen.[974]

---

968 Yearbook Int. Law Commission 2001 Vol. II Part 2, S. 1 (26).

969 *Hofmeister* (Fn. 884), S. 475 (489); Yearbook Int. Law Commission 2001 Vol. II Part 2, S. 1 (53).

970 *Hofmeister* (Fn. 884), S. 475 (489).

971 Dieser Ansatz wurde zur Rechtfertigung der Luftangriffe der Vereinigten Staaten gegen den Islamischen Staat in Syrien Ende 2014 wieder aktuell, vgl. *Starski* (Fn. 954), S. 455 (457). Teilweise gibt es Stimmen in der Literatur, die im harbouring kein Instrument der Zurechnung sehen, sondern hieraus einen unmittelbaren bewaffneten Angriff im Sinne des Art. 51 UN-Charta herleiten, so etwa *Feinstein*, Transnational Lawyer 17 (2004), S. 51 (81).

972 *Hofmeister* (Fn. 884), S. 475 (490); *Ratner*, American Journal of International Law 96 (2002), S. 905 (906); *Byers*, International and Comparative Law Quarterly 51 (2002), S. 401 (409 f.).

973 Vgl. die Darstellung bei *Hakimi*, International Legal Studies 91 (2015), S. 1 (8 f.) und *Ratner* (Fn. 972), S. 905 (909 f.).

974 *Hofmeister* (Fn. 884), S. 475 (491 f.) weist diesbezüglich zu Recht auf die unklare Abgrenzung zu den Begriffen des Duldens und des Tolerierens hin.

Gerade die Unklarheit des Begriffs lässt eine Aufweichung des Art. 51 UN-Charta als enge Ausnahme zum Gewaltverbot des Art. 2 (4) UN-Charta befürchten.[975]

d) Grenzen des Art. 51 UN-Charta

Das Selbstverteidigungsrecht ist nicht als grenzenlose Ausnahme zum Gewaltverbot ausgestaltet. Vielmehr muss es sich am Grundsatz der Verhältnismäßigkeit messen lassen. Zudem sieht Art. 51 UN-Charta die Subsidiarität von Selbstverteidigungsmaßnahmen zum Handeln des UN-Sicherheitsrates vor.

1) *Verhältnismäßigkeit*

Der Grundsatz der Verhältnismäßigkeit ist als Grenze des Selbstverteidigungsrechts anerkannt. So hat etwa der IGH im *Nicaragua*-Fall die Verhältnismäßigkeit als Grenze der Selbstverteidigung herangezogen.[976] Dies hat er sodann sowohl im Gutachten *Legality of the Threat or Use of Nuclear Weapons*[977] als auch im *Oil Platforms*-Fall[978] und im Fall *Armed Activities on the Territory of the Congo*[979] bestätigt.[980] Während die grundsätzliche Anwendbarkeit der Verhältnismäßigkeit innerhalb des Selbstverteidigungsrechts weitgehend unumstritten ist,[981] ist ihr Inhalt wesentlich problematischer. Wie die Durchsicht der einschlägigen Fälle des IGH zeigt, wendet dieser die Verhältnismäßigkeit nicht als ein einheitliches Merkmal an, sondern unterscheidet zwischen der Erforderlichkeit (*necessity*) der Selbstverteidigungsmaßnahme einerseits und deren

---

975 *Hofmeister* (Fn. 884), S. 475 (491 f.).

976 IGH *Nicaragua Case* (Nicaragua v. United States of America), ICJ Reports 1986, S. 14 (93).

977 IGH *Advisory Opinion on the Legality of the Threat or Use of Nuclear Weapons*, ICJ Reports 1996, S. 226 (245).

978 IGH *Oil Platforms* (Islamic Republic of Iran v. United States of America), ICJ Reports 2003, S. 161 (183).

979 IGH *Armed Activities on the Territory of the Congo* (Democratic Republic of the Congo v. Uganda), ICJ Reports 2005, S. 168 (223).

980 Einen guten Überblick über die Rechtsprechung des Internationalen Gerichtshofs zu dieser Frage bietet *Kreß* (Fn. 905), S. 561 (587 ff.).

981 Vgl. *Corten*, Necessity, in: Weller (Hrsg.) (Fn. 556), S. 861 (868); *Gray* (Fn. 940), S. 157; *Randelzhofer/Nolte* (Fn. 936), Rn. 57. Die etwa von *Kunz*, American Journal of International Law 41 (1947), S. 872 (876) geäußerte Ablehnung der Begrenzung des Selbstverteidigungsrechts durch den Grundsatz der Verhältnismäßigkeit hat sich auch auf Ebene der Staatenpraxis nicht durchgesetzt.

Verhältnismäßigkeit im engeren Sinne (*proportionality*) andererseits.[982] Diese Unterscheidung wird, trotz des durchaus engen Zusammenhangs beider Merkmale, auch in der völkerrechtlichen Literatur regelmäßig vorgenommen.[983] Als erforderlich gilt die zur Selbstverteidigung getroffene Maßnahme immer dann, wenn zur Abwendung des Angriffs kein gleich wirksames Mittel als Alternative zur Verfügung gestanden hat.[984] Darüber hinaus spielt im Rahmen der Erforderlichkeit auch die zeitliche Komponente der Vornahme einer Selbstverteidigungsmaßnahme eine Rolle. Wie bereits oben bei der Gegenwärtigkeit des Angriffs ausgeführt, ist dem die Selbstverteidigung ausführenden Staat zu deren Planung und Koordination ein gewisses Zeitfenster zuzugestehen.[985] Demnach bleibt eine Selbstverteidigungsmaßnahme auch dann erforderlich, wenn zwischen dem zugrundeliegenden Angriff und ihrer Durchführung eine gewisse Zeit vergeht. Die Grenze der Erforderlichkeit ist allerdings dann überschritten, wenn der Angriff bereits abgewehrt wurde.[986]

Als weiteres Element der Verhältnismäßigkeitsprüfung innerhalb des Art. 51 UN-Charta ist neben der Erforderlichkeit immer die Verhältnismäßigkeit der Maßnahme im engeren Sinne zu klären. Dies bedeutet, dass die vom angegriffenen Staat ergriffene Maßnahme nicht außer Verhältnis zu dem ihr zugrundeliegenden Angriff stehen darf.[987] Bei der Beurteilung der Verhältnismäßigkeit im engeren Sinne sind stets die Umstände des Einzelfalles in Betracht zu ziehen.[988] Diese Einzelfallbetrachtung ist an den Auswirkungen des Angriffs auszurichten. Bei der Bemessung, welche Selbstverteidigungsmaßnahmen im konkreten Fall als verhältnismäßig im engeren Sinne zu gelten haben, kann einerseits auf den beim angegriffenen Staat eingetretenen Schaden und die konkrete Art der

982 So etwa IGH *Oil Platforms* (Islamic Republic of Iran v. United States of America), ICJ Reports 2003, S. 161 (183).

983 *Corten* (Fn. 981), S. 861 (868); *Greenwood* (Fn. 869), Rn. 26; *Gray* (Fn. 940), S. 159.

984 *Stein/v. Buttlar/Kotzur* (Fn. 536), S. 295; *Greenwood* (Fn. 869), Rn. 26; *Gray* (Fn. 940), S. 159; *Kittrich* (Fn. 877), S. 27.

985 Siehe hierzu oben b), 2).

986 Im *Nicaragua*-Fall verneinte der IGH die Erforderlichkeit von Selbstverteidigungsmaßnahmen der Vereinigten Staaten mit der Begründung, sie hätten Monate nachdem die Offensive der Opposition gestoppt worden war stattgefunden, IGH *Nicaragua Case* (Nicaragua v. United States of America), ICJ Reports 1986, S. 14 (122). Dazu auch *Gray* (Fn. 940), S. 160.

987 *Bothe* (Fn. 916), Rn. 19; *Stein/v. Buttlar/Kotzur* (Fn. 536), S. 295; *Crawford*, Proportionality, in: Wolfrum (Hrsg.) (Fn. 108), 2011, Rn. 10.

988 *Stein/v. Buttlar/Kotzur* (Fn. 536), S. 295; *Gardam*, American Journal of International Law 87 (1993), S. 391 (405).

Ausführung des Angriffs, andererseits beispielsweise auf die mögliche Zahl ziviler Opfer im Rahmen der Selbstverteidigungsmaßnahme abgestellt werden.[989] Als unverhältnismäßig haben Maßnahmen spätestens dann zu gelten, wenn sie über das hinausgehen, was zur Rückgängigmachung der Auswirkungen des Angriffs nötig ist.[990]

2) *Subsidiarität*

Neben dem Grundsatz der Verhältnismäßigkeit stellt das Subsidiaritätsprinzip eine weitere Grenze des Selbstverteidigungsrechts nach Art. 51 UN-Charta dar. In zeitlicher Hinsicht endet das Recht aus Art. 51 UN-Charta nämlich dann, wenn

> „... der Sicherheitsrat die zur Wahrung des Weltfriedens und der internationalen Sicherheit erforderlichen Maßnahmen getroffen hat."

Die Subsidiarität des Selbstverteidigungsrechts zu den Maßnahmen des Sicherheitsrates macht die bereits angesprochene Ausnahmestellung des Selbstverteidigungsrechts im Rahmen des Systems der UN-Charta deutlich.[991] Allerdings ergeben sich bei der Frage, welche Maßnahmen als erforderlich im Sinne der Vorschrift zu gelten haben, um zur Beendigung der Selbstverteidigungsmaßnahmen zu führen, erhebliche Probleme. Die Erforderlichkeit hängt davon ab, welche Ziele mit den Maßnahmen verfolgt werden, wobei sich zwischen den Zielen des Sicherheitsrates und denen des angegriffenen Staates erhebliche Unterschiede ergeben können.[992] Wenn die vom Sicherheitsrat getroffenen Maßnahmen, gleich aus welchen Gründen, hinter den Erwartungen des angegriffenen Staates zurückbleiben,[993] besteht die Gefahr, dass die gewaltsamen Auseinandersetzungen von Seiten des angegriffenen Staates unter Berufung auf das Selbstverteidigungsrecht trotz der Vorgaben des Sicherheitsrates fortgesetzt werden. In der speziellen Situation eines terroristischen Angriffs durch eine private Gruppe ist ferner die Situation denkbar, dass der angegriffene Staat nach Eingreifen des Sicherheitsrates zwar grundsätzlich bereit wäre, seine Verteidigungsmaßnahmen

---

989 Allgemeingültige Kriterien lassen sich, da stets die faktische Lage des Einzelfalls entscheidend ist, kaum aufstellen. Eine Übersicht über mögliche einzustellende Erwägungen bieten *Stein/v. Buttlar/Kotzur* (Fn. 536), S. 295 und *Kittrich* (Fn. 877), S. 23 ff.

990 *Greenwood* (Fn. 869), Rn. 28.

991 *Gill*, When Does Self-Defence End?, in: Weller (Hrsg.) (Fn. 556), S. 737 (746); *Randelzhofer/Nolte* (Fn. 936), Rn. 64.

992 *Greig*, International and Comparative Law Quarterly 40 (1991), S. 366 (390)

993 *Greig* (Fn. 992), S. 366 (390) führt etwa die Uneinigkeit der Mitglieder des Sicherheitsrates aus politischen Gründen ins Feld.

einzustellen, nicht aber die angreifenden Terroristen, weil sie sich beispielsweise nicht an die Vorgaben des Sicherheitsrates gebunden fühlen. Betrachtet man die umfassenden Befugnisse des Sicherheitsrates im Rahmen der Friedenssicherung, wird man im ersteren Fall zu dem Schluss kommen müssen, dass ein fortwährendes Vorgehen des angegriffenen Staates trotz entsprechender Vorgaben des Sicherheitsrates nicht mehr von Art. 51 UN-Charta gedeckt ist.[994] Indes ist im letzteren Fall davon auszugehen, dass das Recht des angegriffenen Staates zur Selbstverteidigung bestehen bleibt.[995] Selbiges hat zu gelten, wenn der Sicherheitsrat Beschlüsse trifft, die keine konkreten Maßnahmen enthalten oder in denen vorgesehen ist, dass das Recht zur Selbstverteidigung vom getroffenen Beschluss unbenommen bleibt.[996] Letztendlich bleibt also festzuhalten, dass es dem angegriffenen Staat obliegt festzustellen, ob ein das Selbstverteidigungsrecht auslösender Angriff vorliegt, wohingegen der Sicherheitsrat es in der Hand hat, Maßnahmen zu treffen, die zum Erlöschen des Selbstverteidigungsrechts führen.[997]

2. *Sonstige Eingriffsrechte*

Die oben für die Piraterie dargestellten völkergewohnheitsrechtlichen Eingriffsrechte, wie etwa die (mutmaßliche) Einwilligung, die Genehmigung oder der völkerrechtliche Notstand, lassen sich auch auf Situationen übertragen, bei denen es um die Bekämpfung des maritimen Terrorismus geht. Demnach kann hier auf die oben gemachten Ausführungen verwiesen werden.[998]

III. Abschließende Stellungnahme

Die völkerrechtlichen Eingriffsrechte gegen Terroristen sind, wie der Terrorismusbegriff selbst, stark im Wandel. Die Mitgliedsstaaten des SUA-Übereinkommens als zentralem Element der Terrorismusbekämpfung im maritimen

994 *Corten* (Fn. 981), S. 861 (870); *Greenwood* (Fn. 869), Rn. 33; *Greig* (Fn. 992), S. 366 (391); *Ruffert*, Zeitschrift für Rechtspolitik 2002, S. 247 (249).

995 *Greig* (Fn. 992), S. 366 (392).

996 *Gill* (Fn. 991), S. 737 (747); *Greenwood* (Fn. 869), Rn. 33. Zu weiteren das Selbstverteidigungsrecht nicht einschränkenden Vorgehen des Sicherheitsrates vgl. *Voigtländer*, Notwehrrecht und kollektive Verantwortung: Die zeitliche Begrenzung des Rechts zur Selbstverteidigung nach Art. 51 UN-Charta im Licht von Handlungsinstrumenten des UN-Sicherheitsrats, 2000, S. 114 ff.

997 *Gill* (Fn. 991), S. 737 (747); *Greig* (Fn. 992), S. 366 (393).

998 Zu den Eingriffsrechten nach Völkergewohnheitsrecht siehe oben Kapitel 1., IV., 5.

Bereich haben sich diesen Veränderungen zum Teil bereits gestellt, indem sie das Übereinkommen durch das SUA-Protokoll von 2005 erweitert haben. Dennoch bleiben hier wichtige Fragen offen. Dies betrifft nicht nur auf der Ebene des zugrundeliegenden Delikts die Abgrenzungsschwierigkeiten zu anderen Abkommen.[999] Im Rahmen der gewährten Eingriffsbefugnisse bedarf es zudem einer dringenden Klarstellung, gerade was den Anwendungsbereich des Rechts zum Betreten von Schiffen angeht.[1000] Aber auch der unbedingte Zustimmungsvorbehalt des Flaggenstaats sollte dahingehend überdacht werden, als er in bestimmten Situationen ein Vorgehen nach dem SUA-Übereinkommen wesentlich erschwert, wenn nicht sogar unmöglich macht.

Betrachtet man die Eingriffsrechte nach allgemeinem Völkerrecht und hier insbesondere das der Selbstverteidigung nach Art. 51 UN-Charta, so wird der Reformbedarf noch deutlicher. Obwohl die Selbstverteidigung im Rahmen der Terrorismusbekämpfung bereits seit den Anschlägen von 2001 in der Diskussion steht, sind hier wesentliche Fragestellungen weiterhin ungeklärt. Zentral ist hier vor allem die Frage, ob Selbstverteidigungsmaßnahmen nach Art. 51 UN-Charta überhaupt gegen nichtstaatliche Gruppen ergriffen werden können. Dies ist vor dem Hintergrund des modernen Terrorismus und seinen oftmals verheerenden Auswirkungen zu bejahen.[1001] Um diesen Entwicklungen Rechnung zu tragen und Unsicherheiten in diesem Bereich abzubauen, bedarf es einer klarstellenden Änderung der UN-Charta. Weitaus realistischer ist insoweit indes die Forderung nach einer klaren einheitlichen Linie der Mitgliedsstaaten bei der Einbeziehung terroristischer Gruppen in den Anwendungsbereich des Art. 51 UN-Charta. Selbiges hat gerade mit Blick auf den maritimen Terrorismus in Bezug auf die Frage zu gelten, ob der Angriff auf ein einzelnes Schiff als Angriff i.S.d. Art. 51 UN-Charta verstanden werden kann. Vor dem Hintergrund des Transports gefährlicher Güter auf See, aber auch hinsichtlich immer größerer Kreuzfahrtschiffe, die als lohnende Ziele für Terroristen in Frage kommen, ist eine ablehnende Haltung zu dieser Frage in heutiger Zeit nicht mehr haltbar. Zuletzt ist im Rahmen des Art. 51 UN-Charta auf der Rechtsfolgenseite Reformbedarf angezeigt. Werden Selbstverteidigungsmaßnahmen i.S.d. Art. 51 UN-Charta ergriffen, die sich gegen Terroristen auf dem Staatsgebiet eines fremden Staates richten, erscheint ein Verzicht auf den klassischen Zurechnungszusammenhang zumindest dort möglich, wo dieser Staat zur Bekämpfung der auf

---

999 Vgl. hierzu oben I., 3., c), 1).
1000 Vgl. hierzu oben I., 3., c), 2).
1001 Vgl. hierzu oben II., 1., b), 1), (b).

seinem Staatsgebiet befindlichen Terroristen nicht willens oder nicht in der Lage ist. Die Zurechnung zu diesem Staat auch in diesen Fällen zu fordern und die Rechtmäßigkeit der Selbstverteidigungsmaßnahmen des angegriffenen Staates hiervon abhängig zu machen hieße, den angegriffenen Staat und die Staatengemeinschaft in derartigen Konstellationen gegenüber weiteren terroristischen Übergriffen schutzlos zu stellen.

Vierter Teil. Ergebnisse

- Die Piraterie findet ihre Wurzeln in der Zeit des 8. Jahrhunderts vor Christus. Die heute zentrale Definition der völkerrechtlichen Piraterie des Art. 101 SRÜ blickt zwar auf eine umfangreiche Kodifikationsgeschichte zurück. Sie gilt aber, trotz ihrer Ausdifferenziertheit in einzelnen Tatbestandsmerkmalen, als eine der komplexesten Definitionen im Bereich des Völkervertragsrechts.
- Die Tathandlung innerhalb des Art. 101 SRÜ umfasst neben der Gewalt gegen Personen auch solche, die lediglich gegen Sachen gerichtet ist. Eine Beschränkung auf Gewalt gegen Personen liefe dem durch Art. 100 ff. SRÜ verfolgten Zweck der Schaffung der Justiziabilität von Straftaten auf Hoher See und der hieraus folgenden, möglichst effektiven Bekämpfung von Piraterie entgegen. Mit diesem Zweck ist auch eine Begrenzung der Gewalt i.S.d. Art. 101 SRÜ auf unmittelbar physisch wirkende Gewalt abzulehnen und bloße psychische Gewalteinwirkung in den Tatbestand einzubeziehen.
- Der Begriff der Rechtswidrigkeit im Zusammenhang mit der Gewalt nach Art. 101 SRÜ hat eigenständigen Bedeutungsgehalt, dergestalt, dass der zur Verfolgung des jeweiligen Aktes der Piraterie berufene Staat nach seiner Rechtsordnung zu bestimmen hat, ob die in Frage stehenden Taten gerechtfertigt sind.
- Ein Anstifter oder Teilnehmer unterfällt auch dann der Definition des Art. 101 c) SRÜ, wenn er sich selbst nicht im Bereich der Hohen See befindet.
- Eine der Haupttat zeitlich nachgeordnete Teilnahmehandlung genügt zur Verwirklichung des Art. 101 c) SRÜ.
- Der Teilnehmer muss die Haupttat zumindest willentlich mittragen. Eine unfreiwillige Teilnahme wird nicht von Art. 101 c) SRÜ erfasst.
- Über den Wortlaut der Vorschrift hinausgehend ist davon auszugehen, dass bereits der versuchte Angriff als Piraterie unter Art. 101 SRÜ zu fassen ist.
- Schiff im Sinne der Art. 100 – 107 SRÜ ist jedes Gefährt, das unabhängig von seiner Größe fähig ist, Personen oder Fracht zu tragen und gerade dazu bestimmt ist, sich auf oder unter Wasser fortzubewegen oder fortbewegt zu werden, sofern die Möglichkeit besteht, die Richtung der Fortbewegung aktiv, sei es durch das Gefährt selbst oder durch Eingreifen anderer Gefährte, zu bestimmen.
- Das Erfordernis von zwei an einem Piratenangriff beteiligten Schiffen, wie es Art. 101 SRÜ vorsieht, ist – trotz des klaren Wortlauts der Vorschrift – nicht zielführend und sollte gestrichen werden. Um den umfassenden Schutz von

Leben und Eigentum auf Hoher See gewährleisten zu können, darf es nämlich keine Rolle spielen, ob der Angriff gegen ein Schiff auf Hoher See von innerhalb ausgeht oder von außen geführt wird.

- Ein Verzicht auf das Erfordernis von zwei an einem Piratenangriff beteiligten Schiffen lässt sich nicht aus den Resolutionen des UN-Sicherheitsrates betreffend die Situation in den Küstengewässern vor Somalia herleiten. Der hierin erfolgte Verzicht auf dieses Erfordernis beschränkt sich auf Überfälle in den Küstengewässern Somalias.
- Hinsichtlich des geographischen Geltungsbereichs der Pirateriedefinition nach Art. 101 SRÜ ist eine Ausweitung in den Bereich des Küstenmeers dringend erforderlich. Dies ist entweder durch eine Änderung des Wortlauts der Vorschrift selbst oder durch die Erweiterung der Vorschriften über die Nacheile zu erreichen. Schon in mittelfristiger Hinsicht lässt sich eine Ausweitung des geographischen Anwendungsbereichs des Art. 101 SRÜ aber auch durch den Abschluss globaler und regionaler Vereinbarungen mit entsprechenden Erweiterungen des Rechts zur Nacheile erreichen, wobei darauf zu achten ist, dass hinreichend klare Bestimmungen zur Wahrung der staatlichen Souveränität des betroffenen Küstenstaates in solche Abkommen aufgenommen werden.
- Eine Ausweitung des geographischen Anwendungsbereichs der Pirateriedefinition auf an Land befindliche (Haupt-) Täter lässt sich nicht aus den Resolutionen des UN-Sicherheitsrates betreffend die Situation in den Küstengewässern vor Somalia herleiten. Die dort so getroffene Ausweitung lässt sich nicht verallgemeinern, da dies der in den Resolutionen des Sicherheitsrates ausdrücklich zutage tretenden Intention des Sicherheitsrates widersprechen würde.
- Die Abgrenzung von Piraterie und maritimem Terrorismus hat innerhalb des Art. 101 SRÜ im Tatbestandsmerkmal der Begehung zu privaten Zwecken stattzufinden. Um mit einiger Sicherheit die Zweckrichtung des Täters festlegen zu können, kommt es nicht auf seine subjektive Intention an, sondern vielmehr darauf, ob Individualrechte oder ausschließlich Rechtspositionen des Staates betroffen sind. Nur in ersterem Fall ist von einer Begehung zu privaten Zwecken i.S.d. Art. 101 SRÜ auszugehen.
- Wird durch die Tat ein Mischzweck verfolgt, kommt als sinnvolles Abgrenzungskriterium des privaten Zwecks nur die aus dem Recht der grenzüberschreitenden Auslieferung stammende political offence Doktrin in Betracht. Diese ist hinsichtlich terroristischer Taten mit Mischzweck durch die Staatenpraxis und eine Mehrzahl von internationalen Straftaten insoweit eingeschränkt, als entweder terroristische Taten per se oder zumindest Taten,

die nach Art oder Ausführung durch besondere Härte gekennzeichnet sind, nicht als politische Taten zu gelten haben. Demnach unterfallen sie, auch wenn sie eine politische Komponente aufweisen, der Pirateriedefinition des Art. 101 SRÜ.

- Für das Verständnis und die Auslegung der Pirateriedefinition ist gemäß Art. 31 Abs. 3 (b) WÜV auch die Staatenpraxis von entscheidender Bedeutung, welche sich unter anderem in Entscheidungen einzelstaatlicher Gerichte, aber auch in Akten der innerstaatlichen legislativen Gewalt widerspiegelt.
- Der sogenannte Santa-Maria-Vorfall macht die Abgrenzung zwischen Piraterie und maritimem Terrorismus im Tatbestandsmerkmal der Begehung zu privaten Zwecken besonders deutlich. Zwar sollte durch die Entführung eines Kreuzfahrtschiffs eine politische Forderung durchgesetzt werden. Die Begehung eines Mordes und schwerer Freiheitsberaubung hindern aber letztlich die Qualifizierung des verfolgten Mischzwecks als politisch. Selbiges hat für die Entführung der *Achille Lauro* zu gelten.
- Das Vorliegen eines Raubelements ist zur Abgrenzung von Piraterie und Terrorismus nicht geeignet. Entgegen anderslautender Rechtsprechung des United States District Court for the Eastern District of Virginia im Fall *United States v. Said* erfordert die Pirateriedefinition nämlich gerade kein Raubelement.
- Die Definition der Piraterie, wie in Art. 15 HSÜ festgeschrieben, ist zwar inhaltlich mit derjenigen des Art. 101 SRÜ identisch. Sie hat neben dieser dennoch eigenständige Bedeutung, da es auch heute noch Staaten gibt, die zwar die Genfer Seerechtskonvention, jedoch nicht das UN-Seerechtsübereinkommen ratifiziert haben.
- Die Definition der Piraterie, wie sie das International Maritime Bureau verwendet, ist mit dem fehlenden Bezug zur Hohen See wesentlich weitreichender als die Definitionen des Art. 101 SRÜ und des Art. 15 HSÜ, zugleich aber mit Blick auf die einzelstaatliche Souveränität der Küstenstaaten äußerst problematisch. Da sie vor allem der statistischen Erfassung von Angriffen auf Schiffe dient, ist die Definition des Maritime Bureau nicht als international verbindlich anerkannt.
- Der Begriff der *armed robbery at sea* ist als eigenständiges Institut neben dem der Piraterie zu sehen. Dem Begriff kommt indes keine völkerrechtliche Verbindlichkeit zu, da ansonsten die staatliche Souveränität der Küstenstaaten zu stark eingeschränkt würde.
- Hinsichtlich des Begriffs des Terrorismus im Allgemeinen und des maritimen Terrorismus im Besonderen besteht bislang keine einheitliche völkerrechtliche Definition.

- Maritimer Terrorismus umfasst jede vorsätzliche Tat, die als Mittel ihrer Ausführung Gewalt zum Gegenstand hat, von einer organisatorisch zusammenwirkenden, nichtstaatlichen Gruppe von Menschen begangen wird, gegen das Leben oder die körperliche Unversehrtheit von Zivilisten oder auf die Zerstörung von Sachen gerichtet ist, geeignet ist, innerhalb einer bestimmten Personengruppe ein erhebliches Maß an Furcht hervorzurufen, darauf gerichtet ist, die innerhalb einer staatlichen Ordnung bestehenden politischen, ideologischen, sozialen, religiösen oder ethnischen Verhältnisse zu ändern, Interessen mehrerer Staaten oder der Staatengemeinschaft als Ganzes berührt und einen Bezug zur maritimen Umwelt dergestalt aufweist, als sie gegen Schiffe, sonstige auf See befindliche Anlagen oder maritime Anlagen an Land gerichtet ist oder sich eines Schiffes bedient, um die Sicherheit anderer Schiffe, sonstiger auf See befindlicher Anlagen oder maritimer Anlagen an Land zu beeinträchtigen.
- Im Bereich der Hohen See gelten grundsätzlich die Prinzipien der Freiheit der Hohen See und der Schifffahrtsfreiheit. Diese werden indes nicht grenzenlos gewährt.
- Die Rechtshoheit über ein Schiff obliegt grundsätzlich dem Flaggenstaat (Flaggenstaatsjurisdiktion). Vermittelt wird sie durch den Akt der Registrierung des Schiffes in einem Staat.
- Die Rechtshoheit des Flaggenstaates besteht auch über Piratenschiffe i.S.d. Art. 103 SRÜ.
- Piratenangriffe innerhalb der Küstengewässer unterliegen sowohl der Rechtshoheit des Flaggen- als auch derjenigen des Küstenstaates, sofern diese auseinanderfallen.
- Eine Rechtspflicht und damit einhergehend auch ein Eingriffsrecht zur Bekämpfung von Piraterie aus Art. 100 SRÜ ist für diejenigen Fälle zu bejahen, in denen die spezielleren Eingriffsrechte des Seerechtsübereinkommens nicht greifen. Art. 100 SRÜ fungiert so als Auffangtatbestand, um mögliche Lücken im Bereich der Eingriffsrechte zu schließen.
- Um das Anhalterecht nach Art. 110 Abs. 1 SRÜ geltend machen zu können, muss der Anhaltevorgang von einem Kriegsschiff ausgeführt werden und das angehaltene Schiff muss unter einer anderen Flagge als das anhaltende fahren.
- Das Anhalterecht des Art. 110 Abs. 1 SRÜ kann dann nicht geltend gemacht werden, wenn der Akt der Piraterie innerhalb der Hoheitsgewässer eines Staates ausgeführt und das Piratenschiff im Anschluss hieran im Bereich der Hohen See von einem Kriegsschiff angehalten wird.
- Zur Ausübung des Anhalterechts nach Art. 110 Abs. 1 SRÜ ist zumindest erforderlich, dass ein Anfangsverdacht zum Betreiben von Seeräuberei begründet ist.

- Das Recht des Betretens eines Schiffes nach Art. 110 Abs. 2 SRÜ greift im Lichte der Verhältnismäßigkeit nur dort, wo das Betreten zum alleinigen Zweck der Überprüfung der Registrierungsunterlagen geboten ist.
- Das Recht der Durchsuchung nach Art. 110 Abs. 2 S. 3 SRÜ ist auf diejenigen Tatsachen beschränkt, die ursprünglich das Anhalten des Schiffes verursacht haben.
- Das Recht zum Aufbringen eines Piratenschiffes nach Art. 105 S. 1 Var. 1 SRÜ gilt wie das des Art. 110 Abs. 1 SRÜ nur für solche Taten, die im Bereich der Hohen See begangen wurden.
- Das Recht aus Art. 105 S. 1 Var. 1 SRÜ setzt, entgegen dem Wortlaut der Norm, die Fremdheit des aufzubringenden Schiffs voraus.
- Ein bloßer Verdacht zum Betreiben von Piraterie rechtfertigt ein Vorgehen nach Art. 105 S. 1 Var. 1 SRÜ nicht.
- Art. 105 S. 1 Var. 1 SRÜ kann gegenüber einem von Piraten gekaperten Schiff erst dann geltend gemacht werden, wenn diese wesentliche Teile des Schiffs bereits unter ihre Kontrolle gebracht haben.
- Das Vorgehen bei der Verhaftung und der Beschlagnahme nach Art. 105 S. 1 Var. 3 SRÜ ist an den innerstaatlichen Normen desjenigen Staates zu messen, der die Verhaftung und/oder die Beschlagnahme durchgeführt hat.
- In das Nebeneinander der gerichtlichen Zuständigkeiten aus aktiven Personalitätsprinzip, passivem Personalitätsprinzip und Wirkungsprinzip greift Art. 105 S. 2 SRÜ dergestalt ein, dass er dem aufgreifenden Staat die gerichtliche Zuständigkeit zuspricht. Hiervon kann dieser Gebrauch machen, ist dazu aber nicht verpflichtet.
- Dem das Piratenschiff aufgreifenden Staat steht es auch frei, die Täter in eine andere Rechtsordnung zu überstellen, sofern der Empfangsstaat menschenrechtliche Mindeststandards einhält. Dies wird durch die Resolutionen des UN-Sicherheitsrates betreffend die Situation in den Küstengewässern vor Somalia bestätigt.
- Art. 98 SRÜ gewährt ein Eingriffsrecht gegenüber Piratenschiffen, soweit es zur Beseitigung der durch den Piratenangriff entstandenen Notlage erforderlich ist. Darüber hinausgehendes Vorgehen deckt die Vorschrift nicht.
- Art. 111 SRÜ gibt dem Küstenstaat ein vorrangiges Recht, die in seinen Hoheitsgewässern begangenen Taten abzuurteilen und zu bestrafen.
- Die *International Convention against the Taking of Hostages* vermittelt verschiedene Ansatzpunkte für die gerichtliche Zuständigkeit im Falle von Geiselnahmen. Besondere Eingriffsrechte gegenüber den Geiselnehmern enthält die Konvention indes nicht.

- Piraterie i.S.d. Art. 101 SRÜ ist zwar unter das *Übereinkommen der Vereinten Nationen gegen die grenzüberschreitende organisierte Kriminalität* zu subsumieren. Aus diesem folgt aber kein Eingriffsrecht eines Vertragsstaates zu Lasten eines anderen.
- Erklärt sich der zur Rechtshoheit über ein Piratenschiff berufene Flaggen- oder Küstenstaat mit dem Eingreifen eines anderen Staates einverstanden, ist das Vorgehen gegen Piraten im Lichte der Rechtsfigur des Einverständnisses möglich. Im Falle eines nur mutmaßlichen Einverständnisses muss zumindest ein Staatsangehöriger des handelnden Staates betroffen sein, um ein Eingriffsrecht für diesen zu schaffen.
- Ein Vorgehen gegen Piraten zu Lasten der Souveränität des Flaggen- beziehungsweise des Küstenstaates ist bei dessen Genehmigung möglich. Im Unterschied zum Einverständnis wird die Genehmigung erteilt, nachdem bereits in die Rechte des genehmigenden Staates eingegriffen wurde.
- Der völkerrechtliche Notstand kann für Maßnahmen gegen Piraten, die in die Souveränität des Flaggen- oder Küstenstaates eingreifen, nur im Bereich der Hohen See oder in Küstengewässern von Staaten geltend gemacht werden, die selbst nicht willens und in der Lage sind, gegen Piraten vorzugehen.
- Die Rechtsfigur der völkerrechtlichen Notlage ermächtigt nur dann zum Vorgehen gegen Piraten, wenn sich Staatsangehörige desjenigen Staates, der die Maßnahmen gegen die Piraten ergreifen möchte, in Lebensgefahr befinden.
- Es besteht eine Beistandspflicht eines jeden Staates für eigene Staatsangehörige im Ausland, die zumindest dort ein Vorgehen gegen Piraten zum Schutz der eigenen Staatsangehörigen rechtfertigt, wo ein wirkungsvolles Vorgehen des Küsten- und/oder Flaggenstaates nicht zu erwarten ist.
- Ein militärisches Vorgehen gegen Piraten kann auch als Repressalie gegenüber dem Küsten- oder Flaggenstaat möglich sein, sofern dieser grundsätzlich selbst zur Bekämpfung der Piraterie willens und in der Lage ist. Das Vorgehen gegen Piraten mit militärischen Mitteln ist nämlich entweder unter dem Gesichtspunkt des Schutzes eigener Staatsangehöriger schon tatbestandsmäßig nicht als Gewalt einzustufen oder ist zumindest entweder als Notstandshandeln oder als Nothilfe gerechtfertigt.
- Die völkerrechtliche GoA ist nicht geeignet Eingriffsrechte zu Lasten des Küsten- oder Flaggenstaates zu begründen. Hierzu bedürfte es nämlich stets der Ermittlung des mutmaßlichen Willens des betroffenen Staates. Diese ist indes mit so erheblicher Rechtsunsicherheit verbunden, dass ein praktischer Mehrwert der Zulassung der GoA als Eingriffsrecht nicht erkennbar ist.
- Eine Eingriffskompetenz zur Bekämpfung von Piraterie in analoger Anwendung des Seekriegsrechts kommt nicht in Betracht.

- Das SUA-Übereinkommen 1988 stellt das zentrale Element bei der Bekämpfung des maritimen Terrorismus dar, auch wenn das in Art. 3 des Übereinkommens normierte Delikt den Begriff Terrorismus nicht verwendet.
- Das dem SUA-Übereinkommen 1988 zugrundegelegte Delikt umfasst nach Art. 3 Abs. 1 SUA-Übereinkommen auch den Versuch desselben.
- Das dem SUA-Übereinkommen 1988 zugrundegelegte Delikt verzichtet auf die Beteiligung zweier Schiffe, ist nicht auf eine bestimmte Zwecksetzung des Täters beschränkt und umfasst nicht nur Taten im Bereich der Hohen See, sondern auch solche innerhalb der Küstengewässer eines Staates.
- Taten, die im Bereich der Hohen See verübt werden, fallen nicht unter das SUA-Übereinkommen.
- Art. 7 Abs. 1 SUA-Übereinkommen normiert kein eigenständiges Festnahmerecht. Vielmehr ist hierin eine Ausprägung des Rechts eines Küstenstaates, die friedliche Durchfahrt einzuschränken, zu sehen.
- Art. 7 Abs. 2 SUA-Übereinkommen begründet kein eigenständiges Untersuchungsrecht. Die Untersuchung hat vielmehr nach dem Recht des Staates stattzufinden, in dem der Täter angetroffen wird.
- Art. 6 SUA-Übereinkommen begründet die gerichtliche Zuständigkeit gegenüber Akteuren des maritimen Terrorismus.
- Das Protokoll zur Bekämpfung widerrechtlicher Handlungen gegen die Sicherheit fester Plattformen, die sich auf dem Festlandsockel befinden, erweitert das SUA-Übereinkommen auf solche festen Plattformen, beschränkt sich aber im Wesentlichen auf die Festlegung von Jurisdiktionsregeln.
- Das SUA-Protokoll von 2005 hat das zugrundeliegende Delikt auf Fälle erweitert, in denen ein Schiff als Tatmittel zur Begehung eines Angriffs entweder gegen ein anderes Schiff oder auf küstennahe Einrichtungen eingesetzt wird.
- Mit Art. 8bis führt das SUA-Protokoll von 2005 ein Recht zum Betreten von Schiffen, die eines Delikts verdächtig sind, ein. Dieses steht aber unter dem absoluten Zustimmungserfordernis des Flaggenstaates. Dieser kann auch seine vorherige Zustimmung erteilen, indem er entweder eine entsprechende Erklärung beim Generalsekretär der Internationalen Seeschifffahrtsorganisation hinterlegt oder eine solche bereits mit der Ratifizierungsurkunde abgibt.
- Erhärtet sich nach Betreten des Schiffs nach Art. 8bis SUA-Protokoll 2005 der Verdacht der Begehung eines Delikts, verbleibt die vorrangige gerichtliche Zuständigkeit über die Täter dennoch beim Flaggenstaat.
- Der International Ship and Port Facility Security Code ist mit Hinblick auf die hierin geregelten Eingriffsrechte eines Küstenstaates gegen terroristische Bedrohungen äußerst kritisch zu sehen. Denn um diese Rechte gelten machen zu können, muss der Küstenstaat ein seine maritime Sicherheit bedrohendes

Schiff zunächst in seine Hoheitsgewässer einfahren lassen und kann nicht schon vorher dagegen vorgehen.

- Art. 51 UN-Charta kann grundsätzlich als Rechtfertigung zum Vorgehen gegen Terroristen im Allgemeinen und maritime Terroristen im Besonderen herangezogen werden.
- Bei der Bestimmung wann ein bewaffneter Angriff i.S.d. Art. 51 UN-Charta vorliegt, ist vorrangig auf die vom UN-Sicherheitsrat verabschiedete Aggressionsdefinition abzustellen, wobei nach der Rechtsprechung des IGH erforderlich ist, dass die das Selbstverteidigungsrecht auslösende Handlung in ihren Auswirkungen einen gewissen Schweregrad erreicht.
- Von einem bewaffneten Angriff i.S.d. Art. 51 UN-Charta ist auch dann auszugehen, wenn der Täter den verwendeten Gegenstand bewusst als Waffe einsetzt und die Schwere der Auswirkungen der Verwendung dieses Gegenstands mit dem Einsatz militärischer Mittel gleichzusetzen ist.
- Nicht nur Staaten, sondern auch terroristische Organisationen können Täter eines bewaffneten Angriffs nach Art. 51 UN-Charta sein. Dies folgt schon aus dem Wortlaut des Art. 51 UN-Charta, der hinsichtlich der Täterschaft schweigt. Dieser Schluss wird zudem von der Reaktion der NATO und der Gemeinschaft amerikanischer Staaten auf die Anschläge vom 11. September 2001 gestützt. Als Reaktion auf die Anschläge von Paris am 13. November 2015 wurde seitens der Europäischen Union der Bündnisfall nach Art. 42 Abs 7 EU-Vertrag erklärt, welcher ebenfalls unmittelbar auf Art. 51 UN-Charta Bezug nimmt. Im letzteren Fall hätte indes auf Art. 222 AEUV abgestellt werden müssen, da dieser speziell für terroristische Angriffe konzipiert ist.
- Für die Frage, wann ein Angriff auf Schiffe eines Staates das Selbstverteidigungsrecht nach Art. 51 UN-Charta auslöst, ist darauf abzustellen, ob der Angriff gegen Schiffe der staatlichen Marine oder gegen Handelsschiffe geführt wird. Im ersteren Fall ist stets von einem Angriff im Sinne des Art. 51 UN-Charta auszugehen. Nach der Rechtsprechung des Internationalen Gerichtshofs kann auch ein Angriff auf ein Handelsschiff grundsätzlich geeignet sein, das Selbstverteidigungsrecht nach Art. 51 UN-Charta auszulösen, auch wenn es nicht als Teil des Flaggenstaates oder dessen Organ zu werten ist. Ausreichend ist dabei der Angriff auf ein einzelnes Schiff.
- Das Selbstverteidigungsrecht nach Art. 51 UN-Charta erfordert kein subjektives Element.
- Nach dem Wortlaut des Art. 51 UN-Charta darf die Vorschrift nur dort zur Rechtfertigung herangezogen werden, wo ein noch gegenwärtiger, nicht schon gänzlich abgeschlossener Angriff vorliegt. Für die Gegenwärtigkeit

ausreichend ist es, wenn der betroffene Staat die Selbstverteidigungsmaßnahme erst dann vornimmt, wenn er die Lage sondiert und sich angemessen auf die Maßnahme vorbereitet hat.

- Auch präventive Selbstverteidigungsmaßnahmen werden von Art. 51 UN-Charta erfasst.
- Gegen terroristische Angriffe, die als bewaffnete Angriffe i.S.d. Art. 51 UN-Charta einzustufen sind, kann jeder Staat Selbstverteidigungsmaßnahmen ergreifen, sofern der unmittelbar betroffene Staat erklärt, Opfer eines Angriffs nach Art. 51 UN-Charta geworden zu sein und Hilfe anfordert.
- Selbstverteidigungsmaßnahmen sind grundsätzlich unmittelbar gegen die terroristische Gruppe zu richten, die den bewaffneten Angriff durchgeführt hat.
- Selbstverteidigungsmaßnahmen gegen terroristische Gruppen auf dem Staatsgebiet eines anderen Staates ohne dessen Zustimmung sind nur möglich, wenn dieser nicht willens oder nicht in der Lage ist, gegen von seinem Staatsgebiet aus operierende Terroristen selbst vorzugehen. Weiß ein Staat allerdings nichts von der Anwesenheit von Terroristen auf seinem Staatsgebiet und kann er hiervon auch nichts wissen, muss er einen Eingriff in seine Souveränität nicht hinnehmen. Ist einem Staat die Anwesenheit von Terroristen bewusst und ist er zwar willens aber nicht in der Lage gegen sie vorzugehen, ist ein Einschreiten auf Grundlage von Art. 51 UN-Charta möglich, obwohl aus dem bloßen Unvermögen eigentlich keine Verpflichtung zur Hinnahme von Souveränitätseinschränkungen erwächst. Im Lichte der effektiven Bekämpfung des Terrorismus ist es nämlich für den angegriffenen Staat wie auch die Staatengemeinschaft als Ganzes nicht hinnehmbar, zur Untätigkeit verurteilt zu sein.
- Geht man indes davon aus, dass ein staatlicher Angriff zur Geltendmachung des Selbstverteidigungsrechts aus Art. 51 UN-Charta erforderlich ist, bedarf es der staatlichen Zurechnung des terroristischen Verhaltens.
- Als Grenze des Vorgehens nach Art. 51 UN-Charta hat der Verhältnismäßigkeitsgrundsatz zu gelten. Hierunter ist die Erforderlichkeit der ergriffenen Selbstverteidigungsmaßnahmen einerseits und deren Verhältnismäßigkeit im engeren Sinne andererseits zu verstehen. Für ersteres ist entscheidend, dass zur Abwendung des Angriffs kein gleich wirksames milderes Mittel zur Verfügung steht. Die Beurteilung der Verhältnismäßigkeit im engeren Sinne bedarf der Abwägung der Umstände des Einzelfalles. Die Grenze der Verhältnismäßigkeit im engeren Sinne ist zumindest dann erreicht, wenn die Selbstverteidigungsmaßnahme über das hinausgeht, was zur Rückgängigmachung der Auswirkungen des Angriffs nötig ist.

- Das Recht zur Selbstverteidigung nach Art. 51 UN-Charta endet, wenn der UN-Sicherheitsrat die erforderlichen Maßnahmen zur Wahrung des Weltfriedens und der internationalen Sicherheit getroffen hat. Sieht ein angegriffener Staat die Maßnahmen des Sicherheitsrates als nicht erforderlich im Sinne von nicht ausreichend an und setzt er seine Selbstverteidigungsmaßnahmen deshalb fort, handelt er rechtswidrig. Setzt indes die terroristische Gruppe ihren Angriff fort, weil sie sich nicht durch die Maßnahmen des Sicherheitsrats gehindert sieht, bleibt das Recht zur Selbstverteidigung des angegriffenen Staates bestehen.

Literaturverzeichnis

Abdullahi, Najad, „Toxic waste" behind Somali Piracy, Aljazeera online vom 11. Oktober 2008, verfügbar unter http://web.archive.org/web/20150107081656/http://www.aljazeera.com/news/africa/2008/10/2008109174223218644.html

Advisory Council on International Affairs (Hrsg.), Combating Piracy at Sea: A Reassessment of Public and Private Responsibilities, 2010, verfügbar unter https://web.archive.org/web/20190523154448/http://aiv-advies.nl/download/045f9ea5-c9f0-4bb6-a3c0-bc190e56dbaa.pdf

Affeld, Jens, Der aktuelle Fall: Seeraub und die seepolizeiliche Rolle der Deutschen Marine, Humanitäres Völkerrecht – Informationsschriften 2000, S. 95–108

Ali, Kamal-Deen, Maritime Security Cooperation in the Gulf of Guinea – Prospects and Challenges, Leiden u.a. 2015

Allen, Craig H., Doctrine of hot pursuit: A functional interpretation adaptable to emerging maritime law enforcement technologies and practices, Ocean Development & International Law 20 (1989), S. 309–341

Allmendinger, Michael/*Kees*, Alexander, »Störtebeckers Erben« Die Seeräuberei und der deutsche Beitrag zu ihrer Bekämpfung, Neue Zeitschrift für Wehrrecht 2008, S. 60–69

Amet, Arnold K., Terrorism and International Law: Cure the Underlying Problem, Not Just the Symptom, Annual Survey of International and Comparative Law 19 (2013), S. 17–43

Andrews, Kenneth R., Elizabethan privateering, Cambridge 1964

Arnauld, Andreas von, Die moderne Piraterie und das Völkerrecht, Archiv des Völkerrechts 47 (2009), S. 454–480

- Piraterie und Völkerrecht heute, in: Volker Grieb/Sabine Todt (Hrsg.), Piraterie von der Antike bis zur Gegenwart, Stuttgart 2012, S. 219–234

Azubuike, Lawrence, International Law Regime against Piracy, Annual Survey of International & Comparative Law 15 (2009), S. 43–59

Bakker, Edwin, Terrorism and Counterterrosim Studies: Comparing Theory and Practice, Chicago 2015

Bassiouni, M. Sherif, International Extradition: United States Law and Practice, 6. Aufl., Oxford u.a. 2014

Beckert, Erwin, Öffentliches Seerecht, Berlin u.a. 1991

Beckman, Robert C., The 1988 SUA Convention and 2005 SUA Protocol: Tools to Combat Piracy, Armed Robbery, and Maritime Terrorism, in: Rupert Herbert-Burns/Sam Bateman/Peter Lehr (Hrsg.), Lloyd's MIU Handbook of Maritime Security, Boca Raton 2009, S. 187–200

Bellish, John, A High Seas Requirement for Inciters and International Facilitators of Piracy Jure Gentium and its (Lack of) Implications for Impunity, 2013, verfügbar unter http://papers.ssrn.com/sol3/papers.cfm?abstract_id=2226030

- EJIL: Talk! The Possible Unintended Consequences of United States v. Ali, 2013, verfügbar unter http://www.ejiltalk.org/the-possible-unintended-consequences-of-united-states-v-ali/

Bento, Lucas, Toward an International Law of Piracy Sui Generis: How the Dual Nature of Maritime Piracy Law Enables Piracy to Flourish, Berkley Journal of International Law 29 (2011), S. 399–455

Berber, Friedrich, Von der Piraterie in der Antike, in: Hans-Peter Ipsen (Hrsg.), Recht über See, Festschrift für Rolf Stödter, Hamburg 1979, S. 147–154

Bernhardt, Rudolf, Die Auslegung völkerrechtlicher Verträge insbesondere in der neueren Rechtsprechung internationaler Gerichte, Köln u.a. 1963

Blakesley, Christopher L., Terrorism and Anti-terrorism: A Normative and Practical Assessment, Ardsley-on-Hudson 2006

Blanco-Bazán, Augustin, Legal Aspects of Piracy and Armed Robbery against Shipping, Vortrag gehalten am 21. Januar 2001 in Brüssel, verfügbar unter http://ec.europa.eu/transport/modes/maritime/events/doc/2009_01_21_piracy/imo_presentation_blanco_legal_aspects.pdf

- CRONACHE E NOTE – War against piracy? Some misconceptions and over-sights in the repression of crimes at sea, Il Diritto marittimo 111 (2009), S. 264–270

Blöcher, Danja, Terrorism as an International Crime – The Drfinitional Problem, Eyes on the ICC 8 (2011–2012), S. 107–138

Boczek, Boleslaw Adam, Flags of Convenience, Cambridge 1962

Böhme, Eckart, Tankerunfälle auf dem hohen Meer – Die Zulässigkeit staatlicher Maßnahmen zur Gefahrenabwehr, Hamburg 1970

Bothe, Michael, Friedenssicherung und Kriegsrecht, in: Wolfgang Graf Vitzthum/Alexander Proelß (Hrsg.), Völkerrecht, 8. Aufl., Berlin u.a. 2019, S. 755–873

Bolte, Harald, Die Rechte des Uferstaates in Seehäfen über ausländische Handelsschiffe, Bonn 1969

Bowett, Derek W., The Use of Force in the Protection of Nationals, Transactions of the Grotius Society 43 (1957), S. 111–126

- Self-Defence in International Law, Manchester 1958

- The Use of Force for the Protection of Nationals Abroad, in: Antonio Cassese (Hrsg.), The Current Legal Regulation of the Use of Force, Dordrecht 1986, S. 39–55

Breuer, Gerhard, Gegenwartsfragen des Verhältnisses Reeder – Staat – Flagge, in: Ingo von Münch (Hrsg.), Staatsrecht, Völkerrecht, Europarecht: Festschrift für Hans-Jürgen Schlochauer zum 75. Geburtstag am 28. März 1981, Berlin u.a. 1981, S. 215–225

Brown, E.D., The Lessons of the Torrey Canyon: International Law Aspects, Current Legal Problems 21 (1968), S. 113–136

Brownlie, Ian, The Use of Force in Self-Defence, British Yearbook of International Law 37 (1962), S. 183–268

- International Law and the Use of Force by States, Oxford 1968

Bruha, Thomas/*Bortfeld*, Matthias, Terrorismus und Selbstverteidigung – Voraussetzungen und Umfang erlaubter Selbstverteidigungsmaßnahmen nach den Anschlägen vom 11. September 2001, Vereinte Nationen 49 (2001), S. 161–167

Brunée, Jutta, Consent, in: Rüdiger Wolfrum (Hrsg.), Max Planck Encyclopedia of Public International Law, Stand Oktober 2010

Buckland, Aimée J., Offending Officials: Former Government Actors and the Political Offense Exception to Extradition, California Law Review 94 (2006), S. 423–456

Byers, Michael, Terrorism, the Use of Force and International Law after 11 September, International and Comparative Law Quarterly 51 (2002), S. 401–414

Carlile, Alexander Charles, The Definition of Terrorism, 2007, verfügbar unter https://www.gov.uk/government/uploads/system/uploads/attachment_data/file/228856/7052.pdf

Carlisle, Rodney, Sovreignty for Sale: the origins and evolution of the Panamanian and Liberian flags of convenience, Annapolis 1981

Cassese, Antonio, The International Community's "Legal" Response to Terrorism, International and Comparative Law Quarterly 38 (1989), S. 589–608

- Terrorism is Also Disrupting Some Crucial Legal Categories of International Law, European Journal of International Law 12 (2001), S. 993–1002

Cheng, Bin, State Ships and State Aircraft, Current Legal Problems 11 (1958), S. 225–257

Christenson, Gordon A., Attributing Acts of Omission to the State, Michigan Journal of International Law 12 (1990–1991), S. 312–370

Churchill, Robin R./*Lowe*, Alan V., The law of the sea, 3. Aufl., Manchester 1999

- The Piracy Provisions of the UN Convention on the Law of the Sea – Fit for Purpose?, in: Panos Koutrakos/Achilles Skordas (Hrsg.), The Law and Practice of Piracy at Sea – European and International Perspectives, Oxford 2014, S. 9–32

Clark, Roger S., United Nations Convention against Transnational Organized Crime, Wayne Law Review 50 (2004), S. 161–184

Clay, David Inge, A Tale of Two Judgments: United States v. Said and United States v. Hasan, 2011, verfügbar unter http://papers.ssrn.com/sol3/papers.cfm?abstract_id=1783681

Collins, Rosemary/*Hassan*, Daud, Applications and Shortcomings of the Law of the Sea in Combating Piracy: A South East Asian Perspective, Journal of Maritime Law and Commerce 40 (2009), S. 89–113

Constantinople, George R., Towards a New Definition of Piracy: The Achille Lauro Incident, Virginia Journal of International Law 26 (1986), S. 723–753

Corten, Olivier, Necessity, in: Marc Weller: The Oxford Handbook of the Use of Force in International Law, Oxford 2015, S. 861–878

Crawford, Emily, Proportionality, in: Rüdiger Wolfrum (Hrsg.), Max Planck Encyclopedia of Public International Law, Stand Mai 2011

Crawford, James, Brownlie's Principles of International Law, 9. Aufl., Oxford 2019

Crippa, Matteo, International Maritime Bureau 2011 Global Piracy Report: Successful Piracy Attacks Decreasing, 2012, verfügbar unter https://piracy-law.com/2012/01/24/international-maritime-bureau-2011-global-piracy-report-successful-piracy-attacks-decreasing/

Dahlvang, Niclas, Thieves, Robbers, & Terrorists: Piracy in the 21st Century, Regent Journal of International Law 4 (2006), S. 17–45

Dahm, Georg, Das Verbot der Gewaltanwendung nach Art. 2 (4) der UNO-Charta und die Selbsthilfe gegenüber Völkerrechtsverletzungen, die keinen bewaffneten Angriff enthalten, in: Forschungsstelle für Völkerrecht und Ausländisches Öffentliches Recht der Universität Hamburg (Hrsg.), Festschrift für Rudolf Laun zu seinem achtzigsten Geburtstag, Göttingen 1962, S. 48–72

- /*Delbrück*, Jost/*Wolfrum*, Rüdiger, Völkerrecht, Band I/2, 2. Aufl, Berlin 2002

Deeks, Ashley S., Taming the Doctrine of Pre-Emption, in: Marc Weller: The Oxford Handbook of the Use of Force in International Law, Oxford 2015, S. 661–678

Department of the Navy (Hrsg.), The Commander's Handbook on the Law of Naval Operations, 2007, 3.5.3.2: Pursuit of Pirates into Foreign Territorial Seas, Archipelagic Waters, or Airspace, verfügbar unter: http://www.jag.navy.mil/documents/NWP_1-14M_Commanders_Handbook.pdf

Department of State (Hrsg.), Foreign Relations of the United States: Diplomatic Papers 1945 Vol. I, General: The United Nations, Washington 1967

Diena, Giulio, Principes du Droit International Privé Maritime, Recueil de Cours 51 (1935), S. 405–482

Dinstein, Yoram, War, Aggression and Self-Defence, Cambridge 2011

- Piracy jure gentium, in: Holger Hestermeyer/Doris König/Nele Matz-Lück (Hrsg.), Coexistence, cooperation and solidarity, Liber amicorum Rüdiger Wolfrum Vol. II, Leiden u.a. 2012

Dixon, Martin, Textbook on International Law, 7. Aufl., Oxford 2013

Doehring, Karl, Die Selbstdurchsetzung völkerrechtlicher Verpflichtungen – Einige Einzelprobleme der Repressalie, Zeitschrift für ausländisches öffentliches Recht und Rechtsvergleichung 47 (1987), S. 44–55

- Völkerrecht – Ein Lehrbuch, 2. Aufl., Heidelberg 2004.

Dörr, Oliver, Article 31 General rule of interpretation, in: ders./Kirsten Schmalbach (Hrsg.), Vienna Convention on the Law of Treaties: A Commentary, 2. Aufl., Heidelberg u.a. 2018, S. 559–616

Douglas, James C., The Capture and Interrogation of § 1651 Pirates: The Consequences of United States v. Dire, North Carolina Law Review Addendum 91 (2013), S. 119–147

Douvier, Stefan W., MARPOL, 2. Aufl., Bremen 2008

Dubner, Barry Hart, The Law of International Sea Piracy, The Hague (u.a.) 1980

Dupuy, René-Jean, A Handbook on the New Law of the Sea Vol. 1, Dordrecht 1991

- A Handbook on the New Law of the Sea Vol. 2, Dordrecht 1991

Dutton, Yvonne M., Gunslingers on the High Seas: A Call for Regulation, Duke Journal of Comparative & International Law 24 (2013), S. 107–160

Eck, Otto, Seeräuberei im Mittelmeer, 1. Aufl., München u.a. 1940

Eichensehr, Kristen E., Defending Nationals Abroad: Assessing the Lawfulness of Forcible Hostage Rescues, Virginia Journal of International Law 48 (2007–2008), S. 451–484

Engert-Schüler, Heidi, Völkerrechtliche Fragen des Eigentums an Wracks im Hohen Meer, Hamburg 1979

Fairman, Charles, A Note on re Piracy Jure Gentium, American Journal of International Law 29 (1935), S. 508–512

Farrell, William R., Terrorism is…?, in: John Norton Moore/Robert F. Turner (Hrsg.), Readings on International Law from the Naval War College Review 1978–1994, New Port 1995, S. 401–410

Feinstein, Barry A., Paradigm for the Analysis of the Legality of the Use of Armed Force against Terrorists and States that Aid and Abet Them, Transnational Lawyer 17 (2004), S. 51–81

Fenwick, C.G., „Piracy" In The Caribbean, American Journal of International Law 55 (1961), S. 426–428

di Filippo, Marcello, The definition(s) of terrorism in international law, in: Ben Saul (Hrsg.), Research handbook on international law and terrorism, 2. Aufl., Cheltenham 2020, S. 2–15

Fischer-Lescano, Andreas, Bundesmarine als Polizei der Weltmeere? Völker-, europa- und verfassungsrechtliche Grenzen der Pirateriebekämpfung, Zeitschrift für öffentliches Recht in Norddeutschland 2009, S. 49–55

Forman, Benjamin, International Law of Piracy and the Santa Maria Incident, JAG Journal 15 (1961), S. 143–168

Forteau, Mathias, Rescuing Nationals Abroad, in: Marc Weller: The Oxford Handbook of the Use of Force in International Law, Oxford 2015, S. 947–961

Fournier, Johanna, Der Einsatz der Streitkräfte gegen Piraterie auf See, Baden-Baden 2014

Franzke, Hans-Georg, Die militärische Abwehr von Angriffen auf Staatsangehörige im Ausland – insbesondere ihre Zulässigkeit nach der Satzung der Vereinten Nationen, Österreichische Zeitschrift für öffentliches Recht und Völkerrecht 16 (Neue Folge) (1966), S. 128–175

Frascona, Joseph Lohengrin, Visit, search and Seizure on the High Seas: a proposed Convention of International Law on the Regulation of this belligerent right, Rahway 1938

Friedlander, Robert A./*Levine*, Evyatar/*Kassim*, Anis, Dialogue: The Legal Status of the PLO, Denver Journal of International Law and Policy 10 (1980–1981), S 221–278

Fry, James D., Towards an International Piracy Tribunal: Curing the Legal Limbo of Captured Pirates, African Journal of International and Comparative Law 22 (2014), S. 341–368

Gabel, George D., Smoother Seas Ahead: The Draft Guidelines as an International Solution to Modem-Day Piracy, Tulane Law Review 18 (2006/2007), S. 1433–1466

Galdorisi, George V./*Kaufman*, Alan G., Military Activities in the Exclusive Economic Zone: Preventing Uncertainty and Defusing Conflict, California Western International Law Journal 32 (2002), S. 253–302

Gardam, Judith Gail, Proportionality and Force in International Law, American Journal of International Law 87 (1993), S. 391–413

Gardner, Maggie, Piracy Prosecutions in National Courts, International Criminal Justice 10 (2012), S. 797–821

Gathii, James Thuao, Kenya's Piracy Prosecutions, American Journal of International Law 104 (2010), S. 416–436

Gazzini, Tarcisio, A Response to Amos Guiora: Pre-Emptive Self-Defence Against Non-State Actors?, Journal of Conflict & Security Law 13 (2008), S. 25–32

Geiß, Robin/*Petrig*, Anna, UN-mandatierte Piraterie-Bekämpfung im Golf von Aden: Langfristige Lösungen müssen gefunden werden, Vereinte Nationen 58 (2010), S. 3–8

- Piracy and Armed Robbery at Sea, The Legal Framework for Counter-Piracy Operations in Somalia and the Gulf of Aden, Oxford 2011

Geiß, Robin/*Tams*, Christian J., Non-Flag States as Guardians of the Maritime Order: Creeping Jurisdiction of a Different Kind?, in: Henrik Ringbom (Hrsg.), Jurisdiction over Ships: Post-UNCLOS Developments in the Law of the Sea, Leiden u.a. 2015, S. 19–49

Gelzer, Matthis, Caesar, der Politiker und Staatsmann, Wiesbaden 1960

Geneva Academy of International Humanitarian Law and Human Rights (Hrsg.), Academy Briefing No. 1: Counterpiracy under International Law, 2012, verfügbar unter https://www.geneva-academy.ch/joomlatools-files/docman-files/Publications/Academy%20Briefings/Counterpiracy%20Briefing%201.pdf

Gidel, Gilbert, Le droit international public de la mer Vol. 1: Introduction – La haute mer, Paris u.a. 1981

Giegerich, Thomas: Sicherheit auf See: Maßnahmen gegen die Verschiffung von Massenvernichtungswaffen an internationale Terroristen nach Völkerrecht und deutschem Recht, in: Andreas Zimmermann, Christian J. Tams (Hrsg.), Seesicherheit vor neuen Herausforderungen: Workshop des Walther-Schücking-Instituts für Internationales Recht der Universität Kiel, 5./6. Juli 2007, S. 5–33

Gilbert, Geoff, Aspects of Extradition Law, Dordrecht u.a. 1991

Gill, T.D., When Does Self-Defence End?, in: Marc Weller: The Oxford Handbook of the Use of Force in International Law, Oxford 2015, S. 737–751

Goodman, Timothy H., "Leaving the Corsair's Name to Other Times:" How to Enforce the Law of Sea Piracy in the 21st Century through Regional International Agreements, Case Western Reserve Journal of International Law 31 (1999), S. 139–168

Gosalbo-Bono, Ricardo/*Boelaert-Suominen*, Sonja, The European Union's Comprehensive Approach to Combating Piracy at Sea: Legal Aspects, in: Panos

Koutrakos/Achilles Skordas, The Law and Practice of Piracy at Sea – European and International Perspectives, Oxford 2014, S. 81–166

Gottlieb, Yaron, The Security Council's Maritime Piracy Resolutions: A Critical Assessment, Minnesota Journal of International Law 24 (2015), S. 1–72

Gray, Christine, International Law and the Use of Force, 4. Aufl., Oxford 2018

Green, James A., Passportisation, Peacekeepers and Proportionality: The Russian Claim of the Protection of Nationals Abroad, in: ders./Christopher P.M. Waters (Hrsg.), Conflict in the Caucasus: Implications for International Legal Order, Basingstoke 2010, S. 54–79

Greenwood, Christopher, Caroline, The, in: Rüdiger Wolfrum (Hrsg.), Max Planck Encyclopedia of Public International Law, Stand April 2009

- Self-Defence, in: Rüdiger Wolfrum (Hrsg.), Max Planck Encyclopedia of Public International Law, Stand April 2011

Greig, D.W., Self-Defence and the Security Council: What Does Article 51 Require?, International and Comparative Law Quarterly 40 (1991), S. 366–402

Grimal, Francis/*Milling*, Graham, The Protection of Nationals Abroad: Lawfulness or Toleration? A Commentary, Journal of Conflict & Security Law 16 (2011), S. 541–554

Grotius, Hugo, Mare liberum, Leiden 1609

Gueniffey, Patrice, La politique de la Terreur: essai sur la violence révolutionnaire, 1789–1794, Paris 2000

Guilfoyle, Douglas, EJIL: Talk! Committing Piracy on Dry Land: Liability for Facilitating Piracy, 2012, verfügbar unter http://www.ejiltalk.org/committing-piracy-on-dry-land-liability-for-facilitating-piracy/

- Piracy and Terrorism, in: Panos Koutrakos/Achilles Skordas, The Law and Practice of Piracy at Sea – European and International Perspectives, Oxford 2014, S. 33–52
- The Use of Force Against Pirates, in: Marc Weller: The Oxford Handbook of the Use of Force in International Law, Oxford 2015, S. 1057–1076
- Art. 86, in: Alexander Proelß (Hrsg.), United Nations Convention on the Law of the Sea – A Commentary, München 2017
- Art. 98, in: Alexander Proelß (Hrsg.), United Nations Convention on the Law of the Sea – A Commentary, München 2017
- Art. 100, in: Alexander Proelß (Hrsg.), United Nations Convention on the Law of the Sea – A Commentary, München 2017
- Art. 101, in: Alexander Proelß (Hrsg.), United Nations Convention on the Law of the Sea – A Commentary, München 2017

- Art. 105, in: Alexander Proelß (Hrsg.), United Nations Convention on the Law of the Sea – A Commentary, München 2017
- Art. 110, in: Alexander Proelß (Hrsg.), United Nations Convention on the Law of the Sea – A Commentary, München 2017
- Art. 111, in: Alexander Proelß (Hrsg.), United Nations Convention on the Law of the Sea – A Commentary, München 2017

Guiora, Amos N., Anticipatory Self-Defence and International Law—A Re-Evaluation, Journal of Conflict & Security Law 13 (2008), S. 3–24

Hackworth, Green Haywood, Digest of International Law 2: Chapters 6–8, Washington 1941

Hakimi, Monica, Defensive Force Against Non-States Actors: The State of Play, International Legal Studies 91 (2015), S. 1–31

Halberstam, Malvina, Terrorism On The High Seas: The Achille Lauro, Piracy And The IMO Convention On Maritime Safety, American Journal of International Law 82 (1988), S. 269–310

Hale, Graeme, Does the ISPS Code address post 9/11 maritime security risks?, Journal of the Australian Naval Institute 116 (2005), S. 13–18

Hall, Jonathan M., A History of the Archaic Greek World ca. 1200–479 BC, Oxford, 2. Aufl. 2014

Hasselmann, Cord-Georg, Die Freiheit der Handelsschiffahrt: eine Analyse der UN-Seerechtskonvention, Kehl am Rhein u.a. 1987

Heathcote, Sarah, Circumstances precluding wrongfulness in the ILC Articles on State Responsibility: Necessity, in: James Crawford/Alain Pellet/Simon Olleson (Hrsg.), The Law of International Responsibility, Oxford 2010, S. 491–502

Heinicke, Thomas, Piratenjagd vor der Küste Somalias. Überlegungen zu den rechtlichen Rahmenbedingungen der EU NAVFOR Somalia/ATALANTA Operation, Kritische Justiz 2009, S. 178–195

Heintschel von Heinegg, Wolff, Seekriegsrecht und Neutralität im Seekrieg, Berlin 1995

- /*Gries*, Tobias, Der Einsatz der Deutschen Marine im Rahmen der Operation „Enduring Freedom", Archiv des Völkerrechts 40 (2002), S. 145–182
- Friedliche Nutzung, Seekriegs- und Neutralitätsrecht, Friedenssicherung, in: Wolfgang Graf Vitzthum (Hrsg.), Handbuch des Seerechts, München 2006, S. 491–623
- Warships, in: Rüdiger Wolfrum (Hrsg.), Max Planck Encyclopedia of Public International Law, Stand Oktober 2015
- The Impact of Law on Cotemporary Military Operations – Sacrificing Security Interests on the Altar of Political Correctness?, in: Holger P. Hestermeyer/

Kattan, Victor, The Use and Abuse of Self-Defence in International Law: The Israel-Hezbollah Conflict as a Case Study, 2007, verfügbar unter http://papers.ssrn.com/sol3/papers.cfm?abstract_id=994282

Kaufmann-Bühler, Werner, EUV Art. 42 Allgemeine Bestimmungen über die GSVP, in: Eberhard Grabitz/Meinhard Hilf/Martin Nettesheim (Hrsg.), Das Recht der Europäischen Union, München 2019, 68. Ergänzungslieferung, Stand Oktober 2019

Kavanagh, John, The Law Of Contemporary Sea Piracy, Australian Journal of International Law 8 (1999), S. 127–157

Kaye, Stewart, Interdiction and Boarding of Vessels at Sea: New Developments and Old Problems, in: Rupert Herbert-Burns/Sam Bateman/Peter Lehr (Hrsg.), Lloyd's MIU Handbook of Maritime Security, Boca Raton 2009, S. 201–213

Kempen, Bernhard/Hillgruber, Christian, Völkerrecht, 2. Aufl., München 2012

Khaliq, Urfan, Jurisdiction, Ships and Human Rights Treaties, in: Henrik Ringbom (Hrsg.), Jurisdiction over Ships: Post-UNCLOS Developments in the Law of the Sea, Leiden u.a. 2015, S. 324–360

Khayre, Ahmed Ali M., Self-Defence, Intervention by Invitation, or Proxy War: The Legality of the 2006 Ethiopian Invasion of Somalia, African Journal of International and Comparative Law 22 (2014), S. 208–233

Kittrich, Jan, The Right of Individual Self-Defense in Public International Law, Berlin 2008

Klein, Eckart, Gegenmaßnahmen, Berichte der Deutschen Gesellschaft für Völkerrecht Band 37 (1997), S. 39–71

Klein, Katheryn M., Bringing the Khmer Rouge to Justice: The Challenges and Risks Facing the Joint Tribunal in Cambodia, Northwestern University Journal of International Human Rights 4 (2006), S. 549–566

Klein, Natalie, Legal Limitations on Ensuring Australia's Maritime Security, Melbourne Journal of International Law 7 (2006), S. 306–338

- The Right of Visit and the 2005 Protocol on the Suppression of Unlawful Acts Against the Safety of Maritime Navigation, Denver Journal of International Law and Policy 35 (2006–2007), S. 287–332

- Maritime Security and the Law of the Sea, Oxford 2011

Kolb, Robert, The Law of Treaties: An Introduction, Cheltenham u.a. 2017

König, Doris, Flag of Ships, in: Rüdiger Wolfrum (Hrsg.), Max Planck Encyclopedia of Public International Law, Stand April 2009

- Flags of Convenience, in: Rüdiger Wolfrum (Hrsg.), Max Planck Encyclopedia of Public International Law, Stand November 2008

- /*Salomon*, Tim René, Rechtliche Rahmenbedingungen: Bestehende Regelungen und Unsicherheiten, in: Hans-Georg Ehrhart (Hrsg.), Piraterie und maritimer Terrorismus als Herausforderung für die Seehandelssicherheit Deutschlands: Politik, Recht, Wirtschaft, Technologie, Baden-Baden 2013, S. 165–206

Kontorovich, Eugene, The Inefficiency of Universal Jurisdiction, University of Illinois Law Review 2008, S. 389–418

- United States v. Shi. 525 F.3d 709, cert. denied, 129 S.Ct. 324 (2008), American Journal of International Law 103 (2009), S. 734–740
- International Legal Responses to Piracy off the Coast of Somalia, ASIL-Insights Vol. 13 (2009), Issue 2, verfügbar unter http://asil.org/insights/volume/13/issue/2/international-legal-responses-piracy-coast-somalia
- From Prof. Eugene Kontorovich, About Today's Piracy Decision, 2012, verfügbar unter http://volokh.com/2012/07/13/from-prof-eugene-kontorovich-about-todays-piracy-decision/

Koufa, Kalliopi, Human Rights and Terrorism in the United Nations, in: Gudmundur Alfredsson (Hrsg.), Justice Pending: Indigenous peoples and other good causes; essays in honour of Erica-Irene A. Daes, The Hague u.a. 2002, S. 203–218

Krajewski, Markus, Terroranschläge in den USA und Krieg gegen Afghanistan – Welche Antworten gibt das Völkerrecht, Kritische Justiz 2001, S. 363–383

- Selbstverteidigung gegen bewaffnete Angriffe nicht-staatlicher Organisationen – Der 11. September 2001 und seine Folgen, Archiv des Völkerrechts 40 (2002), S. 183–214

Kraska, James, Developing Piracy Policy for the National Strategy for Maritime Security and the International Maritime Organization, in: Myron H. Nordquist/Rüdiger Wolfrum/Ronán Long (Hrsg.), Legal Challenges in Maritime Security, Leiden 2008, S. 329–440

Kreß, Claus, The International Court of Justice and the 'Principle of Non-Use of Force', in: Marc Weller: The Oxford Handbook of the Use of Force in International Law, Oxford 2015, S. 561–604

Kunz, Josef L., Individual and Collective Self-Defense in Article 51 of the Charter of the United Nations, American Journal of International Law 41 (1947), S. 872–879

- Sanctions in International Law, American Journal of International Law 54 (1960), S. 324–347

Lagoni, Rainer, Piraterie und widerrechtliche Handlungen gegen die Sicherheit der Seeschiffahrt, in: Jörn Ipsen/Edzard Schmidt-Jorzig, Recht, Staat, Gemeinwohl: Festschrift für Dietrich Rauschning, Köln u.a. 2001, S. 501–534

Lambert, Joseph J., Terrorism and Hostages in International Law, Cambridge 1990

Larian, Alexander M., An Old Problem Reborn: So What is Piracy After All?, University of San Francisco Maritime Law Journal 26 (2013-2014), S. 117–139

Lauterpacht, Hersch, Oppenheim's International Law 1 – Peace, 8. Aufl., London 1955

Lazaratos, Georges., The Definition of Ship in National and International Law, Revue Hellenique de Droit International 22 (1969), S. 57–99

Levitt, Geoffrey, Is "Terrorism" Worth Defining?, Ohio Northern University Law Review 13 (1986), S. 97–115

Liput, Andrew L., An Analysis of the Achille Lauro Affair: Towards an Effective and Legal Method of Bringing International Terrorists to Justice, Fordham International Law Journal 9 (1985), S. 328–372

Logan, Samuel E., The Proliferation Security Initiative: Navigating The Legal Challenges, Journal of Transantional Law and Policy 14 (2005), S. 253–274

Logina, Anete, Definition of Piracy: an analysis of its effectiveness in the light of the *Arctic Sea* incident, in: Maximo Q. Mejia jr. (Hrsg.), Maritime Security and Crime, Malmö 2010, S. 263–282

Lowe, Alan V., Self-Defence at Sea, in: W.E. Butler (Hrsg.), The Non-Use of Force in International Law, Dordercht 1989, S. 185202

Lubell, Noam, The Problem of Imminance in an Uncertain World, in: Marc Weller: The Oxford Handbook of the Use of Force in International Law, Oxford 2015, S. 697–719

Lucchini, Laurent, Le Navire et Les Navires, in: Société Française pour le Droit International (Hrsg.), Le Navire en Droit International, Paris 1992, S. 11–42

Macdonald, R. St. J., The Nicaragua Case: New Answers to Old Question, Canadian Yearbook of International Law 24 (1986), S. 127–160

Madden, Tracey E., An Analysis Of The United States' Response To The Achille Lauro Hijacking, Boston College Third World Law Journal 8 (1988), S. 137–150

Mann, Clarence J., Personnel and Property of Transnational Business Operations, in: Alona E. Evans/John F. Murphy (Hrsg.), Legal Aspects of International Terrorism, Lexington u.a. 1978, S. 399–491

Marcopoulos, Alexander J., Flags of Terror: An Argument for Rethinking Maritime Security Policy Regarding Flags of Convenience, Tulane Maritime Law Journal 32 (2007), S. 277–312

Marquardt, Stephan/*LGaedtke*, Christian, EUV Artikel 42 (ex-Artikel 17 EUV), in: Hans von der Groeben/Jürgen Schwarze/Armin Hatje (Hrsg.), Europäisches Unionsrecht, 7. Auflage, Baden-Baden 2015

Matz-Lück, Nele, Art. 311, in: Alexander Proelß (Hrsg.), United Nations Convention on the Law of the Sea – A Commentary, München 2017

McConnell, Moira L., "Business as usual": An Evaluation of the 1986 United Nations Convention on Conditions for Registration of Ships, Journal of Maritime Law and Commerce 18 (1987), S. 435–449

McGinley, Gerald P., The Achille Lauro Affair – Implications For International Law, Tennessee Law Review 52 (1985), S. 691–738

McKinney, William Crum, United States v. Said & United States v. Hasan, South Carolina Law Review 62 (2010–2011), S. 577–585

Meissner, Burkhard, Kidnapping und Plündern Piraterie und Failing States im antiken Griechenland, in: Volker Grieb/Sabine Todt (Hrsg.), Piraterie von der Antike bis zur Gegenwart, Stuttgart 2012, S. 21–45

Menefee, Samuel Pyeatt, Anti-Piracy Law in the Year of the Ocean: Problems and Opportunity, ILSA Journal of International & Comparative Law 5 (1999), S. 309–318

- Foreign Naval Intervention in Cases of Piracy: Problems and Strategies, International Journal of Marine and Coastal Law 14/15 (1999), S. 353–370

- Piracy and Vietnamese Boat People: a retrospective, in: Maximo Q. Mejia jr. (Hrsg.), Maritime Security and Crime, Malmö 2010, S. 49–104

Mensah, Thomas A., Piracy at Sea – A New Approach to an Old Menace, in: Holger Hestermeyer/Nele Matz-Lück/Anja Seibert-Fohr/Silja Vöneky, Law of the Sea in Dialogue, Berlin u.a. 2011, S. 161–167

Meyers, Herman, The nationality of ships, Den Haag 1967

Moir, Lindsay, Action Against Host States of Terrorist Groups, in: Marc Weller: The Oxford Handbook of the Use of Force in International Law, Oxford 2015, S. 720–736

Münchau, Mathias, Terrorismus auf See aus völkerrechtlicher Sicht, Frankfurt am Main u.a. 1993

Murphy, Martin, Piracy and UNCLOS: Does International Law Help Regional States Combat Piracy?, in: Peter Lehr (Hrsg.), Violence at Sea: Piracy in the Age of Global Terrorism, New York 2007

Murphy, Sean, Self-Defense and the Israeli Wall Advisory Opinion: An Ipse Dixit From the IJC?, American Journal of International Law 99 (2005), 62–76

Murray, Oswyn, Early Greece, 2. Aufl., Cambridge 1993

Proelß, Alexander, Ausschließliche Wirtschaftszone, in: Wolfgang Graf Vitzthum (Hrsg.), Handbuch des Seerechts, München 2006, S. 222–264

- Das Regime der Ausschließlichen Wirtschaftszone im Wandel der Zeit: Rechtsstatus und Ansätze zur Lösung von Schutz-/Nutzungskonflikten, Zeitschrift für Europäisches Umwelt- und Planungsrecht 2012, S. 280–289
- Piracy and the Use of Force, in: Panos Koutrakos/Achilles Skordas, The Law and Practice of Piracy at Sea – European and International Perspectives, Oxford 2014, S. 53–66
- Raum und Umwelt im Völkerrecht, in: Wolfgang Graf Vitzthum/ders. (Hrsg.), Völkerrecht, 8. Aufl., Berlin u.a. 2019, S. 463–584
- Preface, in: ders. (Hrsg.), United Nations Convention on the Law of the Sea – A Commentary, München 2017, S. VII-VIII

Ram, Christopher, The United Nations Convention against Transnational Organized Crime and its Protocols, Forum on Crime and Society 1 (2001), S. 135–145

Randall, Kenneth C., Universal Jurisdiction Under International Law, Texas Law Review 66 (1987–1988), S. 785–841

Randelzhofer, Albrecht/*Nolte*, Georg, Article 51, in: Bruno Simma (Hrsg.), The Charter of the United Nations A Commentary, Vol II., 3. Aufl., Oxford 2012

Ratner, Steven R., Ius ad Bellum and Ius in Bello after September 11, American Journal of International Law 96 (2002), S. 905–921

Rauch, Elmar, The Protocol Additional to the Geneva Conventions for the Protection of Victims of International Armed Conflicts and the United Nations Convention on the Law of the Sea: Repercussions on the Law of Naval Warfare, Berlin 1984

Reinold, Theresa, State Weakness, Irregular Warfare, And The Right To Self-Defense Post-9/11, American Journal of International Law 105 (2011), S. 244–286

Reuland, Robert C., The Customary Right of Hot Pursuit Onto the High Seas: Annotations to Article 111 of the Law of the Sea Convention, Virginia Journal of International Law 33 (1993), S. 557–579

Richard, Samuel B., United States v. Dire: The Somali Pirates and the Fourth Circuit's Choice to Apply an Evolving "Law of Nations" to the Problem, Boston College International and Comparative Law Review 36 (2014), S. 76–89

Richardson, Louise, What terrorists want, New York 2007

Rindfleisch, Stefan, Das Recht der Nacheile zur See, Hamburg 2001

Roach, J. Ashley, Agora: Piracy Prosecutions – Conutering Piracy off Somalia: International Law and International Institutions, American Journal of International Law 104 (2010), S. 397–416

Ronzitti, Natalino, Rescuing nationals abroad through military coercion and intervention on grounds of humanity, Dordrecht u.a. 1985

- The Law of the Sea and the Use of Force Against Terrorist Activities, in: ders. (Hrsg.), Maritime Terrorism and International Law, Dordrecht 1990, S. 1–14

Ross, Alf, Lehrbuch des Völkerrechts, Stuttgart 1951

Rubin, Alfred P., Is Piracy Illegal?, American Journal of International Law 70 (1976), S. 92–95

- The Law of Piracy, Honolulu 2006

Ruffert, Matthias, Terrorismusbekämpfung zwischen Selbstverteidigung und kollektiver Sicherheit. Die Anschläge vom 11.9.2001 und die Intervention in Afghanistan, Zeitschrift für Rechtspolitik 2002, S. 247–252

Saul, Ben, Defining Terrorism in International Law, Oxford 2008

- Civilising the Exception: Universally Defining Terrorism, in: Aniceto Masferrer (Hrsg.), Post 9/11 and the State of Permanent Legal Emergency – Security and Human Rights in Countering Terrorism, Dordrecht u.a. 2012, S. 79–100
- Terrorism as a legal concept, in: Genevieve Lennon/Clive Walker (Hrsg.), Routledge Handbook of Law and Terrorism, London u.a. 2015, S. 19–37

Schiedmair, Stephanie, Piratenjagd im Golf von Aden, Archiv für öffentliches Recht 135 (2010), S. 185–220

Schlikker, Gerhard, Die völkerrechtliche Lehre von der Piraterie und den ihr gleichgestellten Verbrechen, Borna u.a. 1907

Schmid, Alex, Terrorism – The Definitional Problem, Case Western Reserve Journal of International Law 35 (2004), S. 375–419

Schneider, Patricia, Maritimer Terrorismus: Tätergruppen und Anschlagstypen 1968–2010, Hamburger Beiträge zur Friedensforschung und Sicherheitspolitik, Heft 157, 2012, verfugbar unter http://edoc.vifapol.de/opus/volltexte/2015/5786/pdf/HB_157_Schneider.pdf

Schröder, Meinhard, Verantwortlichkeit, Völkerstrafrecht, Streitbeilegung und Sanktionen, in: Wolfgang Graf Vitzthum/Proelß. (Hrsg.), Völkerrecht, 8. Aufl., Berlin u.a. 2019, S. 691–753

Schubert, Mathias, Maritimes Infrastrukturrecht, Tübingen 2015

Schweisfurth, Theodor, Operations to Rescue Nationals in Third States Involving the Use of Force in Relation to the Protection of Human Rights, German Yearbook of International Law 23 (1980), S. 159–180

Scovazzi, Tullio, ITLOS and Jurisdiction over Ships, in: Henrik Ringbom (Hrsg.), Jurisdiction over Ships: Post-UNCLOS Developments in the Law of the Sea, Leiden u.a. 2015, S. 382–404

Shaw, Malcolm N., International Law, 8. Aufl., Cambridge 2017

Shearer, Ivan, Extradition in International Law, Manchester u.a. 1971

- Piracy, in: Rüdiger Wolfrum (Hrsg.), Max Planck Encyclopedia of Public International Law, Stand Oktober 2010

Shiryaev, Yaroslav, The Right of Armed Self-Defense in International Law and Self-Defense Arguments Used in the Second Lebanon War, Acta Societatis Martensis 3 (2007/2008), S. 80–97

Shnider, Samuel, Universal Jurisdiction Over "Operation of a Pirate Ship": The Legality of the Evolving Piracy Definition in Regional Prosecutions, North Carolina Journal of International Law and Commercial Regulation 38 (2012–2013), S. 473–569

Skaridov, Alexander S., Hostis Humani Generis, in: Myron H. Nordquist/Rüdiger Wolfrum/Ronán Long (Hrsg.), Legal Challenges in Maritime Security, Leiden 2008, S. 479–508

de Souza, Philip, Greek Piracy, in: Anton Powell (Hrsg.), The Greek World, London 1995, S. 179–198

- Piracy in the Graeco-Roman world, Cambridge 2002
- Pirates and Politics in the Roman World, in: Volker Grieb/Sabine Todt (Hrsg.), Piraterie von der Antike bis zur Gegenwart, Stuttgart 2012, S. 47–73

Stahn, Carsten, International Law at a Crossroads? The Impact of September 11, Zeitschrift für ausländisches öffentliches Recht und Völkerrecht 2002, S. 183–255

- Terrorist Acts as "Armed Attack": The Right to Self-Defense, Article 51 (½) of the UN-Charter, and International Terrorism, Fletcher Forum of World Affaires 27 (2003), S. 35–54

Starke, J.G., The Convention for the Prevention and Punishment of Terrorism, British Yearbook of International Law 19 (1938), S. 214–216

Starski, Paulina, Right to Self-Defense, Attribution and the Non-State Actor, Zeitschrift für ausländisches öffentliches Recht und Völkerrecht 2015, S. 455–501

Stehr, Michael, Piraterie und Terror auf See: nicht-staatliche Gewalt auf den Weltmeeren 1990 bis 2004; ein Handbuch, Berlin 2004

- Piraterie und Terror auf See, Jahrbuch öffentliche Sicherheit 2006/2007, S. 569–586

Stein, Torsten, Völkerrechtliche und verfassungsrechtliche Fragen des Schutzes der deutschen Handelsflotte durch die Bundesmarine, in: Jörn Ipsen/Edzard Schmidt-Jorzig, Recht, Staat, Gemeinwohl: Festschrift für Dietrich Rauschning, Köln u.a. 2001, S. 487–500

- */von Butlar*, Christian/*Kotzur*, Markus, Völkerrecht, 14. Aufl., München 2017

Sterio, Milena, Transnational Piracy: To Pay or to Prosecute? Introductory Remarks, Proceedings of the Annual Meeting (American Society of International Law). 105 (March 23–26, 2011), S. 543–546

Stiles, Ethan C., Reforming Current International Law to Combate Modern Sea Piracy, Suffolk Transnational Law Review 27 (2003/2004), S. 299–326

Stockton, Charles H., The Declaration of Paris, American Journal of International Law 14 (1920), S. 356–368

Stowes, Ta'Ronce, Crime Upon The Sea: Reshaping American Jurisprudence On International Piracy, Florida A&M University Law Review 7 (2011–2012), S. 125–152

Szurek, Sandra, Circumstances precluding wrongfulness in the ILC Articles on State Responsibility: Distress, in: James Crawford/Alain Pellet/Simon Olleson (Hrsg.), The Law of International Responsibility, Oxford 2010, S. 481–490

Tams, Christian J., The Use of Force against Terrorists, European Journal of International Law 20 (2009), S. 359–397

Teulings, Jasper, Peaceful Protests against Whaling on the High Seas – A Human Rights-Based Approach, in: Clive R. Symmons (Hrsg.), Selected Contemporary Issues in the Law of the Sea, Leiden u.a. 2011, S. 221–249

Thümmel, Juliane, Computernetzwerkoperationen innerhalb internationaler bewaffneter Konflikte, Baden-Baden 2013

Tomuschat, Christian, Der 11. September und seine rechtlichen Konsequenzen, Rechtspolitisches Forum Nr. 05 (2002), verfügbar unter https://ubt.opus.hbz-nrw.de/opus45-ubtr/frontdoor/deliver/index/docId/497/file/05_Tomuschat_EBook.pdf

Trapp, Kimberley N., Can Non-State Actors Mount an Armed Attack?, in: Marc Weller: The Oxford Handbook of the Use of Force in International Law, Oxford 2015, S. 679–695

- Terrorism and the international law of state responsibility, in: Ben Saul (Hrsg.), Research handbook on international law and terrorism, 2. Aufl., Cheltenham 2020, S. 31–46

Travalio, Gregory M., Terrorism, International Law, and the Use of Military Force, Wisconsin International Law Journal 18 (2000), S. 145–191

Trésoret, Michael, Seepiraterie: Völkerrechtliche, europarechtliche und verfassungsrechtliche Rahmenbedingungen der Auslandesentsendung deutscher Streitkräfte zur Bekämpfung der Seeräuberei, Baden-Baden 2011

Treves, Tullio, Customary International Law, in: Rüdiger Wolfrum (Hrsg.), Max Planck Encyclopedia of Public International Law, Stand November 2006

der Flagge und „Billige Flaggen" – Neuere Entwicklungen im Internationalen Privat- und Völkerrecht, Heidelberg 1990, S. 121–147

- Fighting Terrorism at Sea: Options and Limitations under International Law, in: Jochen Abr. Frowein (Hrsg.), Verhandeln für den Frieden, Liber amicorum Tono Eitel, Berlin u.a. 2003, S. 649–668
- The Attack of September 11, 2001, the Wars Against the Taliban and Iraq: Is There a Need to Reconsider International Law on the Recourse to Force and the Rules in Armed Conflict?, Max Planck Yearbook of United Nations Law 7 (2003), S. 1–76
- Hohe See und Tiefseeboden (Gebiet), in: Wolfgang Graf Vitzthum (Hrsg.), Handbuch des Seerechts, München 2006, S. 287–345

Woltag, Johann-Christoph, Cyber-Warfare, in: Rüdiger Wolfrum (Hrsg.), Max Planck Encyclopedia of Public International Law, Stand August 2015

Wood, Michael, Self-Defence and Collective Security: Key Distinctions, in: Marc Weller: The Oxford Handbook of the Use of Force in International Law, Oxford 2015, S. 649–660

- Terrorism and the international law on the use of force, in: Ben Saul (Hrsg.), Research handbook on international law and terrorism, 2. Aufl., Cheltenham 2020, S. 180–191

van den Wyngaert, Christine, The Politcal Offence Exception to Extradition: How to Plug the "terrorists' loophole" without Departing from Fundamental Human Rights, Israel Yearbook on Human Rights 19 (1989), S. 297–316

Yokaris, A., Les criteres de competence des jurisdictions nationales, in: Hervé Ascensio/Emmanuel Decaux/Alain Pellet, Droit International Penal, 2. Aufl., Paris 2012, S. 997–1006

Young, Adam J./*Valencia*, Mark J., Conflation of Piracy and Terrorism in Southeast Asia: Rectitude and Utility, Contemporary Southeast Asia 25 (2003), S. 269–283

Young, Reuven, Defining Terrorism: The Evolution of Terrorism as a Legal Concept in International Law and Its Influence on Definitions in Domestic Legislation, Boston College International and Comparative Law Review 29 (2006), S. 23–105

Zeitzmann, Sebastian, Die Terrorakte von Paris: Anwendung des Art. 42 Abs. 7 EUV gerechtfertigt?, 2015, verfügbar unter http://jean-monnet-saar.eu/?p=1043.

Zemanek, Karl, Armed Attack, in: Rüdiger Wolfrum (Hrsg.), Max Planck Encyclopedia of Public International Law, Stand Oktober 2013

Zwanenberg, Anna van, Interference with Ships on the High Seas, International and Comparative Law Quarterly 10 (1961), S. 785–817

Verzeichnis der verwendeten Beschlüsse und Erklärungen internationaler Organisationen und Konferenzen

Europäische Union (EU)

Remarques introductives de la Haute Représentante et Vice-Présidente Federica Mogherini lors de la conférence de presse avec Jean Yves Le Drian, Ministre de la Défense Français, 17 Novembre 2015

Gemeinschaft amerikanischer Staaten

OEA/Ser.G CP/RES 796 (1293/01), Convocation of the Twenty-Third Meeting of Colsultation of Ministers of Foreign Affairs, 19 September 2001

International Chamber of Commerce

Pressemitteilung vom 22. Oktober 2012: IMB repots drop in Somali piracy, but warns against complacency, verfügbar unter http://web.archive.org/web/20121024172454/http://www.icc-ccs.org/news/811-imb-reports-drop-in-somali-piracy-but-warns-against-complacency

International Law Commission

A/CN.4/79, Sixième rapport de J.P.A. François, rapporteur spécial, 1er mars 1954

A/3159, Report of the International Law Commission covering the work of its eighth session, 23 April-4 July 1956

A/56/10, Report of the International Law Commission on the work of its fifty third session (23 April–1 June and 2 July–10 August 2001)

International Maritime Organization

MSC.4/Circ.133, Reports on Acts of Piracy and Armed Robbery against Ships – Annual Report 2008, 19 March 2009

A 26/Res.1025, Code of Practice for the Investigation of the Crimes of Piracy and Armed Robbery against Ships, der armed robbery at sea, 18 December 2010

International Maritime Bureau, Piracy and Armed Robbery against ships, Report for the Period 1 January 2011 – 31 December 2011

A 22/RES 924, Review of Measures and Procedures to prevent acts of Terrorism which threaten the Security of Passengers and Crews and the Safety of Ships, 22 January 2002

LEG 84/6/1, Review of the Convention for the Suppression of Unlawfull Acts Against the Safety of Maritime Navigation, 1988, and Ist Protocol of 1988

Relating to Fixed Platforms Located on the Continental Shelf (SUA Convention and Protocol), 22 March 2002

LEG 85/4, Review of the Convention for the Suppression of Unlawful Acts Against the Safety of Maritime Navigation, 1988, and its Protocol of 1988 Relating to Fixed Platforms Located on the Continental Shelf (SUA Convention and Protocol) – Draft amendments to the SUA Convention and SUA Protocol, 17 August 2002

LEG 88/3, Review of the Convention for the Suppression of Unlawful Acts Against the Safety of Maritime Navigation, 1988, and its Protocol of 1988 Relating to Fixed Platforms Located on the Continental Shelf (SUA Convention and Protocol) – Draft amendments to the SUA Convention and SUA Protocol, 13 February 2004

LEG 88/13 Report of the Legal Committee on the Work of its Eighty-Eighth Session, 18 May 2004

LEG/SUA/WG.1/2/1: Review of SUA Convention and Protocol: Draft amendments to the SUA Convention and SUA Protocol, Complements to the "Boarding" section, Submitted by France, 30 June 2004

LEG 89/16, Report of the Legal Committee on the Work of Its Eighty-Ninth Session, 4 November 2004

LEG 90/15, Report of the Legal Committee on the Work of Its Ninetieth Session, 9 May 2005

LEG/CONF.15/12, Consideration of a draft protocol to the Convention for the suppression of unlawful acts against the safety of maritime navigation, 1988 and a draft protocol to the protocol for the suppression of unlawful acts against the safety of fixed Platforms located on the continental shelf, 1988. Submitted by India, 10 October 2005

LEG/CONF.15/15, Consideration of: A draft protocol to the Convention for the suppression of unlawful acts against the safety of maritime navigation, 1988 and a draft protocol to the protocol for the suppression of unlawful acts against the safety of fixed Platforms located on the continental shelf, 1988. Comments on counter-terrorism, non-proliferation and boarding provisions. Submitted by the United States, 10 October 2005

LEG/CONF.15/19, Consideration of a draft Protocol for the Suppression of Unlawful acts Against the Safety of Fixed Platforms located on the Continental Shelf, 1988. Statement by India, 10 October 2005

LEG/CONF.15/20, Consideration of a draft Protocol for the Suppression of Unlawful acts Against the Safety of Fixed Platforms located on the Continental Shelf, 1988. Statement by Pakistan, 10 October 2005

MSC/Circ. 111, Guidance Relating to the Implementation of SOLAS Chapter XI-2 and the ISPS-Code, Annex 2

Maritime Organization of West and Central Africa (MOWCA)

MOWCA/XIII GA.08/8, Item 6.2.1.1.c, Memorandum of Understanding on the Establishment of a Sub-regional Integrated Coast Guard Network in West and Central Africa, July 2008

Organisation des Nordatlantikvertrags (NATO)

Press Release (2001) 124, Statement by the North Atlantic Council, 12 September 2001

Statement of the Secretary General, 2 October 2001, verfügbar unter http://www.nato.int/cps/en/natohq/opinions_19011.htm?selectedLocale=en

AAP-06 NATO Glossary of Terms and Definitions, Edition 2014, 29. April 2014

Vereinte Nationen (UN)

A/CONF.13/40, United Nations Conference on the Law of the Sea Official Record Vol. IV: Second Committee (High Seas: General Régime), 24 February – 27 April 1958

A/AC.134/SR.106, 28 May 1973

A/RES/3314 (XXIX), Definition of Aggression, 14 December 1974

S/RES/733 (1992), 23 January 1992

A/RES/48/122, Human rights and terrorism, 20 December 1993

A/RES/49/60, Measures to eliminate international terrorism, 9 December 1994

A/RES/52/85, Follow-up to the Naples Political Declaration and Global Action Plan against Organized Transnational Crime, 12 December 1997

S/RES/1269 (1999), 19 October 1999

S/RES/1373 (2001), 28 September 2001

S/2001/946, Letter dated 7 October 2001 from the Permanent Representative of the United States of America to the United Nations addressed to the President of the Security Council, 7 October 2001

S/RES/1425 (2002), 22 July 2002

A/57/722, Letter dated 4 February 2003 from the Chargé d'affaires a.i. of the Permanent Mission of Lebanon to the United Nations addressed to the Secretary-General, 5 February 2003

Nationale Gerichte

Republik Seychellen

Republic v. Farad Jama & Others, Supreme Court of the Seychelles, 5th November 2012, [2013] SCSC 17

Vereinigtes Königreich von Großbritannien und Nordirland

In re piracy iure gentium, House of Lords, 1934, [1934] AC 586

Vereinigte Staaten von Amerika

United States v. Smith, United States Supreme Court, 25 February 1820, 18 U.S. (5 Wheat.) 153

Backun v. United States, Circuit Court of Appeals, Fourth Circuit, 10 June 1940, 112 F.2d 635 (4th Cir. 1940)

Nye & Nissen v. United States, United States Supreme Court, 18 April 1949, 336 U.S. 613 (1949)

Arrest Warrant for Abu el Abas, United States District Court for the District of Columbia, 10.12.1985: International Legal Materials 24 (1985), S. 1554

Lauro Lines v. Chasser, United States Supreme Court, 22 May 1989, 490 U.S. 495 (1989)

Klinghoffer v. SNC Achille Lauro, United States District Court for the Southern District of New York, 23 June 1992, 795 F Supp. 112 (1992)

Sosa v. Alvarez-Machain, United States Supreme Court, 29 June 2004, 542 U.S. 692 (2004)

United States v. Said, United States District Court for the Eastern District of Virginia, 17 August 2010, 757 Fed. Supp., 2d 554 (E.D.Va. 2010)

United States v. Hasan, United States District Court for the Eastern District of Virginia, 29 October 2010, 747 Fed. Supp., 2d 599 747 Fed. Supp., 2d 599 (E.D.Va. 2010)

United States v. Said, United States Court of Appeals, Fourth Circuit, 23 March 2012, 680 F.3d 374 (2012)

United States v. Dire, United States Court of Appeals, Fourth Circuit, 23 March 2012, 680 F.3d 446 (2012)

United States v. Ali, United States Court of Appeals for the District of Columbia Circuit, 11 June 2013, 718 F3d 929 (2013)

Institute of Cetacean Research v. Sea Shepherd Conservation Society, United States Court of Appeals, Ninth Circuit, 25 June 2013, 723 F3d 940

Verzeichnis der verwendeten supranationalen Rechtsakte

Gemeinsame Aktion 2008/851/GASP des Rates über die Militäroperation der Europäischen Union als Beitrag zur Abschreckung, Verhütung und Bekämpfung von seeräuberischen Handlungen und bewaffneten Raubüberfällen vor der Küste Somalias vom 10. November 2008: Abl. EU 2008, Nr. L 301, S. 33

Beschluss 2010/766/GASP vom 7. Dezember 2010 zur Änderung der Gemeinsamen Aktion 2008/851/GASP über die Militäroperation der Europäischen Union als Beitrag zur Abschreckung, Verhütung und Bekämpfung von seeräuberischen Handlungen und bewaffneten Raubüberfällen vor der Küste Somalias: ABl. EU 2010, Nr. L 304, S. 49

Beschluss 2012/174/GASP vom 23. März 2012 zur Änderung der Gemeinsamen Aktion 2008/851/GASP über die Militäroperation der Europäischen Union als Beitrag zur Abschreckung, Verhütung und Bekämpfung von seeräuberischen Handlungen und bewaffneten Raubüberfällen vor der Küste Somalias: ABl. EU 2012, Nr. L 89, S. 69

Beschluss 2014/827/GASP vom 21. November 2014 zur Änderung der Gemeinsamen Aktion 2008/851/GASP über die Militäroperation der Europäischen Union als Beitrag zur Abschreckung, Verhütung und Bekämpfung von seeräuberischen Handlungen und bewaffneten Raubüberfällen vor der Küste Somalias: ABl. EU 2014, Nr. L 335, S. 19

Verzeichnis der verwendeten Verträge

Internationales Übereinkommen zur einheitlichen Feststellung einzelner Regeln über die Hilfeleistung und die Bergung in Seenot vom 23. September 1910: RGBl. 1913, S. 66

Convention for the Prevention and Punishment of Terrorism vom 16. November 1937: League of Nations, Journal official 19 (1938), S. 23

Internationales Übereinkommen zur Regelung des Walfangs vom 2. Dezember 1946: BGBl. 1982 II, S. 559

Inter-American Treaty of Reciprocal Assistance vom 2. September 1947: 21 UNTS 324

Auslieferungsvertrag zwischen der Bundesrepublik Deutschland und Frankreich vom 26. Juni 1953: BGBl. 1953 II, S. 151

Abkommen vom 7. Dezember 1944 über die Internationale Zivilluftfahrt: BGBl. 1956 II, S. 411

Internationales Übereinkommen zur Verhütung der Verschmutzung der See durch Öl vom 21. März 1956: 600 UNTS 332

Internationales Übereinkommen über die Hohe See vom 29. April 1958: BGBl. 1972 II, S. 1089

Vertrag über die Nichtverbreitung von Kernwaffen vom 1. Juli 1968: BGBl. 1974 II, S. 784

Übereinkommen von 1973 zur Verhütung der Meeresverschmutzung durch Schiffe vom 2. November 1973: BGBl. 1982 II, S. 4

Internationalen Übereinkommen von 1974 zum Schutz des menschlichen Lebens auf See vom 1. November 1974: BGBl. 1979 II, S. 141

United Nations Convention on Conditions for Registration of Ships vom 7. Februar 1986: 26 ILM, S. 1229

Zusatzvertrag vom21. Oktober 1986 zum Auslieferungsvertrag vom 20. Juni 1978 zwischen der Bundesrepublik Deutschland und den Vereinigten Staaten von Amerika: BGBl. 1988 II, S. 1086

Supplementary Extradition Treaty with the United Kingdom, June 26, 1986: TIAS Number 12050

Wiener Übereinkommen über das Recht der Verträge vom 26. Oktober 1987: BGBl. 1987 II, S. 757

Übereinkommen zur Bekämpfung widerrechtlicher Handlungen gegen die Sicherheit der Seeschifffahrt vom 10. März 1988: 1678 UNTS 221

Protokoll zur Bekämpfung widerrechtlichen Handlungen gegen die Sicherheit fester Plattformen, die sich auf dem Festlandsockel befinden vom 10. März 1988: BGBl. II 1990, S. 508

Übereinkommen über das Verbot der Entwicklung, Herstellung, Lagerung und des Einsatzes chemischer Waffen und über die Vernichtung solcher Waffen vom 3. September 1992: BGBl. 1994 II, S. 806

Arab Convention on the Suppression of Terrorism vom 22. April 1998: United Nations (Hrsg.), International Instruments Related to the Prevention and Suppression of International Terrorism, 2004, S. 158–174

Treaty on Cooperation among States Members of the Commonwealth of Independent States in Combating Terrorism vom 4. Juni 1999: United Nations (Hrsg.), International Instruments Related to the Prevention and Suppression of International Terrorism, 2004, S. 175–187

Convention of the Organisation of the Islamic Conference on Combating International Terrorism vom 1. Juli 1999: United Nations (Hrsg.), International Instruments Related to the Prevention and Suppression of International Terrorism, 2004, S. 188–209

Internationales Übereinkommen der Vereinten Nationen zur Bekämpfung der Finanzierung des Terrorismus vom 9. Dezember 1999: BGBl. 2003 II, S. 1923

Übereinkommen der Vereinten Nationen vom 15. November 2000 gegen die grenzüberschreitende organisierte Kriminalität: BGBl. 2005 II, S. 954

Regional Cooperation Agreement on Combating Piracy and Armed Robbery Against Ships in Asia vom 11. November 2004, verfügbar unter http://www.recaap.org/Portals/0/docs/About%20ReCAAP%20ISC/ReCAAP%20Agreement.pdf

Übereinkommen des Europarats zur Verhütung von Terrorismus vom 16. Mai 2005, BGBl. 2011 II, S. 300

Code of Conduct Concerning the Repression of Piracy and Armed Robbery against Ships in the Western Indian Ocean and the Gulf of Aden vom 29. Januar 2009, verfügbar unter https://assets.publishing.service.gov.uk/government/uploads/system/uploads/attachment_data/file/35467/piracy-djibouti-meeting.pdf

www.ingramcontent.com/pod-product-compliance
Ingram Content Group UK Ltd.
Pitfield, Milton Keynes, MK11 3LW, UK
UKHW021931290926
8980IPUK00016B/1562

9 783631 829257